Crisis, pobreza y desigualdad
en Venezuela y América Latina

R. Alberto Calvo

Crisis, pobreza y desigualdad
en Venezuela y América Latina

Buenos Aires, 2010

teseo

Calvo, R. Alberto
    Crisis, pobreza y desigualdad en Venezuela y América Latina. - 1a ed. -
Buenos Aires : Teseo, 2010.
    466 p. ; 20x13 cm.

    ISBN 978-987-1354-77-1

    1. Políticas Sociales. I. Título
    CDD 320.6

teseo

© Editorial Teseo, 2010
Buenos Aires, Argentina

ISBN 978-987-1354-77-1
Editorial Teseo

Hecho el depósito que previene la ley 11.723

Para sugerencias o comentarios acerca del contenido de esta obra,
escríbanos a: **info@editorialteseo.com**

www.editorialteseo.com

Para Lourdes Fierro, porque me enseñó a vivir Venezuela y por editar estas divagaciones.

Y en recuerdo de Luis Beltrán Prieto Figueroa, maestro y amigo; Alejandro Oropeza Castillo, jefe y compinche; y de mis hermanos preocupados por Venezuela, Orlando Letelier y Mauricio A. López, asesinados ayer por las fuerzas desalmadas de Chile y Argentina.

Más vale poco con justicia que mucho sin equidad.
Proverbios, 16, 8

La pobreza es la suma de todas nuestras hambres.
Nadine Gordimer

La lucha contra la pobreza no es un gesto de caridad. Es un acto de justicia. Es la protección de un derecho humano fundamental, el derecho a la dignidad y a una vida decente. Mientras persista la pobreza no hay verdadera libertad.
Nelson Mandela

La peor amenaza para la región es la pobreza.
Michelle Bachelet

Ser rico es malo.
Hugo Chávez Frías

Ser rico es glorioso.
Deng Xiaoping

Si una sociedad libre no puede ayudar a sus muchos pobres, tampoco podrá salvar a sus pocos ricos.
John F. Kennedy

No puede haber una sociedad floreciente y feliz cuando la mayor parte de sus miembros son pobres y desdichados.
Adam Smith

Si doy de comer a los pobres, me dicen santo; si pregunto por qué los pobres no tienen comida, me llaman comunista.
Monseñor Helder Cámara

Índice

INTRODUCCIÓN
EN EL CAMINO HACIA LA UNIDAD

El asesinato de nuestro primo Abel, pastor bondadoso, en algún malevo arrabal del Paraíso, demuestra que la familia humana no está necesariamente predestinada a la convivencia, y menos a la aceptación cordial del Otro: a la fraternidad. A pesar de la amplia publicidad de ese primer fratricidio y de las subsecuentes guerras y aislamientos (*apartheids*) de todos los siglos que siguieron, la constitución de una gran comunidad ha sido empeño y obsesión constante de la "familia" humana. El amor, el odio o el enclaustramiento –unirse, agredir, encerrarse– fueron desde el inicio fuerzas conducentes. Lo son todavía.

Cuando nuestros antepasados, cazadores y recolectores, descubrieron la milagrosa fertilidad de las semillas y se aquerenciaron en los surcos, la relación con el Otro adquirió cierta estabilidad y permanencia. Tuvieron tiempo para hacer el amor y la guerra. El uno, a veces, fue casi eterno; la otra, a veces, duró cien años. Grandes religiones, con pretensiones universales, predicaron el altruismo envuelto en caridad, si bien fueron con frecuencia seminarios de odio, guerras y discriminación. Y por eso, como penitencia, surgió, ubicua, una Babel persistente.

Pasada una infinidad de otoños un día, así, de repente, *Finisterre* dejó de ser confín, con sus bordes de abismos misteriosos e infernales. Los gallegos, frustrados, ya no podíamos seguir jactándonos de que la tierra terminara en nuestra casa –la última Tule– y, ella, desagradecida, dejó de ser plana. Quebró los límites de los *ínferos* y, como se supo redonda, comenzó a limitar consigo misma y se tornó tratable, única. El mundo se proyectó como uno y total cuando el 6 de septiembre de 1522 Sebastián Elcano concluyó de circunnavegar el globo. Tiempo y espacio se alborotaron. La geografía se volvió horizonte: la perseverancia en el viaje, indefectiblemente, devolvía al peregrino al lugar de partida. Por ser esférica la Tierra, aunque uno viajara y viajara, en la partida estaba el regreso. El mundo se hizo vecindad. Nada de límites abismales desde los cuales se caía a infiernos sin retorno.

La lentitud de las comunicaciones determinó que durante cinco siglos las partes que componían ese mundo no estuvieran integradas; la relación entre ellas era muy superficial. Lo que acontecía en cada una de esas "islas", sólo de manera marginal y tardía afectaba a los otros componentes. Se hablaba del mundo africano, del mundo americano, asiático o europeo como agrupaciones diferentes, distantes y en gran medida indiferentes. Tal distancia e indiferencia han ido mermando en nuestro tiempo. La vieja Babel está perdiendo su cruzada de forzado aislamiento y de confusión de lenguas y lugares, merced a la instantánea universalidad de Internet, que perfora todas las fronteras y que, si no da amor, otorga proximidad. A fuer de próximos, los hombres se están acostumbrando a ser prójimos. Y en ese sorprendente aprendizaje en que los contactos se estrechan, se descubren desconcertantes realidades, como por ejemplo que los hombres a pesar de su esencial identidad no son existencialmente iguales: unos son ricos y otros, casi la mitad de la humanidad, pobres. Este trabajo, en siete capítulos, intenta analizar el escándalo de la pobreza en Venezuela y en América Latina, que ostenta el estigma de ser la región más desigual del planeta.

El mundo globalizado, hoy, es el gran telón de fondo en que se muestra el drama de la pobreza. Las comunidades que lo integran difícilmente pueden ser parte de él sin perder algo de sí mismas. La universalidad y la individualidad intentan convivir en el seno de la globalización implacable. La integración regional se presenta como la opción para insertarse con mayor eficiencia en el macromundo y como herramienta para reconstruir la "Gran Nación Deshecha" liberándola del pecado de la pobreza.

Los principales actores de la economía global tienen influencia importante, si no determinante, en América Latina y el Caribe. La crisis del capitalismo neoliberal significa, junto con el surgimiento de la multipolaridad, que Estados Unidos dejará de ser potencia hegemónica excluyente, pero conservará su juvenil capacidad de absorber conflictos internos y externos. La Unión Europea tiene un importante rol que cumplir en el mundo globalizado y, de manera especial, en América Latina. También Japón. China, a punto de constituirse en la segunda economía del mundo, aparece como gran impulsor de la economía regional.

La crisis global tiene hondas repercusiones en América Latina y el Caribe, principalmente por sus efectos sobre el empleo y los esfuerzos por superar la pobreza. Los gobiernos han adoptado diversas políticas para contrarrestar el impacto que la crisis global tiene en todos los países, mientras los industrializados que la causaron, y otros de menor desarrollo, como Chile, Brasil, México y Argentina, articulan medidas de regulación y de estímulo para superarla.

En ese camino de conducción de los pueblos para salir de la crisis y superar los viejos problemas sociales agravados, existen oportunidades y maldiciones. El rezago de la región en investigación y desarrollo, así como la expansión de las empresas multilatinas con su capacidad competitiva, son ejemplos de limitaciones y de oportunidades. Los efectos corrosivos y empobrecedores de la corrupción afectan la lucha por aumentar la equidad en toda la región, así como la bien llamada "paradoja de la abundancia" enerva a

Venezuela; ambos son aspectos negativos, suerte de maldiciones que alejan a los gobiernos del éxito supuestamente deseado en la lucha contra la pobreza.

Los estudios sobre la pobreza la abordan, necesariamente, desde sus múltiples dimensiones; ellos profundizan cada vez más las relaciones entre los distintos problemas sociales y diseñan cómo encaminar las soluciones. La experiencia latinoamericana muestra que el papel del Estado es fundamental, y que si la voluntad política se exhibe responsablemente existen esperanzas de superar la pobreza y disminuir la desigualdad. Sin embargo, estará todavía presente en los años por venir el debate acerca de las posibilidades del libre mercado y del Estado, entre el Consenso de Washington y el Estado-centrismo, como ámbitos ideales para ganar terreno en esta lucha. Los resultados de las políticas del actual gobierno venezolano muestran logros a la vez discutibles y encomiables; las misiones sociales parecen combatir más los efectos que las causas de la pobreza.

Parece indudable que desde finales de la década de 1990 está ocurriendo una profunda transformación en la manera de concebir y de enfrentar la pobreza. Se descubrió, por ejemplo, que una forma eficaz y poderosa es establecer relación directa y personal con los pobres a través de las madres de familias. Una luz no enciende el mundo, pero resulta alentador constatar que en 2008 más de 80 millones de personas –casi la mitad de la población pobre de América Latina– estaban recibiendo transferencias condicionadas de dinero y que a fines de 2009 éstas beneficiaban a más de 100 millones de pobres en la región.

En el mundo en globalización la mayoría de los países de América Latina y el Caribe movilizan cuantiosos recursos internos para financiar programas de inversión social (educación, salud, infraestructura, nutrición). Algunos apuntan directamente a la superación de la pobreza extrema y sus éxitos son alentadores. En otros casos los errores de concepción, la falta de control, la ineficiencia y la corrupción generaron más daño que el que intentaban reparar. Muchas son las áreas de acción posible y urgente. Los hambrientos no pueden esperar (Zoellick, presidente del Banco Mundial. Abril, 2008). Ninguna más urgente que la disminución de la desigualdad. El crecimiento, imprescindible para el logro del bien-estar, sólo se justifica económica y éticamente si atiende las necesidades de reinversión para asegurar un desarrollo sostenible y si se destina a implementar políticas de distribución equitativas. Éstas deben favorecer tanto a los aportadores de capital y tecnología como a los menos favorecidos para brindarles oportunidades de empleo digno, educación y salud. El problema es encontrar el justo equilibrio entre una distribución que no auyente la inversión y que, al mismo tiempo, incluya a los que menos tienen.

"Un país rico, lleno de gente pobre" es la paradoja contra la cual luchan países como el Brasil de Lula da Silva quien, en ocho años de gobierno, redimió de la pobreza a 30 millones de personas acortando las desigualdades entre los que mucho tienen y los que comen poco.

Capítulo I
La nueva escena global

Desde mediados del siglo XX, mediante el milagro de la revolución en las comunicaciones, las distancias entre los distintos mundos se acortaron de tal manera que ya no se puede hablar de mundos alejados entre sí, sino de una estrecha, constante e inmediata interdependencia. No hay ya varios mundos; existe un solo mundo, el uni-verso, el mundo-uno donde todos, queramos o no, somos vecinos. Sin embargo, el mundo sigue siendo ancho y diverso, mas no ajeno; esa interdependencia no necesariamente condujo a la corresponsabilidad sino, con frecuencia, a la dominación, y entonces, en vez de comunión se instauró la inequidad. Vecinos en el mismo mundo-uno, los seres humanos no siempre se sienten unidos entre sí, ni responsables por la suerte o desgracia de los otros.

La globalización, el fenómeno, el proceso, se va definiendo en forma cada vez más precisa a medida que se enriquece su contenido. Para Aldo Ferrer (2005a) eran ya globalizadoras las redes que en tiempos anteriores fueron vinculando a las distintas civilizaciones. Globalizador era también el espacio donde las potencias dominantes establecían las reglas de juego mientras contribuían a conformar un sistema planetario. Las organizaciones globales creadas para vigilar y regular este proceso no hicieron otra cosa –según Ferrer– que consolidarlo y, al hacerlo, favorecieron la continuidad de la dominación de dichas potencias.[1] Para Joseph Stiglitz la globalización puede hacer un gran bien y traer beneficios enormes a los países que la aprovechan e imponen sus condiciones.[2] Dos opiniones autorizadas, coincidentes y complementarias a la vez, sirven para mostrar que el tema tiene múltiples implicaciones.

Hablar de globalización no sólo supone comprenderla como proceso económico, sino mucho más. La forma del ejercicio del poder, la calidad de la dominación, los valores, los principios, la ética social, tantas veces relegados, son también algunas de las dimensiones que deben ser consideradas cuando se reflexiona sobre el fenómeno. La indiferencia que se interpone entre el Yo y el Otro abate la solidaridad y la cooperación e impide que florezca el Nosotros comunitario. Se habita un mismo mundo, un mundo único, pero en moradas diferentes: unos 3.000 millones de seres humanos –casi la mitad de la población del planeta– se desviven en condiciones de pobreza que serían evitables si todos se sintieran Nosotros, y los desvalidos tuvieran fácil acceso a más bienes y beneficios.

---

[1] La globalización "constituye un sistema de redes en las cuales se organizan el comercio, las inversiones de las corporaciones transnacionales, las corrientes financieras, el movimiento de personas y la circulación de información que vincula a las diversas civilizaciones. Es, asimismo, el espacio del ejercicio del poder dentro del cual las potencias dominantes prevalecen en el despliegue de las redes de la globalización y, al mismo tiempo, establecen las reglas del juego que articulan el sistema global. Uno de los principales mecanismos de la dominación radica en la construcción de teorías y visiones que son presentadas como criterios de validez universal pero que, en realidad, son funcionales a los intereses de los países centrales." Ferrer (2005b), p. 1.

[2] Según Stiglitz (n. 1943. Premio Nobel de Economía 2001), la globalización "tiene el poder de hacer un bien enorme, y para los países del Este Asiático, que han adoptado la globalización bajo sus propias condiciones y a su propio ritmo, ha representado un beneficio gigantesco... pero en buena parte del mundo no ha acarreado beneficios comparables. Y a muchos les parece cercana a un desastre sin paliativos." Stiglitz (2002b), p. 46. (Trad. del autor).

Pero no es suficiente esta visión utópica, originada en la ética y en las buenas intenciones. Este capítulo se propone revisar la relación entre globalización, integración y desigualdad así como la evolución de una de sus manifestaciones, la pobreza, en América Latina y Venezuela en la actual crisis económica global.

1. Integración y globalización

La integración y la globalización son dos dimensiones de la supranacionalidad. La primera es una dimensión instrumental, más limitada en su ámbito geográfico; países hay que se insertan individualmente en el proceso. La globalización, en cambio, se impone como un telón de fondo que caracteriza, perfila y acota la vida de todas las sociedades en el siglo XXI.

"La globalización es implacable" sentenció, apodíctico, Fernando Henrique Cardoso, ex presidente de Brasil. Implacable pero controlable –sostenemos aquí–, en la medida en que las sociedades nacionales se integren en unidades supranacionales y se hagan más interdependientes entre sí. Es la integración un primer estadio fundamental para que las naciones puedan insertarse con mayor peso relativo en el mundo globalizado. Por otra parte, la globalización, como hemos expresado, no implica la pérdida de poder de los Estados nacionales sino la creación de una sinergia que los potencia mientras avanza la inevitable inserción en el mundo-uno.

La globalización implacable, inevitable, impuesta desde afuera y asumida desde adentro, la integración conveniente y necesaria aun entre países desarrollados como los europeos, lograble desde adentro, implican estrategias distintas pero conciliables. La adscripción funcional en el arrollador escenario de la globalización depende de la capacidad de los países para competir, uniendo fuerzas y recursos, integrados, en el mundo-uno. Lograr la integración en la globalización exige a los países latinoamericanos deponer actitudes inmaduramente nacionalistas y converger en posiciones colectivas determinadas por un común denominador mínimo de coincidencias, asentadas en el ejercicio de una soberanía compartida. La incorporación al proceso globalizador es impuesta por la realidad, no se elige, es ineludible; en cambio la integración como conducto para acceder a la globalización es decisión voluntaria de cada gobierno para formar un colectivo que proteja el desarrollo social y amplíe y enriquezca la propia identidad. Se pierde algo y se gana mucho, si se logra equilibrar las asimetrías, y si los costos y beneficios se distribuyen con la mayor equidad posible, en un escenario de reciprocidad solidaria.

La reducción drástica de los niveles de desigualdad entre ricos y pobres dentro de un mismo país se ha logrado en muchos de ellos (países nórdicos, Japón, Suiza, etc.) donde la disparidad en el disfrute de los bienes entre los unos y los otros no es mayor de cinco veces. "Pero los hombres no establecerán jamás una igualdad que les baste", afirmaba con su penetrante juicio realista Alexis de Tocqueville hace 170 años. Dada la "oposición constante que reina entre las tendencias que engendra la igualdad y los medios que dispone para satisfacerlos [...] por muchos esfuerzos que haga un pueblo, no conseguirá que las condiciones sociales sean perfectamente iguales en su seno; y, si por desgracia llegara a esa nivelación absoluta y total, aún subsistiría la desigualdad de las inteligencias, que por venir directamente de Dios, escaparía siempre a sus leyes." (Tocqueville, 1984: tomo II, 119-120).

El modo de inserción de los países latinoamericanos en el sistema económico global depende, fundamentalmente, de las condiciones internas de cada país. Ellas serán tanto más conducentes cuanto más se basen en la cohesión social capaz de sustentar la comunión de valores y aspiraciones básicos, es decir, en un proyecto nacional viable y compartido por la gran mayoría. Dependerá también de la capacidad que tenga un liderazgo lúcido y comprometido para conjugar en forma concertada las acciones del Estado, de la empresa privada, las organizaciones obreras y la sociedad civil toda. Sólo así es posible garantizar, con perdurabilidad, la estabilidad política e institucional que resulta de las condiciones internas favorables. Una nación dividida atenta contra sí misma. Si no puede coadunar la pluralidad en la unidad -*ex pluribus unum*-, no tiene viabilidad como país y menos aun como parte de un todo que intenta integrarse para insertarse con eficiencia en el mundo global.

Se imponen además la concertación y la coordinación de políticas entre varios países para participar en el sistema global, incrementar el peso específico de cada uno de ellos y aumentar su poder de negociación conjunta. Una voz común, fortalecida por la coordinación y la solidaridad tiene mayor posibilidad de hacerse oír en los foros internacionales de la globalización y de modificar las reglas del juego global que hasta ahora han impuesto las potencias dominantes. Ello facilitará la creación de un orden internacional más equitativo. Como advierte Stiglitz:

> Por desgracia, carecemos de un gobierno mundial, responsable ante los pueblos de todos los países, que supervise el proceso de globalización... En vez de ello, tenemos un sistema que cabría denominar "Gobierno global sin Estado global", en el cual un puñado de instituciones –el Banco Mundial, el Fondo Monetario Internacional, la Organización Mundial del Comercio– y unos pocos participantes, estrechamente vinculados a algunos intereses financieros y comerciales, controlan el escenario, pero muchos de los afectados por sus decisiones no tienen casi voz. Ha llegado el momento

de cambiar algunas de las reglas del orden económico internacional (Stiglitz, *op. cit.*: 47).

En el mundo-uno todos los habitantes del planeta comparten su vulnerabilidad, sus desafíos –calentamiento global, epidemias y pandemias, la amenaza terrorista–, y también muchos de los aspectos positivos como es la colaboración para enfrentar estos grandes problemas comunes. A medida que los Estados refinan sus políticas a favor de la inclusión y la equidad, sus condiciones internas mejoran y la integración en comunidades cada vez mayores es posible y funcional.

Integración y singularidad

Pensar globalmente y actuar localmente es orientación sabia que enriquece; es pensamiento y acción. Ser ecuménico y lugareño, abierto al mundo con profundas raíces en "la patria del campanario", como reclamaba Miguel de Unamuno, tan universal y tan casero. Y ése será el verdadero hombre nuevo, el hombre global y, a la vez, aquerenciado en sus orígenes. Ryszard Kapuscinski (1932-2007), escritor y periodista polaco, afirmaba pocos meses antes de su muerte:

> El encuentro con el Otro ha sido una experiencia universal...
> En el futuro nos toparemos constantemente con el nuevo Otro que, poco a poco, irá emergiendo del caos y el tumulto actuales. Este nuevo Otro podría surgir del encuentro de dos corrientes contradictorias que modelan la cultura del mundo contemporáneo: la globalización de nuestra realidad y la conservación de nuestra diversidad y singularidad. Tal vez el Otro sea el hijo y el heredero de estas dos corrientes (Kapuscinsky, 2007).

La globalización y la singularidad (el universo y el barrio) no son tendencias contradictorias, como afirma Kapuscinski, sino complementarias y serán mutuamente enriquecedoras siempre que desde la "parroquia" se pueda aportar a la globalidad y compartir en ella los valores de la propia cultura. Sin nacionalismos estrechos, sin baratas xenofobias, con apertura de alma, es posible afirmarse en lo mucho o en lo poco que se tiene, pero que define, individualiza y caracteriza. La globalización será beneficiosa en la medida en que la inserción en ella se realice de acuerdo con los intereses y las posibilidades de los países y que su respuesta a los desafíos y oportunidades sean funcionales con respecto a los objetivos nacionales. Y si bien es cierto que las potencias dominantes (ayer Inglaterra, hoy Estados Unidos, la Unión Europea y, en cercano mañana, China) predican y tratan de imponer sus criterios sobre la dinámica de la globalización, es incumbencia y responsabilidad de los países definir sus prioridades y estrategias y la forma más adecuada de insertarse e influir en el proceso globalizador. Es así como este proceso está promoviendo una profunda y a veces no poco conflictiva revisión de las posibilidades y responsabilidades de las naciones en el mundo-uno.

La integración es un valioso instrumento de desarrollo económico y social y puede facilitar a los países su lucha contra la pobreza y la exclusión. Uno de los más lúcidos jerarcas de la Iglesia latinoamericana, el cardenal hondureño Oscar Andrés Rodríguez, presentó la integración como instrumento de unidad entre Nosotros y los Otros. Decía el Cardenal:

> Cómo duele ver que países de lengua diferente, de religiones diferentes, que se han combatido a muerte por siglos, toman la decisión de cancelar el ayer, de encontrar lo que los une y si no lo encuentran inventarlo para sobrevivir juntos, para hacer de la fraternidad el punto omega del ideal político. Cómo duele ver a los demás haciendo siempre más integración desde la mayor diversidad, lo que nosotros vacilamos en hacer desde un ayer común... La integración es la única dimensión constructora de la política porque sólo

en ella es posible construir el Nosotros multitudinario de quienes podemos ser Uno y, al mismo tiempo, diferentes (Rodríguez, 2001).

La natural interdependencia entre los países geográficamente próximos no asegura la relación económica equilibrada, libre de asimetrías. Esa relación está condicionada por la forma en que las partes se integran en la aldea global y en lo que aportan a ella. La creciente interdependencia que se alcanza en virtud de la integración supone dejar de lado la idea de autarquía propia del Estado nación como lo concebía por ejemplo Hans Kelsen.[3] Ciertamente, en algunos campos, las naciones que se integran admiten la existencia de un poder y una voluntad superior. El concepto y la práctica de la integración compensan la pérdida de porciones de autonomía de los Estados mediante la adquisición de una soberanía ampliada o compartida, que permite a las unidades nacionales –y en mayor medida a las más pequeñas– participar de una entidad supranacional que las envuelve, las protege y las potencia. La incorporación a un grupo regional permite a muchos países tener una activa presencia internacional que no lograría si actuase por su propia virtud.

En la misma medida en que la soberanía nacional es compartida y ampliada en el ámbito integrado se vuelve imperativo que esa mayor "comprensión" no afecte la salud de las raíces. No se trata de hipotecar profundidad por vastedad. Por el contrario, para evitar el peligro de la alienación, de la despersonalización, es menester cultivar y fortalecer la propia "personalidad nacional" que se

---

[3]   "Que el poder del Estado sea soberano, significa que es un poder supremo, que sobre él no hay otro poder; y cuando se habla del poder como *voluntad* quiere decirse que no hay sobre ella ninguna voluntad superior." KELSEN (1973).

proyectará en sus diversas facetas en el conjunto integrado y, a través de él, en el uni-verso.

La capacidad de un país para proyectarse hacia el resto del mundo está condicionada no sólo por la estabilidad política e institucional resultante de un amplio consenso social, sino también por el arraigo de su población en lo propio, en lo entrañable. Cultivar la capacidad de mirar hacia adentro del propio país –*in interiore homine habitat veritas*: en el hombre interior reside la verdad, reza el texto– es fundamental para encontrar las claves de su destino. La valoración de lo específico, de lo único, es mayor en sociedades mejor vertebradas, que han logrado el mínimo de cohesión que les permite consensuar intereses comunes. Saber que todos pertenecen al pequeño mundo compartido –el terruño– y que, por medio de la concertación de voluntades es posible integrarse y ofrecer al mundo recursos y creaciones originales. Por este camino es posible universalizarse sin desnacionalizarse. Las especificidades locales, el modo de ser compuesto de valores, usos, tradiciones, religiosidad, maneras de saludar, de vestir, de celebrar –en Venezuela, la tradicional hallaca navideña, el entrañable saludo, con perfume de religión: "la bendición mamá"–, el folklore, las formas en que se expresa el sentido del humor, las creaciones culturales, la culinaria..., pueden integrarse en unidades más amplias sin desaparecer.

El hombre contemporáneo se desvive entre las generalidades del macromundo y las particularidades de su tierra natal. Universo y parroquia. En un mundo que diluye las fronteras nacionales, se impone el valor de lo raigal, de lo que identifica como continente de lo propio, lo distintivo, telúrico, entrañable. Se puede navegar por un universo casi ilimitado sin perder el sentido de pertenencia a la tribu, a la comunidad vecinal, a lo vernáculo. Es difícil, pero posible, la comunión entre lo universal y lo doméstico. Como arguye Carlos Fuentes: "No hay globalidad que valga, sin localidad que sirva."

Es cierto que la integración conlleva tanto ventajas como dificultades para los países en desarrollo. La apertura –o la penetración– de los mercados regionales, y aun subregionales, como MERCOSUR por ejemplo, el comercio con otros países distintos de los del grupo, no son garantías de que automáticamente se conforme un mercado libre donde gana el más competitivo, ni de que esto reduzca por sí mismo los niveles de pobreza. La liberalización del comercio no es sinónimo de libertad para comerciar en el mundo globalizado, y menos si la inserción en ese mundo competitivo e implacable se intenta aisladamente. Esto sería una derrota anticipada para países de pequeñas y medianas economías que acepten el desafío sin más fuerzas que las propias.

Integrar "la gran nación deshecha"

El largo, accidentado, retardado proceso de integración latinoamericana tiene al venezolano Francisco de Miranda como el gran propulsor inicial. En la retórica romántica que movilizó la causa de la independencia y de la unidad latinoamericana, que tuvo además en Bolívar, Sucre, Morelos, Artigas, Morazán, O'Higgins, San Martín, y en tantos otros sus más representativos exponentes, se destaca un objetivo preciso, concreto, si bien no único: la independencia política y militar primero, y la Unión después. En la etapa de las luchas independentistas predominó, lógicamente, la acción militar. Con la disolución de la República de Colombia, la grande –la confederación formada por Nueva Granada, Venezuela y Ecuador–, se trizaron los sueños e intentos de consolidación de ensayos como éste de integración regional; se encendieron los apetitos egoístas de muchos generales triunfadores que se creyeron con derecho a heredar, como casa propia, las patrias con su ayuda liberadas; se impusieron las ambiciones parroquiales.

Mientras en América Latina ocurría la balcanización de las repúblicas confederadas, en la fracturada Alemania se iniciaba el camino opuesto y el 1° de enero de 1834 se estableció el *Zollverein*, acuerdo que cementó la unificación aduanera alemana que daría lugar al Imperio Alemán. Marx y Engels advertían después que "en lugar del antiguo aislamiento y la autarquía de las regiones y naciones, se establece un intercambio universal, una interdependencia universal de las naciones", y que esa interdependencia de las naciones –que es la integración– era resultado del avance del capitalismo (Marx y Engels).

No obstante, la integración tardaría en América Latina; hasta 1960 abundaron las palabras y faltaron las realizaciones duraderas. Juan Bautista Alberdi, por ejemplo, reclamaba y justificaba la creación de un banco regional en 1842 y como él otros de la talla de Francisco Morazán, Hipólito Irigoyen, José de Vasconcelos, Haya de la Torre, Manuel Ugarte, Augusto Sandino. José Ingenieros (1877-1925) propuso la creación de una confederación con justicia social: "Ninguna convergencia histórica parece más natural que una Confederación de los pueblos de América Latina. Disgregados hace un siglo por la incomunicación y el feudalismo, pueden ya plantear el nuevo problema de su futura unidad nacional extendida desde el Río Bravo hasta el estrecho de Magallanes, para emprender nuestra gran obra del porvenir: desenvolver la justicia social en la nacionalidad continental." (Ingenieros, 1925).

Las primeras realizaciones concretas de los esfuerzos de integración en América Latina, tardaron siglo y medio desde el logro de la Independencia. La Asociación Latinoamericana de Libre Comercio (ALALC) se estableció el 18 de febrero de 1960 en Montevideo, Uruguay. Poco después, el 13 de diciembre del mismo año, el Tratado

General de Integración Económica Centroamericana fue firmado en Managua, Nicaragua, por los representantes de los países de esa región con excepción de Panamá. Costa Rica se adhirió al Tratado en 1962. En la reunión de presidentes latinoamericanos, más el Primer Ministro de Trinidad y Tobago, sostenida en Punta del Este, Uruguay, en 1967, se decidió que el Mercado Común Centroamericano y la ALALC constituyeran las bases del Mercado Común Latinoamericano, el cual debería ser establecido en el curso de los siguientes quince años.[4]

Nunca como hasta entonces estuvo tan próximo a concretarse el sueño de la unidad latinoamericana organizado en torno de un fin esencial: "Lograr plenamente el orden social, libre, justo y democrático". Por vez primera después de las victorias militares que hicieron posibles las independencias, se había avanzado substancialmente hacia el logro de la unidad regional mediante realizaciones concretas, institucionalizadas. Lamentablemente, la mal llamada "Guerra del Fútbol" entre Honduras y El Salvador causó el retiro hondureño del Mercado Común Centroamericano, y este sueño de unidad latinoamericana (América del Sur, América Central y México) se hizo trizas. Otra ilusión malograda.

El año 1960 fue divisorio de las aguas. Antes de él: ilusiones, proyectos, discursos. Ahora: realidades palpables, solidaridades de hecho como la ALALC, el Mercado Común Centroamericano y del Banco Interamericano de Desarrollo. Todo en el mismo año; *annus mirabilis*. Esa metamorfosis se debió, en gran medida, a la Comisión Económica para América Latina (CEPAL), creada el 25 de febrero de 1948, dependiente de la Organización de las

---

[4]   Declaración de los Presidentes de América [de los Estados miembros de la Organización de Estados Americanos]. Reunión de Jefes de Estado Americanos. Punta del Este, 1967.

Naciones Unidas, y a Raúl Prebisch, su cerebro y quien la presidió entre 1950 y 1963. La CEPAL supo fomentar en América Latina la rara alquimia entre pensamiento y acción, y enseñó a sus líderes, intelectuales y gobernantes a pensarse desde el continente.

En las últimas décadas del siglo XX y primera del XXI, el ensayo de integración latinoamericana –reducido casi exclusivamente al ámbito comercial– persiste institucionalmente en organizaciones anémicas, como el Mercado Común Centroamericano, la Comunidad Andina de Naciones, el MERCOSUR. Es obvio que falta el gran proyecto integracionista subcontinental en el cual las necesidades y las realidades concretas se impongan sobre la retórica y el intercambio meramente comercial. Sabido es ya que la economía no agota el intento y que la dimensión política, la cultural y la social deben ser partes esenciales del proyecto, pero el futuro inmediato no luce promisorio. Se carece de un sólido y abarcador aparato institucional comunitario, con atisbos de supranacionalidad, dinamizado por una decidida y compartida visión de futuro. En él deberían estar incluidos todos los fragmentos de esa gran nación deshecha que quiso ser Iberoamérica, a pesar de sus asimetrías (también las tiene, y en alto grado, la hasta ahora exitosa Unión Europea).

Mediante ese aparato institucional comunitario todos los países de la región podrían insertarse, con una sola voz, creativamente, en el mundo globalizado, en vez de constituirse en retazos –Comunidad Andina, MERCOSUR, Mercado Común Centroamericano, ALADI–, cada uno tratando de negociar, de insertarse en la globalización por su lado mientras agonizan lentamente. Separados, carecen de peso específico propio, con la posible excepción de Brasil, ya potencia media. De continuar así existe el peligro de que la globalización deje a sus pueblos como parias, marginados dentro del escenario global, con casi la mitad de su población padeciendo pobreza o miseria.

La Unión de Naciones Suramericanas (UNASUR), ¿podría ser ese instrumento de unidad? Quedó constituida en Brasilia el 23 de mayo de 2008 mediante un tratado que firmaron doce países: Argentina, Bolivia, Brasil, Chile, Colombia, Ecuador, Guyana, Paraguay, Perú, Surinam, Uruguay y Venezuela. UNASUR comprende y trasciende al MERCOSUR y a la Comunidad Andina de Naciones, y entre sus objetivos contempla la eliminación de la desigualdad socioeconómica y el logro de la inclusión. El artículo 2 del tratado constitutivo reza:

> La Unión de Naciones Suramericanas tiene como objetivo construir, de manera participativa y consensuada, un espacio de integración y unión en lo cultural, político, las políticas sociales, la educación, la energía, la infraestructura, el financiamiento y el medio ambiente, entre otros, con miras a eliminar la desigualdad socioeconómica, lograr la inclusión social y la participación ciudadana, fortalecer la democracia y reducir las asimetrías en el marco del fortalecimiento de la soberanía e independencia de los Estados.[5]

Progresivamente, UNASUR podría darle impulso vital a MERCOSUR y a la muy debilitada Comunidad Andina de Naciones, y hacer de ellas la base de una vigorosa unión económica sudamericana. Ello podría ocurrir si UNASUR lograra superar la contradicción de intereses que pareciera estar a punto de introducirse en su ámbito (no es lo mismo lograr los objetivos desde una globalización capitalista que mediante una revolución social furiosamente antiimperialista). Potencialidad no falta: un PIB que, por superar los 100.000 millones de dólares, ubica a la región como la quinta potencia mundial, y la cuarta por sus 380 millones de habitantes que ocupan una gigantesca superficie

---

[5]   Tratado constitutivo de la Unión de Naciones Sudamericanas, 2008.

superior a los 17 millones de km2, rodeada por dos océanos. América Latina, además, posee el 27% de agua dulce del mundo y 8 millones de km2 de bosques; es la región que produce y exporta más alimentos en todo el mundo y dispone de hidrocarburos para más de cien años. A sus comunes ancestros indígenas, a la rica herencia africana, a la fuerte impronta europea –"raza cósmica", la apellidó Vasconcelos– América Latina está unida por la profesión de una misma religión por parte del 95% de sus habitantes. Lamentablemente, también hermana a todos sus países la ignominia de contener la mayor inequidad del planeta y el escándalo de una pobreza que hiere al 40% de su población.

Al ingresar en la segunda década del nuevo siglo XXI, UNASUR se perfila como el instrumento potencialmente eficaz para promover el desarrollo integral de la subregión, superando sus niveles de mal-estar y facilitando tanto su inserción eficiente en el mundo globalizado como la lucha contra sus enemigos internos: la pobreza y la desigualdad. Las divergencias entre Uruguay y Argentina, las existentes entre Venezuela y Ecuador con Colombia; entre Bolivia y Perú; Perú y Chile, entorpecen momentáneamente al fortalecimiento institucional de UNASUR y su accionar conjunto. Pero cabe esperar que no quedará herida de muerte. Se impone la necesidad de la unión ante las anécdotas divisorias. Ya lo aconsejaba, hace 150 años, José Hernández desde el *Martín Fierro*:

> Los hermanos sean unidos;
> Ésa es la ley primera.
> Tengan unión verdadera
> En cualquier tiempo que sea,
> Pues si entre ellos pelean
> Los devoran los de afuera.

"Cada país tendrá la globalización que se merece", afirma Aldo Ferrer (2005b), y ese merecimiento es resultado del accionar de gobernantes prudentes y conscientes de que la inserción individual de países subdesarrollados en el nuevo sistema mundial, aseguraría la globalización de la pobreza. La concertación de políticas y su puesta en marcha coordinadamente, a través de instituciones regionales como UNASUR, incrementan el peso específico de cada país integrante y aumenta el poder de negociación conjunta. Y en su acción y proyección hacia el interior del continente reaviva el sueño y el propósito de reconstruir la "gran nación deshecha."[6] Otros esquemas de integración se consolidan exitosamente en el globo, a pesar de sus diferencias de dimensión económica, culturales, religiosas, lingüísticas, como acontece en la Unión Europea, entre los integrantes del esquema Asia Pacífico o en el Tratado de Libre Comercio entre Estados Unidos, Canadá y México.

Los países iberoamericanos parecieran condenados a la unidad. Para lograrla es menester retorcerle el cuello a la retórica, concentrarse en los objetivos concretos y no en los discursos. Es de esperar que el nacionalismo declamatorio, puramente testimonial, abra paso al pragmatismo sensato, convergente en instituciones comunitarias, impulsadas por una decidida convicción política. Si los países que se integran en UNASUR lograran tal transformación interior, tal difícil cambio de mentalidad para pensar no sólo en la parroquia sino también en la aldea común, se haría realidad el mandato de Rubén Darío (1905):

---

[6]   Felipe HERRERA (1922-1996), chileno, pensador y hacedor de integración, acuñó esta expresión en un memorable discurso titulado *Integración económica y reintegración política*, pronunciado en San Salvador, Bahía, el 6 de agosto de 1962. En él afirmó que a América Latina "le toca recobrar el impulso de un proceso de desarrollo económico frustrado, más que iniciar uno nuevo. América Latina no es un conjunto de naciones, es una Gran Nación Deshecha." Citado por Bruno WANDERLY *et al.* (2008).

Únanse, brillen, secúndense tantos vigores dispersos;
Formen todos un solo haz de energía ecuménica.

Integrar la gran nación deshecha facilitaría a los países
de América Latina participar con mayores posibilidades de
éxito en el ámbito globalizado. Éxito aquí significaría no sólo
preservar la entidad nacional y las identidades culturales
de sus poblaciones, sino a la vez, derrotar la pobreza y,
con ella, la exclusión. Una integración que no contribuya
a superar estos problemas será vacua e insostenible.

2. Superar la pobreza en globalización

El proceso globalizador es abiertamente asimétri-
co. Muchas son las voces de quienes llaman la atención
acerca de este peligro. En la globalización, dice Bernardo
Kliksberg, hay de manera creciente muchos perdedores y
pocos ganadores; Benedicto XVI, categórico, afirma: "La
globalización no es sinónimo de orden mundial, sino lo
contrario".. Y tienen razón, porque uno de sus efectos in-
dudables es la polarización económica con su secuela de
exclusión social. Con la globalización los efectos nefastos
del "capitalismo salvaje" pueden universalizarse. El Papa
Juan Pablo II, tan temprano como en 1979, llevó su voz por
el mundo entero denunciando:

> La amenaza sistemática contra los derechos del hombre está
> ligada en un sentido global a la distribución de los bienes
> materiales, tantas veces injusta, bien sea en las sociedades
> concretas, bien en el mundo entero... Tantas *formas de
> desigualdad en la posesión* de los bienes materiales y en su
> disfrute, se explican muchas veces por diversas causas y
> circunstancias de naturaleza histórica y cultural. Pero tales
> circunstancias, si acaso pueden disminuir la responsabilidad
> moral de los contemporáneos, no impiden que las situa-

ciones de desigualdad estén marcadas por la injusticia y el daño social. (Juan Pablo II, 1979).

Más tarde, en 2006, el Papa advirtió que sería inviable un modelo global de desarrollo que no incluyera dimensiones éticas y afrontara las desigualdades. Siglos de injusticia internacional revelan que el Estado y la Iglesia pueden consagrar la injusticia. La esclavitud, con su inherente desigualdad, se mantuvo durante siglos como soporte de la expansión europea sin que gobiernos sedicentes cristianos, ni la Iglesia, con la importante excepción de los mercedarios y otros "redentores de cautivos" alzaran sus voces contra la esclavitud, como si las gentes de África, esclavizadas, no fueran igualmente hijos de Dios y hermanos en Cristo. Juan Pablo II exigió un código ético para la globalización. Si el capitalismo inhumano tiene una sola meta y justificación, la ganancia, la globalización tiende a convertir en norma de conducta un acomodaticio pragmatismo: lo exitoso es bueno. La pobreza sólo podrá ser superada y la globalización justificada en presencia de conductas regidas por la ética y la solidaridad.

El Fondo Monetario Internacional, al tratar el tema *globalización y desigualdad*, destaca que la disparidad del ingreso aumentó en los últimos veinte años, y esto ocurrió, no obstante que los ingresos medios reales se incrementaron en todos los países; en todos hubo crecimiento (FMI, 2007). El problema, por tanto, no es si la globalización contribuye al crecimiento, sino si los beneficios de ese crecimiento se distribuyen en forma equitativa o si, por el contrario, aumentan las brechas ya existentes de la desigualdad. Dos posiciones opuestas polarizan este debate: la optimista proviene del Fondo Monetario Internacional que sostiene: "La globalización genera un aumento creciente de la marea del ingreso que impulsa al alza a todos los barcos, de forma que hasta los grupos de bajo ingreso se benefician de la globalización en términos absolutos." (FMI, 2007: 153). Los pesimistas no niegan que la globalización podría aumentar los ingresos globales, pero insisten en que la distribución de los mismos no será, no es, equitativa. Stiglitz ve con claridad los efectos positivos que podría traer consigo una globalización que beneficie también a los pobres, y señala lo que se impone hacer para que esta posibilidad se concrete:

> En el Banco Mundial comprobé de primera mano el efecto devastador que la globalización puede tener sobre los países en desarrollo, y sobre los pobres en esos países. Creo que la globalización –la supresión a las barreras al libre comercio y la mayor integración de las economías nacionales– puede ser una fuerza benéfica y su potencial es el enriquecimiento de todos, particularmente de los pobres; pero también creo que para que esto suceda es necesario replantearse profundamente el modo en que la globalización ha sido gestionada, incluyendo los acuerdos comerciales internacionales que tan importante papel han desempeñado en la eliminación de dichas barreras y las políticas impuestas a los países en desarrollo en el transcurso de la globalización (Stiglitz, 2002b: 11).

Tal afirmación no es nueva, insiste en la necesidad de que los acuerdos tengan en cuenta no tanto los intereses de poderosos grupos económicos, sino los de la sociedad como un todo. Pero adquiere creciente resonancia la preocupación sobre la pérdida de poder o la severa limitación de la capacidad de acción del Estado en el ámbito global como, por ejemplo, para regular los mercados financieros y orientar el accionar de las instituciones multilaterales (esta limitación alcanza igualmente a los gobiernos provinciales o locales). Si bien es cierto que la globalización en sí misma no atenta directamente contra los gobiernos nacionales, lo es también que la capacidad decisoria de éstos con respecto a la promoción del interés nacional, se ve disminuida por el poder de los factores que manejan el proceso globalizador. No tiene que ser así: depende de la calidad de la integración. Por ejemplo, las mejoras en las comunicaciones pueden favorecer la participación de países como Chile, con pequeños espacios, en el mercado global.

La desregulación financiera internacional aceleró el proceso de globalización y, en gran medida, lo determina y reorienta puesto que la globalización, en su dimensión económica, como señala Oliva López, es un proceso de reorganización del capital a nivel mundial (López Arellano, 2005). Si no se regulan las entidades financieras, éstas pueden con total impunidad conducir a excesos destructivos incluso de ellas mismas. La actual crisis global ha permitido comprobar esta situación. Además, si no se imponen normas claras y rigurosas a sus operaciones internacionales, comunes a todas las naciones, las inversiones en las bolsas de valores, por ejemplo, pueden actuar como "capitales golondrina", altamente especulativos, que por su volatilidad terminan distorsionando los mercados locales. Los Estados nacionales aisladamente considerados, aun aquellos de mayor magnitud económica y política como Brasil o México, requieren sumar fuerzas en el contexto de la integración regional para adoptar los necesarios marcos reguladores de las actividades de las empresas transnacionales y políticas sociales adecuadas. La eficacia de las políticas relacionadas con el crecimiento, depende de que se logre claramente proteger a la población, especialmente a la más vulnerable, en las situaciones críticas que se generen como consecuencia del proceso de globalización. Sin esta visión más amplia e igualitaria de los problemas de la globalización, la lucha contra la pobreza está condenada al fracaso.

3. La economía global en crisis

A fines de mayo de 2009 los pronósticos de las Naciones Unidas sobre la economía mundial eran más pesimistas que meses atrás. En enero advirtió que la economía mundial, en vez de crecer, podría contraerse un 0,4%, pero en mayo la nueva evaluación de la organización resultó mucho más preocupante: la contracción sería de 2,6%. Tal declinación era muy significativa pues en 2008 la economía mundial había crecido más del 2%, y casi 4% en el período 2004-2007. Había estallado la primera crisis global. A diferencia de las anteriores, la actual crisis afecta a todos los países. Es una crisis globalizada, no se limita a un área o región específicas. Anteriormente, cuando se generalizaban las dificultades, la recuperación podía lograrse dirigiendo las exportaciones hacia países intocados, sanos económicamente y de rápido crecimiento. Hoy todas las economías, incluida la de China, están en crisis.

La amplitud y profundidad de la presente crisis (que tendrá impactos durables más allá de lo económico) es una importante amenaza para la lucha contra la pobreza en todo el mundo. Se estima que más de 100 millones de personas caerán en esta condición. Piénsese que sólo en Rusia se estima que el número de pobres se elevaría a 4,7 millones de personas. El riesgo mayor lo confrontan los países en desarrollo, pues aunque la crisis se originó en Estados Unidos, se extendió inmediatamente a otros países: "Ahora es evidente que los países en desarrollo están siendo golpeados de manera desproporcionadamente dura a través de retiros de capital, un costo creciente de los préstamos, un comercio mundial y precios de productos en proceso de derrumbe y una baja en los flujos de remesas." (ONU, 2009c).

Es posible que en 2010 ocurra una ligera recuperación de la economía global si las medidas que están adoptando muchos países, industrializados y en desarrollo (estímulos fiscales y programas sociales en educación y salud), resultan en un aumento del empleo. La Organización de las Naciones Unidas estima esa posible recuperación en 2,3% en el escenario más optimista, y en 0,2%, el más pesimista.

Escenarios de crecimiento del PIB para 2009-2010
- América Latina y el Caribe: escenario optimista: 3,2%; pesimista: -0,7%.
- México y América del Sur después de una contracción de 4,3% en 2009: optimista 2,3%; pesimista: 1%.
- El comercio mundial disminuiría en más de 11% en 2009, el mayor declive desde 1930.
- Las remesas de los trabajadores migrantes podrían reducirse, en 2009, entre 10 y 15%.

A causa de la crisis mundial, muchos países en desarrollo confrontan serias situaciones en sus balanzas de pago. Las reservas de divisas en unos treinta países pobres se sitúan por debajo de límite crítico, equivalente al valor de tres meses de importaciones. El ingreso per cápita se reduciría en 3,7% en 2009. Por lo menos sesenta países en desarrollo sufrirán disminución de su ingreso por habitante. La crisis mundial que afecta a la economía real en todo el mundo influyó en que la actividad económica se haya desplomado en el último trimestre de 2008 y en el primer trimestre de 2009. "El desempleo va en aumento y la pobreza ha comenzado a incrementarse en las economías en desarrollo, lo que ha traído consigo un considerable deterioro de las condiciones de vida de los más pobres y vulnerables del mundo", afirma un informe del Banco Mundial (2009) y añade que "persiste una gran incertidumbre sobre la duración y la fuerza de la recuperación de la economía mundial."

El desempleo creció ampliamente en 2008 y se agudizaría entre 2009 y 2010: entre 50 millones y 100 millones de nuevos desempleados lo padecerán tanto en los países ricos como en los subdesarrollados. La situación es más preocupante aun si se cumple el plazo de 4 ó 5 años que aparentemente tardaría la recuperación de los niveles de empleo, como ha sucedido después de anteriores crisis financieras. En esta oportunidad es notable observar cómo la incertidumbre con respecto a las posibilidades de conservar o de encontrar empleo ha servido como freno al consumismo desbordado. En Estados Unidos la moderación y la sensatez imponen mayor responsabilidad en el uso de las tarjetas de crédito y el impulso a aprovechar tentadoras rebajas (*sales*) de las grandes tiendas. Bajó el consumo y se postergó la compra, sobre todo, de bienes durables como autos y televisores. La demanda se contrajo también porque las empresas postergaron o cancelaron proyectos de expansión por falta de crédito y por la incertidumbre sobre su rentabilidad.

Reacción del público ante la crisis en Estados Unidos y otros países desarrollados:

- En Estados Unidos, la tasa de ahorro personal aumentó de 0,6% en 2007 a casi 6% en abril de 2009.

- La demanda de productos duraderos decayó alrededor de 20% tanto en Estados Unidos como en los otros países industrializados.

- Algunos sectores, como la industria automovilística, que se desplomó más de 30% en el cuarto trimestre de 2008, debieron ser rescatados de emergencia por los gobiernos para evitar mayor desempleo.

- La pérdida del valor de las acciones en que muchos estadounidenses tenían invertida parte importante de sus ahorros, más el declinar de los precios de la vivienda (para muchas familias su principal inversión), contrajo la demanda.

- El valor de los activos de los estadounidenses se redujo 15% entre el cuarto trimes tre de 2007 y el mismo período de 2008.

Los países en desarrollo, exportadores de materias primas, padecieron substanciales reducciones en sus balanzas comerciales por el deterioro de los precios de los bienes exportados, aunque, por otra parte, los países importadores de alimentos y de energía se vieron favorecidos por el descenso en el valor de los mismos. La menor demanda de productos alimenticios determinó que sus precios, lejos de mejorar, se ubicaran en el mismo nivel que tenían a fines de 2007.

Algunos indicadores de la gravedad de la crisis global son:

- Los precios de los bienes agrícolas se reducirían más de 20% comparados con los de 2008. Se espera que mantengan ese nivel en 2010.

- La fuerte reducción de la demanda de muchos metales determinó la caída de sus precios en más de 40% entre 2008 y el primer semestre de 2009. Se pronostica que los precios se mantendrán en ese nivel en el futuro próximo con la posible excepción del cobre, que podría subir dada la persistente demanda china.

- Los precios del petróleo crudo han descendido a la mitad entre julio de 2008, cuando superaron los 140 dólares el barril, y 2009.

- En el último día de 2009 el barril del Texas se cotizó en 79,36 dólares, lo que significó un incremento de 78% durante el año, la mayor ganancia anual registrada en la década.

- El precio del barril venezolano cerró el año en 67,67 dólares. El precio promedio del barril venezolano fue 56,88 dólares en 2009 (fue de 86,81 dólares en 2008, de 64,74 en 2007 y 56,45 en 2006).

- La demanda mundial de crudo cayó notablemente (más de 5% en los países de la Organización para la Cooperación y el Desarrollo Económico (OCDE) entre el primer trimestre de 2008 y el mismo lapso del 2009.

- El consumo global de crudo decaerá en 2,6 millones de barriles diarios durante el segundo semestre de 2009.

- La demanda de bienes de consumo duradero tuvo una fuerte caída que llegó a 13 % en el plano mundial.

- Se proyecta que la inflación en los países del Grupo de los 8 (G-8) disminuirá de casi 3% en 2008 a 0,5% en 2009 debido, principalmente, a tres factores: la baja en los precios de los productos básicos, la disminución de la demanda y el incremento del desempleo.
- En los países en desarrollo la inflación en 2007 fue de 6% y trepó hasta 16% a mediados de 2008. Se proyecta que a fines del 2009 se ubicaría en 2% y podría ascender a cerca de 5% en 2011.

Aunque muchos especialistas opinan que habrá, en el corto plazo, una subida importante en el precio del crudo, el Banco Mundial lo estima improbable. ¿La razón? No podría ser más alentadora: los altos precios del petróleo han estimulado el desarrollo de tecnologías alternativas e impulsado a gobiernos y consumidores a dar un uso más eficiente a la energía. Si bien puede parecer aventurado predecir el precio del petróleo, dada su volatilidad, son muchos los expertos que estiman que el precio del barril de crudo (Texas) durante 2010 fluctuará entre 70 y 90 dólares el barril. Para la OPEP sería aceptable un precio de entre 75 y 85 dólares. El gobierno venezolano estima que el precio promedio del barril de crudo venezolano en 2010 girará en torno de los 70 dólares. No muchos están de acuerdo con la estadounidense revista *Forbes*, que pronostica un precio de 40 dólares el barril para 2010, entre ellos los economistas de la compañía *Conference Board*, quienes sostienen que el precio del crudo no bajará a menos de 60 dólares y que lo más probable es que se consolide entre 80 y 85 dólares a mediados de 2010 (Maidiment *et al.*, 2010). Al finalizar el tercer trimestre de 2009 muchos observadores opinaban que la crisis económica global ya estaba tocando fondo y se apreciaban indicios de un proceso de lenta recuperación que tendría probables altibajos.

Capítulo II
Los principales actores de la economía global

En el mundo globalizado interactuante, sin aislamientos enclaustrados, todos los países participan, con mayor o menor gravitación, en la actividad económica mundial. América Latina, reencontrándose a sí misma, después de la Segunda Guerra, comenzó a relacionarse de manera importante con sus pares de la región. Quebraba así una relación radial, excluyente, colonial, de dependencia con los grandes centros excéntricos –Inglaterra, Estados Unidos, Francia, etc.– e iniciaba un acercamiento e intercambio en los ámbitos culturales, sociales y económicos entre los países que la integran. Hoy las corrientes comerciales entre países de América Latina, en muchos casos, superan en valor sus intercambios con Estados Unidos, los veintisiete países de la Unión Europea o Japón. Las empresas "multilatinas" proliferan exitosamente y China se perfila como muy promisorio destino de sus exportaciones, como fuente de aprovisionamiento y de inversiones.

Los principales actores de la economía mundial –Estados Unidos, la Unión Europea, Japón y China–, más allá de las relaciones comerciales, juegan un rol determinante en la vida económica del mundo globalizado y, por ende, afectan para bien y para mal la suerte de la economía de los países latinoamericanos. La lucha contra la pobreza en América Latina –y dentro de ella en Venezuela– está relacionada, y a veces condicionada, por el manejo de sus relaciones económicas con los grandes actores del escenario global.

1. Estados Unidos

Desde el final de la Segunda Guerra Mundial, hace ya sesenta años, y sobre todo desde la disolución de la Unión Soviética, Estados Unidos es la gran potencia hegemónica. Ni la derrota -militar y moral- en Vietnam, ni el enfrentamiento ideológico con la Unión Soviética (URSS) después despedazada junto con el muro de Berlín, ni la criminal invasión a Irak derrumbaron a los Estados Unidos de su pedestal como amo en el mundo unipolar. Pero ello está comenzando a ocurrir. En las próximas décadas Estados Unidos seguramente mantendrá su predominio como *primus inter pares*, pero le será muy difícil seguir imperando como única potencia indiscutiblemente dominante: tendrá que compartir su poder.

Afortunadamente el mundo en globalización comienza a ser multipolar. En el limitado escenario de la primera década de este siglo XXI, Estados Unidos comparte con la Unión Europea, Japón y China un rol protagónico en la economía mundial; pero su rol en el mundo tiende a modificarse y su crecimiento económico enfrenta una crisis cuyas consecuencias son aún imprevisibles.

El llamado imperio norteamericano -que el presidente de Venezuela, Hugo Chávez, amenazó enterrar en este siglo- no está agonizando, sino que da muestras de conservar su liderazgo comprendiendo que seguramente tendrá que compartirlo. En la nueva mundialidad, su comportamiento será autocontrolado para adaptarse con plasticidad al nuevo escenario. Estados Unidos aprende a escuchar. Conciencia del nuevo rol de esta superpotencia tenía ya Henry Kissinger en 2004; brillante estratega -de indignante recuerdo para muchos latinoamericanos víctimas de las dictaduras que él aupó-, afirmó que ninguna potencia podría organizar sola al sistema internacional (Kissinger, 2004). El presidente Clinton en 1996 calificó a su país como "la única nación indispensable de la Tierra"; lo sigue siendo, aunque cada vez menos. El sistema internacional, aunque tolera un *primus inter pares*, no soportará a una potencia como líder único, excluyente. Por ello, Estados Unidos necesita el acuerdo de otros y con otros. Consenso. Pero los otros no siempre son visibles para los estadounidenses que creen que "su mundo es el mundo"; amurallados en medio de dos océanos, entre-tenidos en construir el "sueño americano", en la contemplación de su ombligo, les resulta difícil –y por lo general innecesario–pensar en la existencia de otro mundo equivalente. Paul Krugman, brillante y desenfadado economista que obtuvo el Premio Nobel de Economía en 2008, declaró: "Lo que ocurre básicamente es que los norteamericanos creemos que el resto del mundo no existe y nos cuesta tomarnos en serio la existencia del resto del mundo. No se ría, no; hablo en serio. Se trata de un gran país con el idioma dominante, con la cultura dominante, y nos resulta difícil fijarnos en lo que pasa fuera." (Tous, 1999).

Convencido de que la automoderación es la base de la nueva hegemonía estadounidense, Henry Kissinger, más cercano a Barack Obama que a George W. Bush, afirma: "La acción común surge de convicciones compartidas. El poder emerge de un sentido de comunidad, no de la acción unilateral, y se ejerce mediante la asignación de responsabilidades según los recursos de un país. Es una especie de orden mundial sin una potencia dominante o en el que la potencia que puede dominar dirige a través de la automoderación." (Kissinger, 2009).

Es muy posible que Estados Unidos, ante la existencia de múltiples polos en el poder global, impuesto por la realidad de una Europa y un Japón pujantes, y de una China competidora y quizás amenazante, deje de comportarse como potencia que puede actuar sin limitaciones y acepte la responsabilidad compartida. Tal multipolaridad afectará también la preeminencia del dólar; la moneda estadounidense perderá su hegemonía y compartirá "la rectoría monetaria mundial con otras divisas de economías muy vigorosas", opinó Enrique Iglesias (2009). Las crecientes limitaciones a su poder, por momentos omnímodo y arrogante, no llevarán a este país a una caída definitiva; al gigante del Norte no se lo enterrará en este siglo, goza de buena salud. Estados Unidos no perderá su poder en el mundo globalizado fundamentalmente porque cultiva con obstinación algunas características, como son el culto a la innovación y la esponjosa capacidad para absorber los conflictos sociales internos.

El culto a la innovación

Estados Unidos tiene el 5% de la población mundial, emplea a casi un tercio de todos los científicos e ingenieros del mundo y financia una tercera parte del gasto mundial en investigación y desarrollo. Durante la segunda mitad del siglo XX fue líder porque se mantuvo primero en investigación y tecnología. En 2003, cuando la conciencia del sector público no había sido aún sacudida por las reiteradas denuncias de academias y empresas privadas, acerca de los peligros inminentes de la competencia extranjera, Estados Unidos dedicó a investigación y desarrollo 280.000 millones de dólares (por cada dólar que gasta en importar ciencia y tecnología extranjera, recibe casi tres del exterior por sus exportaciones en esos rubros).

Indicio del poder con que cuenta este país, que le permite estar a la cabeza de las potencias del mundo, son los *rankings* que miden la calidad de sus universidades. Los más reputados consideran a las universidades estadounidenses como las mejores del mundo; el ranking de la universidad Jiar Tong, de Shangai, otorga el primer lugar a Harvard y, entre los 10 primeros puestos, ubica a

8 universidades estadounidenses. No sorprende por ello que el presidente George W. Bush, acosado por propios y extraños, en su discurso sobre el Estado de la Unión, el 31 de enero de 2006, proclamara: "Para que América siga siendo competitiva es necesario sobre todas las cosas contraer un compromiso: debemos continuar siendo los líderes del mundo en talento humano y en creatividad." (Bush, 2006).

Es éste uno de los temas centrales del debate estadounidense sobre su proyecto de país. Hay consenso de que el liderazgo nacional está enfrentando competencias que pueden desplazar al país de su posición superdominante, afectando el bienestar de sus gentes y la seguridad nacional. Según el Consejo sobre Competitividad (*Council of Competitiveness*), integrado por dirigentes de empresas, de centros educativos y de sindicatos, si bien es gratamente recibido el progreso de todas las naciones en Ciencia y Tecnología, tal expansión es un desafío para Estados Unidos y las consecuencias pueden ser graves. China se adelantó a Estados Unidos como primer exportador de productos de tecnología de la información: entre 2003 y 2005 China aumentó la exportación de estos bienes y servicios en 46%, mientras Estados Unidos apenas lo hizo en 12% . La Agenda de Competitividad para 2009 establece que la innovación y las ideas son lo más importante para Estados Unidos, por lo que el país debe constituirse en gran laboratorio de la innovación para el mundo y ser eficiente en la difusión de sus innovaciones en el mercado global (*Council of Competitiveness*, 2008: 8).

Ante tales desafíos el presidente George W. Bush, en su discurso sobre el estado de la Unión en enero de 2006, lanzó la *Iniciativa de Competitividad Estadounidense* (*American Competitiveness Initiative*): "Para incentivar la innovación y mejorar la habilidad de la nación para competir en la economía mundial". Convencido el gobierno de que "la solidez económica y el liderazgo mundial de Estados Unidos dependen de avances tecnológicos continuos", la iniciativa compromete 5.900 millones en el año fiscal 2007 y más de 136.000 millones en los diez años siguientes para aumentar las inversiones en investigación y desarrollo, mejorar la educación e incentivar la innovación.

Entre los objetivos concretos del gobierno se cuentan:

- Duplicar el compromiso federal hacia los programas de investigación básicos y críticos en Ciencias Físicas en los próximos diez años.

- Destinar 380 millones en nuevo apoyo federal para mejorar la calidad de la educación en Matemáticas, Ciencias y Tecnología en el ciclo escolar desde *kindergarten* al doceavo año.

- Incorporar 70.000 maestros adicionales en los próximos cinco años para dictar cursos a estudiantes de bajos recursos de la escuela secundaria.

- El programa *Career Advancement Account* ofrecerá oportunidades de capacitación a 800.000 trabajadores por año para que puedan competir en una economía basada en el conocimiento. Entre sus objetivos figura permitir (y procurar) que las personas más talentosas del mundo trabajen para Estados Unidos y, si es posible, en Estados Unidos.

Para alcanzar estos objetivos, por decisión del Senado, se duplicó el número de visas de residencia permanente para quienes tuvieran grado universitario en el campo científico, pasando de las 115.000 actuales a 300.000.

La prestigiosa escuela de negocios francesa INSEAD publicó un riguroso informe en enero de 2007 que ubica a Estados Unidos en primer lugar en cuanto a capacidad de generar nuevas ideas, adaptarlas rápidamente y convertirlas en negocios exitosos. El segundo lugar, muy distante, en la generación, adaptación y aplicación práctica de innovaciones lo ocupa Alemania. Los siguen, en orden de importancia, el Reino Unido, Japón, Francia, Suiza, Singapur,

Canadá, Holanda y Hong Kong. Para medir la capacidad innovadora y convertirla en productos de uso universal, los investigadores tuvieron en cuenta ocho aspectos en cada país: generación de conocimiento, competitividad, riqueza, instituciones y políticas, infraestructura, capital humano, sofisticación tecnológica, mercados y capital.[7] El presidente Barak Obama ratificó el compromiso de su gobierno con el objetivo nacional que favorece la innovación: "Volveremos a situar a la Ciencia en el lugar que le corresponde y utilizaremos las maravillas de la Tecnología", aseguró el presidente en su discurso inaugural del 20 de enero de 2009.

Estados Unidos es notable también en cuanto a creación y aplicación de innovaciones. Una realidad que no es noticia frecuente en los medios de información masiva, pero que será la fuerza que dará sustento a la segunda revolución industrial y hará que el siglo XXI sea la etapa inicial de un nuevo período en la historia universal: la Nanotecnología y la Nanociencia. El gobierno estadounidense creó su *National Nanotechnology Initiative* y en 2006 la dotó con 570 millones de dólares.

Nano es prefijo griego que señala una medida. Un nanómetro es la mil-millonésima parte de un metro; "la Nanotecnología es el estudio, diseño, creación, síntesis, manipulación y aplicación de materiales, aparatos y sistemas funcionales a través del control de la materia a nano escala." El padre de la Nanociencia es el estadounidense Richard Freynman, Premio Nobel de Física, quien propuso fabricar productos con base en un reordenamiento de átomos y moléculas. Su discurso del 29 de diciembre de 1959, en el Instituto Tecnológico de California, titulado *Al fondo hay espacio de sobra (There's Plenty Room at the Botton)*,

---

[7]   El país latinoamericano mejor ubicado en la lista de INSEAD es Chile; ocupa el puesto 33. Venezuela, el 77 (INSEAD, 2007).

inició la más grande revolución del siglo XX, y Eric Drexler, también estadounidense, es considerado el gran visionario en este campo recién develado, aunque algunas de sus predicciones hayan resultado un tanto exageradas, en opinión de varios expertos. Alrededor de cuarenta laboratorios en todo el mundo (IBM, Hewlett-Packard, NES e Intel, entre otros), dedican cuantiosas sumas en la investigación de la Nanociencia.

Otros países en desarrollo realizan también importantes esfuerzos en la Nanociencia, con la convicción de que ello les permitirá quemar etapas en el avance de la ciencia y la tecnología y dar un salto cualitativo que los acercaría, en el campo de la innovación, a los países del primer mundo. Aunque a los laicos la ciencia y la técnica de los nanómetros son absolutamente arcanas, ellas están conduciendo la gran revolución del siglo XXI, como predijo Charles Vest, ex presidente del *Massachusetts Institute of Technology* (MIT). Cuando en escala tan minúscula se opera con átomos y moléculas, la materia deslumbra con fenómenos desconocidos y propiedades totalmente nuevas que permiten crear materiales y sistemas originales y con bajo costo en ramas como Biología, Medicina, Informática y aun en quehaceres como la construcción. Del trato con lo infinitesimal está surgiendo un sorprendente nuevo mundo. Y Estados Unidos, dando muestras de su capacidad para asumir riesgos, es su fundador e impulsor.

Nassim Taleb, libanés de origen y residente en Estados Unidos, acaba de publicar un *best seller* en el que sostiene que la educación –y la sociedad toda de ese país– incita a sus gentes a tomar riesgos: Bill Gates sería respetable por el solo hecho de haber intentado hacer algo distinto, aunque hubiera fracasado. Si un emprendimiento no se concreta, se estimula a su promotor a intentar otra vez: "*Good, keep trying*" ('bien, sigue intentándolo'). En América Latina el intento fallido se ocultaría como mancha en el *curriculum*

(Nassim, 2007). En Estados Unidos la toma de riesgos es algo aceptable y laudable, se la promociona. "Al contrario de lo que Taleb denomina *naciones de personas que van a los museos*, los estadounidenses están encantados de vivir en su sistema basado en la búsqueda constante de oportunidades bajo el dominio de la incertidumbre." (Pampillón, 2006-2010).

Capacidad para absorber conflictos: el racismo

Si una de las razones de la perdurabilidad hegemónica de Estados Unidos y lo que ella implica para otros pueblos, es su muy elevada capacidad de innovación, su habilidad para absorber democráticamente conflictos sociales internos es otro valor que le permite robustecer su cohesión social, condición interna fundamental en una superpotencia; absorber, procesar conflictos y diluirlos, si no solucionarlos.

Seguramente, la discriminación racial contra los negros fue el conflicto societario más profundo del siglo XIX –venía de muy lejos–, pues atentó contra la cohesión del tejido social, contra la unidad geográfica de la nación y provocó una guerra de separación con escandalosos alcances, incluso religiosos –todos somos hijos de Dios, pero algunos no tanto–, y legales: iguales, pero diferentes. Este conflicto salpicó a otras minorías: latinos, judíos, asiáticos, mujeres, *gays*, etc. El racismo prevaleciente hasta ayer, hace cincuenta años, permeaba y corrompía todos los niveles: se vivía en lo personal (actitudes, valores, creencias de los individuos), en el plano interpersonal (conducta con respecto a los otros); en lo cultural (valores y normas de la conducta social) y en el nivel institucional (leyes, costumbres, tradiciones, prácticas).

La sociedad era racista. Porque, algo que no siempre se recuerda, es que la intolerancia –por no decir odio– era compartida: había muchos hoteles con carteles que decían *white only*; los había también donde no se decía nada, pero con frecuencia se negaba habitación o servicios al blanco, al no negro. "Si quiere que lo atiendan bien váyase a algún hotel de los suyos", le gritaron alguna vez, en North Carolina, a un viajero *casi* blanco. Pero los perseguidos, los discriminados, los asesinados eran los negros. Se calcula que entre 1864 y 1965 fueron linchados más de 100.000 negros; "se calcula", porque ni la policía ni la justicia registraban esas muertes "sin importancia".

Aunque la lucha contra la discriminación comenzó con la rebeldía del primer negro que luchó contra sus cadenas, que huyó a los *cumbes* y *quilombos* o que organizó revueltas contra los explotadores, hay momentos o eventos destacables en esa lucha, como la Guerra de Secesión (1861-1865), el período de Reconstrucción (1865-1877), la Segunda Guerra Mundial (1939-1945) y el fortalecimiento y expansión del movimiento de derechos civiles, hacia 1960. El discurso de Martin Luther King Jr. (1963), *Yo tengo un sueño*, podría representar la fecha emblemática del nacimiento del Movimiento de los Derechos Civiles en su expresión pacifista, *gandhiana*, de no violencia.

- Antes de la Guerra de Secesión (1861-1865) los antiguos esclavos y sus descendientes no podían alistarse en el ejército o la marina, el gobierno negaba pasaportes a los libertos, que constituían sólo un 5% de la población de color; el otro 95% era esclavo,
- la Corte Suprema llegó a declarar en 1857 que los afrodescendientes jamás podrían ser ciudadanos de Estados Unidos.
- En 1862 el gobierno les permitió enlistarse en las Fuerzas Armadas, en unidades segregadas de las compuestas por soldados blancos. Cuando finalizó la guerra, habían peleado en ella 200.000 negros; muchos murieron sin enterarse de por qué ni para qué lucharon.

- Después de la guerra Abraham Lincoln quiso reconocer los servicios de los sobrevivientes afrodescendientes otorgándoles el derecho a votar. Se adoptaron tres enmiendas constitucionales que llevaron algo de justicia a este sector de la población: la enmienda 13 (1865) puso fin legal a la esclavitud; la 14 (1868) los reconoció como ciudadanos de Estados Unidos; la 15 (1870), prohibió la discriminación racial en las votaciones.

- En 1877, cuando terminó el período de La Reconstrucción, la situación legal de los afrodescendientes en Estados Unidos había mejorado; por ejemplo, en 1875 el Congreso aprobó un Acta de Derechos Civiles que prohibió su segregación en las instalaciones públicas y en teatros, hoteles y restaurantes.

- En 1914 Louisiana estableció que para ingresar en los circos habría dos entradas: una para blancos y otra para personas de piel oscura.

- En 1915 una ley en Oklahoma segregó las casillas de teléfono.

- En 1920 Mississippi criminalizó los planteamientos orales o las publicaciones que formularan argumentos o sugerencias en favor de la igualdad racial o de los matrimonios interraciales.

- Arkansas impuso la segregación en las pistas de carrera.

- Kentucky no sólo mantuvo las escuelas segregadas sino que prohibió que un libro que se prestara a un alumno negro, fuera después facilitado a un alumno blanco y viceversa.

- Florida exigió que los libros escolares que se darían a los niños blancos fueran almacenados separadamente de los que se entregarían a los negros.

- Alabama prohibió que negros y blancos jugaran juntos al ajedrez. Por supuesto, todos los Estados prohibieron terminantemente los matrimonios interraciales. En alguno, se condenó a muerte a negros que habían cometido la vileza de dirigirle la palabra a una mujer blanca.

- En Georgia los ministros negros bautistas o de cualquier religión no podían oficiar la ceremonia de casamiento de parejas blancas.

- Y, en New Orleans, la ciudad tan refinadamente francesa, se segregaron los barrios de prostitutas blancas de los de prostitutas negras.

- Cada escuela, restaurante, hotel, tren, sala de espera, ascensor, baño público, colegio, hospital, cementerio, piscina, fuente para beber, prisión e iglesia eran, en primer lugar, para blancos, después, para negros, jamás para los dos juntos.

- En los tribunales, los blancos juraban sobre una Biblia y los negros sobre otra, mientras las jerarquías protestantes, católicas, hacían mutis por el foro, con lo cual convalidaron durante siglos juicios y prejuicios que negaban la común fraternidad de todos los seres humanos, basada en la compartida filiación divina.

Hasta la primera mitad del siglo XX, los sureños compartían la misma geografía, mas no la misma historia: nacían en hospitales segregados, eran instruidos en escuelas segregadas y eran enterrados en cementerios segregados. Y fue después de varias pérdidas de vidas cuando las universidades se integraron.

Desde 1880 las Grandes Ligas habían prohibido la contratación de jugadores negros: ellos jugaban en las Ligas de Negros. En 1945 Branche Ricky, manager de los Brooklin Dodgers, se atrevió a contratar a Jackie Robinson quien, siendo oficial durante la Guerra Mundial, había sido sometido a una Corte Marcial por oponerse a la discriminación racial en una base militar. Hoy la mayoría de los jugadores de las grandes ligas son negros. Y las hermanas William no se cansan de ser campeonas y Tiger Woods persiste, machaconamente, en ser el mejor golfista del mundo.

La segregación en los autobuses públicos fue declarada inconstitucional en noviembre de 1956, a raíz del boicot de buses en Montgomery. La agitación comenzó cuando la impertérrita y venerable Rosa Parks (recién fallecida y honrada con servicios fúnebres en el Congreso), se negó a cederle su asiento a un pasajero blanco. En muchos Estados era crimen las relaciones sexuales de una pareja birracial y no fue sino en 1967 cuando la Suprema Corte abolió la ley que prohibía los matrimonios interraciales. Lamentablemente fue después de varias pérdidas de vidas cuando las universidades se integraron. Todo eso y mucho más suena a Edad Media; no la "enorme y delicada" que cantaba Verlaine, la de juglares, catedrales y escolásticos, sino la tenebrosa que negaba a muchos la igualdad de oportunidades incluyente. Tales aberraciones, y por muy distintas razones, comenzaron a cambiar desde la década de 1950.

Candoroso sería creer que el problema de la discriminación *de facto* ha sido superado en Estados Unidos. En las prácticas sociales y en las mentes de muchos el racismo persiste. Pero hoy Estados Unidos es otro mundo desde el punto de vista racial, mas no es perfecto. Es, sí, infinitamente más humano que en el cercano pasado. El cambio es sorprendente. Hace 43 años había un solo miembro de raza negra como diputado en el Congreso: Adam Clayton Powell de Nueva York. Hoy hay más de cuarenta. Hubo alcaldes afrodescendientes en muchas e importantes ciudades del Norte y del Sur, y hasta astronautas de piel oscura y miembros del gabinete presidencial; hijos del África en la Suprema Corte de Justicia, en los más lujosos hoteles y en las mejores universidades. El presidente de *American Express* es de ancestros africanos; lo es también quien fue el 65º Secretario de Estado, Collin Powell, hijo de inmigrantes jamaiquinos. Su sucesora, Condolezza Rice, eximia pianista internacional, gerente (*provost*) de una prestigiosa universidad antes de cumplir cuarenta años, reconocida científica política que aprendió ruso, alemán y francés para mejor entender las relaciones internacionales de su país, es también descendiente de esclavos. Hijo del África es el actual presidente Barack Obama.

Si algún día marcó, simbólicamente, el comienzo de tan profunda *metanoia* –cambio interior– fue aquella mañana luminosa, milagrosa, del 28 de agosto de 1963, cuando en medio de una multitud de 250.000 personas, en el *Washington Mall,* Martin Luther King proclamó: "Yo tengo un sueño: que todos los hombres hemos sido creados iguales." Meses después, con sólo 35 años de edad, recibió el Premio Nobel de la Paz. Y el 3 de abril de 1968, a casi cinco años de la apoteosis de Washington, predicando a la feligresía negra, como pastor bautista en la iglesia Mason Temple, en Memphis, espiritualmente realizado y profético dijo: "He visto la tierra prometida. Quizás yo no llegue allí con ustedes pero puedo decirles que ustedes sí llegarán. Soy muy feliz esta noche y no tengo ninguna preocupación pues mis ojos han visto la llegada de la Gloria del Señor." Al día siguiente lo mataron, pero Estados Unidos ya no era el de antes.

2. La Unión Europea-27[8]

Es arriesgado adelantar un pronóstico sobre el futuro económico inmediato de la Unión Europea y su influencia en el mundo globalizado, inevitablemente afectado por la crisis. Será necesario evaluar los resultados de las urgentes medidas que los gobiernos europeos implementan para enfrentarla. La tasa de crecimiento de la Unión Europea, que en 2007 fue de 2,6%, y en 2008 de 1,3%, caerá aun más

---

[8]   La Europa de los 15 (UE-15) estaba integrada por Alemania, Austria, Bélgica, Holanda, Dinamarca, España, Finlandia, Francia, Grecia, Irlanda, Italia, Luxemburgo, Portugal, Reino Unido y Suecia. Posteriormente se incorporaron doce países que constituyen la actual Unión Europea de los 27 (UE-27), con los quince países mencionados, más Bulgaria, Chipre, República Checa, Eslovaquia, Eslovenia, Estonia, Hungría, Latvia, Lituania, Malta, Polonia y Rumania.

al término de 2009 para ubicarse en menos de 1%. El Banco Central Europeo, en julio de 2008, fijó la tasa de interés en 4,25%. A fines de 2009, contra muchas previsiones, la tasa se mantiene en 1%, su mínimo histórico para la zona del euro. Por su parte, el Banco de Inglaterra cerraba el año 2009 con una tasa de interés de 0,5%. La razón fundamental de tales tasas tan bajas es el temor a que se eleven los niveles inflacionarios actualmente menores al 2%. El Reino Unido está afectado también por las restricciones de crédito y, como España e Irlanda, padece la caída de las operaciones inmobiliarias. Los indicios de una recesión económica se incrementaron en Europa a fines del 2008 y continuaron en 2009. El escenario previsto para 2010 es de una lenta recuperación, de "reactivación sin empleo". El alto desempleo seguirá siendo tema de preocupación (23 millones de desocupados a fines de 2009, año en que aumentó en 3 millones de personas). Se estima que en la Unión Europea el desempleo rozaría el 11% en 2011 y se estabilizaría en el año siguiente.

Competitividad

Uno de los riesgos –seguramente el mayor– que amenaza el crecimiento económico a mediano y largo plazos de la Unión Europea, es el creciente y continuado deterioro de su competitividad. Esto hace difícil que los países puedan lograr los objetivos fundamentales de su política económica: crecimiento del PIB con pleno empleo, baja inflación y equilibrio de su balanza de pagos. Interesa no sólo mencionar el tema de la pérdida de competitividad como un dato más de la economía de la Unión Europea, sino también analizarlo con mayor detenimiento. *Mutatis mutandis*, América Latina confronta problemas similares aunque de mayor magnitud.

Desde mediados de la década de 1990, la Unión Europea no puede equipararse con Estados Unidos en términos de productividad, y debe realizar grandes esfuerzos para competir con éxito cuando las economías emergentes, como las asiáticas, ponen bajo riesgo su posición como muy importante actor de la economía global (Unión Europea, 2007). La caída de la productividad en años recientes probablemente refleja un desempeño inferior en la creación, difusión y utilización de nuevos conocimientos. El deterioro de la economía de algunos países europeos entre 1991 y 2004 se refleja en el descenso del lugar que ocupan en la escala de competitividad. Con todo, la UE es el mayor exportador de productos manufacturados en el mundo. Los países nórdicos, que concilian una rigurosa política de mercado con un gran sentido de igualdad social en la distribución de la riqueza, ocupaban los primeros lugares: en orden descendente Finlandia, Suecia, Dinamarca, Países Bajos y Reino Unido (FEM, 2008).

- En 2005 la productividad por persona de la UE-25, en términos de paridad de poder adquisitivo (PPA), era 27% menor que la de Estados Unidos.
- Entre 1996 y 2005 la productividad de la UE aumentó en 1,4% anual; la de Estados Unidos la superó en mucho: creció 2,1% en promedio anual.

Ante la evidencia de que Europa estaba perdiendo la carrera de la investigación y desarrollo, en una sociedad donde la inteligencia es cada vez más el mayor valor agregado, hubo una fuerte reacción que condujo a la llamada Estrategia de Lisboa. Los jefes de gobierno de la UE se reunieron en la capital de Portugal en marzo de 2000 y llegaron a acuerdos en torno de un nuevo y muy ambicioso objetivo: convertir a la Unión, para el año 2010, en "la economía basada en el conocimiento más competitiva y dinámica del mundo, capaz de crecer económicamente de manera sostenible con más y mejores empleos y con mayor cohesión social". Para lograr tal meta se fijaron dos objetivos principales:

- Incrementar la inversión en investigación y desarrollo desde 1,9% del PIB, nivel en que se encontraba en el 2000, hasta el 3% en el 2010.
- La segunda meta es lograr que para el 2010 el 75% del esfuerzo de investigación y desarrollo de Europa sea generado por el sector privado, tal cual acontece en Estados Unidos y Japón (Unión Europea, 2009).[9]

Transcurridos nueve años desde el lanzamiento de la Estrategia de Lisboa, existen dudas sobre si para el 2010 se habrán logrado los objetivos fijados. Mientras tanto la Unión Europea –y Estados Unidos– siguen perdiendo participación en el comercio de productos de alta tecnología, como aeronáutica, farmacia, tecnología de la información, material médico, óptico y más. Sin embargo, la firme decisión de la UE-27 de lograr estos objetivos se refleja en su presupuesto del 2007, que dedicaba 5.500 millones de euros a la investigación, más del 3% comparado con el año anterior, y alcanza al 5,5% del presupuesto general. (Según la UE, por cada euro invertido en investigación se generan, a largo plazo, entre 4 y 7 euros.)

Europa y América Latina

Las Américas, la del Sur y la del Norte, son en muchas dimensiones Europa, injertada en raíces indígenas la primera, o rechazándolas la segunda. Después del encuentro de los dos mundos, a veces violento, a veces abrazo, comunión y mestizaje, en la América del Sur los africanos esclavizados

---

[9]   Europa ha venido invirtiendo en I + D aproximadamente 1,85% del PIB, monto que ha mantenido con pocas variaciones desde 1995. El país que más invierte en I + D es Japón (3% del PIB), seguido por Estados Unidos (2,5%). Estados Unidos incrementó sustancialmente su presupuesto en I + D principalmente en investigación militar, de salud y protección ambiental.

se insertaron en el tronco común de hispanos e indios y formaron parte de la nueva sociedad como trabajadores. Durante las dos últimas centurias, no obstante las aluvionales migraciones de europeos, Europa y América fueron dos mundos separados y, a veces, mutuamente extraños. Cuando con la revolución de las comunicaciones, después de la Segunda Guerra Mundial, el mundo comenzó a ser uno, Europa se dedicó, lógicamente, a restañar sus heridas y sus odios, a enterrar a sus muertos inventando su unidad, que pronto encontró bases más sólidas que el carbón o el acero. Pero su relación con América del Sur –no con Estados Unidos y Canadá– fue distante. Aquí la presencia intocada, dominante, fue Estados Unidos, no Europa, a pesar de los inmigrantes, de la sangre y los recuerdos, aunque con menor intensidad en los países del Cono Sur. Con el ingreso de España y Portugal a la Comunidad Europea en 1986, América Latina y Europa se redescubrieron. En el plano económico se convirtió pronto en muy importante socio comercial de América Latina; con México y con Chile ha suscrito los acuerdos que han elevado el comercio en 70 y 250% respectivamente. La UE es el primer inversionista en varios países como Argentina, Brasil y Chile; las inversiones europeas en América Latina representan el 12% del total de sus inversiones en todo el mundo.

En mayo de 2008 se efectuó en Lima la IV Reunión Cumbre entre la UE y América Latina y el Caribe, donde la pobreza fue uno de los temas centrales. Se procuró avanzar en la concreción de la asociación estratégica entre Europa, Estados Unidos y el mundo en desarrollo. Para los países del MERCOSUR y Chile, la Unión Europea, y no Estados Unidos, es el principal socio comercial. Es también, después de Estados Unidos, el principal inversor. El 45% de las exportaciones latinoamericanas ingresa a Europa exento de derechos arancelarios, en virtud del trato de nación más favorecida contemplado por el GATT (*General Agreement on Tarifs and Trade* o Acuerdo General sobre Comercio y Aranceles). Otro 23% de dichas exportaciones a Europa goza del Sistema de Preferencias Generalizadas aprobado por la UE en 1970.

El MERCOSUR es el centro más importante de la relación comercial de la UE con América Latina. Empero, la importancia de la relación comercial de Europa con el MERCOSUR se está erosionando año tras año y con ello va disminuyendo la presencia comercial de Europa en toda la región, desplazada, en gran medida, por China, lo cual conlleva importantes consecuencias económicas, políticas y sociales.

Las exportaciones de América Latina a la UE consisten, principalmente, en alimentos y productos agrícolas, metales y combustibles.

- Desde 1993 a 2003 las importaciones del MERCOSUR desde la UE crecieron casi el 6% por año, y lo que la UE adquirió en el MERCOSUR tuvo un incremento anual de 4%.
- Para la UE, en 2003, el MERCOSUR significó el 2,8% del total de las importaciones y el 1,8% de sus exportaciones.
- Las importaciones de Europa desde el MERCOSUR sumaron 63.000 millones de dólares y las exportaciones a los países del mismo grupo, 94.000 millones.

La Unión Europea es el tercer socio comercial de Venezuela después de Estados Unidos y de la Comunidad Andina, aunque el comercio exterior de Venezuela ha experimentado cambios importantes, entre otras razones por la congelación de sus relaciones con Colombia anunciadas por el presidente Chávez el 28 de julio de 2009. Las exportaciones venezolanas se mantuvieron relativamente estables en el último lustro, excepto en 2003 cuando el comercio registró una gran depresión debido a la crisis económica que padeció el país, el riguroso control de cambios y, sobre todo, a los problemas que enfrentó la industria petrolera. El crudo y los metales comunes constituyen el grueso de las exportaciones venezolanas.

• Según el Instituto Nacional de Estadísticas (INE), las exportaciones de Venezuela a la UE, en los primeros once meses de 2005, alcanzaron a 1.144 millones de dólares, lo que representó un 10,3% del total de exportaciones.

• El 70% de las exportaciones venezolanas a Europa está constituido por materias primas, especialmente productos minerales, metales comunes y productos químicos.

• Desde noviembre de 2005, en virtud del Sistema de Preferencias Generalizadas, aprobado por la Comisión Europea para el período 2005-2015 para ayudar a los países en vías de desarrollo a reducir la pobreza, 85% de las exportaciones venezolanas entran en Europa exentas del pago de aranceles.

Por otra parte, las importaciones venezolanas desde Europa han ido disminuyendo en los últimos años. Las inversiones europeas en Venezuela en 2002 ascendían a 188 millones de dólares; en 2005 descendieron, sumando 71 millones de dólares (8% del total recibido), y ocuparon el tercer puesto después de las Islas Caimán y Estados Unidos. Las inversiones se hicieron principalmente en el área petrolera, en telecomunicaciones, transporte, en el sector financiero y en cadenas comercializadoras. España fue el mayor inversor europeo en Venezuela, en 2005.

El comercio de la Comunidad Europea con América Latina se resentirá aun más debido a la crisis económica que ha incidido negativamente sobre los niveles de producción y de consumo. Se espera que se recupere gradualmente con la probable superación de la crisis durante 2010. Además, en la XIX Cumbre Iberoamericana de los Jefes de Estado realizada en Portugal, Escorial, entre el 29 de noviembre y el 1° de diciembre de 2009, se acordó promover las corrientes comerciales entre la región y Europa, relanzando una nueva ronda de contactos entre Europa y el MERCOSUR, América Central y la Comunidad Andina de Naciones. Rol fundamental está jugando ya en ese sentido el gobierno español que, durante el primer semestre de 2010, asumió la presidencia de la Unión Europea. En tal sentido el presidente español, José Luis Rodríguez Zapatero, anunció que la UE tratará de firmar acuerdos comerciales con las tres áreas. Las negociaciones entre Europa y América Central se encuentran ya adelantadas y para avanzar en las otras el presidente español mantuvo encuentros con sus colegas latinoamericanos, incluidos Luiz Inácio Lula da Silva y Cristina Fernández, con el fin de fijar un calendario técnico que permita avanzar en las negociaciones.

3. Japón

Cuando terminó la Segunda Guerra Mundial, en Tokio quedaba sólo un 10% de los edificios en pie. En algunas otras ciudades ese porcentaje era inferior. En Hiroshima y Nagasaki no quedó piedra sobre piedra; desaparecieron árboles, edificios, gente. El presidente de los Estados Unidos, Harry Truman, por muchas razones admirable, no dejó de dormir tranquilo –le contaba en carta a su mamá– después de las bombas atómicas arrojadas. Pensaba en cuántas vidas se habían salvado al acelerar la rendición de Japón. Veinte años después Japón era la segunda economía del mundo.

- El PIB de Japón (US$ 4.300 billones en 2007) sólo es superado por Estados Unidos y es el doble del de Alemania.
- En su pequeña superficie de 377.835 Km2 Japón produce más del 70% de todo el PIB de Asia.

- Su producción de bienes y servicios es seis veces mayor que la de China.

- En los últimos cincuenta años su economía creció más que la estadounidense, a pesar de su aletargamiento en toda la década de 1990, superado hacia el 2003.

- Sus 128 millones de habitantes perciben un ingreso por persona de más de US$ 34.000 anuales.

- Su moneda, el yen, es la tercera más transada del mundo, después del dólar y el euro, lo cual explica su sobresaliente actuación en el mercado financiero mundial.

- El crecimiento de la economía japonesa durante el primer trimestre de 2009 alcanzó el 4%.

- La disminución de las exportaciones a Estados Unidos y a China hizo descender la tasa de crecimiento del 2% en 2007 al 1,4% en 2008. Dicha tasa sería levemente menor en 2009.

- La tasa de inflación en 2008 duplicó la del año anterior para situarse en 1,4% y sería levemente superior (1,5%) en 2009.

- Japón es un país bastante igualitario; la diferencia entre los más pobres y los más ricos es de unas cinco veces. (El decil más bajo de la población absorbe el 5% del ingreso y el decil más alto, el 21%.)

El consumo privado es motor importante del crecimiento japonés. Su comportamiento exportador, a pesar de la crisis mundial, será muy favorable debido a la continuada demanda de China y de toda la región asiática. Sin embargo, su balanza comercial se verá constreñida por la recesión de la economía estadounidense, por la apreciación del yen y por los altos precios del petróleo. El déficit del comercio estadounidense con Japón superó los 6.000 millones de dólares en junio de 2008 (Yahoo España, 2008). Las claves del "milagro japonés" son: trabajo, disciplina, ahorro y una pasión inconmovible por innovar, lo que pareciera una paradoja en un pueblo tan aferrado a su pasado, a sus tradiciones.

Muchos japoneses son birreligiosos o discretamente agnósticos: en un sorprendente (para nosotros) sincretismo profesan el vetusto sintoísmo, cuyos inicios se ignoran, y un budismo mucho más reciente, casi de ayer para ellos (siglo VII antes de Cristo). El primero les inspira su amor religado con los antepasados, el emperador y el culto por la naturaleza; el budismo, con sus "cuatro nobles verdades", les enseña el camino al Nirvana que es cesación del sufrimiento proveniente del apego a las cosas, y sobre todo, refuerza su amor por la naturaleza, incitándolos a vivir de acuerdo con ella. La disciplina, la puntualidad, el respeto al otro, el orden y la higiene personal tienen arraigo y fundamento en una concepción teológica inspiradora de una particular cosmovisión. En ésta impera un orden ético equilibrado y una estética que es amor a la naturaleza, hecho excelencia.

El perfil económico del pueblo japonés se define por la práctica del ahorro:

- entre 1975 y 1987 la tasa nacional de ahorro fue del 32% del PIB;
- en Estados Unidos se situó en el 15%.
- Frugal, el japonés medio destina al ahorro el 14% de sus ingresos; 24% lo gasta en comida; 12% en transporte; 11% en educación; 10% en actividades culturales y de recreación; 6% en arreglo del hogar; 5% en vestido; 5% en electricidad.
- Los jóvenes pueden comprometer hasta 32% de sus ahorros en cualquier gasto o actividad extra; los viejos, más cautelosos, exigentes, selectivos, a pesar de que tienen más ahorros que los jóvenes (y menos tiempo para gastarlo) rara vez comprometen más del 13% de sus ahorros.

La devoción del japonés por su trabajo es legendaria; se antepone con frecuencia a la relación familiar que es casi religiosa; entre el trabajador y la empresa existe una lealtad mutua: el empresario le asegura el trabajo por toda la vida, y el trabajador hace del trabajo su vida. Se dice que esta alianza está perdiendo consistencia. Hoy el costo de despedir a un trabajador está entre los más altos del mundo; posiblemente el más alto. Se le debe abonar, entre otros conceptos, 90 semanas de sueldo.

Los recursos humanos, financieros e institucionales destinados a la investigación y el desarrollo en los sectores público y privado están entre los más cuantiosos del mundo. La robótica es uno de los campos en que investigación aplicada y explotación económica se fusionan. *Asimo* es un robot que camina erguido como ser humano y pronuncia algunas palabras. La exportación de robots en gran escala está en el horizonte cercano. El componente con que se los fabrica casi en su totalidad es importado. Los japoneses sólo agregan talento.

En Japón:

La educación es obligatoria desde los seis hasta los quince años.

- Hay 5.886 universidades (431 privadas).
- Más del 95% de los alumnos que terminan secundaria ingresa a la universidad. El 50% se gradúa.
- Toyota, en 2006, ganó cinco veces más dinero que sus ocho competidoras directas juntas. En su concepción, diseño, fabricación y distribución se aplica un riguroso sistema de "mejora continua". No se trata de seguir haciendo bien lo que se hace, sino que lo que se hace, se haga mejor cada día. Nada que ver con la visión "fordiana" del trabajo repetitivo *ad infinitum*.
- El *Rockefeller Center* en Nueva York es japonés.
- En 1989 la compañía japonesa Sony pagó 3,4 billones de dólares por la *Columbia Pictures* y sus propiedades.
- La cadena de discos CBS fue comprada por Japón en 1988 por unos 2.000 millones de dólares.

Japón y América Latina

El interés de Japón en América Latina es de larga data. Y su presencia en algunos países, en especial Brasil, tuvo fuerte impacto cultural. Pero la crisis de la deuda de América Latina en los años 1980 y la recesión nipona en los años 1990 aletargaron un tanto esa relación. Actualmente Japón intenta relanzar su presencia en la región aprovechando, en parte, el desinterés que Estados Unidos mostró por ella durante los ocho años de la presidencia Bush, y el propósito de competir con China especialmente en la colocación de maquinarias y equipos.

Japón firmó con México y con Chile sendos acuerdos de asociación económica los cuales trascienden el ámbito estrictamente comercial. Con Argentina, Brasil, Chile y México desarrolla programas de cooperación técnica que le permiten implementar proyectos que favorecen a los países más pobres de la región. Japón utiliza también a las agencias multilaterales, como Naciones Unidas, Banco Mundial y Banco Interamericano de Desarrollo, para acentuar de manera servicial y discreta su presencia en América Latina; es el mayor aportador de fondos extra-rregionales al BID (Banco Interamericano de Desarrollo). En ese contexto, cabe mencionar la política selectiva de Japón con respecto al ingreso de trabajadores extranjeros no calificados. Ya residen y trabajan en Japón unos 400.000 trabajadores latinoamericanos (casi 300.000 brasileños), hijos o nietos de japoneses nacidos en América Latina; las remesas a sus países de origen contribuyen a reducir los niveles de pobreza.

Según el Ministerio de Finanzas de Japón:
- América Latina se convirtió en 2007 en la región que más aumentó sus exportaciones a Japón, con un incremento superior al 18% con respecto al año anterior.

- No obstante, el incremento de las importaciones de Japón desde la región, éste obtuvo un superávit comercial que sobrepasó los 12.000 millones de dólares, 11% más que el obtenido en el 2006.
- México aumentó sus exportaciones a Japón más del 13% en 2007, y sus importaciones desde ese país crecieron casi el 11%; tuvo una balanza comercial negativa de casi 8.000 millones de dólares con el país nipón.
- En cambio, otros países de la región tuvieron con Japón una balanza comercial positiva: Chile tuvo un superávit en 2007 de 7.000 millones de dólares, y Brasil de 2.250 millones.

Aunque las diferencias en la economía, la religión y las culturas de Japón y de América Latina son enormes, como el objetivo último de la actividad económica es el bienestar material y espiritual de la humanidad –"desarrollo de todos los hombres y de todo el hombre"– es mucho lo que América Latina puede "importar" de Japón: el respeto por el prójimo (jamás se critica en público a nadie), el orden, la disciplina, la limpieza de los lugares públicos, el cuidado amoroso de la naturaleza, la capacidad de innovar. Y América Latina, en reciprocidad, quizá pueda enriquecerlos con su sentido "holgoso" de la existencia.

Poco importantes habían sido las relaciones comerciales entre Japón y Venezuela, comparadas con las que mantenía con Brasil, Chile o México, hasta agosto del 2007 y abril del 2009, cuando se firmaron diversos acuerdos sobre temas energéticos. Las relaciones diplomáticas entre ambos países se establecieron en agosto de 1938. A pesar de que en 1965 se firmó un convenio de voluntariado social para la provisión de asistencia técnica a partir de acuerdos bilaterales, la vinculación cultural y económica entre ambos países ha sido tenue.

Actualmente la inversión japonesa en Venezuela ronda los 900 millones de dólares. Este resultado es un progreso importante con respecto a la situación una década atrás. Hasta el año 2004, según el Ministerio de Finanzas de Japón, el comercio mutuo no superaba los 1.000 millones de dólares: Venezuela exportaba a Japón principalmente aluminio, mineral de hierro y cacao, e importaba sobre todo maquinaria pesada y automóviles. La balanza comercial favorecía a Japón en una relación de 5 a 1.

En agosto del 2007 ocurrió un cambio, se dio un importante paso en la ampliación de las relaciones comerciales entre ambos países cuando se acordó que dos compañías japonesas (Marubeni y Mitsui) comprarían a PDVSA dos millones anuales de barriles de petróleo de alta calidad. El firme interés de Japón en fortalecer y ampliar su relación con Venezuela en materia energética, responde a su estrategia de reducir su vulnerabilidad en cuanto al aprovisionamiento de energía: Japón depende en 90% de sus compras en Oriente Medio. Dentro de tal propósito, el 6 de abril de 2009 se firmaron en Tokio doce convenios estratégicos en materia energética que implicarían la inversión en Venezuela de 33.500 millones de dólares, en los cinco años siguientes. Entre los acuerdos firmados en Tokio se destacan cuatro *memoranda* de entendimiento para la formación de una empresa mixta entre la petrolera venezolana PDVSA y compañías japonesas (Marubeni, Itochu, Mitsubishi y Mitsui) que participarían en la explotación del Proyecto Mariscal Sucre de gas natural licuado para desarrollar las enormes reservas gasíferas costa afuera de la Península de Paria. Otro acuerdo se refiere a un estudio para determinar la factibilidad de un proyecto para el desarrollo del Bloque Junín 11, de la Faja Petrolífera del Orinoco, conjuntamente entre PDVSA y Mitsubishi, INPEX y JPGMEC. Además de los doce acuerdos firmados se resolvió establecer una comisión mixta para impulsar la alianza energética, financiera, industrial, económica y científico-técnica entre ambos países.

Las relaciones comerciales entre ambos países no se deterioraron por las declaraciones del embajador del Japón, Yasuo Matsui, en 2007, quien al dejar su cargo después de tres años en Venezuela, aseguró:

> Los japoneses somos más socialistas que el presidente Chávez porque las diferencias en la calidad de vida entre los ricos y pobres en Japón son mucho menores que las que se ven en Venezuela. La clave no está en la ideología, sino más bien en la filosofía. Lo importante no es que un gobierno sea capitalista o socialista, sino en cómo organiza a la gente para que sea más productiva y supere la pobreza. El desafío para Venezuela es convertir la riqueza petrolera en calidad productiva (Matsui, 2007).

Tal declaración, quizás improcedente, pero irrefutable, mereció una enérgica nota de protesta de la cancillería venezolana. El socialismo tiene muchas caras. Y muy diferentes resultados según dónde y cómo se lo viva. Habida cuenta del interés del gobierno del presidente Chávez en diversificar sus mercados petroleros y reducir en lo posible su dependencia de los Estados Unidos, es de esperar que estos convenios y acuerdos se concreten. Cerca de mil japoneses residen en Venezuela.

4. China

En las últimas décadas se viene produciendo un cambio dramático, de escala universal, no siempre percibido en toda su magnitud y trascendencia. China está cambiando al mundo. Su activa participación en la economía y la política internacionales acelera el avance hacia un mundo multipolar, y por lo tanto, más participativo y sin la predominación de un único poder, a veces arrogante y excluyente. El eje de la economía y de las finanzas se está desplazando del Atlántico al Pacífico.

En tal sentido importa destacar que el despertar de China promueve un "mundo armonioso". Su indeclinable apoyo al multilateralismo ha sido siempre el principio de su política exterior como instrumento democratizador del poder mundial. La creciente gravitación de China -y en menor medida de India (juntos suman unos 2.000 millones de habitantes, esto es: la tercera parte de la población mundial)-, alteró ya el volumen y las interacciones de la economía mundial. China, el gigante, despertó.

El gran país asiático ofrece al mundo un modelo de desarrollo económico y social alejado por igual, en su pragmatismo, del "capitalismo salvaje" y de un pretendido socialismo realista incapaz de transformar, mejorándola, la realidad social. China, bajo el principio político de "un país, dos sistemas", ejerce la autoridad política en territorios con regímenes económicos distintos: Hong Kong (británico) y Macao (portugués).

China es el país más poblado del mundo: 1.314 millones de habitantes (2006); con un incremento demográfico anual de unos 10 millones de personas, para 2043 tendrá 1.550 millones de habitantes y se estabilizará en torno de esa cifra. Las parejas chinas, por la Ley del Hijo Único, si tienen más de un vástago sufren diversas sanciones; en el campo son permitidos dos si el primero es mujer. "Es mejor criar cisnes que tener hijas", según un dicho popular chino. A principios de 2008 el ministro de la Comisión Nacional de Planificación Familiar, ante rumores sobre posibles cambios en la política familiar -una de las más estrictas del mundo-, sostuvo que en la década siguiente unos 200 millones de ciudadanos ingresarían en la edad de procrear y que abandonar ahora la norma del hijo único causaría graves problemas y agregaría más presión al desarrollo social y económico.

- Los habitantes de China están desigualmente distribuidos en una extensión territorial de 9.596.560 km2.
- Es el cuarto país más extenso después de Rusia, Estados Unidos y Canadá, y el que limita con más países: catorce.
- La superficie cultivable comprende sólo un 11% de su extensión y padece acelerado proceso de desertificación.
- En promedio, las explotaciones agrícolas no pasan de una hectárea (menos que la mayoría de los conucos venezolanos). Por ello, no es de extrañar que China requiera importar grandes cantidades de alimentos: soya, maíz, carne, lácteos.
- Su Producto Interno Bruto es el segundo del mundo, con casi 3 billones de dólares.
- Es el país con el mayor volumen de reservas internacionales del globo: cerca de 2,2 billones de dólares, unas tres veces las reservas de toda la Unión Europea.
- El *Financial Times* afirma que "China ha sido la más grande economía del mundo en 18 de las 20 centurias pasadas".
- Durante las dos últimas décadas China creció en torno del 10% anual, siendo su crecimiento entre enero y septiembre de 2009 de 9,9%.
- El gobierno chino se propone lograr un crecimiento del 8% de su Producto Interno Bruto en 2010.

Pragmatismo y estrategia

Desde el advenimiento al poder de Deng Xiaoping a finales de los años 1970,[10] no como jefe de Estado ni cabeza de gobierno pero sí como líder indiscutido de la república, el gobierno chino tomó en 1987 la decisión de acelerar el desarrollo económico mediante la denominada estrategia de los tres pasos:

---

[10]   "En este hombre pícaro e iluminado predominaba la mirada estratégica por sobre la rigidez ideológica" (AGUINIS, 2009).

1. duplicar el Producto Nacional Bruto (PNB), resolver el problema de la alimentación y el vestido del pueblo, lo que se hizo realidad en términos generales a finales de los años 1980;
2. cuadruplicar el PNB de 1980 para fines del siglo XX, meta que se cumplió anticipadamente en 1995;
3. para mediados del siglo XXI, realizar en lo fundamental la modernización, elevar el PIB per cápita hasta el nivel de los países medianamente desarrollados y hacer que el pueblo goce de una vida relativamente holgada.

El logro de tales metas se fundamentó en la apertura económica al exterior y la adopción de la llamada "economía socialista de mercado" o "socialismo con características chinas". Lo que es bueno para China y los chinos, es bueno, de acuerdo con el remanido apotegma de Deng Xiaoping: "No importa de qué color sea el gato, siempre que cace ratones". (Deng murió en 1977 a los 92 años, enemigo del culto a la personalidad, recoleto: estaba persuadido de la necesidad de concentrar el poder político para ejecutar las reformas económicas que traerían al pueblo chino primero bienestar y con éste, después, libertad.) Los cambios continuaron: en 1979 Coca-Cola anunció que abriría una gran planta en Sanghai. Desde 1981 China avanza con pragmatismo en las llamadas "cuatro modernizaciones": de la economía, la agricultura, el desarrollo científico y tecnológico y la defensa militar. Los opositores de Deng, impacientes, clamaban por una quinta modernización: la de la democracia. La apertura a la globalización con el vuelco hacia el capitalismo impulsado por el líder chino adquirió fuerza de compromiso, finalmente, en diciembre de 2001, cuando China ingresó en la Organización Mundial de Comercio.

La cuidadosa mesura en el ejercicio del método de ensayo y error, el probar determinadas políticas en espacios regionales muy delimitados y observar su comportamiento antes de extenderlo a más vastas zonas; evaluar la aproximación a empresas transnacionales en experiencias particulares antes de adoptar políticas generalizadas, es la esencia de su metodología en la adopción de las grandes estrategias. Por otra parte, el celo misionero, la férrea determinación, la disciplina para lograr los objetivos, sean ellos "los tres pasos" o "las cuatro modernizaciones", caracterizan el comportamiento chino con respecto a la adopción y ejecución de estrategias, a lo cual ayuda la centralización y monopolio del poder político, la "dictadura" del partido que permite lograr más fácilmente consensos en la cúpula con excluyente poder decisorio. Actualmente el 70% de la economía china está ya en manos privadas; el Estado maneja sólo el 30% restante. Durante los próximos diez años se privatizarán más de 100.000 empresas. China comunista es ya, por su población, el principal país capitalista del mundo globalizado, el que tiene las más altas tasas de crecimiento y muestra el más rápido ritmo de aumento de sus exportaciones.

Con cauteloso pragmatismo el gobierno chino impulsó la privatización de sus 42 empresas más importantes colocando el 100% de sus acciones en los mercados internacionales. Los cuatro bancos estatales más importantes (Banco de China, Banco de la Construcción, Banco Agrícola y Banco Industrial y Comercial), que detentan casi el 70% del total de activos financieros del país, cotizan en las bolsas de Hong Kong, Frankfurt y en *Wall Street*. El Banco de China contrató a un prominente banquero estadounidense como gerente de crédito, responsable de las operaciones crediticias nacionales e internacionales. Esta apertura estratégica hacia el mercado capitalista internacional que seguramente hubiera perturbado la dogmática ortodoxia de Mao Tse Tung, permite que el *Bank of America* adquiera por 2.500 millones de dólares, el 9% de la totalidad de las acciones del estatal Banco de la Construcción. Lo que es bueno para China y los chinos, es bueno; se acabaron los dogmas, se imponen la realidad y la conveniencia.

China se abrió al capitalismo con importante dosis de realismo y con cierto cinismo ideológico. Mantiene creciente relación con el capitalismo estadounidense, japonés, asiático y europeo. Hong Kong no es la única excepción en cuanto a la apertura económica y, en este caso, también política, en correspondencia con el principio de "un país, dos sistemas";[11] mañana lo será Taiwán. El gobierno tiene muy en claro que en la transformación política no aceptará imposiciones de modelos ajenos: "Hay diferentes medios para lograr la democracia", según afirmó el primer ministro Wen Jiabao, "debemos concentrar nuestras energías y recursos en desarrollar las fuerzas productivas y promover la igualdad social y la justicia."

Hacerse rico es glorioso

Deng insistía en que "socialismo no significa pobreza compartida", y en que la meta es reducir las diferencias entre ricos y pobres, no empobreciendo a los ricos, sino enriqueciendo a los pobres. Para el gobierno chino ser rico no es malo; lo malo es ser pobre, y ello es válido para los individuos y las empresas públicas y privadas. "Para lograr el desarrollo económico hay que acumular riqueza", insiste Li Jiaxiang, presidente de Air China. La cantidad sorprendente de vehículos Rolls Royce, Bentley, Ferrari, Audi A6, Mercedes y BMW, propiedad de chinos prósperos, que circula por las ciudades, vale por muchos discursos. Los grandes modistos engalanan a quienes hasta hace pocos años hacían de la uniformidad en el vestir un culto.

---

[11]   Según *The Datamonitor Group*, el número de residentes de Hong Kong con más de 1 millón de dólares en activos líquidos en la ciudad, se elevará en 2011 de 51.000 a 83.000.

- El 26 de enero del año 2007 la gran joyería francesa *Cartier* anunció que abriría diez sucursales más en China.

- *Morgan Stanley* predice que muy pronto la China tendrá más de 100 millones de consumidores de productos de lujo y no es de extrañar: se calcula que ese número de personas posee una fortuna superior a los 10 millones de dólares.

- Ermenegildo Zegna tiene ya en operación cuarenta grandes negocios en veinticuatro ciudades chinas.

- Giorgio Armani planea abrir treinta tiendas en los próximos dos años.

- Gucci acaba de inaugurar dos tiendas más y, al igual que Prada, ya tiene seis negocios.

- El Songjian Hotel, en Shangai, es considerado el más espectacular del mundo.

- El edificio más alto de China, el Shangai Hills, con 104 pisos y 492 metros de alto, funcionará como Centro Financiero Internacional, y sus predios fueron rentados a empresas extranjeras antes de estar terminada su construcción. Las oficinas más amplias –de 3.300 m2– se alquilan por 10.890 dólares ¡por día!

- Las transacciones inmobiliarias efectuadas en 2006 en China sobrepasaron los 9.000 millones de dólares.

- En el 2005 la inversión privada extrajera en el mercado inmobiliario chino fue el 60% del total, a pesar de que aún hay ciertas restricciones para la adquisición de bienes por parte de extranjeros.

- Y como todo no puede ser lujo, refinamiento y ni siquiera buen gusto, o respeto por la sofisticada y milenaria tradición culinaria, Yum Brands opera 2.400 locales de comida rápida con las marcas KFC, Pizza Hut y Taco Bell. En 2007 abrieron 400 locales más para deleite de los chinos, quienes comen en locales de comida rápida con más frecuencia que los estadounidenses.

- Más de 200 millones de chinos, es decir un 22% de la población, padece sobrepeso.

- Los automóviles deportivos importados en 2007 por China –segundo mercado mundial de vehículos después de Estados Unidos– superaron por vez primera a los autos importados de turismo.

- En 2010 China se está convirtiendo en el principal mercado de la industria automotriz en el mundo.

Según anunció a principios de 2008 el *Shanghai Daily*, un conglomerado de entidades estadales y empresarios privados chinos decidieron construir el segundo rascacielos más alto del mundo después del Burji Dubai, en los Emiratos Árabes Unidos. La torre china tendrá 580 metros y estaría terminada en 2010. Ya lo había proclamado Deng en los comienzos de los años 1990: "Hacerse rico es glorioso".

La propiedad privada

El Congreso Nacional del Pueblo, después de doce años de intenso debate, aprobó el 16 de marzo de 2007 una *Ley de Igual Protección a la Propiedad Privada que a la propiedad pública*. La economía socialista de mercado reconoce iguales derechos a la propiedad estatal, colectiva o la privada. La nueva ley ampara desde artículos de uso diario hasta herencias individuales y contempla indemnización para las expropiaciones. Fundamentalmente dicha ley proporciona seguridad jurídica, estabilidad y las garantías necesarias a los emprendimientos individuales; fue aprobada por el 96,9% de los legisladores; de los 2.978 legisladores sólo 90 se opusieron a ella. La ley no afectó a las tierras de cultivo, propiedad colectiva cedida por el Estado en usufructo a los campesinos que la explotan, quienes ni siquiera pueden utilizarla como garantía de asistencia crediticia. Pero por primera vez en la historia china se abolieron los impuestos a la producción agropecuaria.

Por otra parte, China ofreció a los inversores extranjeros un generoso paquete de incentivos fiscales, un marco regulador muy flexible en política laboral, muy bajos salarios, seguridad jurídica, orden y disciplina social impuestos por el partido único y por un gobierno autoritario, que se abre liberalmente en el campo económico, pero que es absolutista, centralista y autoritario en el ejercicio del poder y del control políticos.

El comercio

Es sorprendente el aumento de las exportaciones chinas gracias a la conquista de nuevos mercados en los más remotos lugares del mundo. Además, parte importante de la producción nacional se destina al mercado interno, evitando así el desborde de las importaciones. Se exporta todo lo que se puede, se importa lo imprescindible, lo que no puede producirse localmente. Resultados de esta política es que durante el año 2006 se registró un fuerte aumento de la producción y una disminución de las importaciones y que en 2008 China se convirtió en exportador neto, agregando unos 2 millones de toneladas de bienes al comercio mundial.

El comercio fue antiguamente la más importante palanca del crecimiento económico chino. La "ruta de la seda" enlazó a China con el Occidente y la dinastía Ming difundió la civilización y la tecnología de su tiempo mientras vendía seda y porcelana. Hoy el comercio constituye más del 60% de su PIB. Particularmente notable es que la composición de las exportaciones chinas hacia otros países se enriquece cada día con mayor valor agregado. Importa materias primas y, en gran medida, las reexporta enriquecidas y transmutadas gracias a su alto desarrollo científico y tecnológico, a su conocimiento. Por ejemplo, en 2010 China copa la mitad del mercado mundial de textiles que actualmente supera los 400.000 millones de dólares anuales. (Un obrero textil chino gana 0,45 dólares la hora; un europeo recibe casi 5 dólares.) A finales de 2006 desplazó a México y América Central como exportadores de textiles y vestidos a Estados Unidos.

Hoy día más de 220 países y regiones tienen relaciones comerciales con China. Los principales destinos de sus exportaciones son: Estados Unidos, Hong Kong, Japón, Corea del Sur y Alemania. Los principales países de origen de sus importaciones son: Japón, Taiwán, Estados Unidos, Corea del Sur y Alemania.

- En 2007 China se convirtió en la segunda potencia comercial del mundo desplazando a Alemania.
- En 2006 exportó casi un billón de dólares e importó 800.000 millones.
- Se supone que sobrepasará a los Estados Unidos, como el mayor *trader* del planeta, en 2010.
- Según el Fondo Monetario Internacional, en 2007 China participaba con un 10% en el comercio mundial, mientras en 2000 absorbía sólo el 4% del mismo.
- En 2007, el volumen de su comercio exterior se situó en 2,17 billones de dólares, casi cuatro veces mayor.
- El superávit comercial con el resto del mundo subió más del 47% en 2007, alcanzando más de 262.000 millones.
- China es el segundo importador mundial de mineral de hierro y es el mayor comprador de productos metalúrgicos.
- Consume el 40% del cemento que se produce en el mundo, el 30% del mineral de hierro, el 27% del acero; 25% del aluminio y 20% del cobre.
- Su creciente demanda de insumos es la principal causa del aumento en los precios de las materias primas.
- Las importaciones chinas aumentaron, en el total de las importaciones mundiales, entre 2000 y 2004, de 11 a 17% con respecto al cobre; de 7 a 9% en relación con el hierro y el acero; de 3 a 9% en el caso del zinc y de 5 a 8% en lo que respecta al estaño.
- En 1990, un 52% de las exportaciones chinas tenían poco valor agregado; diez años después China exportaba un alto porcentaje del total mundial de bienes de alta tecnología.
- Más del 60% de las exportaciones chinas provienen de empresas multinacionales estadounidenses, europeas y japonesas radicadas en China.
- Casi el 90% de las exportaciones de bienes tecnológicos tiene ese origen.

Las importaciones petroleras ocupan un lugar notable en el comercio internacional de China. En 2004 este gigante consumió 6.400.000 barriles diarios de petróleo y pasó a ser, según la Agencia Internacional de Energía, el segundo consumidor mundial (Estados Unidos consume más de 20 millones), superando a Japón, que consume un millón de barriles diarios menos. En ese año, China importó 40% del petróleo que consumió. La supremacía de este actor de la economía global es evidente con respecto a Estados Unidos, en cuanto al consumo de diversos productos, por lo menos desde 1973.

CHINA Y ESTADOS UNIDOS
Consumo de algunos productos primarios y manufacturados
2000-2004

	Año	China	E.U.	Años en que China superó a E.U.
Carne (millones de Tons.)	2004	64	38	1992
Petróleo (millones de b/d)	2004	6,5	20,4	–
Carbón (millones de Tons.)	2003	800	574	1986
Acero (millones de Tons.)	2003	258	104	1999
Granos (millones de Tons.)	2004	382	278	1973
Fertilizantes (millones de Tons.)	2003	40	20	1986
Usuarios de teléfonos móviles (millones)	2003	269	259	2001
Frigoríficos (millones producidos)	2001	14	12	2000
TV en uso (millones)	2000	374	243	1987
PC en uso (millones)	2002	36	190	–
Flota de vehículos (millones)	2003	24	226	–

Fuente: Brown, L. (febrero de 2005), *China is Replacing the United States as World's Leading Consumer*, Earth Policy Institute.

Inversiones y crecimiento

China es actualmente el principal destino de las inversiones extranjeras directas en el mundo y su impacto sobre el crecimiento es notable. La inversión extranjera se ha triplicado durante los últimos diez años y China recibe incluso más inversiones extranjeras que todos los países latinoamericanos y del Caribe en su conjunto. Según la agencia oficial Xinhua, en 2007 China recibió 75.000 millones de dólares y, algo que mucho importa, los impuestos pagados por las empresas extranjeras radicadas en China representan el 20% de todo lo recaudado por la Hacienda nacional. Desde que inició sus reformas económicas, hace treinta años, su crecimiento se sitúa en un promedio de casi 10% anual y esta gran locomotora no se detiene. En los últimos años ese crecimiento sorprendente se ha debido principalmente al aumento de la inversión nacional y extranjera, y de las exportaciones, lo que permitió que el PIB se triplicara en apenas una década (1997-2007), llegando a los 2,26 billones de dólares.

A pesar de la crisis global, China podrá seguir creciendo en más del 7% anual en los próximos diez años pero antes, dentro de cinco, pasará a ser la segunda potencia económica del mundo, y antes de 2050 desplazaría a Estados Unidos y se convertiría en el mayor poder económico de la Tierra.

- Bancos extranjeros son socios en un 25% (máximo permitido por ley) de los cuatro bancos estatales más importantes del país.
- La inversión extranjera directa fue de casi 84 billones de dólares en 2007.
- Sólo las inversiones inmobiliarias extranjeras en China en 2006 crecieron un 69% con respecto al año anterior y sumaron 9.000 millones de dólares.
- En los últimos diez años las exportaciones de China han crecido casi en un 20% comparado con un aumento del 6,9% en Estados Unidos y un 5,4% en Europa.

- Desde 2004 es el mayor exportador de computadoras del mundo y el más grande productor minero.
- China produce el 25% de la cerveza en todo el mundo: el 80% de las guitarras, el 50% de las computadoras; el 16% de los refrigeradores; el 80% de los violines; el 70% de los zapatos de cuero; el 80% de las bicicletas; 14% de los automóviles; el 60% de las baterías; el 48% de los celulares; el 80% de los DVD, el 90% de los juegos electrónicos...
- Consecuencia de la crisis global: la reducción de la demanda de las exportaciones; en 2008 y 2009 tuvieron una merma importante.

La preocupación de las autoridades chinas no es, como suele acontecer, la falta de crecimiento, sino por el contrario, el exceso de producción que, en un momento de retracción de la economía mundial, como acontece en la crisis actual, podría no ser absorbida. La inflación, hasta ahora controlada, y la persistente subvaluación del yen,[12] son otros de los temas de preocupación. La inflación en febrero de 2008 llegó a 8,7%, la más alta en doce años. En 2009 la inflación fue de casi 6%. El reciente repunte inflacionario se debió principalmente al aumento, en el primer trimestre de 2008, en los precios de los alimentos. Las autoridades chinas se enfrentan así al dilema que plantea, por un lado, la desaceleración de la economía mundial que pone en riesgo su propio crecimiento, y un posible aumento en la tasa de inflación. De acuerdo con las conclusiones del XVII Congreso del Partido Comunista para el cual el crecimiento es el principal objetivo, no parecería probable que lo limitaran severamente en aras de

---

[12]   En julio de 2005 el yen fue revaluado en un 2,1%. Estados Unidos y otros países reclaman que aún sigue estando subvaluado en más de un 30%. El yen fluctúa contra una canasta de monedas de acuerdo con un sistema de cambio flotante controlado (*Manage Floating Exchange-Rate Regime*).

una contención inflacionaria. No sorprendería pues que la inflación aumentara en el corto plazo. A esto podría contribuir también la importante elevación del impuesto a los combustibles en junio de 2008.

A fines de marzo del 2009 se concretó el ingreso de China en el Banco Interamericano de Desarrollo como su socio número 48; es el tercer país de Asia oriental miembro del BID; Japón y Corea ingresaron en 1976 y 2005, respectivamente. El Banco Interamericano es la mayor fuente de financiamiento, a largo plazo, de América Latina y el Caribe; en 2009 canalizará recursos a esta región por unos 12.000 millones de dólares.

- Con una población de más de 1.300 millones de habitantes, el Producto Per Cápita chino apenas llega a 6.000 dólares por año; 42.000 dólares en Estados Unidos; 34.000 en Alemania; 7.300 en México; 5.026 en Venezuela; 4.800 en Argentina.

- Hace veinticinco años unos 200 millones de chinos vivían en pobreza extrema; hoy suman unos 30 millones.

Al ingresar en el BID, China anunció que contribuirá, inicialmente, con 350 millones de dólares para el otorgamiento de préstamos blandos a los países miembros más pobres: Bolivia, Guyana, Haití, Honduras y Nicaragua. Los fondos se emplearían para fortalecer la capacidad institucional de gobiernos, municipios y de la empresa privada, apoyar a la pequeña y mediana empresa y a las microempresas. "La incorporación de China al BID le otorgará a ambas partes una nueva plataforma y oportunidad para un aumento en el comercio y la inversión bilateral y para una mayor colaboración tecnológica. Es una decisión en que todos ganan y que sirve al interés de todos", dijo en la ocasión el embajador de China en Estados Unidos (Wenzhong, 2009).

Para los dirigentes chinos un gran crecimiento económico es *conditio sine qua non* para combatir la pobreza y la inequidad; reconocen que el crecimiento solo no basta: veinte millones de chinos se trasladan todos los años del campo a las ciudades y comienza a crecer la marginalidad. Realidades como ésta los obliga a prestar igual atención a las políticas que hacen posible una distribución más amplia y eficiente de la riqueza generada. Para lograr mayor equidad social se están haciendo grandes inversiones en la educación básica, en las áreas rurales y en la extensión hacia el campo de planes de salud y de bienestar modernos como los vigentes en las ciudades. Todavía, sin embargo, los campesinos añoran a los "médicos descalzos" que la imaginación de Mao puso al servicio de millones de chinos para atender sus necesidades primarias y promover la medicina preventiva.

Ciencia y tecnología

China superó ya a Estados Unidos como el mayor exportador de productos de tecnología para las comunicaciones y la información. Acaba de aprobar un programa que promoverá la innovación y la investigación, el uso de la Ciencia y la Tecnología con recursos que se propone aumentar sustancialmente en los próximos quince años. La Academia de Ciencias de China, los centros docentes superiores, los departamentos de producción, los departamentos de defensa nacional y los organismos locales concernientes constituyen el gran sistema de investigación científica de China. En él participan y coordinan su acción los creadores de conocimientos y los productores y distribuidores de bienes y de servicios. Uno de los muchos campos en los cuales se han logrado avances tecnológicos y científicos en escala universal es el de la investigación, producción, lanzamiento y recuperación satelital de sensibilidad remota y de telecomunicaciones, así como en pruebas de naves espaciales tripuladas.

- El financiamiento del programa para la investigación y la innovación ascenderá de US$ 26 billones en 2004 a 110 billones en 2020.

- China continúa con su programa masivo de posgrado en los mejores centros académicos del mundo, para los graduados de sus universidades. Gradúa el doble de los estudiantes universitarios que Estados Unidos.

- En Estados Unidos hay más de 100.000 estudiantes universitarios chinos.

- China tiene más de 190 universidades extranjeras que otorgan títulos habilitantes.

- Es la primera usuaria de Internet a nivel mundial.

- En junio de 2008 había 253 millones de personas *on line* y en Estados Unidos, 20 millones menos que en China.

- Ha declarado prioridad nacional convertir a cien de sus universidades en centros de excelencia a nivel mundial.

- Al mismo tiempo, está repatriando a miles de profesores, investigadores y científicos chinos que trabajan en empresas, universidades y centros de investigación en muchos países.

- Desde 1981 se han obtenido 552.000 logros científicos y tecnológicos de los cuales un 20% han alcanzado los más altos niveles mundiales.

- Se establecieron más de un millar de zonas de desarrollo de alta tecnología.

- Más de 600 logros, resultado de investigaciones en esas zonas, han sido incorporados a la industria.

En cuanto a las Ciencias Sociales, más de 100.000 personas se dedican a su estudio. La academia correspondiente, fundada en 1977, posee y coordina la labor de investigación de 31 institutos y 45 centros que cuentan con 3.200 investigadores del más alto nivel, con dedicación exclusiva.

Modelo con reservas

China está lejos de ser modelo imitable en muchos aspectos fundamentales: la libertad de expresión no ha avanzado mucho desde la sangrienta represión ocurrida el 4 de junio de 1989 en la plaza de Tiananmen. Los derechos humanos, por ahora, importan menos que el éxito de las estrategias económicas: las crecientes desigualdades en el ingreso de sus habitantes son ya llamativas y potencialmente explosivas. La brecha entre los pocos que empiezan a tener mucho y los muchos que siguen teniendo poco, el desnivel económico entre el sector rural y el urbano y entre las regiones de este inmenso país, más la corrupción –aunque está penada con la muerte–, son algunos nubarrones en el horizonte político y económico de China. La diferencia de ingresos entre sus habitantes es todavía menor que en América Latina, pero China es ya uno de los países más desiguales del mundo. Tal diferencia irritante y potencialmente desestabilizadora es obvia cuando se compara el nivel de vida de ciudades como Shangai o Pekín –similares al de las ciudades más afluentes del mundo– con las privaciones de millones de chinos que se desviven en los campos. Para combatir tamaña desigualdad el presidente Hu Jintao se propone avanzar en la construcción de una "sociedad armoniosa". Más del 90% de los 3.300 chinos que poseen un capital superior a los 14 millones de dólares, son hijos de altos funcionarios del Partido. No es de extrañar, por ello, el crecimiento extraordinario de empresas que brindan seguridad personal a los nuevos ricos; son ya más de 2.700 y emplean a 2 millones de personas.

- En China el 20% más pobre de la población posee sólo el 4,7% de los ingresos totales. El 20% más rico dispone del 50%.
- La clase alta, en promedio, es diez veces más rica que la clase pobre.
- Entre 2006 y 2007 el número de chinos que tiene más de 1.000 millones de dólares pasó de 15 a 108.
- China es el país con más mil-millonarios, después de Estados Unidos.

Con un país que comienza a rendir culto a la riqueza, la corrupción florece y se extiende. Según el periódico *China Daily*, en el primer trimestre de 2007 fue "mal usado un total de 4.000 millones de dólares". De acuerdo con la Oficina de Auditoría Nacional, el Partido Comunista durante 2006 castigó a 97.000 miembros suyos por corrupción y varios fueron ejecutados. Zheng Xiaoyu, principal funcionario antidrogas, lo fue por aceptar sobornos y aprobar la distribución de medicamentos falsificados. Según Amnistía Internacional, China ejecuta un promedio de veintidós personas por día y "es el primer país en términos de penas capitales". En 2008 se ejecutaron 1.718 personas de las 2.390 ejecutadas en el mundo (72%).

Desde el punto de vista económico-financiero (definición de prioridades, asignación de recursos, determinación y control de costos, etc.) la relación entre Estado y mercado aparece como una zona muy nebulosa, imprecisa. En la compleja dinámica de la estrategia político-económica, pudiera tratarse de un fenómeno propio de la etapa de transición de un Estado totalitario y excluyente, a un Estado con creciente apertura a las fuerzas del mercado. La flexibilidad y el realismo con que los dirigentes han sabido "navegar" en estos últimos treinta años, permite abrigar esperanzas de que ellos puedan encontrar las fórmulas para una armoniosa relación entre las prerrogativas del Estado, las exigencias del mercado y la libertad y bienestar de los ciudadanos.

Por otra parte, el "modelo de desarrollo chino", inédito, sorprendente, cínicamente realista, debería plantear algunos interrogantes fundamentales. En primer lugar aparece como modelo desideologizado, ¿comunista? Todavía dicen que sí. ¿Capitalista con creciente apertura a la economía de mercado? También, sí. ¿Contradictorio? Lo que importa son los resultados: unos 10 millones de chinos abandonan, anualmente, para siempre, la miseria. Pragmatismo sin recetas envasadas: lo que es bueno para China y los chinos, es bueno; el modelo se califica por los resultados concretos, palpables, no por etiquetas ideológicas. Liberalismo, marxismo, capitalismo salvaje, socialismo, socialdemocracia..., se busca eliminar la pobreza y, como en los países nórdicos, asegurar el bienestar de los ciudadanos "desde la cuna hasta la sepultura".

China, además, es paradojal: su desarrollo económico, acelerado, quemando etapas, se intenta –y se logra– desde una sociedad dual, que tiene algunos aspectos en común con las latinoamericanas: amplios sectores altamente tecnificados, de primer mundo, conviviendo con los más ínfimos niveles de una atrasadísima sociedad rural que abarca más de 700 millones de personas. Quizá China no sea el mejor ejemplo para América Latina en su búsqueda acelerada de una comunidad más igualitaria, pero su estrategia de crecimiento merece ser analizada, comenzando por sus prácticas comerciales, sus políticas de producción, su apertura a las inversiones extranjeras, su énfasis en la investigación y el desarrollo.

Existe así la posibilidad de que por primera vez en la historia de la humanidad una comunidad, que pronto sumará 1.500 millones de habitantes, logre un nivel aceptable de bienestar material y espiritual, enriquecido por el florecimiento de valores culturales que conjugan el culto a la naturaleza, la veneración por los ancianos y antepasados, el respeto por sus tradiciones, y mantenga su armoniosa religación con el mundo circundante. Para ello deberá superar algunas debilidades que podrían entorpecer su crecimiento (Bustelo, 2005), como es su extrema dependencia del petróleo importado. Se calcula que para 2030 China demandará 14 millones de barriles diarios, de los cuales tendrá que importar 75%. Otras limitaciones son: su reconocida insuficiencia de agua potable, la creciente desigualdad del ingreso y el evidente desempleo que, en algunas ciudades, se muestra en el comercio callejero, por ejemplo. Por otra parte, las políticas de control demográfico –cada pareja un solo hijo–, junto con la mayor expectativa de vida, contribuyen al envejecimiento de la población. Según Naciones Unidas, la población mayor de sesenta años, que en 2005 significaba el 12% del total, representará el 38% a mitad de siglo. Finalmente, debido a que China es el mayor receptor de inversiones extranjeras del mundo, la inversión directa extranjera controla, por lo menos, un tercio de la producción industrial y la mitad de las exportaciones. Los inversores internacionales prefieren invertir en China atraídos por los muy bajos salarios, por las garantías jurídicas a la propiedad extranjera (reforzada por la reciente ley sobre la propiedad) y por la disciplina laboral asegurada por un gobierno autoritario que no permite veleidades sindicales. Estas razones podrían cambiar a medida que aumenten los niveles de educación y de bienestar de la población.

China parece condenada a ser una superpotencia mundial.

- En diciembre de 2009 China superó a Alemania y se convirtió en el mayor exportador del mundo.
- Las exportaciones chinas en ese mes subieron 17,7% comparado con el mismo período de 2008.
- En 2009, las ventas chinas al exterior superaron los 1,2 billones de dólares.
- Los productos exportados por China son de escaso contenido tecnológico (zapatos, juguetes, muebles) mientras que Alemania exporta maquinarias y bienes de alta tecnología.
- Para China los ingresos por comercio exterior en 2009 fueron de 195.000 millones de dólares, y superó a Estados Unidos como el mayor mercado mundial de automóviles.

Muchos comparan esta etapa de su crecimiento con la de Inglaterra o Estados Unidos durante el proceso de industrialización en el siglo XIX. La diferencia consiste en que ambos países tardaron cincuenta años en duplicar su producto per cápita y China lo logró en menos de diez años (Burgo, 2008). En la actualidad:

> La democracia progresa paso a paso, diría Deng. Nada que genere disturbios o agriete el poder del Partido se tolera. No existe el derecho de huelga, ni el disenso sin castigo, ni que alguien se atreva a formar un piquete o hacer una pintada. La dictadura se ejerce en serio [...]. Han surgido movimientos secesionistas en el oeste musulmán y el sur tibetano. [...]. No hay espacio para la protesta. Se ven fuerzas de seguridad por todas partes con uniformes diversos y también vestidos de civil. Millones de personas están entrenadas para ejercer este trabajo de forma sistemática e inclemente [...] se puede transitar por cualquier sitio a cualquier hora, que no haya ni un papelito tirado en la calle o la vereda, que sólo se piense en trabajar y estudiar. ¿Es el paraíso? ¡Claro que no! ¿Hay peligro por la falta de instituciones democráticas fuertes? ¡Claro que sí! (Aguinis, 2009).

Otro problema preocupa en medio del sorprendente avance chino. Hasta ayer paraíso de impolutas bicicletas, hoy los cielos de Pekín agonizan por los altos niveles de dióxido de nitrógeno, que exceden en 78% las regulaciones de aire limpio. El rápido crecimiento económico ha tenido un alto costo: China es el segundo país más contaminador en el mundo; está satisfaciendo muchas deudas sociales con su pueblo que arrastraba la pobreza extrema por miles de años y, al mismo tiempo, está contrayendo una gran deuda con las generaciones futuras de todo el mundo. De las dieciocho ciudades más contaminadas de la Tierra, dieciséis están en China.

El mercado automotor chino es el segundo más grande del planeta. La ciudad capital es propietaria de *Beijin*

Automotive Industry Corp. que opera empresas conjuntas con Daimler-Chrysler y Hyundai Motor. El crecimiento previsto del parque automotor duplicaría hacia 2020 la demanda china de petróleo y podría aumentar las ya muy altas emisiones de gases con efecto invernadero. Además, como las gasolinas chinas contienen altos niveles de sulfuro, se requerirán inversiones cuantiosas para que produzcan gasolina más "amigable" con el medio ambiente.

- En 2005 se produjeron más de 500.000 automóviles, camiones y autobuses.
- En el año 2008 la *Beijin Automotive Industry Corp.* produjo un millón de vehículos.
- Las importaciones de autos aumentaron un 20% en 2006
- y la importación de autos de lujo creció en 30%.
- La industria automotriz emplea a casi dos millones de trabajadores.
- En el país hay unos 25 vehículos por cada 1.000 habitantes, similar nivel al de Estados Unidos en 1915.
- Pero hacia el 2020 circularán más de 130 millones de vehículos si las ventas de autos continúan con el actual ritmo.
- Las 9 líneas del metro de Pekín transportan diariamente 5 millones de personas.

El tesón, la disciplina y un pragmatismo desideologizado le auguran un alto nivel de satisfacción material y de poder político y económico; resta saber cuál será entonces, en el mundo multipolar que promueve, su actitud hacia los países que no supieron o no quisieron salir de la pobreza. Y cuando se afirme como economía dominante, ¿seguirá China promoviendo un mundo más democrático, donde conviven varios polos de poder global? Mientras tanto se verá cómo se comporta Estados Unidos en las próximas décadas en su nuevo rol de potencia con poder compartido, basado en la consulta y el pluralismo, en el cual será potencia, mas no imperio.

Relaciones con América Latina y el Caribe

Aunque América Latina sea para China una zona de interés menor, la región le ofrece, con abundancia, tres elementos indispensables para su rápido desarrollo: materias primas, productos energéticos y alimentos. Tanto es así que las compras chinas en la región han engrosado notablemente el comercio exterior de América Latina y contribuido a elevar de manera significativa los precios mundiales de las materias primas. La situación de China y su creciente influencia en el mundo globalizado tiene importancia para todas las regiones del globo. Para América Latina, por ejemplo, una disminución del crecimiento económico chino podría significar una menor demanda de sus materias primas, desde cobre y soya, hasta caraotas, acero, cueros, aluminio, hidrocarburos y productos alimenticios. Y una disminución de las exportaciones de los productos chinos de bajo costo (textiles principalmente), con los que China inunda los mercados de esta región, encarecería esos bienes.

- En 1997 el comercio mutuo sólo alcanzaba a 200 millones de dólares.
- En 1998 era de 2.800 millones y en 2008 superó los 140.000 millones.
- China es el segundo socio comercial de la región. En 2009 pasó a ser el principal socio comercial de Brasil.
- En 2006 el volumen del comercio total superó los 70.000 millones de dólares, un aumento del 39% con respecto al año anterior.
- Las exportaciones de América Latina a China sobrepasan los 34.000 millones y las importaciones desde China excedieron los 36.000 millones.
- Las exportaciones de China a la región en 2006 fueron 52% superiores a las de 2005 y las importaciones desde China crecieron en 28% con respecto a ese año.

- China anunció que en los próximos años invertirá en América Latina 100.000 millones de dólares.
- Las inversiones chinas en Chile, Perú y Venezuela superaron los 5.000 millones de dólares en 2008.
- Los países con mayor intercambio con China son Chile, Perú, Brasil y Argentina.

Las principales mercancías que China exporta a América Latina son: aparatos electrodomésticos, productos electrónicos, computadoras, productos de telecomunicaciones, equipos y maquinarias, máquinas de transporte, vestidos y productos de ferretería. Ello, a pesar de que en América Latina existen filiales de importantes firmas europeas y estadounidenses que ofrecen los mismos bienes. Los fabricados en Estados Unidos y Europa no pueden competir en precio con los del país asiático, no obstante los mayores costos del transporte, donde la mano de obra recibe salarios muy inferiores.

Los principales productos que América Latina exporta a China son: minerales de hierro, soya, petróleo, minerales de cobre y sus derivados, productos electrónicos, repuestos de circuito integrado, *fuel oil*, pulpa de papel, harina de pescado. Autoridades chinas han manifestado interés en invertir en la región en proyectos relacionados con satélites, aeronáutica, biología, farmacia, *software* así como en transporte y turismo. Y en esta creciente relación económica, muy poco pesan las diferencias ideológicas. Es *business*.

Según estimaciones del Deutsche Bank, en los próximos diez años las importaciones chinas de petróleo crecerán 21%; las de cobre 16%; las de madera 13%, y las de carne de cerdo 11%, bienes que diversos países latinoamericanos están exportando ya al gigante asiático.

- Durante los años 2004 y 2005 China firmó unos cien acuerdos y compromisos comerciales con varios países latinoamericanos.
- Es el segundo socio comercial de América Latina, pero el volumen comercial entre ambos no llega al 4% del total del comercio exterior chino.
- En 2004 gran parte de las exportaciones latinoamericanas a China (un 83%) fueron materias primas y la gran mayoría de las importaciones (89%), bienes manufacturados.
- Brasil concentra el 50% de las inversiones chinas en América Latina.
- Perú ha recibido 1.400 millones de dólares chinos de los cuales 1.100 millones fueron destinados a la minería.

Paralelamente a su ritmo de acelerado crecimiento económico, China se ha convertido en importante inversor en nivel mundial. Asia, lógicamente, es la región que más inversiones chinas ha recibido, pero América Latina no quedó a un lado. En 2005 China invirtió en la región 659 millones de dólares (16% de la inversión total en el extranjero), y sólo en el primer trimestre de 2006 se elevó a casi mil millones. Cuando el presidente chino recorrió la región en 2004 anunció que se invertirían, en proyectos específicos, 100.000 millones de dólares durante los diez años siguientes.

La clase media china constituida por unos 300 millones de habitantes con un ingreso per cápita de alrededor de 6.000 dólares, es un atractivo mercado para las exportaciones latinoamericanas, no sólo de materias primas, sino también de productos industrializados. Las economías de China y de la región tienen un amplio campo para la complementariedad; no es de sorprender el aumento del comercio bilateral y su concentración en países como Brasil, México, Chile, Argentina y Panamá, los cuales, en conjunto, representan el 76% de los intercambios latinoamericanos con el país asiático. Hasta 2004 las inversiones chinas en América Latina se concentraban casi exclusivamente en sus materias primas; con el viaje que el premier Hu Jintao realizó por la región aquel año, las inversiones chinas comenzaron a canalizarse hacia la construcción de infraestructuras, como puertos y ferrocarriles, telecomunicaciones, industria textil y fábricas de embalaje. Dada la diversidad de intereses, dotación de recursos, vecindades, niveles y estrategias de desarrollo, en el gran damero latinoamericano los efectos de la presencia china distan de ser unívocos. Para unos –Brasil, Chile– son muy benéficos; para otros –México, América Central–, no lo son tanto, por lo menos en algunos sectores como el textil. No caben dudas de que China es muy importante motor del crecimiento comercial de América Latina; el peligro ya palpable es que con sus productos, no siempre excelentes, muy baratos terminan desplazando del mercado a productores locales. Está ocurriendo.

China es, después de la Unión Europea y de Estados Unidos, el tercer importador de mercancías procedentes de los países más pobres del mundo. Su presencia, fundamentalmente comercial en esos países, va creando un reservorio de relaciones políticas que a la larga pueden resultar más interesantes y útiles en su afán por contribuir, mediante esfuerzos multilaterales, a un mundo multipolar en el cual mantenga presencia protagónica. ¿Cuál sería entonces la incidencia de la irrupción de la China posmaoísta en la economía latinoamericana? En primer lugar, el gigante asiático está ocupando –los vacíos políticos no existen– los espacios dejados por el desinterés de Estados Unidos en su "patio trasero". La misión estadounidense, redentora de la "democracia" a su estilo y usanza en el Medio Oriente, su cruzada contra el terrorismo en Irak y Afganistán (la base militar de Guantámano, en Cuba, incluida) acentuó este desinterés. Es esperable que ello cambie con el advenimiento del presidente Obama. Entretanto, China avanza en América Latina sin distingos ideológicos ni preferencias políticas: para ella, Colombia es tan interesante como Cuba.

Hasta el momento, la presencia China en América Latina no ha sido causa de confrontación. Irritación quizá sí, entre China y Estados Unidos, situación que no debe quedar fuera de consideración cuando se analice el juego diplomático internacional en los años por venir. Según la agencia china Xinhua, pese a la crisis económica global, China y los países de la Unión de Naciones Sudamericanas (UNASUR) mantienen un amplio y creciente intercambio en la esfera económica, en especial el comercio, lo cual contribuye a la recuperación mutua después de la crisis.

- En 2009 China negoció acuerdos que duplican un fondo de desarrollo en Venezuela, llevándolo a 12.000 millones de dólares;
- le prestaría unos 1.000 millones de dólares a Ecuador para construir una planta hidroeléctrica;
- le dará acceso a Argentina a más de 10.000 millones de dólares para proyectos
- y prestará otros 10.000 millones a la empresa estatal del petróleo en Brasil.
- Las inversiones chinas en la región aún son modestas aunque sobrepasan los 24.000 millones de dólares.
- En 2008 el volumen comercial con Chile sobrepasó 17.000 millones de dólares, con un saldo favorable para este país sudamericano, y las inversiones chinas en Perú representaban el 35% del total recibido por la nación andina.
- Ecuador y China mantienen un creciente y fluido comercio que sobrepasa anualmente los 1.000 millones de dólares, cuya gran parte la compone la venta de petróleo ecuatoriano. En este rubro, empresas de ambos países han suscrito acuerdos de colaboración.

Pero no sólo en el campo comercial y de inversiones hay avances. La participación de las naciones de UNASUR en las Olimpíadas de Beijing 2008 reflejó el alto nivel de las relaciones deportivas, al igual que los acuerdos de colaboración que ha suscrito en las áreas educativa, cultural, científica, tecnológica y militar. Por otro lado, en Argentina, Perú, Costa Rica, México, Cuba, Brasil, Jamaica y Colombia se han fundado los Institutos Confucio, encargados de difundir la historia y la cultura de China y enseñar el idioma chino mandarín.

China y Venezuela

Ambos países iniciaron sus relaciones diplomáticas el 28 de junio de 1974. Actualmente existe una Comisión Mixta de Alto Nivel que planifica y supervisa la ejecución de proyectos que forman parte de la cooperación entre ambos. En los últimos veinte años la cooperación económica y tecnológica bilateral ha venido cobrando creciente auge, principalmente en las áreas energética y minera, agrícola, de infraestructura y de alta tecnología. Siendo Venezuela el quinto productor mundial de crudo no extraña que China, segundo consumidor e importador del mundo, se interese por fortalecer su relación comercial con este país petrolero para mantener su acelerado crecimiento.

- El intercambio comercial entre China y Venezuela fue en 2006 de 4.338 millones de dólares.
- En 2000 ese intercambio apenas sobrepasaba los 200 millones.
- En 2006 las exportaciones de China a Venezuela alcanzaron a 1.700 millones de dólares.
- En ese mismo año Venezuela exportó a China más de 2.600 millones.
- Venezuela es hoy el quinto socio comercial de China en América Latina.

Muchos son los expertos que pronostican que hacia el 2050 se habrán agotado las reservas de combustibles fósiles en el globo. Hasta entonces, China padecerá creciente necesidad de combustibles que requiere no sólo para su expansión industrial, sino también para movilizar su sistema de transporte, y en especial su aviación y transporte vehicular. China, occidentalizada, consumista, traicionó a sus limpias y saludables bicicletas; ya tiene casi 210 millones de automóviles. Sus importaciones de petróleo provienen en 60% del Medio Oriente y Rusia. Por razones de eventual conflictividad política y otras, China está tratando de diversificar sus fuentes de abastecimiento, donde sea posible, a pesar de las distancias y de otros problemas. Esta búsqueda obsesiva de fuentes de hidrocarburos determinó que la estatal china *National Offshore Oil Corporation* tratara de adquirir la compañía petrolera estadounidense UNOCAL y ofreciera por ella el más alto precio en una justa internacional. El gobierno estadounidense, preocupado por la presencia china en "su" continente y en su país, no tuvo más remedio que anular la operación invocando razones de seguridad nacional, al igual que antes lo había hecho el gobierno canadiense, como último recurso, para evitar que China adquiriese una importante empresa productora de minerales (NORANDA).

Venezuela exportó a China en 2006 unos 180.000 barriles diarios de crudo; se espera que en el futuro próximo se llegue a 500.000, cubriendo así el 15% de las importaciones chinas y colocándose en el tercer lugar de los países que le suministran petróleo. El presidente Hugo Chávez afirmó el 26 de marzo de 2007, después de reunirse en Caracas con Li Changchun, miembro del buró político del Comité Central del Partido Comunista Chino, que esa cifra podría aumentarse hasta un millón de barriles en 2012. Explicó que antes de su gobierno esto no hubiera sido posible porque Venezuela "era una colonia de Estados Unidos", y afirmó: "Venezuela ahora es libre y quiere convertirse en una fuente segura y creciente de suministro petrolero a China". También declaró el presidente en esa oportunidad que se construirían en China tres refinerías que procesarían 800.000 barriles diarios de crudo venezolano y que ambos países decidieron crear una entidad de capital mixto la cual gestionaría la flota de buques petroleros que transportaría el crudo venezolano a China.

Por su parte, China asumió el compromiso de invertir 350 millones de dólares en campos petroleros venezolanos, además de 60 millones en un proyecto gasífero. Venezuela está tratando de concretar un oleoducto hasta la costa del Pacífico para, entre otras cosas, facilitar el envío de petróleo a China, proyecto que seguramente se verá afectado por el congelamiento de las relaciones diplomáticas entre Venezuela y Colombia.

Las exportaciones de petróleo a China tienen para Venezuela importante alcance político. A pesar del antiimperialismo declarado del presidente Hugo Chávez, el país exporta a Estados Unidos el 60% del petróleo que produce. Es el cuarto proveedor de crudo a la potencia del Norte, la cual a su vez es por mucho el primer abastecedor de Venezuela en gran diversidad de bienes y servicios. China, aunque muy distante, se avizora como importante destino de las ventas petroleras de Venezuela lo que permitiría a este país atenuar su dependencia de Estados Unidos.

Por otra parte, Venezuela y China establecieron un Fondo de Cooperación Bilateral de 6.000 millones de dólares, de los cuales el país asiático aportará el 60%. El Fondo financiará proyectos sociales para complementar grandes emprendimientos como la construcción del ferrocarril que el presidente Chávez, acertado "bautizador", denominó ya "El Coloso" (que cruzaría el país de Este a Oeste por los Llanos Centrales; partes del tren, los vagones y los rieles se construirían en Venezuela con tecnología china). Con el mencionado Fondo se financiaría, además, la construcción de 20.000 viviendas por parte de China, las cuales "podrían llegar a ser 200.000", según acotó el presidente Chávez. China construye ya un satélite para Venezuela, el "Simón Bolívar", con un costo de 229 millones de dólares.

La comunidad china en Venezuela está compuesta por unas 60.000 personas, según datos oficiales, y tres periódicos en mandarín circulan regularmente en el país.

Capítulo III
La crisis global

La crisis global comenzó en el ámbito financiero de Estados Unidos, se extendió a la economía real de todo el mundo, convirtiéndose en la peor debacle económica mundial desde la Gran Depresión de 1929-1934. No hay país altamente desarrollado, emergente o subdesarrollado que no haya sido afectado por esta crisis, aunque de manera y con intensidad diferentes. Sus causas hay que buscarlas en Estados Unidos y en los países más industrializados. "Los países pobres son inocentes", afirma la nigeriana Ngozi Okonjo-Iweala, Directora en el Banco Mundial. Contrariamente a lo acontecido en crisis anteriores, no tan severas ni generalizadas como la presente, los países en desarrollo "la importaron"; millones de sus pobladores van cayendo en la pobreza como consecuencia directa de ella.

Las primeras manifestaciones de la crisis actual ocurrieron en el ámbito financiero de Estados Unidos cuando se sobreextendió el otorgamiento de créditos hipotecarios riesgosos. Entre la crisis de hace ochenta años y la presente hay coincidencias y diferencias importantes (CEPAL, 2009c: 3). Ambas se originaron con la explosión de una burbuja de precios de activos que generaron serios problemas de solvencia del sistema financiero, primero en Estados Unidos y luego en los demás países. Sin embargo, la crisis actual ha sido enfrentada rápidamente y en forma relativamente coordinada, con medidas monetarias y fiscales expansivas que se concretaron en multimillonarios programas de estímulo que buscan evitar una severa depresión económica. Actualmente se cuenta, tanto en el ámbito regional como multilateral, con instituciones multinacionales como el Fondo Monetario Internacional y el Banco Mundial, creadas después de la Segunda Guerra Mundial, o como el Grupo de los 20 (G-20) constituido recientemente. Por ello los especialistas de la CEPAL se animan a esperar que la actual contracción económica pudiera no alcanzar la intensidad de la Gran Depresión en cuanto a los niveles de desempleo, el incumplimiento de contratos o la subutilización de los recursos productivos (CEPAL, 2009c).

1. Más pobres, menos crédito

Es evidente, sin embargo, que la recesión mundial está impactando a los países en desarrollo con el resultado del creciente desempleo, la volatilidad de los precios de las materias primas que exportan y la consiguiente desaceleración de su crecimiento. El acceso al financiamiento externo se torna muy difícil para los gobiernos de estos países y la contracción del crédito (*credit crunch*) afecta a las empresas que actúan en ellos, y disminuyen la producción y el empleo. La situación amenaza con anular los resultados de las políticas orientadas a superar la pobreza.

- El comercio mundial colapsó en el último trimestre de 2008.
- En el 2008, debido a la recesión mundial, 100 millones de personas se hundieron en la pobreza en el mundo.
- Entre 200.000 y 400.000 niños más morirán de hambre anualmente en el mundo en los próximos seis años, debido a la crisis económica.
- Las exportaciones globales declinan en 2009, por vez primera desde 1982.

- El crecimiento mundial se contraerá de más del 6% en 2008 a 1,5 en 2009, la tasa más modesta desde los años 1990.
- La inversión extranjera directa (IDE) muy probablemente se torne negativa en 2009.
- Las remesas de los trabajadores migrantes, como consecuencia del aumento del desempleo en los países que los acogen, disminuirán entre un 10 y un 15% en 2009.

Por primera vez en la historia, hoy más de mil millones de personas padecen hambre, aproximadamente un 15% de la población del planeta donde casi la mitad, 3.000 millones, es pobre.

El estallido de la primera crisis global

Desde los años 1970 la función bancaria se fue tornando más amplia, sofisticada y riesgosa; tanto, que los bancos comenzaron a vender los riesgos del crédito a otros inversores que operaban en los crecientes mercados de capital. Por otra parte, analizaban sus riesgos no por el conocimiento directo del cliente (persona o institución), sino mediante complejas operaciones de cálculo computarizadas, con lo cual multiplicaron el volumen de sus negocios. El Fondo Monetario Internacional proclamaba, en abril de 2006, que esa dispersión de los riesgos del crédito contribuía a hacer más flexible y resistente la actividad bancaria y también al sistema financiero. Y los banqueros eran aplaudidos y remunerados con muy generosas bonificaciones que los inducían a tomar aun mayores riesgos. El reempaquetamiento de los créditos riesgosos y su venta a terceras instituciones –principalmente los fondos de cobertura (*hedge funds*)– significaba importantes ganancias para los accionistas y transfería parte del riesgo a otras instituciones las cuales, a su vez, adquirirían paquetes de préstamos sin conocer con precisión su calidad.

Sin embargo, hacia julio de 2007 comenzó a multiplicarse la insolvencia (*defaults*) de quienes, sin tener los
ingresos mínimos requeridos, habían obtenido hipotecas
sub prime, con tasas variables y pagos iniciales mínimos. La
preocupación primero y el pánico inmediatamente después,
comenzaron a extenderse de modo que muchos inversores institucionales dejaron de comprar los *Collateralized
Debt Obligations* (CDO) que contenían las hipotecas *sub
prime.* Éstas, a pesar de haber recibido la más alta califi-
cación (Triple A) por las agencias calificadoras de riesgo,
perdieron la mitad de su valor. Se hizo trizas la confianza
en los bancos y en las instituciones que los regulaban. El
mercado de capitales se inmovilizó y el sistema financiero
se encontró en el borde del precipicio, como declaró el gobernador del Banco de Inglaterra. Sus pilares, la confianza
y la credibilidad, se habían derrumbado. Se abusó de la
exposición al riesgo. Se habían debilitado en extremo la
supervisión y la regulación
     Los bancos centrales, prestamistas de último recur-
so, han tenido que erogar enormes sumas para inyectar
liquidez a los mercados que padecían las consecuencias
del colapso. En Estados Unidos millones de norteamericanos apostaron a que sus casas aumentarían de valor mes
a mes y pidieron prestado más de lo que podían devolver.
Confiaban en que gracias a la "burbuja inmobiliaria", en
poco tiempo, el valor de la propiedad adquirida sería más
alto que la deuda contraída. Estas hipotecas de alto riesgo
denominadas *sub prime,* tenían intereses más elevados
(hasta 7 puntos más) que los que se cargaban a deudores
hipotecarios solventes y las comisiones cobradas por los
bancos eran mayores (Soros, 2008). Estas hipotecas, más
riesgosas, resultaban mucho más rentables. Los bancos
de Estados Unidos tenían límites muy precisos para el
otorgamiento de estas hipotecas de alto riesgo, pero las
instituciones crediticias (con muy laxa supervisión) los

sobrepasaron en mucho. En 2002 las hipotecas *sub prime* significaban el 7% del mercado hipotecario y en 2007 superaban el 12%.

El juego no podía durar indefinidamente, como advertía ya a principios de 2007 Jacques Attali, asesor del presidente Sarkozy y ex presidente del Banco de Fomento de Francia: "Sostengo que una grave crisis financiera puede venir de los Estados Unidos, donde los altos precios inmobiliarios estimulan a la clase media sin capital, a tomar préstamos hipotecando su propiedad". Y, certero, agregaba:

> Para cubrirse de la posible defección de algunos de estos deudores, los fondos arman paquetes de hipotecas, que a su vez colocan en los mercados financieros. [...] Si el precio de los inmuebles baja, todo el sistema se derrumba [...] Esto es lo que ha sucedido, algunos de esos paquetes no valen nada [...] Así los actores financieros se vuelven contra los bancos que han inventado estos activos novedosos pero de mucho riesgo [...] Como se trata de operaciones de reventa, nadie sabe dónde se encuentran las víctimas finales ni el número de ellas (Rizzuti, 2008).

El insostenible juego de esta ruleta se complicó cuando el presidente de la Reserva Federal de Estados Unidos, Alan Greenspan, a fin de contener la inflación que amenazaba desbordarse, anunció el propósito de elevar las tasas de interés de referencia: "Mi esperanza era aumentar la tasa de las hipotecas de manera de apaciguar el *boom* en el sector inmobiliario el cual para entonces estaba produciendo una inoportuna espuma." Esta medida aumentó el costo de las hipotecas *sub prime* otorgadas con intereses variables, lo que incrementó la morosidad en el pago de las mismas. Al aumentar el interés de los préstamos disminuyó la demanda y bajaron los precios de las propiedades. Muchos prestatarios dejaron de pagar sus hipotecas al constatar que el valor de mercado de las viviendas era inferior al monto hipotecario adeudado.

Como afirman los especialistas del Banco Mundial, lo que empezó en el verano de 2007 como un prolongado período de turbulencia financiera causada por las pérdidas del mercado hipotecario de alto riesgo en Estados Unidos, se convirtió, a mediados de septiembre de 2008, en una crisis financiera generalizada y de escala mundial, precipitada por la quiebra del banco de inversión Lehman Brothers (Banco Mundial, 2009). El descubrimiento de que una institución privada clave del sistema financiero internacional podía quebrar, estremeció por igual la confianza de banqueros, inversionistas y familias. Los efectos se extendieron con rapidez a la economía mundial.

La sorprendente y desconcertante decisión del gobierno norteamericano de permitir la liquidación del prestigioso banco de inversión Lehman Brothers agravó y extendió la crisis. En agosto se había declarado en quiebra financiera asfixiado por la carga de 60.000 millones de dólares por préstamos hipotecarios incobrables. Esto propagó la desconfianza entre los inversionistas; los bancos paralizaron los préstamos interbancarios ante la posibilidad de que sus carteras estuvieran contaminadas con préstamos irrecuperables.

La pérdida inicial de confianza en el sistema financiero provocó una escasez de liquidez en el mercado intercambiario. Por la crisis, muchas instituciones financieras se tambalearon y algunas colapsaron. Se generalizó la desconfianza hacia ellas en un ámbito donde la *fiducia* es básica e imprescindible. Ello no sólo corroyó la confianza de clientes y depositantes sino que además afectó las relaciones interbancarias y el flujo de préstamos entre las instituciones financieras y entre los países donde ellas tenían presencia. La limitación o desaparición de los créditos le restó dinamismo a las economías, deterioró los niveles de consumo y las inversiones, se redujeron los flujos del comercio internacional.

Algunas de las características más notorias de la actual crisis mundial son la simultaneidad, la ubicuidad y la velocidad con que afectó el producto y el comercio mundial.

No hay países blindados contra el fenómeno. Imposible es desacoplarse de la crisis en un mundo inevitablemente globalizado. Todos padecen los efectos económicos y sociales de ese gran terremoto; en un mundo interactuante, el contagio es inevitable. Ya lo advertía Joseph Stiglitz: "América Latina tiene un buen sistema financiero, pero no se va a poder escapar del impacto de esta crisis, especialmente si cae mucho la producción mundial. Uno de los países más afectados será Venezuela, por su dependencia del petróleo, así como México por su dependencia de los Estados Unidos. Otros sentirán el coletazo por su elevado endeudamiento." (Stiglitz, 2009b).

- En 2001, el valor total de las hipotecas *sub prime* no llegaba a 100.000 millones de dólares. En 2006 rozaba los 700.000 millones. La insolvencia aumentó notablemente.
- En 2006 el índice bursátil de la construcción en Estados Unidos se abatió 40% y 1.200.000 hipotecas fueron ejecutadas.
- A principios de 2007, analistas y medios de información dan señales de alarma con respecto a las hipotecas *sub prime*.
- En abril, el Fondo Monetario Internacional denuncia la existencia, en Estados Unidos, de 4,2 billones de euros en bonos relacionados con hipotecas de alto riesgo, de los cuales 624.000 millones ya, a mediados del 2006, no pertenecían a inversores estadounidenses.
- Freddie Mac y Fannie Mae, las dos más grandes entidades hipotecarias de Estados Unidos –juntas concentran más del 50% de las hipotecas– debieron ser rescatadas por el gobierno.
- Lehman Brothers, el cuarto banco de inversión de Estados Unidos, gerenciaba casi 50.000 millones de dólares en hipotecas.
- Merrill Lynch tenía deudas incobrables por casi 8.000 millones de dólares y fue comprado "a precio de ocasión" por American Express.
- La mayor caja de ahorros de Estados Unidos, Washington Mutual, tuvo que ser rescatada de la quiebra por la Reserva Federal.
- Las pérdidas en razón de la crisis inmobiliaria alcanzan los 100.000 millones de dólares.

La contracción del crédito fue la consecuencia inmediata de la percepción de que bancos y fondos de inversión tenían comprometidas sus carteras con hipotecas de muy alto riesgo. Tal ausencia de crédito motivó la caída de las bolsas de valores tanto en Estados Unidos como en el resto del mundo.

A principios de julio de 2007 la crisis adquirió en Estados Unidos visos de catástrofe. También en Europa floreció la desconfianza. El banco inglés Northern Rock, quinto banco hipotecario del país, solicitó un préstamo de emergencia que provocó entre sus depositantes una corrida de más de 2.000 millones de libras esterlinas. Este banco fue nacionalizado contra todos los principios liberales que proclaman la potestad del mercado como fuerza reguladora y la prescindencia del Estado en la gestión económica. Islandia y Francia también tuvieron que nacionalizar instituciones financieras.

El gobierno estadounidense y los agentes reguladores pudieron advertir –y en gran medida evitar– la formación de la burbuja inmobiliaria, inflada por los excesos del *laissez fair*. Con razón el jefe de la Reserva Federal, Ben Bernanke, recomendó reestructurar el sistema de regulación financiera para que las instituciones financieras puedan ser supervisadas adecuadamente (Bernanke, 2009b). El salvataje de grandes compañías entrelazadas con diversos agentes en el sistema financiero global implicó la inversión de miles de millones de dólares.

El remedio: más Estado, mejor mercado

Diversas han sido las interpretaciones sobre el origen de esta nueva crisis y la ponderación de los distintos factores que condujeron a su estallido. Hay consenso acerca de que existió una sobrevaloración del mercado como fuerza autorreguladora y la falla del Estado como agente regulador, supervisor y fiscalizador principalmente de los bancos y, en general, de los mercados financieros. En respuesta a los problemas, los Estados se inclinan ahora por mayor regulación y mejores controles, y los gobiernos buscan formas de acción conjunta que superen las estrechas fronteras nacionales dado que las ocurrencias del sistema global tarde o temprano los afectan a todos. La crisis financiera asiática que estalló en julio de 1997 enseñó que la liberalización financiera debe ir acompañada, *pari passu*, por una más rigurosa supervisión internacional en tiempo real de las operaciones de la banca de inversión, y sobre todo de los *hedge funds*. Éstos, por no estar regulados, suelen conllevar riesgos excesivos. Algunas opiniones acerca de la crisis actual apuntan claramente en esta dirección.

- "Eran obvios los excesos del mercado de bienes raíces en Estados Unidos y la escandalosa manera en que las autoridades daban rienda suelta a la codicia permitiendo que las entidades financieras se autorregularan", escribe Alfonso Prat-Gay (2009), ex presidente del Banco Central de Argentina.

- Para que la regulación sea efectiva, señalan Stephany Griffith-Jones y José Antonio Ocampo, "el ámbito del regulador tiene que ser el mismo que el campo del mercado que debe regularse." (UNDP, 2009: 6).

- Según Noam Chomsky, hubo irresponsabilidad en la gestión de riesgos: "El riesgo sistémico fue ignorado", lo cual, unido a la práctica de dar altísimas compensaciones a los ejecutivos de bancos e instituciones financieras que los motivaban, en visión cortoplacista, a tomar riesgos sin ningún perjuicio personal agravó la crisis (si la gestión no era exitosa, cada fin de año, igualmente, obtenían multimillonarios aguinaldos y los costos del fracaso eran absorbidos por los accionistas o, últimamente, por la ciudadanía a través de los salvatajes del Estado). En resumen, ello equivale a socializar los riesgos y privatizar las ganancias (Chomsky, 2008).

- El Premio Nobel de Economía 2005, Robert John Aumann, afirma: "Nadie asumió el riesgo, todos compraban acciones y vendían. Finalmente alguien va a tener que pagar por eso y una de las opciones será imprimir más moneda (paquetes de salvataje que los gobiernos financian con los aportes de los contribuyentes). Para el mercado el riesgo es sano, pero no hay que vender el riesgo." (Auman, 2009).

- La causa de la crisis económica, sostiene Joseph E. Stiglitz, "es la creencia en que los mercados son autorregulables (*selph adjusting*) y que el rol del gobierno debe reducirse al mínimo." (Stiglitz: 2009ᵃ).

- Para Gillian Tett los culpables de la crisis económica fueron la grosera codicia, la regulación poco estricta, una política monetaria muy imprecisa, préstamos fraudulentos, incompetencia gerencial y la complejidad y extrema falta de claridad de las finanzas modernas que en las últimas dos décadas, con sus innovaciones, cambió el comportamiento de los mercados. Esto superó la capacidad de comprensión de banqueros y reguladores. Colapsaron las bases del moderno capitalismo.[13]

- El presidente Obama afirmó: "Seguimos siendo el país más próspero y poderoso de la tierra... la cuestión para nosotros no es si el mercado es una fuerza del bien o del mal. Su poder para generar riqueza y expandir la libertad no tiene rival, pero esta crisis nos ha recordado a todos que sin vigilancia, el mercado puede descontrolarse y que una nación no puede prosperar durante mucho tiempo si favorece sólo a los ricos." (Obama, 2009b).

La crisis en los países en desarrollo

En los países en proceso de desarrollo las empresas productoras de bienes y servicios se vieron afectadas por

---

[13]   "*As a result, not only is the financial system plagued with losses of a scale that nobody foresaw, but the pillars of faith on which this new financial capitalism were built have all but collapsed. That has left everyone from finance minister or central banker to small investor or pension holder bereft of an intellectual compass, dazed and confused.*" (TETT, 2009).

la reducción de las ventas en los mercados externos, principalmente, por la dificultad o imposibilidad de obtener crédito. Los efectos en la economía real se sienten en la reducción de la producción, la disminución del comercio internacional y en el descenso del empleo, y con el desempleo aumenta el número de pobres que había venido reduciéndose, con anterioridad a la crisis, durante más de un lustro.

Ejemplo contundente de los efectos recesivos de la crisis en los países en desarrollo es Chile, donde el nivel de la pobreza disminuyó del 39% en 1990 al 13,7% en 2006. Según datos de la Encuesta de Caracterización Socioeconómica Nacial (Casen) que publica sus informes cada cuatro años, en el período 2006-2009 la pobreza subió al 15,1% y la indigencia pasó del 3,2 al 3,7%, a pesar de que el gasto social tuvo un aumento del 35% en los últimos años. A parte de las deficiencias que pudiera haber tenido la implementación de las políticas sociales durante el gobierno de la presidenta Bachelet (como insinúa el actual gobierno), es indiscutible que la crisis mundial tuvo serio impacto en el incremento de la pobreza.

El Fondo Monetario Internacional no duda en calificar esta situación como "desplome"" (*slump*). Voceros del organismo advierten que "subsisten agudas tensiones financieras que constituyen un lastre para la economía real" y auguran que no habrá recuperación económica hasta que el sistema financiero recupere su funcionalidad y "se destraben los mercados de crédito." (FMI, 2009). A su vez, el presidente del Banco Mundial manifiesta: "Queda mucho por hacer en los meses venideros para movilizar recursos que nos permitan asegurar que los pobres no paguen el precio de una crisis que no ocasionaron", aunque agrega: "No hay suficiente dinero del sector público para solucionar la crisis mundial." Las perspectivas son cada vez más sombrías para las economías en desarrollo, a menos que mejoren sus exportaciones, vuelvan a fluir las remesas de sus emigrados y la inversión extranjera (Zoellick, 2009c).

Para complicar aun más la situación, como era previsible, los flujos netos de capital privado con destino a los países en desarrollo están en marcada declinación: en 2009 podrían disminuir en 700.000 millones de dólares con respecto al máximo logrado dos años antes. Para paliar tal situación el Grupo de los 20 acordó triplicar los recursos a disposición del Fondo Monetario Internacional elevándolos hasta 750.000 millones de dólares para que pueda duplicar sus préstamos a los países pobres.

Las economías de países emergentes como los que integran la BRIC (Brasil, Rusia, India y China) aparecen menos afectadas que las de Estados Unidos, Europa o Japón; sus instituciones financieras, no comprometidas en la trampa inmobiliaria, adquieren mayor protagonismo internacional y estos países, muy probablemente, superen la crisis antes y con menos problemas que los del primer mundo.

- El PIB mundial se redujo 2,2% durante 2009.
- Según la CEPAL el PIB de América Latina y el Caribe se reducirá 1,8% en 2009.
- La tasa de crecimiento proyectada para la región en 2010 es del 4,3%.
- En Brasil el crecimiento sería de 0,3% en 2009 y 5,5% en 2010, el más alto crecimiento de la región.
- Se estima que en 2010 Perú y Uruguay crecerán 5,0%; Bolivia, Chile y Paraguay, 4,5%; Argentina crecerá 4%; México, Costa Rica y República Dominicana, 3,5% y Colombia, 2,5%.
- El crecimiento de la región en 2010 sería de 4,3%. Tales proyecciones tienden a ser más optimistas en los primeros meses del 2010.
- El desempleo en América Latina subirá al 8,3% en 2009 (unos 4 millones de desempleados) y la pobreza aumentará entre 10 y 15% con lo cual el porcentaje de pobres se aproximará al 40%.

- La Organización Mundial del Comercio (OMC) prevé que el comercio global, en 2009 sufrirá la mayor contracción desde 1945. La reducción será mayor entre los países desarrollados cuyo comercio disminuirá en 10% en este año.

- El efecto será sumamente negativo con respecto a los países emergentes: millones de personas se sumergirán en la pobreza y crecerá abultadamente el número de indigentes que padecerá hambre.

- Según el Banco Mundial, hasta 90 millones más de personas caerán en la pobreza extrema en 2009 y más de 1.000 millones padecerán hambre crónica (Banco Mundial, 2009).

- Se reducirán los sectores medios y disminuirá su capacidad para generar estabilidad social y política. En muchos países aumentará la inestabilidad social, estarán en peligro las democracias y hasta podrían estallar guerras (Strauss-Kahn, 2009a).

- Según el Banco Mundial, 94 de los 116 países en desarrollo han sido afectados por la recesión económica que sumirá en la pobreza, en 2009, a 46 millones de personas por la pérdida de empleo y la disminución de las remesas.

- Los flujos de capital privado hacia los mercados emergentes, que caerán hasta los 165 billones de dólares (17% menos que en el 2007) reducirán la generación de empleos y la oferta de bienes.

- El declinar de la demanda de bienes y servicios en los países desarrollados está provocando la más drástica caída del comercio internacional en los últimos ochenta años, lo cual afecta negativamente la exportación de productos y *commodities* de los países en desarrollo.

- Excluidos China e India, la economía del resto de los países en desarrollo se contraerá 1,6%.

Se tardó casi una década para recuperar los niveles de pobreza anteriores a la crisis económica asiática de 1997. Mientras tanto se incrementó la malnutrición y la mortalidad infantil. La crisis ha puesto en *stand by* importantes proyectos de infraestructura y se deja sentir el impacto negativo sobre el mercado laboral. Según estima el presidente del Banco Mundial la crisis provocada por el aumento de los precios de los alimentos podría significar una pérdida de siete años en la lucha mundial contra la pobreza. Por ello la institución multilateral convocó a las naciones desarrolladas a dedicar el 0,7% del dinero que destinan a sus programas de estímulo de la economía, para financiar un Fondo de Vulnerabilidad para ayudar a los países en desarrollo. Las instituciones financieras multilaterales no cuentan con recursos para atender las necesidades de los países pobres que resultarán más afectados por esta primera crisis global.

Durante los períodos de recesión económica los gobiernos suelen activar programas sociales para proteger a los menos favorecidos que por lo general son las primeras víctimas de los ajustes que pretenden corregir el malestar en la economía. Los pobres no tienen capacidad para sobrevivir a las crisis que afectan a sus sociedades; por el contrario, su situación se deteriora aun más al agudizarse la inequidad social con su desigual distribución de las oportunidades en cuanto a educación, salud y empleo. El resurgir del nacionalismo extremo y la xenofobia en los países desarrollados, sobre todo con respecto a los trabajadores inmigrantes que compiten por los puestos de trabajo, tienen ya expresiones violentas en Estados Unidos, España, Francia y en otros países industrializados.

Pronósticos sobre el desenlace

Algunos expertos estimaron que la crisis global (2007-¿2011?) no tocaría fondo hasta el segundo semestre de 2009 y que los niveles de la actividad económica sólo comenzarían a recuperarse, lentamente, en 2010. Ello dependería de que los gobiernos aumentaran su intervención en la economía mediante inyecciones de dinero para el rescate de instituciones financieras en problemas e instrumentaran paquetes de estímulos. Autoridades del Fondo Monetario Internacional vaticinaron que 2009 sería "un año horrible, con un crecimiento en territorio negativo profundo." (Strauss-Kahn, 2009b). Los problemas continuarían durante 2010 hasta que los bancos se deshagan de sus activos tóxicos y reciban nuevas inyecciones de capital. Los pronósticos de mayor seriedad no aseguran la recuperación aunque ciertamente, una vez resuelto el problema de las instituciones financieras y del control efectivo de su funcionamiento, las economías podrían retomar su crecimiento. Pero la crisis global tendrá, tiene ya, secuelas que rebasan los límites de lo económico. El presidente del Banco Central de Estados Unidos (*Federal Reserve*) Ben Bernanke, fue cauteloso al declarar que si las acciones tomadas por el gobierno, el Congreso y la Reserva Federal resultaban exitosas en el restablecimiento, en alguna medida, de la estabilidad financiera –y sólo si ése fuera el caso– existiría una razonable posibilidad de que la actual recesión terminara en 2009 y que 2010 fuera un año de recuperación con un crecimiento de 2,7% que podría elevarse a 4,2% en 2011 (Bernanke, 2009b). Mientras tanto, como consecuencia de la crisis, el 2009 fue el tercer año consecutivo en que aumentó el número de pobres. Uno de cada siete estadounidenses lo es; suman unos 44 millones de pobres, la cifra más alta en los últimos cincuenta años.

Varios economistas de Estados Unidos pronosticaron que la economía de su país volvería a crecer en el tercer trimestre de 2009 y que la recesión terminaría en agosto de este año.[14] La inyección de miles de millones de dólares para apuntalar los bancos y facilitar el crédito pareciera

---

[14]   Encuesta realizada a 52 economistas entre el 5 y el 9 de junio de 2009 por *The Wall Street Journal*.

estar dando sus primeros frutos. En el Reino Unido las expectativas son menos halagüeñas: el titular del Banco de Inglaterra declaró que en ese país la recesión "será más prolongada y profunda de lo esperado."

Se espera que América Latina se recupere relativamente rápido en el plano económico; las reformas macroeconómicas que, antes de la crisis, facilitaron un lustro de alto crecimiento, y también la recuperación de los precios de los alimentos y del petróleo, que ya se anuncian, le permitirían salir de la crisis en un período más corto. Para ello tendrá que controlar los rebrotes inflacionarios, tan preocupantes en países como Venezuela y Argentina.

Existe concordancia de pareceres en que la crisis financiera mundial no se superará plenamente hasta que ceda primero en Estados Unidos. Pero, curiosamente, la mayoría de los expertos e instituciones como J. P. Morgan, Goldman Sachs y Morgan Stanley son contestes en predecir que América Latina comenzará a recuperarse de la crisis aún antes que muchos países desarrollados. Se estima que hacia el segundo semestre de 2010 la región alcanzaría tasas de crecimiento de entre 3 y 5% y que la estrella sería seguramente Brasil que, con un crecimiento del PIB que rondará el 5%, arrastrará a las economías de otros países latinoamericanos.

La Organización Internacional del Trabajo (OIT) y la Comisión Económica para América Latina (CEPAL), en reunión sostenida el 28 de julio de 2010, en Santo Domingo, se mostraron optimistas sobre la recuperación del empleo en la región al superarse la crisis económica que eliminó más de 2 millones de puestos de trabajo. María Elena Valenzuela, de la OIT, estima que la crisis afectó menos de lo esperado. Según la mayoría de expertos, el aumento de las exportaciones latinoamericanas en 2010, sobre todo a China, motoriza la recuperación del empleo que se mantendría en 2011, a pesar de las incertidumbres que crea el posible descenso de la tasa de crecimiento de la economía regional en 2011.

Se discute la duración de la crisis mundial y la superación de la misma. Cualquier ejercicio de futurología entraña aspectos difícilmente predecibles. Hasta hace pocos meses se hubiera considerado fantasiosa la posibilidad de que el gobierno del Reino Unido y, menos aun, el de Estados Unidos, para revertir su recesión, decidieran estatizar algunas de sus más importantes instituciones financieras. Y lo hicieron.

Aun si no se presentaran hechos azarosos, imprevistos, que pudieran negar o demorar las expectativas de recuperación de las grandes economías del globo, habría que hacer esfuerzos contundentes para que la recuperación alcance a los pobres del mundo. Superar la crisis global, con sus posibles altibajos, será más lenta para algunos países. Incluso podría ocurrir un retroceso importante cuando se diluya el efecto temporal de los cuantiosos estímulos. Para evitarlo los países desarrollados buscan definir una estrategia de "salida" conjunta.

- En los países desarrollados la inflación global que en 2008 fue de 3,5% descendería en 2009 a 0,25%, nivel sin precedentes, y subiría 0,5% más en 2010.
- En los países emergentes y en desarrollo la inflación se reduciría casi a la mitad para alcanzar un 5% en el 2010.
- En América Latina se prevé una inflación del 5,5% en el 2009.
- Venezuela tuvo la más alta tasa inflacionaria de la región y la segunda más alta del mundo: 25,1% en 2009 y se calcula que en 2010 superará el 30%.

En la reunión del Grupo de los 8 países industrializados (Estados Unidos, Gran Bretaña, Alemania, Japón, Francia, Italia, Canadá y Rusia) en la ciudad italiana L'Aquila, el 8 de julio de 2009, los jefes de Estado, muy cautelosos, opinaron: "Hay señales de estabilización y especialmente una recuperación de los mercados bursátiles, [pero] la situación sigue siendo incierta, riesgos importantes siguen pesando sobre la estabilidad económica y financiera." Así, después de seis años de crecimiento sostenido que permitió reducir la indigencia y, en menor grado, la pobreza y la desigualdad, se requerirá de políticas específicas y de segura eficacia para evitar que ellas recrudezcan en el futuro inmediato. No obstante los buenos pronósticos para los países de América Latina, la pobreza volverá a crecer. El gran reto del nuevo milenio sigue en pie.

En general, los vaticinios coinciden en que ha comenzado a superarse la crisis global:

- El ex presidente Bill Clinton se muestra cauteloso: "Lo peor de la crisis global parece haber pasado, aunque nadie puede vaticinar cuándo terminará exactamente la debacle económica. Nadie sabe cuándo va a terminar esta crisis pues hay demasiadas variables; depende mucho de lo que hagan los países, cómo trabajen en conjunto y cuáles son las consecuencias no buscadas que va a sufrir el mercado." (Clinton, 2009).

- Y aunque hay una tendencia positiva hacia la estabilización de los mercados financieros en los países desarrollados, el presidente del Banco Mundial, Robert B. Zoellick afirmó que la economía mundial experimentará una contracción mayor que la estimada la cual afectará especialmente a los países pobres. La disminución de la actividad productiva se traducirá en aumento del desempleo. "Nadie sabe cuánto durará esta crisis. Y tampoco conocemos el ritmo de la recuperación. [...] Oleadas de problemas económicos siguen afectando a los pobres del mundo en desarrollo que tienen menos margen con qué protegerse." (Zoellick, 2009b).

- El premio Nobel de Economía 2008, Paul Krugman, no muy optimista, sostiene que han pasado ya doce meses de una crisis que durará posiblemente más, aunque, en adelante, será menos aguda.

- Joseph Stiglitz afirma que la crisis durará hasta 2013 y que es necesario crear un nuevo organismo internacional con más competencias y representación que los existentes, porque la crisis global requiere una respuesta global (Stiglitz, 2010).

- "Con la recesión que sufren simultáneamente las regiones más importantes, la probabilidad de que la recuperación sea dolorosamente lenta en muchos países es muy real, de modo que el combate contra la pobreza se torna más difícil y apremiante", declara John Lipsky, subdirector gerente de Fondo Monetario Internacional (BM y FMI, 2009).

- Si los esfuerzos de los gobiernos de Estados Unidos, del Reino Unido, de la Comunidad Europea y de Japón no logran revivir y vigorizar las operaciones de crédito a través de sus abultados paquetes de estímulo, la recesión será mucho profunda y la más severa desde la Gran Depresión de los años 1930, sostiene Justin Yifu Lin, vicepresidente y economista jefe del Banco Mundial (Korean Development Institute, 2008).

- La CEPAL realizó un muy refinado ejercicio sobre la recuperación de las economías latinoamericanas analizando los datos correspondientes a abril y mayo de 2009 y tomando en consideración una muy amplia gama de variables financieras y reales. Los resultados del trabajo le permiten prever que "el comienzo de la recuperación se encuentra próximo para Argentina, Brasil, Chile, Colombia y Perú"; afirma que en el caso de México se aprecian avances importantes hacia la recuperación y concluye que hacia el segundo semestre de 2009 los países de la región podrían mostrar indicios de recuperación económica (CEPAL, 2009c).

- En las economías emergentes, en general, el financiamiento, sobre todo para las empresas, seguirá teniendo serias limitaciones. En algunos casos, como Argentina, tales dificultades para la obtención de créditos podrían llegar a ser asfixiantes. La CEPAL afirma que la disminución del flujo de capitales hacia América Latina ocurrió a partir del segundo semestre de 2008, "e incluso se revirtió en algunos países". En 2009 los flujos externos de capital serán inferiores en un 50% a los del año pasado y el comercio global disminuirá más del 9% (CEPAL, 2009a).

- "Lo más fuerte que se está viviendo en la región es la caída del comercio. Creo que el *shock* de la disminución de la demanda de nuestros bienes y servicios es nuestro tema más relevante", declaró la secretaria ejecutiva de la CEPAL, Alicia Bárcena (2009b).
- El Fondo Monetario Internacional, mejorando sus proyecciones de julio de 2009, prevé una contracción de 1,1% en 2009 y un crecimiento de 2,5% en 2010.
- China crecería 9%; India 6,4%. América Latina crecería 2,9%. (FMI, 2009a).

Las perspectivas son todavía inseguras. Naciones Unidas estima que durante 2010 habrá una recuperación lenta de la economía mundial y perspectivas alentadoras en materia de empleo, sobre todo para los jóvenes. El comercio internacional y la producción industrial global dan ya muestras de recuperación; los mercados de valores han repuntado y las primas de riesgo en cuanto a la deuda, han disminuido. Advierte, sin embargo, que las condiciones para el crecimiento siguen siendo frágiles. La pobreza y la indigencia aumentarán en los países en desarrollo. Los precios de las exportaciones latinoamericanas seguirán siendo volátiles (ONU, 2010).

La recuperación de América Latina

La recuperación económica de América Latina de los impactos negativos de la crisis global fue una de las más rápidas del mundo. Según el último informe de CEPAL (2010), mucho más optimista que el anterior de un año atrás, la región consolidó la recuperación iniciada en el segundo semestre de 2009, lo cual se concretará en un crecimiento del 5,2% en el 2010, es decir, un 3,7% del PIB por habitante. "El crecimiento es más alto de lo que se percibía. Pero muy heterogéneo dentro de la región. Destacan los países del MERCOSUR y aquellos Estados que tuvieron mayor capacidad de implantar políticas públicas. También aquellos países con mercados internos fuertes potenciados por el espacio regional y alta participación en las exportaciones hacia Asia", declaró Alicia Bárcena, Secretaria Ejecutiva de CEPAL al presentar el informe.

- Brasil encabezará el crecimiento con una tasa del 7,6%;
- le siguen Paraguay con 7%,
- Argentina con 6,8%,
- Perú con 6,7%,
- República Dominicana con 6%,
- Panamá con 5%,
- Bolivia 4,5%,
- Chile 4,3%
- México 4,1%
- Colombia 3,7%,
- Ecuador y Honduras 2,5%
- Nicaragua y Guatemala 2%.
- Haití, como consecuencia del terremoto de enero de 2010 tendrá una disminución de 8,5% en su crecimiento.

CEPAL modificó drásticamente su pronóstico con respecto a Venezuela: en su informe anterior estimaba un crecimiento positivo del 2% en el 2010; en el informe actual predice que Venezuela será el único país latinoamericano, con excepción de Haití, que tendrá un crecimiento negativo: de -3% con respecto a 2009.

La mejora de la economía de los demás países de la región tuvo efectos positivos sobre el empleo: la desocupación en 2010 bajará cuatro décimas, de 8,2 al 7,8%. La inversión directa extranjera (IDE), índice de la confianza de los inversionistas foráneos con respecto al riesgo país, en 2010 tendría un repunte que fluctuaría entre el 40 y el 50%, reubicándose así en el nivel que tenía en 2007 (aproximadamente 100.000 millones de dólares). En el 2009 la IDE, como consecuencia de la crisis mundial, había descendido en la región a 76.681 millones. El récord histórico de IDE fue el año 2008 con 131.938 millones. Según la CEPAL el crecimiento de la economía regional se basó en tres elementos: el consumo privado, el aumento de la inversión, y en menor grado, el repunte de las exportaciones. A fines del 2010 se iniciaría una desaceleración del crecimiento económico que en el 2011 sería del 4,3%.

2. Crisis global y gobernabilidad

Aunque la crisis es financiera en sus orígenes, afecta ya no sólo a la sociedad (desempleo, pobreza), sino también el funcionamiento político de los países, y amenaza su gobernabilidad. Las tensiones sociales obligan a los actores políticos en todas las naciones a buscar compromisos en acuerdos compartidos, a lograr crecientes grados de consenso. Como se ha dicho, algunos países están mejor preparados para obtener logros rápidos en esta dirección. Europa, por ejemplo, no está lejos de sufrir problemas de gobernabilidad: "El fantasma de una explosión social, capaz de extenderse como un reguero de pólvora de Escandinavia hasta el Mediterráneo, se cierne sobre la mayoría de los países europeos, azotados por la recesión, el desempleo y el creciente endeudamiento de los Estados." (Corradini, 2009). Grecia y España son lacerantes ejemplos de ello. El Primer Ministro de Hungría, el socialista Ferenc Gyurcsany, renunció el 23 de marzo de 2009 porque se negó a aceptar el plan de rescate exigido por el Fondo Monetario Internacional que incluía, como de costumbre, una fuerte reducción de los programas sociales que beneficiaban a los más pobres. En la eurozona, con un crecimiento negativo de casi 2% pronosticado para 2009, más de 9% de desempleo, con déficit público que rebasa el 4% del Producto Interno Bruto, comienza a encenderse una hoguera de cólera que amenaza con fragilizar la solidez de los gobiernos. En Francia el cierre de fábricas ha inducido la toma de rehenes ejecutivos, lo cual ha creado un clima de zozobra y de enfrentamiento, no sólo entre empleados y empleadores, sino que además se ha extendido a estudiantes, trabajadores inmigrantes, etc. Y las noches de París y otras ciudades se vieron iluminadas con el incendio de automóviles y negocios.

Si la crisis se extendiera y profundizara, la gobernabilidad de los países que la sufran encontrará mayores dificultades para instrumentar sus políticas de reactivación. Pero no parece ser tal la tendencia. El colapso del gobierno de Islandia (26 de enero de 2009), las tumultuosas manifestaciones de protesta en Bulgaria, Letonia, Lituania, España y Francia, sobre todo motivadas por el aumento del desempleo, no pusieron en peligro a los gobiernos. No opinan igual algunos expertos tal vez ganados por el pesimismo. "El año pasado estuvo marcado por la caída de grandes bancos; durante este año (2009) y el próximo veremos la caída de gobiernos", afirma el economista venezolano Moisés Naím, director de *Foreing Affairs,* y llega a preguntarse "si la furia social y política causada por los problemas económicos se llevará por delante sólo a algunos gobernantes de turno o si la democracia terminará siendo una de las víctimas de la crisis." (Naím, 2009). En Estados Unidos la indignación general ante las desorbitantes compensaciones que reciben los altos ejecutivos de grandes bancos o empresas de seguros como la AIG después de haber sido rescatadas de la quiebra con miles de millones de dólares de los contribuyentes, no se ha canalizado hacia violentas manifestaciones callejeras, pero tiene mil formas de expresión que demuestran descontento, furia e indignación. El presidente del Banco Mundial, Robert Zoellick, consciente de la posibilidad de que la crisis económica se convierta en perturbadora crisis social y política, el 9 de marzo de 2009 destacó la necesidad de inversiones "en redes de protección, infraestructura y compañías pequeñas y medianas que generen empleos, para evitar disturbios políticos y sociales."

Impacto de la crisis en América Latina y el Caribe

En América Latina, inventora de los cacerolazos de una clase media que no siempre se siente representada por los partidos políticos y menos participante en la adopción de decisiones que la afectan, aún los coletazos de la crisis no han producido efectos de confrontación social incontrolables, que pongan en peligro la gobernabilidad. Sin embargo, si se agudiza la crisis global y se prolonga su duración podrían desarrollarse, aun inorgánicamente, situaciones de conflicto que llevarían a confrontaciones de amplios sectores con autoridades gubernamentales. Y el son de las cacerolas que reemplaza al ejercicio del voto, acunando el grito "que se vayan todos", podría crear situaciones de "bochinche", zozobra y caos.

La crisis de los años 1980 elevó en mucho el número de pobres y de indigentes, y América Latina tardó veinticinco años en recuperar los niveles de pobreza que tenía en 1980. Entre 2007 y 2009 la región sufre el impacto de un choque de grandes proporciones. Por el momento la región está enfrentándolo sin repercusiones drásticas en la evolución del producto ni en el empleo, como resultado de la confluencia de un buen ciclo internacional (2003-2007) con mejoras en la gestión de la política económica que pudieron aprovechar todos los países, especialmente Brasil, México, Chile, Colombia, Perú, en términos de su crecimiento, productividad, empleo, inflación y exportaciones (CEPAL, 2009e: 59).

Son diferentes las situaciones de los países de la región para enfrentar la crisis; los más grandes están más blindados por contar con buen manejo de las variables macroeconómicas, un sistema financiero más sólido, mayores reservas, mejor posición comercial, manejo flexible del tipo de cambio, una deuda externa (8% del PIB) que es tres veces menor que en 2002 y cierta protección social. Otros, en cambio, son especialmente vulnerables debido a las reducidas dimensiones de su mercado interno, el cual no puede actuar como motor eficaz de su crecimiento, y sus procesos de integración subregional, que podrían ofrecerles las ventajas de un mercado ampliado, registran muy modestos avances. Esos países tendrán dificultades para acceder al financiamiento internacional que les permitiría sostener algunos de sus programas (CEPAL, 2009b). No obstante, según el Fondo Monetario, la crisis le costará a la región unos 150.000 millones de dólares (FMI, 2009b).

En los inicios de la presente crisis mundial, algunos gobernantes y expertos latinoamericanos pensaron que la región podría "desacoplarse" de la debacle porque su economía no estaba expuesta directamente a los activos financieros "tóxicos" que afectaban a las instituciones financieras de Estados Unidos y de la Unión Europea. Esperanza vana. El ritmo de alto crecimiento mantenido durante los últimos cinco años se reducirá drásticamente en el 2009. La recesión económica será en este año más profunda que lo pronosticado, principalmente por la fuerte caída del comercio internacional regional; el PIB de la región se reduciría de manera significativa a lo cual contribuirá especialmente la espectacular contracción de la economía mexicana (más del 7%).

Esta situación tendrá probablemente efectos nefastos con respecto a la reducción de la inequidad, que convierten en pobreza estructural, la pobreza coyuntural. Todos los países de América Latina se ven afectados; la diferencia estriba en sus capacidades para paliar la situación, retomar el crecimiento y avanzar.

- Las estimaciones para 2009, comparadas con las del mismo período de 2008, mostraban una caída de entre 35 y 45% en los flujos de la Inversión Extranjera Directa; una disminución de entre 5 y 10% en las remesas; una reducción de 29% en los precios internacionales de los productos básicos que exporta la región y de 25% en el valor de sus exportaciones.

- Por la debacle económica mundial, en 2009, seis millones de latinoamericanos caerán en la pobreza. De ellos, sostiene el Banco Mundial, cuatro millones pertenecían a la clase media y los otros dos millones hubieran podido dejar la pobreza pero no podrán hacerlo por la crisis internacional.

- La cantidad de latinoamericanos que sufre hambre aumentó en 13%; de 47 millones pasaron a 53 millones en 2008 y alcanza a 72 millones en 2010.

- La FAO sostiene que la crisis económica mundial junto con el aumento de los precios de los alimentos erosionan casi dos décadas de progreso en el combate contra el hambre en la región. "La crisis de acceso a los alimentos persiste y se ha profundizado." (FAO, 2009).

- La FAO señala que los grupos más afectados son los afrodescendientes, unos 150 millones que habitan mayormente en Brasil, Colombia y Venezuela, y los indígenas: entre 40 y 50 millones de personas, concentradas especialmente en Bolivia (más del 60% del total de su población); Guatemala, con 41%, y México, con 10%.

Los gobiernos de algunos países de América Latina lograron "poner la casa en orden" antes de la crisis y la vulnerabilidad general de la región, con respecto a la crisis global, se reduce por dos hechos importantes. El primero es el incremento de los precios de sus productos exportables si bien su canasta de exportación está constituida mayoritariamente por materias primas y *commodities*. A causa de la recesión mundial, bajó el consumo de bienes industriales (automotores, por ejemplo) y se mantuvo la demanda de alimentos, metales y combustibles. Y si bien es cierto que en 2008 cayeron los precios de los metales, los alimentos y el petróleo, comenzaron a recuperarse desde el primer semestre de 2009. Un segundo factor que puede atenuar el impacto de la crisis global es que muchos países lograron diversificar el tipo y el destino de sus exportaciones, reduciendo así su dependencia de los Estados Unidos, duramente afectado por la presente crisis.

- Mientras México envía a Estados Unidos más del 80% de sus exportaciones, Brasil, por el contrario, sólo vende a Estados Unidos poco más de 10% de sus exportaciones totales. La Unión Europea y China son destinos cinco veces más importantes.
- Argentina coloca 17% de sus exportaciones en Brasil, 10% en Chile, y 8% en China. Estados Unidos tiene menor importancia que cada uno de esos países como destino de las exportaciones argentinas.
- Argentina exporta en primer lugar soja, maíz y trigo, a los cuales sigue, en menor importancia, la exportación de productos industriales como los automotores.
- Brasil es exportador de minerales ferrosos, carne, aves, petróleo y sus derivados; los automotores vienen después.
- En Chile el grueso de las exportaciones (48% del valor total de las mismas) lo constituye el cobre y le siguen otros minerales.
- 46% de las exportaciones de Colombia está constituido por combustibles, a los cuales siguen otros bienes primarios como el café, perlas y flores.
- México y América Central, muy dependientes de Estados Unidos por su proximidad geográfica, padecen la desaceleración de Estados Unidos al sufrir una fuerte retracción de la demanda de sus productos para la industria automotriz, electrónica y textil.

Si bien es indiscutible la conveniencia y necesidad de que las exportaciones de América Latina contengan mayor valor agregado, aportado por el conocimiento que las transforma y enriquece, en coyunturas mundiales como la presente, es interesante advertir que se mantiene la demanda por materias primas y alimentos y se contraen las compras de productos con mayor valor agregado. La disminución de las corrientes turísticas y de las remesas afectará a los países centroamericanos y, especialmente, a México. Las remesas enviadas por los trabajadores emigrantes cayeron sustancialmente y afectaron fuertemente también a México, que es el destinatario del 40% de las remesas enviadas a la región y a los países del Caribe. Durante el segundo semestre de 2009 Colombia, El Salvador, Guatemala, Jamaica y México experimentaron las contracciones más fuertes en sus remesas, entre 13% y 19%. Para Guyana las remesas conforman más del 28% del PIB, para Haití el 24%, El Salvador, más de 17%, Nicaragua casi 17%, Jamaica más de 14% y Guatemala, 13%.

Se encadenan las dificultades

Todos los países latinoamericanos, en mayor o menor medida, tendrán dificultades. La crisis mundial redujo el comercio de América Latina alrededor de un 10% en los últimos meses de 2009: es la disminución en el comercio lo que parece estar afectando con mayor gravedad a la región en la medida en que los países que demandan sus productos, redujeron sus compras (Bárcena, 2009). La disminución de la demanda de materias primas por la baja del consumo en Estados Unidos, China, Japón o Europa, los obligará a reducir significativamente sus exportaciones, las cuales, principalmente, son de productos primarios. En casos extremos, como Venezuela, con la brusca caída de los precios del petróleo (cuya exportación genera más del 90% de las divisas que entran en el país), se verá cercenada su capacidad de importación de bienes indispensables y de financiar su desarrollo interno. En menor medida, el drástico descenso del precio del petróleo en el mercado mundial, reducirá significativamente los ingresos por exportación de países como Bolivia y Ecuador. Grandes proyectos para incrementar la capacidad productiva de hidrocarburos se paralizarán como consecuencia lógica de la contracción del crédito y de los bajos precios de los combustibles, que no estimulan una mayor inversión. La capacidad para almacenar el petróleo producido y no colocado está llegando a su límite. Decenas de supertanqueros con una capacidad de transporte de 2 millones de barriles se encuentran en los puertos, esperando destinatario y su costo, como por ejemplo en tanques de almacenamiento, ronda los 75.000 dólares diarios, tres veces más que hace un año. Los inventarios en Estados Unidos aumentaron en más de 26 millones de barriles en los dos primeros meses de 2009, aunque la fuerte temporada invernal impuso el consumo de algo de esa reserva.

Los precios de los productos agrícolas han registrado descensos pronunciados en los últimos meses. La soja, principal producto de exportación para Argentina, Brasil y Paraguay, se cotizaba 45% en los mercados internacionales menos que en marzo de 2008. Pareja suerte han corrido otros alimentos como el maíz y el trigo. Los metales sufrieron un deterioro en sus precios que, en algunos de ellos, llegó al 70%. Los más afectados fueron el cobre, el plomo y el zinc. El plomo, en un año, perdió más de 60% de su valor. La libra de zinc se depreció en 2009 más de 50% y en los últimos dieciocho meses su precio descendió 70%. La plata para uso industrial perdió más del 45% de su valor en los últimos nueve meses de 2008. Así, la recesión mundial impacta muy negativamente en las industrias mineras de países como Bolivia, Chile, México o Perú, como lo registra la Cámara Minera de México: "Los precios internacionales de los metales industriales han registrado una drástica caída... lo que ha provocado en ocasiones la cancelación de proyectos mineros, cierre de plantas y la programación de paros técnicos." (Cámara Minera de Prensa, 2009).

Existen también dificultades para la obtención de financiamiento o la renovación de los préstamos. Países como Argentina o Venezuela están más afectados por restricciones crediticias que Brasil, Chile, Perú, Colombia o México, dado su elevado "riesgo país". No obstante, la CEPAL ha planteado la necesidad de que los gobiernos latinoamericanos (especialmente México, Chile, Brasil y Colombia) amplíen y fortalezcan aun más la regulación de sus mercados financieros para prevenir una extensión excesiva del crédito y una "temeraria" toma de riesgos, como la observada en las economías desarrolladas y que condujo al estallido de la crisis. Según una encuesta realizada en 65 compañías de once países latinoamericanos, siete de cada diez empresas concentraron sus actividades en la búsqueda de nuevas formas de financiamiento y en recortes de sus operaciones; se congelaron contratos y el 15% suspendió planes de expansión (Fundación Endeavor, 2009). Obviamente, la carestía del crédito y su menor disponibilidad merma la producción.

- La Inversión Extranjera Directa se redujo entre 35% y 45% en América Latina, en 2009 (González Amador, 2009: 30).
- Brasil es la excepción: durante el mes de mayo de 2009 recibió 2.483 millones de dólares en Inversión Extranjera Directa, el mayor valor para este mes desde que se inició su medición hace 62 años.
- Durante 2008 los cuatro países que recibieron mayor Inversión Extranjera Directa (concentraron 89% del total) fueron Brasil, con más de 45.000 millones de dólares; en segundo lugar queda Chile, con casi 17.000 millones;
- Colombia recibió unos 10.000 millones de dólares,
- seguida por Argentina con 8.000 millones.

- Tales volúmenes tuvieron una brusca caída en 2009. En el primer trimestre de este año la Inversión Extranjera Directa tuvo una contracción de 30% en Brasil, México y Chile.
- La inversión extranjera directa a nivel mundial retrocedió cerca de 15% en 2008.

La integración comercial de la región con su mercado ampliado es complemento de importancia estratégica para su desarrollo. No se trata de recurrir a un aislamiento proteccionista frente al comercio con los países de otras regiones, pero sí de fortalecer el mercado doméstico regional, menos expuesto a los vaivenes mundiales, como motor del crecimiento autónomo y sustentable. Para varios países el comercio intrarregional, a pesar de las deficiencias de la infraestructura física, es mayor que sus exportaciones a los grandes mercados como Estados Unidos o la Unión Europea. La integración comercial de la región, en estos últimos cincuenta años promovida y apoyada por CEPAL y el Banco Interamericano, ha significado un nuevo descubrimiento de América Latina, esta vez por los propios latinoamericanos. "Apostar al comercio intrarregional es beneficioso para la región porque se absorbe más mano de obra y se protege el crédito y la inversión, entre otras cosas." (Bárcena, 2009e).

A pesar de la importancia estratégica de los acuerdos de integración, incluyendo la Unión Suramericana de Naciones (UNASUR, compuesta por los países del MERCOSUR, del área Andina, más Chile, Guyana y Suriname), el comercio dentro de la región es aún modesto: apenas alcanza al 18% del total. Y lo que es más lamentable aun, habiendo transcurrido cincuenta años desde que se establecieron el Mercado Común Centroamericano, la Asociación de Libre Comercio de América Latina (ALALC) y el Banco Interamericano de Desarrollo, "la actual crisis global encuentra a las economías de la región sin un mecanismo bien estructurado para coordinar sus políticas económicas." (Guerra, 2009a).

Los mercados de capital de la región han disminuido su volumen en más del 60%. Se reducen los flujos de inversión. Las Inversiones extranjeras Directas de Estados Unidos y Europa se reducen con efectos negativos en los flujos crediticios a empresas y en los mercados de capital. En 2008 estas últimas rozaron los 130.000 millones de dólares, cifra que constituye un récord histórico y se explica porque varias de esas inversiones fueron acordadas con anterioridad a la crisis.

El incremento del desempleo, consecuencia de la disminución de la demanda interna y la declinación de las exportaciones afecta negativamente el crecimiento de todos los países en desarrollo. "La crisis del desempleo ya llegó a la región", como advirtió el director general de la Organización Internacional del Trabajo para América Latina y el Caribe. "Después de cinco años seguidos de reducción del desempleo hasta 2008, la tasa volverá a subir en el 2009" (Maninat, 2009), y desde el tercer trimestre de 2008, ya la recesión se había instalado en el mundo y se apreciaban los efectos iniciales de una desaceleración económica sobre el mercado laboral en la región. Las perspectivas de la OIT eran sombrías; se previó que en 2009 el desempleo aumentaría 1% para llegar a cerca del 9%, después de haber descendido continuamente entre 2003 hasta llegar a 7,5% en 2008. Ello agregaría casi 2 millones y medio a la cifra de 18 millones de desocupados ya existentes en la región. La pérdida de empleo de jefes de familia y el eventual retorno de los emigrantes crearía presiones aun mayores sobre el mercado laboral y aumentaría el número de los trabajadores informales, el cual supera en número a la masa laboral formal y carece de protección en cuanto a la salud y a la posibilidad de jubilarse.

Algunos pronósticos sobre la situación de la región en el año 2009, basados en el reciente Informe de la CEPAL, son:

- El desempleo podría superar el 9% en 2009. La disminución del comercio internacional y de las remesas, más el incremento del desempleo tendrían efectos muy negativos en la lucha contra la pobreza.

- En la región se contaban a comienzos de 2009 más de 180 millones de pobres y de 71 millones de indigentes.

- La recuperación iniciada en 2009, se fortalecería durante 2010, gracias a un crecimiento promedio estimado superior al 3%. Sin embargo, pasarán años hasta que se alcancen los niveles de desarrollo social preexistentes, sobre todo en el empleo.

El impacto de la crisis en Venezuela

El mayor impacto de la crisis mundial en Venezuela se advierte en la disminución de los precios del petróleo que llegaron en julio de 2008 a 140 dólares el barril. Después se desplomaron alcanzando sólo 32 dólares el barril, un desplome de más de 100 dólares en pocos meses. No obstante ello, merced a los altos precios que obtuvo el crudo en el primer semestre de 2008, el promedio anual de la cesta petrolera venezolana fue el más alto de la historia: 86,81 dólares el barril. Pero Venezuela es el país más críticamente monoexportador del continente: 95% del total de sus exportaciones son petroleras. En 2008 las exportaciones de petróleo de Venezuela sumaron 89.000 millones de dólares; en 2009 descendieron a 58.000 millones, un 35% inferiores a las del año anterior. Las exportaciones totales alcanzaron en 2008 a los 95.000 millones y bajaron en 2009 a 61.000 millones de dólares.

La economía venezolana es, pues, extremadamente vulnerable por su excesiva dependencia de los volátiles precios petroleros. Por cada dólar que sube o baja el precio anual del petróleo, el país recibe o deja de percibir en ese año mil millones de dólares. Las previsiones del precio del barril para el año 2010 están entre 80 y 90 dólares. El consumo mundial de petróleo se derrumbó debido a la crisis al caer de 1.750.000 b/d en 2008 a 980.000 b/d en 2009. La Organización de Países Exportadores de Petróleo mantiene esta cifra como estimación para 2010, y advierte que la contracción del consumo mundial de petróleo en 2009 será finalmente de -1,65 (Organización de Países Exportadores de Petróleo, 2009). La demanda mundial de petróleo cayó así por segundo año consecutivo desde 1983.

Además de ser un país monoproductor, Venezuela es vulnerable por la poca diversificación de sus destinos para las exportaciones petroleras. Estados Unidos y Europa absorben más del 60% del petróleo vendido en el exterior, y aquejados como están por la crisis financiera, inevitablemente han reducido su demanda de petróleo. El gobierno venezolano se esfuerza por diversificar los destinos de las exportaciones petroleras y pretende alcanzar a países como China, que tiene grandes necesidades de petróleo y desea aumentar sus fuentes de aprovisionamiento.

La drástica caída de los precios de la cesta petrolera venezolana a partir de julio de 2008 motivó que el presidente Chávez se atreviera a asegurar a principios de 2009: "La Revolución se mantendrá aunque el precio del petróleo llegue a cero dólares. Mientras yo esté en la Presidencia los sectores populares no sufrirán. Quienes deben rezar porque la crisis no nos impacte son los grupos de la oligarquía." (Libertad Digital Internacional, 2009).

Venezuela registrará en 2010, según diversas estimaciones, una caída del PIB que podría situarse en 2,5%, en un contexto inflacionario superior al 30%, el más alto de América Latina. Así quedarían fijados los parámetros de una seria estanflación (estancamiento con inflación) que golpeará a todas las clases sociales, y muy especialmente a los más pobres.

Osvaldo Kacef, director de Desarrollo Económico de la CEPAL, después de afirmar que "Venezuela es uno de los países de la región que más ha disminuido la pobreza y la desigualdad en la distribución del ingreso", agregó que la posición de este país "es, en cierto modo, privilegiada, debido a sus ahorros y al petróleo." Tanto el presidente Chávez como el ministro de Finanzas, Alí Rodríguez, sostienen que Venezuela dispone de más de 30.000 millones de dólares en reservas internacionales y otros 50.000 millones en fondos de inversión, donde se incluyen los provenientes de China y de Japón como adelanto de ventas de petróleo a futuro. Economistas hay como José Guerra, ex jefe de investigaciones económicas del Banco Central de Venezuela, que se preguntan acerca de la disponibilidad real de esas reservas pues, en buena medida, son instrumentos no fácilmente liquidables o papeles de deuda propios o de otros países como Argentina y Ecuador (Guerra, 2009b).

Las importaciones que en 2008 totalizaron 49.000 millones de dólares, descendieron 22% al ubicarse, en 2009, en 38.500 millones de dólares. La disminuida capacidad de compra en el exterior dificulta la adquisición de materias primas y bienes de capital que son esenciales para mantener y acrecentar los niveles de la actividad económica. Asimismo, dicha limitación es acicate para la escasez y la inflación, puesto que Venezuela importa productos de consumo final en alta proporción. El 75% de la comida que consumen los venezolanos es importada y la elevación de precios de los alimentos afecta principalmente a los pobres que invierten gran parte de sus ingresos en alimentos.

Durante los años 2008 y 2009 el gobierno avanzó en los intentos por concretar el modelo socioeconómico que identifica como "socialismo del siglo XXI", según el cual, el Estado actúa, no ya como motor y regulador de la actividad económica (control del precio de más de 40% de los bienes y servicios, regulación de las tasas de interés activas y pasivas, control de cambios...), sino como productor directo de bienes y servicios. Hasta hace poco esta función correspondía, primordialmente, al sector privado que, en consecuencia, ha ido retirando su participación tanto de las actividades productivas agrícolas y pecuarias, como en las industriales y de servicios. En los últimos años aumentaron en Venezuela las empresas estatales, se multiplicaron las expropiaciones –sobre todo en el sector agrario– y se estatizaron empresas y bancos. En vez de promover la iniciativa privada en todos los niveles de producción, se la ha venido marginando o excluyendo. Las crecientes importaciones agrícolas son demostración de que las expropiaciones de predios agrícolas productivos (unos 4 millones de hectáreas, de las cuales la mitad fue entregada a campesinos o a cooperativas adeptas al gobierno) no se tradujeron en mayor producción de alimentos y otros bienes.

- En los diez años de gobierno del presidente Chávez los establecimientos industriales disminuyeron de 11.117 a 7.102. Desapareció el 38% de la plantilla industrial, con inevitable impacto en la producción y el empleo.
- El número de trabajadores que laboraban en la industria bajó de 670.000 en 2003, a 580.000 en 2008.
- Venezuela es uno de los países que más alimentos importa en todo el continente; si dejara de comprar alimentos en el exterior sólo tendría reservas alimentarias para 4 ó 5 meses.
- En 2007 las importaciones de alimentos y productos agrícolas sumaron casi 6.000 millones de dólares.
- En 2008 se importaron 44.000 millones de dólares en productos básicos, especialmente alimentos.
- Se importa el 100% de las semillas de hortalizas, entre el 60 y el 70% de las de maíz y 50% de las de papas.
- Se importan los siguientes productos de la dieta básica: leche, azúcar, pollo, arroz, aceite y caraotas.
- Según el Banco Central de Venezuela, los más importantes proveedores de alimentos eran hasta 2008: Estados Unidos: 31%; Colombia: 10%; Brasil: 10%; México: 6%; China: 5%; y Panamá: 5%.

Lograr la seguridad alimentaria es mandato constitucional. Después de más de diez años de un gobierno que
se autocalifica como revolucionario y antiimperialista,
que contó con cuantiosos recursos petroleros gracias a los
altos precios del crudo predominantes durante casi todo el
período (unos 95.000 millones de dólares), el malquerido
"imperio" sigue siendo el más importante proveedor de
alimentos; el plato típico, el "pabellón criollo", no se ha
podido renacionalizar; sigue teniendo gusto a extranjero.
La producción industrial decayó en forma alarmante:

> El cuestionamiento de los derechos de propiedad ha inhi-
> bido la formación de nuevos capitales en la industria. Esto
> contribuye a explicar las bajas tasas de crecimiento del PIB
> manufacturero con relación a la de los sectores productores
> de bienes no transables [...] En 2009 Venezuela exporta
> menor cantidad de bienes y menos volumen de productos
> distintos del petróleo (acero, aluminio, bauxita y petroquí-
> micos) lo que ha potenciado la vulnerabilidad externa de
> la economía (Guerra, 2009a).

Y en cuanto a la producción petrolera, persiste la con-
troversia en torno del volumen de su producción: el gobierno sostiene que produce más de 3 millones de barriles
diarios, pero muy confiables especialistas, incluidos los
reportes de la propia OPEP, sostienen que la producción
no excede los 2.400.000 barriles diarios.

La fuerte reducción de los precios del petróleo, consecuencia de la disminución de la demanda externa debido a la crisis global, determinó la contracción de 1%
de la economía nacional en el primer trimestre de 2009
(comparado con un crecimiento de 6% que registró en el
mismo período del año anterior), con lo cual se revirtió un
ciclo de veintidós trimestres consecutivos de crecimiento.
Algunos indicadores son más preocupantes. Por ejemplo:
el desempleo en Venezuela, apenas frenado por la fuerte
inversión en los programas sociales denominados Misiones,

pasó de 6,3% en el último trimestre de 2008 a 8,5% en julio de 2009 (el desempleo en la región superó el 9% en 2009). En cambio, el poder de compra de los venezolanos cayó 8,6% en el segundo trimestre de 2009; el consumo descendió 2,7% entre abril y junio, lo cual afectó la producción, que se contrajo por primera vez en cinco años, 2,4%. El presupuesto nacional, que para el 2010 supera los 74.000 millones de dólares, dedica más del 45% al gasto social y prevé que la inflación oscilará entre el 20 y 22%. En 2009 ésta se situó en 25,1%, la más alta de la región por cuarto año consecutivo y la segunda más alta del mundo. Desde fines de 1999 hasta fines de 2008, el Índice de Precios al Consumidor en Venezuela creció 556%. La tasa de inflación de Venezuela sólo fue superada por el Congo, país que según se estima, tendrá una tasa de 40% en 2009. En mayo de este mismo año la inflación regional se ubicaba en 6,1%.

No es sólo la crisis global la responsable de la extrema vulnerabilidad de Venezuela que muestran casi todos sus indicadores. En valoración ponderada de su impacto de la crisis mundial sobre la economía del país, dieciocho prestigiosos economistas advirtieron en carta abierta del 12 de mayo de 2009: "La severa crisis económica global, intensificada a partir del tercer trimestre de 2008, ha contribuido a agravar el cuadro económico nacional, pero en modo alguno puede ser invocada como la causa originaria de los trastornos que afectan a los venezolanos." (Levy *et al.*, 2009).

3. Las propuestas: los Estados

El proteccionismo comercial es la primera reacción inmediata y casi instintiva tanto de los gobiernos de los países ricos como de los países pobres, durante las crisis económicas. Así ocurrió, por ejemplo, durante la Gran

Depresión de los años 1930. Se intenta "levantar murallas" para defender a la economía local del *shock* externo. Aun los regímenes asentados en el liberalismo más ortodoxo suelen imponer barreras proteccionistas que alteran el intercambio comercial. La misma tentación aparece también en la crisis actual. La aldea global corre así el peligro de convertirse en multitud de islas que, al replegarse sobre sí mismas, se abroquelan, y en la búsqueda de una ilusoria autosuficiencia proclaman consignas de aislamiento y de crecimiento autónomo y autosustentable. Ante la presencia amenazante del Otro se busca el encerramiento, se acude a la xenofobia.

Cuando los participantes en el Foro Económico de Davos se enteraron de la recomendación de *Buy American* en el paquete de estímulo de la industria del acero, impuesta por el Congreso de los Estados Unidos contra la opinión del presidente Obama, la reacción de los voceros de otros países fue inmediata, casi agresiva. La ministra francesa de Comercio denunció: "Es en extremo preocupante que uno de los primeros actos de la nueva administración de Obama sea una medida claramente proteccionista y una distorsión de la competencia." (Schwartz, 2009). Gordon Brown, el primer líder europeo en ser recibido por el presidente Obama, manifestó ante el Capitolio[15] la necesidad de evitar enclaustramientos parroquiales y de fortalecer la apertura económica: "Nunca he visto un mundo tan ansioso por trabajar en conjunto. Nunca antes se ha necesitado tanto. Y nunca antes los beneficios de la cooperación han sido de tanto alcance." En ese contexto Brown se preguntaba: "¿Debemos sucumbir al proteccionismo, del cual la historia nos enseña que al final no protege a nadie?", y se respondía: "No".

---

[15]   "Desde el Capitolio, Brown criticó el proteccionismo", Diario *La Nación*.

Resistir las presiones proteccionistas en los países industrializados es de máxima importancia para los países en proceso de desarrollo que, apostando al multilateralismo, despliegan considerables esfuerzos por insertarse en el mundo globalizado, estableciendo una relación de interdependencia con otros países. El presidente del Banco Mundial, Robert B. Zoellick, afirmó que el proteccionismo comercial puede amenazar la recuperación de la recesión mundial actual y que medidas restrictivas del comercio, como los gravámenes, pueden conllevar efectos adversos, como aconteció con la *Smoott-Harvey Tariff Act* de 1930, que elevó las tarifas de miles de bienes importados por Estados Unidos y agravó la Gran Depresión de 1930 (Zoellick, 2009a).

En este contexto, adquiere justa importancia que el Grupo de los 20, en su documento del 3 de abril de 2009, se manifestara reacio a repetir los errores históricos del proteccionismo de otras épocas. Y es que el proteccionismo suele extenderse, con sus efectos paralizantes, más allá del ámbito comercial, hacia los campos financiero, cambiario y laboral. "A medida que el desempleo aumenta, los gobierno son más proclives a aplicar medidas proteccionistas con fines políticos, lo que puede provocar represalias e incluso desencadenar una guerra comercial." (The World Bank, 2009b: 142). El Banco Mundial ha propuesto financiar el comercio internacional con unos 50 billones de dólares en los próximos tres años, a fin de rescatarlo de su aguda declinación. Unos 12 billones de dólares serían destinados a financiar el comercio exterior de América Latina porque, sin dudas, el antídoto más eficaz contra el proteccionismo, que es clausura, es la apertura del multilateralismo, base del mundo globalizado.

El Plan de estímulo de Estados Unidos

"La situación no podría ser más grave, hemos heredado la crisis más profunda desde la Gran Depresión. Economistas de todo el espectro han advertido que, si no actuamos inmediatamente, millones de empleos se perderán y la tasa de desempleo llegará a los dos dígitos. Más gente perderá su casa y su seguro médico y nuestro país se hundirá en una crisis que, en cierto punto, tal vez no podamos revertir."[16] Así se expresó el presidente Obama desde una escuela colmada de gente en el pueblo de Elkhart (Indiana), que padece uno de los más altos índices de desempleo –superior al 15%, el doble del nivel nacional–, consecuencia de los embates sufridos por la industria automotriz local. La Cámara de Representantes había aprobado el 28 de enero de 2009 un paquete de estímulos para hacer frente a la crisis por un monto de 819.000 millones de dólares. El proyecto incluía 544.000 millones para gastos federales en infraestructura, programas sociales, proyectos energéticos, con el propósito de crear empleos para que no siguiera creciendo el índice de desempleo que superaba ya el 7%. Otros 275.000 millones de dólares permitían recortar impuestos, medida que según el presidente, beneficiaría a 95% de los estadounidenses. Algunos demócratas lamentaron que se hubiera excluido de una ley que el presidente Obama firmó el 19 de febrero de ese año, asignaciones que en principio se habían acordado para educación, salud y construcción de escuelas. Los representantes republicanos, por su parte, insistían en que el plan de estímulo debía dedicar menos recursos a los gastos en proyectos, e incrementar el alivio tributario incluso para los más ricos.

---

[16]   "Obama hace campaña a favor de plan de estímulo económico", Diario *El Economista.*

El paquete fue aprobado por la mayoría demócrata en la Cámara Baja, (244 votos contra 188), pero no recibió ningún voto favorable de los republicanos. El presidente Obama, conciliador, contrastó la conducta de la oposición y, en gesto deportivo y bipartidista, invitó a demócratas y republicanos a la Casa Blanca para ver juntos, por televisión, el partido final del campeonato de fútbol americano. Finalmente, el programa de estímulo fue aprobado el 11 de junio de 2009 en el Senado por todos los demócratas más tres senadores republicanos (61 votos contra 36). En las subsiguientes negociaciones entre senadores y representantes se acordó reducir el plan a 789.000 millones de dólares que incluían 507.000 millones de dólares para diversos programas que, según el presidente, generarían más de tres millones de empleos, más 282.000 millones para reducciones tributarias que favorecerían, con 400 dólares, a los contribuyentes individuales, y con 800, a las familias dentro de ciertos niveles de ingreso. Los beneficiarios del seguro social recibirían un cheque por 250 dólares. Por insistencia del senador Arlen Spencer (republicano, sobreviviente de cáncer y uno de los tres republicanos que votaron favorablemente) se asignaron seis 6,5 billones de dólares para investigaciones médicas. La aprobación por el Congreso del paquete de estímulos fue una de las asignaciones más altas de la historia estadounidense. "No voy a decirles, manifestó Obama a los legisladores antes de firmar, que este proyecto de ley es perfecto. No lo es. Pero tiene el tamaño, el objetivo y las prioridades adecuadas."[17]

El programa estadounidense se sumó a los ingentes "paquetes" de estímulo puestos ya en marcha por los gobiernos de la Unión Europea, China, Japón y otros países, incluidos la mayoría de los de América Latina. Programas que, al reactivar la demanda, seguramente tendrán impacto

---

[17]   Ibídem.

positivo en el "rebote" de la economía. Indicios hay de que esa recuperación ha comenzado ya y se irá consolidando en el curso de 2010. Como un elemento más –y no el menos importante, por cierto– del esfuerzo por enfrentar y superar la crisis, el presidente Obama buscó instrumentar una medida a la cual hizo reiteradas referencias durante su campaña electoral: la reforma del sistema financiero de su país.

Después de meses de consulta con el Congreso, las agencias de regulación, grupos de empresarios y consumidores, expertos y académicos, el secretario del Tesoro estadounidense, Timothy Geithner, anunció el 9 de junio de 2009, ante una subcomisión del Senado, que en las próximas semanas el gobierno presentaría un plan para actualizar la estructura regulatoria del sistema financiero y aumentar la protección a consumidores e inversionistas, así la misma sería equiparable en tamaño, forma y velocidad al sistema financiero moderno (Geithner, 2009b). Con ello daba crédito a la opinión de muchos funcionarios públicos, y por supuesto a los presidentes que participan en el G-20, que consideraban que la red de distintas agencias reguladoras estadounidenses estaba mal preparada, desactualizada y peor coordinada para supervisar las muy complejas finanzas con los innovadores instrumentos que se habían puesto en circulación en los últimos años.

Una semana después, el 15 de junio, Geithner y Lawrence Summers (2009a), director del Consejo Económico Nacional, publicaron un artículo donde especificaban que la crisis actual tuvo sus raíces en el desequilibrio mundial entre el ahorro y el consumo, además del ya mencionado uso de instrumentos financieros poco conocidos, y la miopía y la excesiva influencia económica y política de las autoridades de las instituciones financieras. Este reconocimiento del peso e influencia del *establishment* financiero, anticipaba la fuerte oposición que éste opondría a las reformas del sistema de regulación. Los dos altos funcionarios públicos se limitaron a señalar su influencia, sin elaborar sobre su segura oposición al plan del gobierno, ni sobre su capacidad de *lobby*; denunciaron además que la regulación financiera vigente estaba plagada de lagunas, deficiencias y superposiciones jurisdiccionales que dificultaban la supervisión coordinada. Asimismo, afirmaron que dicha estructura de regulación se fundaba en una concepción anticuada del riesgo financiero. Todo ello se combinó para que el mercado quedara, en gran medida, sin normativas eficaces. No resultó extraño a muchos que el presidente de la poderosa Asociación de Bancos Americanos (ABA), Edward Yinglin (2009), declarase después que la reforma era "tan vasta y controvertida como será extremadamente difícil su aprobación."

Dos días después, el 17 de junio, el presidente Obama presentó el *Libro Blanco*, de 85 páginas, que contenía las bases, la estructura y los principios operativos de las profundas reformas que proponía para el sistema de regulación y supervisión cuyo propósito era evitar nuevas crisis y frenar la "cascada de errores" que durante varias décadas degradaron la calidad de la supervisión de las instituciones financieras. La propuesta de Obama implica mayor regulación, más comportamiento proactivo por parte del Estado, más garantías para el consumidor: "Una transformación de escala no vista desde la las reformas que siguieron a la Gran Depresión" de 1929. Este y otros esfuerzos por atacar las condiciones que crearon la crisis, por reencausar a las fuerzas del mercado, implican la acción del Estado como ente regulador del mercado.

Segunda y Tercera Cumbres del G-20

Desde el momento en que Obama asumió la presidencia de Estados Unidos las relaciones con los países de la "vieja Europa", como la había caracterizado con sarcasmo el vicepresidente norteamericano Dick Chenney, adquirieron refinada sintonía. El diálogo se fortaleció en planos de mayor igualdad, si no de franca empatía.

La primera divergencia seria entre ambas potencias surgió en torno de la forma más funcional para superar la crisis global y se hizo evidente en los días que antecedieron a la Segunda Cumbre del G-20 que se efectuó el 2 de abril de 2009 en Londres.[18] Estados Unidos propugnaba invertir grandes sumas de dinero en las instituciones financieras. La Unión Europea, en cambio, daba mayor importancia y urgencia al restablecimiento de la confianza en dichas instituciones mediante el reforzamiento de las normas regulatorias y la supervisión de su cumplimiento. El presidente Obama reafirmó en esta oportunidad la posición estadounidense al destacar que los esfuerzos de todos los países debían ser "suficientemente sólidos" para reactivar la demanda.

La mala regulación de las entidades canalizadoras del crédito como factor que contribuyó al estallido de la crisis global y la urgencia de inyectar ingentes recursos para estimular la demanda fueron reconocidos tanto por la Unión Europea como por Estados Unidos. Sobre la urgencia, no hubo discusión; en cambio sí la hubo –intensa y áspera– con respecto a la prioridad de las medidas. ¿Convendría inyectar, de inmediato, recursos al sistema a pesar de las obvias falencias del mismo, o sería preferible mejorar antes la calidad de la regulación para asegurar que los trillones de dólares que se invirtieran no se diluyeran por las fallas del sistema financiero? Lo que parecería ser una antinomia bizantina (el huevo o la gallina) enfrentó durante meses a Estados Unidos con la Unión Europea. Esto se explica en parte por

---

[18]   La Primera Cumbre del G-20 se realizó en Washington DC el 15 de noviembre de 2008 y trató especialmente de la reforma del sistema financiero mundial.

el diferente peso que tienen las instituciones financieras en la vida política y económica en ambos lados del Atlántico.

La reacción europea a la propuesta de Estados Unidos de incrementar el monto de los paquetes de estímulo a la economía fue inmediata y agresiva. El ministro francés de Reactivación recomendó a Estados Unidos "un poco más de modestia cuando pretende dar lecciones", habida cuenta de "la enorme responsabilidad que tuvieron en esta recesión que está sufriendo todo el mundo." (Devedjian, 2009). Sin evadir una abierta confrontación, la ministra francesa de Economía, Christine Legarde, defendió la estrategia europea y criticó el programa estadounidense tanto por su dispersión de recursos como por considerar que tardaría mucho en llegar a las empresas e individuos: "Es preferible adoptar planes de reactivación dirigidos a un objetivo y que se aplican en forma inmediata que lanzar programas como los de Estados Unidos que abarcan al 95% de la población, pero cuyo efecto multiplicador sobre la actividad económica resulta neutralizado por la dispersión." (Legarde, 2009).

Refiriéndose a las medidas de protección social relativas a desempleo, salud y educación, el presidente de la Comisión Europea, el portugués José Manuel Duráo Barroso (2009), no evitó comparaciones críticas: "El esfuerzo que Europa está haciendo en términos de red social frente a la crisis es muy superior al que están haciendo nuestros amigos norteamericanos."

La oposición de los europeos se justificaba porque Estados Unidos siempre había promovido, aceptado o tolerado una regulación muy laxa de sus instituciones financieras, y había sido reticente a cualquier tipo de supervisión de su sistema, incluso por una agencia internacional de la cual es miembro, como el Fondo Monetario Internacional. Resulta de interés evocar algunas de las opiniones de líderes mundiales que trataron el asunto durante o a raíz de la Segunda Cumbre del G-20.

- "Estoy totalmente en contra de que los europeos sigamos los deseos norteamericanos de adoptar programas de reactivación todavía más masivos", declaró el primer ministro de Luxemburgo.

- El primer ministro checo, Mirek Topolanek, cuyo país ejercía la presidencia *pro tempore* de la Unión Europea, manifestó: "Algunos países todavía no han puesto en marcha sus propios planes de reactivación nacional. En consecuencia, no tiene sentido comenzar a adoptar nuevos paquetes de estímulo."

- El presidente francés, Nicolás Sarkozy, amenazó públicamente con retirarse de la Cumbre si no se adoptaban medidas concretas para satisfacer la necesidad de una mayor regulación del sistema financiero: "Decimos que sin una nueva regulación financiera no habrá confianza, y sin confianza no habrá recuperación. Es para nosotros (Francia y Alemania) un objetivo mayor, no negociable."

- El lanzamiento de más planes de gasto público para financiar al sistema financiero, para Sarkozy era importante, pero antes se debía reformar a fondo la arquitectura financiera internacional. "Podemos hablar de estímulos para la economía, pero eso después."

- La Canciller alemana, Angela Merkel, afirmó que los planes de reactivación adoptados recientemente "son suficientes, y es necesario, antes que nada, dejarlos producir sus efectos." Respaldaba su posición el hecho de que el 20 de febrero de 2009 el Parlamento de su país había aprobado el mayor plan de estimulo económico puesto en marcha desde la Segunda Guerra Mundial, por 63.000 millones de dólares.

No sorprende que la izquierda europea haya coincidido con la posición estadounidense debido a la vulnerable posición en que se encuentran los trabajadores como consecuencia de la crisis. "Necesitamos una plan de reactivación más ambicioso", reclamaba el presidente del Partido Socialista Europeo, el danés Nyrup Rasmussen (2009), porque "si no hacemos nada, tendremos 25 millones de desempleados a comienzos de 2010." Las voces de alarma se multiplicaban: en la UE el PIB caería hasta 4,1% en 2010 y con él, la tasa de empleo (Rituerto, 2009).

Ante posiciones tan contrapuestas, la posibilidad de llegar dos semanas después a un acuerdo funcional entre Estados Unidos y la Unión Europea, con respecto al manejo de la crisis, parecían muy remotas, pero no hubo la colisión que algunos se atrevieron a anticipar. El estilo de liderazgo de Obama (escuchar para conciliar) hizo posible aunar o compatibilizar las posiciones: mayor y más estricta regulación del sistema financiero y después, si fuera necesario, cada país impulsaría nuevos programas de estímulo para reactivar su economía.

Los compromisos asumidos por los gobiernos en la Segunda Cumbre del G-20 son detallados en el documento titulado "Una crisis global exige una solución global" (G-20, 2009a). Sin pretender modificar las bases del sistema capitalista se reconoce que la crisis golpea a todos los habitantes de los países sin distingo de raza, género o edad, y reitera que su impacto será mayor en los más vulnerables, los pobres. La generación de empleos es el objetivo estratégico fundamental; para aumentarlo apuntan a estimular el crecimiento y la inversión en educación. De los veintinueve apartados que constituyen el documento final, el número 4 sintetiza casi todos los aspectos del plan de acción:

Hoy nos hemos comprometido a hacer lo que sea necesario para:

- restablecer la confianza, el crecimiento y el empleo,
- reparar el sistema financiero para restaurar el crédito;
- reforzar la regulación financiera para reconstruir la confianza:
- financiar y reformar nuestras instituciones financieras internacionales para superar esta crisis y evitar crisis futuras;
- fomentar el comercio y la inversión globales y rechazar el proteccionismo para apuntalar la prosperidad;
- construir una recuperación inclusiva, ecológica y sostenible (G-20, en línea).

Se acordó un programa adicional de 1,1 billones de dólares para restaurar el crédito, el crecimiento y el empleo en la economía mundial. Un Fondo Monetario Internacional, renovado y reforzado, deberá jugar un rol muy importante como principal canal de financiamiento, todo lo cual será parte de un gran esfuerzo fiscal concertado entre los países para salvar o crear millones de empleos y que para finales de 2009 significaría la inversión de 5 billones de dólares y elevaría la producción mundial en 4%.

Se constituiría un Consejo de Estabilidad Financiera entre cuyas funciones básicas está alertar sobre riesgos macroeconómicos y financieros y tomar las acciones correspondientes para prevenirlos. Ante esta realidad de que el comercio mundial cayó por primera vez en veinticinco años, los gobiernos de los países del G-20 declararon que no se refugiarían en el proteccionismo financiero o en medidas que limiten el movimiento de capitales, sobre todo hacia los países en vías de desarrollo. Acordaron también publicar una lista de paraísos fiscales y de posibles sanciones en su contra; "la era del secreto bancario se ha acabado", aseguraron (G-20, 2009a). Asimismo, se ejercería la debida supervisión para evitar que las recompensas millonarias a los directivos de instituciones financieras rescatadas con fondos públicos, no estimulen su disposición a emprender operaciones excesivamente riesgosas. El presidente Sarkozy proclamó entusiasta: "Es la reforma más profunda del sistema financiero desde 1945." (G-20, 2009a). El director gerente del Fondo Monetario Internacional, exultante por el rol de pivote que se asignó a su institución –verdadera refundación–, se atrevió a decir que el programa de acción aprobado por el G-20 "es el mayor plan coordinado de reactivación económica de la Historia." (Bolaños, 2009). Semanas después de la Cumbre del G-20, el presidente Obama pudo afirmar: "En seis meses hemos logrado sacar a la economía del borde del abismo." (Obama, 2009c).

En la Tercera Cumbre del Grupo de los 20, llevada a cabo en Pittsburgh en 2009, se adoptó una decisión que no ha convocado suficiente atención, aunque se trata de una modificación institucional que, seguramente, influirá de manera importante en la economía global en las décadas por venir. "Designamos al G-20 –afirmaron los jefes de Estado y de Gobierno– como el foro principal de nuestra cooperación económica internacional." Esta decisión relega a un segundo plano al Grupo de los 8 (EE.UU., Japón, Alemania, Francia, Reino Unido, Canadá, Italia y Rusia) que durante treinta años ejerció influencia hegemónica y excluyente en la economía internacional. El G-8 coordinaba sus acciones a través de organismos económicos y financieros internacionales como la Organización Mundial del Comercio, el Fondo Monetario Internacional, el Banco Mundial y, con frecuencia, los organismos económicos regionales donde algunos participan como miembros plenos. Así, el G-20 quedó constituido por los miembros del G-8 más otros once países: Arabia Saudita, Argentina, Australia, Brasil, China, India, Indonesia, México, República de Corea, Sudáfrica y Turquía. El vigésimo miembro es la Unión Europea con una presidencia que rota cada seis meses entre sus países miembros.[19] Se decidió transferir a los países emergentes dinámicos y a países en desarrollo al menos 5% del poder de voto del Fondo Monetario y 3% del Banco Mundial con el propósito de que el nuevo reparto "refleje mejor el peso económico relativo" de sus miembros.

Los jefes de Estado y de Gobierno, en la tercera Cumbre, se propusieron evitar el retiro prematuro de los cuantiosos estímulos inyectados para dar liquidez a las economías y, al mismo tiempo, preparar estrategias para dejar atrás la

---

[19]   España y Holanda fueron invitadas en las tres cumbres, aunque estaban representadas por la Unión Europea.

severa crisis. Los miembros del Grupo abogaron por un crecimiento que evite los ciclos extremos.

En la cuarta reunión del G-20 celebrada en Toronto entre el 26 y el 28 de junio de 2010, se estableció el compromiso de que cada país, con su propio ritmo reduzca su desequilibrio fiscal hacia la mitad hasta el 2013, en forma gradual para que la disminución del gasto público no afecte la frágil recuperación de la economía mundial. Se apoyó la decisión de China de reducir progresivamente la devaluación del yen. Y se hizo evidente la diferencia de enfoque entre Alemania y Estados Unidos con respecto a las prioridades estratégicas para contener la crisis: los germanos favorecen la reducción del gasto fiscal, mientras que los estadounidenses favorecen el mantenimiento de estímulos para incentivar la economía.

Capítulo IV
Oportunidades y maldiciones en la crisis global

El año 2009 fue infausto para la economía de América Latina, y dentro de ella, también para Venezuela. Es previsible que algunos problemas continúen mientras la economía global procura retomar los niveles anteriores al estallido de la crisis. Aun cuando los pronósticos a fines de 2009 son alentadores, existen razones de preocupación.

Lehman Brothers, fundado en 1850, era el cuarto banco de inversiones de Estados Unidos, y sin embargo cayó en cesación de pagos ahogado por la carga de 60.000 millones de dólares en préstamos hipotecarios incobrables. Hasta su desconcertante bancarrota, las economías de los países en desarrollo seguían teniendo normal acceso al mercado financiero internacional; las primas por riesgo (*spreads*) continuaron en su nivel de los años anteriores y el crecimiento parecía poder continuar sobre buenas bases. Cuando estalló la crisis, los esfuerzos del nuevo gobierno de Estados Unidos y de la Unión Europea, China y Japón por evitar la quiebra de importantes instituciones financieras, sus multimillonarios programas de estímulo para inyectar liquidez al sistema, la rebaja de las tasas de interés y las garantías para los créditos interbancarios contuvieron, en gran medida, el creciente deterioro del sistema financiero en los países desarrollados.

La crisis que afectó el vasto universo de las instituciones financieras estadounidenses sembró también muy serias dudas en relación con el desempeño de las economías de los países emergentes. Surgieron incertidumbres sobre la solvencia de su sistema financiero –aunque no estuviera muy estrechamente integrado con la gran banca internacional–, con respecto a su capacidad para atender las obligaciones de la deuda externa, tanto por parte del sector público como del privado. Los interrogantes surgieron también con respecto a la rentabilidad de las inversiones privadas extranjeras. Sin embargo, los esfuerzos realizados por los gobiernos de los países desarrollados influyeron en mejorar la percepción de riesgo de los países emergentes; a fines de 2009, éstos lograron retornar a los mercados internacionales de capital, reiniciaron la colocación de bonos tanto soberanos como corporativos y vieron cómo se recuperaban sus acciones, devaluadas durante los meses más agudos de la crisis, y además, mejoraron los precios de las materias primas que exportan al mercado internacional.

Se ha insistido en que esta región enfrentó el actual período de dificultades mejor preparada institucionalmente y en sus políticas macroeconómicas que en otras crisis anteriores; aun así, existen indicios preocupantes que develan viejas limitaciones estructurales, como la caída del Producto Interno Bruto de casi 2%, el aumento del desempleo, el declinar de las exportaciones. Comenzaron a agravarse las condiciones de pobreza en que vive cerca de la mitad de la población de la región (180 millones de pobres y, de ellos, 72 millones de indigentes).

Las páginas que siguen se proponen mostrar, brevemente, de qué modo esta primera crisis global está afectando a los países de América Latina en algunos aspectos fundamentales relacionados no sólo con sus economías, los cuales condicionarán la lucha contra la pobreza en las décadas por venir. Se examina aquí con especial detenimiento el caso de Venezuela.

1. Pronósticos y realidades

Según todos los pronósticos el año 2010 marcará el inicio de una recuperación del cuadro global de crisis que padecen todos los países, en alguna medida y sin excepción. Se espera que América Latina crezca casi un 3% en 2010 después de que su producto cayó 2,5% en 2009 (FMI, 2009). Esta mejoría, sin embargo, no alcanzaría a reducir el desempleo, agravado por la crisis, sino después de algunos años. Mientras tanto aumentará la pobreza en la región.

Pronósticos

El Fondo Monetario Internacional evaluó la evolución final de las economías de la región en 2009 con tono muy positivo:

> Se reanudaron los flujos de capitales hacia la región y se redujeron los diferenciales de la deuda soberana. La producción industrial repuntó en muchas economías, particularmente en Brasil, y la contracción mexicana se está moderando. La reciente recuperación del precio de las materias primas también está mejorando el panorama global de la región, dada la importancia de la exportación de materias primas. La confianza de los consumidores y de las empresas mejoró, y las ventas minoristas repuntaron (FMI, 2009).

Sin embargo, es evidente que las predicciones favorecen más a unos países y menos a otros:

- Perú será líder en el crecimiento regional en 2010: su PIB se elevará a 5,8%, el más alto de América Latina.
- Brasil ocupará el segundo lugar con un crecimiento superior al 5% basado principalmente en su amplio mercado interno y en la diversificación de los productos y destinos de sus exportaciones, sobre todo a los países asiáticos.
- Chile crecerá 4%.

- México ha sido el país más golpeado por la crisis, pero después de una severa contracción en 2009 (7,3%) crecerá 3,3% en 2010.
- Venezuela, según el FMI, será el único país latinoamericano que no crecerá en 2010; tendrá una contracción de 0,4%.
- En el primer semestre del 2010 la economía venezolana se contrajo un 5,8%.
- Uno de los pocos efectos "positivos" de la crisis es la caída de la inflación, que de 8% en 2008, bajará a 6,1% en 2009 y a 5,2% en 2010.
- Venezuela será excepción también en este aspecto, junto con Argentina; en 2009 su inflación superará el 25% y en 2010 rondaría el 30%, explicable, en parte, por el elevado gasto público y la expansiva política monetaria del gobierno.

Las diferencias se muestran también en otros muchos indicadores. Con la crisis ocurrió en toda la región una reducción del crédito bancario externo. Argentina, Venezuela, Brasil, Chile y Perú fueron los países más afectados. Obviamente, se cerraron por el momento las posibilidades de colocar bonos, tanto soberanos como corporativos, de los países latinoamericanos en los mercados internacionales. Los costos del financiamiento externo para Argentina, Ecuador y Venezuela se incrementaron en forma drástica durante este último año ante la percepción de que no pudieran atender al servicio de sus deudas.

Dados los temores e incertidumbres acerca de la situación de la actividad económica regional, importantes proyectos fueron cancelados o postergados y la Inversión Privada Externa cayó abruptamente. En 2007 la Inversión Extranjera Directa (IED) en América Latina y el Caribe había aumentado 13% (144.000 millones de dólares). Sólo en América del Sur la IED se elevó entonces 23% y, en cambio, en América Central y el Caribe se redujo 6% debido al fuerte descenso (20%) que sufrió en México. La inversión fija se desplomó en Venezuela durante el primer trimestre del 2008 hasta caer en 6%, el descenso mayor en la región. Pero la inversión fija también disminuyó de manera importante en Chile, Brasil y Argentina. Sin embargo, esta debacle global golpeó menos a América Latina y el Caribe si se tiene en cuenta que en el mundo la IED descendió en 14% y en los países desarrollados todavía bajó más: 25% con respecto a 2007. Según las Naciones Unidas tamaña diferencia se debe a que el impacto de la crisis en la región se sintió mucho después y las inversiones continuaron aumentando durante buena parte de 2008, especialmente en Argentina, Chile y Brasil (UNCTAD, 2009).

En la medida en que los inversores extranjeros liquidaron sus posiciones en los mercados emergentes y en desarrollo, atizaron una importante fuga de divisas. De Brasil salieron entre 2008 y 2009 unos 30.000 millones de dólares; de México, más de 10.000 millones. No es de extrañar, por ende, que las reservas internacionales de la región se redujeran significativamente: en septiembre de 2008 éstas sumaban unos 500.000 millones de dólares; a fines de abril de 2009 esta cifra había descendido 9% (48.000 millones menos). Los países que sufrieron el mayor porcentaje de reducción de sus reservas internacionales, entre septiembre del 2008 y abril del 2009, fueron los exportadores de petróleo, como Ecuador, que tuvo una merma mayor del 50% y Venezuela, cuya reducción fue de 25%, México 15%. Perú y Brasil experimentaron también importantes reducciones en sus reservas internacionales.

Venezuela, cuyas reservas internacionales a fines de 2008 superaban los 43.000 millones de dólares, registró también una caída importante. Durante todo 2008 y hasta mayo de 2009 el gobierno continuó con el traspaso de recursos, identificados como "reservas excedentarias", de las reservas internacionales al Fondo Nacional de Desarrollo (FONDEN) que financia proyectos en distintas áreas. Entre febrero y marzo de 2008 se le transfirieron 1.500 millones de dólares y en enero de 2009, 12.000 millones. Por ello, en abril de 2009 las reservas internacionales de Venezuela descendieron a 29.000 millones de dólares. Aun así, ellas son holgadas y suficientes para respaldar el circulante, atender las obligaciones de pago de la Deuda Externa y también para cubrir las necesidades de importación, siendo su índice de cobertura de siete meses. Según el Banco Mundial los coeficientes de cobertura de las importaciones en 2008 alcanzaban a catorce meses en Brasil y Perú; once meses en Argentina, ocho meses en Colombia, cinco en Chile y tres en Costa Rica.

Por otra parte, en medio de la primera crisis global, los países en desarrollo se ven por lo general en dificultades para atender sus necesidades y compromisos financieros. Durante el período de bonanza (2003-2007) muchos acumularon activos externos e implementaron reformas tributarias que permitieron incrementar la inversión pública y lograron reducir su deuda pública. A esto contribuyó el mayor nivel de la actividad económica y el alza de los precios de bienes exportables. Fue así como la reducción de la Deuda Pública Externa, como porcentaje del PIB, en el bienio 2007-2008 fue importante en Argentina, Brasil, Ecuador y Perú. No hubo reducción de la deuda en Colombia, México y Chile.

También en Venezuela la Deuda Pública Externa bajó siete puntos, al pasar del 20 al 13% del PIB. Pero la del gobierno central continuó aumentando: a fines de 1998 se situaba en unos 23.000 millones de dólares, y al finalizar el primer trimestre de 2009 había aumentado a casi 30.000 millones, según el Ministerio del Poder Popular para Economía y Finanzas.[20] Para el Banco Central de Venezuela,

---

[20]   República Bolivariana de Venezuela, Ministerio del Poder Popular para la Economía y Finanzas, Oficina Nacional de Crédito Público, *Saldo de*

en cambio, la Deuda Externa Total (pública y privada) sobrepasó a fines del primer trimestre del 2009 los 60.000 millones de dólares. Para el ente emisor, de esa suma, unos 48.000 millones corresponden al sector público en el cual incluye a las empresas no financieras; las principales son PDVSA, SIDOR (Siderúrgica del Orinoco), las cementeras, etc. El sector público aumentó sus obligaciones en el exterior en 8,5%.

El endeudamiento de PDVSA debido en gran medida al anclaje cambiario, sobrepasa los 18.000 millones: "PDVSA tiene problemas de caja, porque el tipo de cambio oficial no paga ni la mitad de lo que pagaba hace cinco años, a pesar de que sus ingresos en dólares sean suficientemente altos." (Daza, 2009). Por otra parte, la Deuda Externa Privada es algo superior a los 12.000 millones de dólares después de haber cancelado compromisos, con lo cual redujo su endeudamiento en más del 8%. Su deuda financiera total, a fines de 2009, supera los 21.000 millones de dólares.

En el caso Venezolano, si bien la Deuda Pública Externa no es excesivamente alta en comparación con la de otros países de la región, sí resulta preocupante el acelerado endeudamiento público en bolívares. En 2008 éste era de 2.500 millones de bolívares y a fines del primer semestre del 2009 llegó a 44.000 millones. La razón fundamental de este creciente endeudamiento en moneda local es la extrema dificultad que tiene el gobierno para obtener financiamiento de los bancos y de otras instituciones financieras internacionales privadas (debido al alto riesgo-país), y de instituciones multilaterales, como el Fondo Monetario Internacional. Lo mismo acontece en otros países latinoamericanos, como Argentina, que prácticamente encuentra vetado el mercado financiero internacional por su

---

la Deuda Pública Externa, julio 2009. El Ministerio contabiliza sólo la deuda del gobierno central.

gigantesco *default* del año 2001. Por tal razón, el endeudamiento público interno también seguirá aumentando en este país en el corto plazo. Es deplorable que en muchos países, y Venezuela no es ajena a ello, el endeudamiento público financie gastos corrientes en vez de promover el aumento y la diversificación del aparato productivo y de la demanda internos.

Los pronósticos indican que en Venezuela no habrá crecimiento durante 2009 y 2010, no obstante su alto ingreso petrolero. Según el Banco Mundial "será la única economía de la región que seguirá contrayéndose en 2010", por segundo año consecutivo. Después de crecer 8,4% en 2007, Venezuela bajó a 4,8% en 2008 y descendió todavía más, a menos de 2,2% en 2009; se prevé incluso una caída de 1,4% en 2010. Este deterioro continuado se debería, según el Banco Mundial, al "declive de los precios del petróleo y a un deficiente manejo macroeconómico." (The World Bank, 2009b: 139, Tabla A-9). Sin embargo, los precios del petróleo se recuperaron, en parte, desde finales del 2008 y al finalizar el primer semestre de 2010 se ubican por encima de los 72 dólares el barril. La reducción de casi 50% en el comportamiento del PIB de Venezuela entre 2007 y 2008 se debe al menor crecimiento de las actividades no petroleras, las cuales disminuyeron de 9,5% en 2007 al 5,8% en 2008. Esta disminución del crecimiento se dio también en los sectores construcción, comercio y manufacturero donde la inversión se contrajo en 2,4%.

No es de extrañar, por ello, que el *Financial Times* de Londres, en su estudio sobre posibilidades de *default* correspondiente al segundo trimestre de 2010, ubique a Venezuela entre todos los países del mundo como el de mayor riesgo de incumplir sus obligaciones de pagos internacionales en el curso de los próximos cinco años. El *Financial Times* asigna a Venezuela un porcentaje de 58,7%, seguida por Grecia (55,6), Argentina (47,9), Pakistán

(39,0) y Ucrania (35,9). Los países con menos probabilidades de incumplimiento de pagos son: Noruega, en primer lugar, Finlandia y Estados Unidos. Cabe mencionar que Venezuela, desde que el presidente Gómez, hace ochenta años, pagó por anticipado la totalidad de la deuda externa, ha tenido una conducta ejemplar, incluidos los once años del gobierno del presidente Chávez, en cuanto a sus obligaciones de cancelación de la deuda externa.[21] La caída de la economía de Venezuela, quinto exportador mundial de petróleo, en 2009, ocurrió según el Banco Central "luego de 22 trimestres consecutivos de crecimiento, a más de un año de haberse iniciado la crisis financiera global." De nada sirvió que el presidente Chávez vaticinara, pocos meses antes, que la crisis global no tocaría "ni un pelo" de la economía venezolana, gracias a la Revolución Bolivariana (Chávez, 2009b). Ante el fuerte descenso de la actividad económica, el ministro de Finanzas, Alí Rodríguez, no pierde las esperanzas: "Esta caída es recuperable, ha habido caídas mayores y nos hemos recuperado." (Rodríguez, Alí, 2009).

- El Estado venezolano siguió creciendo y el sector privado reduciéndose. Aquel se expandió entre abril y julio del 2009 un 2,7% mientras el sector privado se contrajo en 4,1%.
- La actividad petrolera, que produce más del 90% de las divisas que ingresan al país y financia la mitad del presupuesto nacional, se contrajo entre abril y julio más de 4%.
- Las actividades no petroleras se redujeron un 1,6%.
- Disminuyó la extracción de petróleo en 364.000 barriles diarios, conforme lo había dispuesto la OPEP.
- El precio promedio de la cesta petrolera venezolana en la última semana de diciembre de 2009 fue de 71,46 dólares.

---

[21]   *Financial Times*, Londres, 5 de julio de 2010.

- Los sectores más afectados por el deterioro de los datos macroeconómicos fueron el manufacturero que cayó más del 8% y el comercio.
- La construcción pública creció en más del 9%, mientras que la privada disminuyó 1,6%.
- Las importaciones se redujeron en casi 8%.
- Los ingresos del Estado disminuyeron 50% debido a la drástica baja de los precios del petróleo.
- El gasto de inversión se redujo 2,4%, en el 2008.

Realidades

Los países latinoamericanos parten de distintas situaciones en sus esfuerzos por atenuar la crisis y procurar que, a causa de ella, no se incrementen en demasía la pobreza y la desigualdad. Algunos indicadores así lo evidencian. Uno clave es el desempleo. En América Latina y el Caribe la crisis global causó la pérdida de más de 2 millones de puestos de trabajo, elevando así el desempleo en la región de 7,5 a 8,4%.

En Venezuela el desempleo subió del 6,3% en el último trimestre de 2008, a 8,3% en el primero de 2009 y a 8,5% en julio. Esto, no obstante el alto incremento del empleo en el sector público, sobre todo en la trasnacional petrolera, PDVSA. La población ocupada en Venezuela es de 11.870.000 personas, de las cuales 56,1% están en el sector formal y 5,2 millones se desenvuelven en el sector informal. La nómina gubernamental creció más de 10% en 2009. En Venezuela, como en casi toda la región, el desempleo afecta más a las mujeres y a los jóvenes.

En 2008, en Venezuela, por primera vez desde 2004 los salarios tuvieron una caída de 0,9%; ello se explica por la inflación (de 30,9%) y el aumento de los precios de los alimentos (superior a 43%) que afecta especialmente a los pobres que deben dedicar gran parte de su ingreso a la compra de comida. Según la firma encuestadora *Datanálisis*,[22] en 2007 el salario real del venezolano aumentó más de 12%; en 2008 éste cayó 7,34% y descendió nuevamente 2009 un 8%. Algunas estimaciones indican que el poder adquisitivo de los venezolanos caería 15% en 2010 debido a la inflación que se calcula en más del 30%. El salario mínimo tendrá un aumento escalonado del 25% durante el año 2010. En marzo se aumentará el 10% y en septiembre 15% (Chávez Frías, 2010).

El Instituto Nacional de Estadística de Venezuela, en la *Encuesta de Hogares por Muestreo* que analiza la situación de 40.000 hogares, determinó que la pobreza disminuyó de 49% en 1998 a 26,4% en el primer semestre de 2009. Además, la indigencia o pobreza extrema descendió en el mismo período del 17,1 a 7,9%. La desigualdad, medida según el coeficiente de Gini, habría descendido también de 48,1% en 2003, a 41% en 2008. Si pudiera mantenerse esta tendencia, podría hablarse de un logro del gobierno venezolano, no comparable con el de algún otro país de la región. Chile, por ejemplo, que hizo importantes progresos en la disminución de la pobreza, aumentó la inequidad social. Pero no todos los entendidos están de acuerdo con las cifras proporcionadas por el INE.

Para América Latina, la crisis mundial fue inicial y fundamentalmente la de su comercio. Por supuesto, la reducción de los precios de los productos básicos significó un alivio para los países importadores de los mismos; sin embargo, como sostiene el Banco Mundial, "la caída de los precios de los productos básicos entre julio del 2008 y mayo de 2009 redujo los ingresos en aproximadamente 2,2% del PIB de la región." (The World Bank, 2009a).

También Venezuela resultó afectada por el descenso de los volúmenes y precios de su principal producto de

---

[22]   *Datanálisis*, encuesta del 6 de enero de 2009.

exportación, el petróleo, casi exclusiva fuente de divisas. Esta merma acarreó un significativo deterioro de los términos de intercambio: 10%, después de haber aumentado en 3% en el año 2008. Tal disminución es mayor en los países exportadores de hidrocarburos y metales cuyos términos de intercambio se redujeron entre 20 y 30%. Se estima que en América del Sur y el MERCOSUR los términos del intercambio sufrirán caídas del 16 y del 6%, respectivamente, entre 2009 y 2010.

Las estimaciones indicaban también que las exportaciones de América Latina caerían 11% en 2009, siendo ésta la mayor contracción en los últimos 72 años. Las importaciones disminuirían 14%, la baja más pronunciada desde 1982. Sin embargo, sólo en el primer semestre de 2009 ya las exportaciones de minerales y petróleo cayeron más de un 50% con respecto a igual período del año anterior, y las ventas de productos manufacturados y agrícolas bajaron 24 y 17%, respectivamente. Los países más afectados en sus exportaciones que caerían 33% en 2009 fueron Bolivia (gas natural), Colombia (petróleo y carbón), Ecuador (petróleo) y Venezuela (petróleo).

Durante el primer trimestre de 2009 las actividades petroleras en Venezuela descendieron un 4,8%. Mientras el volumen de las exportaciones de este país (en gran medida hidrocarburos) se redujo en más de 16%, el volumen de importaciones, sobre todo de las alimenticias, creció en 3,6%. Este aumento de las importaciones de alimentos se explica por el incremento del consumo, la inicial disminución del desempleo, y la limitada oferta de la producción nacional, sujeta a controles de precios.

Durante el cuarto trimestre de 2008 hubo un importante descenso de las exportaciones en toda la región: en Costa Rica la caída de las exportaciones en ese breve período fue del 14%; en Argentina, del 10%; de 8% en México y casi de 7% en Brasil y en Venezuela. Muy importantes destinos de las exportaciones latinoamericanas redujeron su demanda: en abril del 2009, las exportaciones a Estados Unidos se redujeron 30% con respecto al mismo mes del año anterior. Las ventas a la Unión Europea bajaron 25%. Lo más lamentable es que las exportaciones de los países latinoamericanos a otras naciones de la región se redujeron 33% entre el primer semestre de 2008 y el de 2009.

En el sector de los servicios interesa destacar el deterioro del turismo como efecto de la crisis mundial, sobre todo en el Caribe, donde constituye el 20% del PIB, y también en los países centroamericanos, donde las actividades correspondientes equivalen al 6% del PIB. En los primeros cuatro meses de 2009 ocurrió una disminución de la llegada de turistas en América del Sur; en América Central ésta se redujo 3,5%, y en el Caribe más de 4%. Durante el primer trimestre del 2009 el número de turistas en la República Dominicana cayó 5%. México, gran destino del turismo internacional, sufrió también una fuerte reducción de la actividad, no sólo por la crisis mundial que propugnó "el turismo cerca de casa", sino también por la incidencia de la gripe AH1N1, aparentemente ya controlada a mediados de 2010 en este y otros países de la región. Las previsiones apuntaban a una disminución de las corrientes turísticas desde Estados Unidos y Europa, sobre todo a México y al Caribe, al término de 2009. La Organización de Turismo del Caribe estima que la llegada de turistas a esa región descendería en 2009, entre 20 y 35%.

Los estímulos fiscales instrumentados por los gobiernos de Estados Unidos, China o la Unión Europea para reactivar la actividad económica alcanzaron cifras muy altas. Guardadas las proporciones, también los gobiernos latinoamericanos hicieron importantes esfuerzos al aumentar el gasto en obras de infraestructura, reducir algunos impuestos y aumentar los subsidios. Esto fue necesario, aunque acarreó el consecuente deterioro del saldo fiscal.

Los estímulos fiscales en Colombia, para 2009, equivalen a 4,5% del PIB; en Perú a cerca de 3%; en México al 1,5%; en Argentina 1,3% y en Brasil 0,4%.

Venezuela y la crisis

Después de negar que la crisis global pudiera afectar a Venezuela, el gobierno del presidente Chávez, lejos de adoptar estímulos fiscales para estimular a los sectores productivos, puso en marcha el 21 de marzo de 2009 un *Plan anticrisis mundial* con la finalidad de atenuar la gravedad del impacto de la caída de los precios del petróleo (de US$ 147 el barril en julio de 2008, a US$ 68,8 el último trimestre de 2009) (Chávez Frías, 2009c) y de la crisis global sobre la economía y la sociedad venezolanas. El *Plan* se inscribe en el modelo de sociedad socialista que intenta concretar el presidente Chávez, no obstante que la votación popular le negó esta posibilidad en un referendo celebrado en diciembre de 2007. Las medidas incluyen el aumento general del IVA, la reducción de la producción petrolera de acuerdo con la OPEP y una reducción del Gasto Público[23] que, se advierte, no afectaría al gasto social.

El tipo de cambio, obviamente sobrevaluado, se mantuvo en 2,15 bolívares por dólar, a pesar de que en el mercado de permuta el dólar se tranza a un precio casi 300% superior. El ministro de Finanzas, junto con negar que el gobierno tuviese entre sus planes modificar el tipo de cambio en el

---

[23]   Según SUTHERLAND (2009) algunas medidas son: aumento de la alícuota del IVA de 9 a 12%; del salario básico en 20%; reducción de sueldos a los altos funcionarios públicos; recorte de gastos superfluos o suntuarios; reformulación del Presupuesto Nacional sobre la base de un precio estimado del barril de petróleo de 40 a 60 US$ el barril y un volumen de producción reducido de 3,5 millones de b/d a 3,1 millones; aumento de la deuda pública por un monto adicional de 28.000 millones de bolívares.

corto plazo, aseguró que "el diferencial entre el dólar oficial y el llamado dólar paralelo puede ser reducido."

El 8 de enero de 2010 el presidente Chávez anunció, en reunión televisada de gabinete, que a partir del día 11 se haría un ajuste –devaluación– del tipo de cambio que había regido hasta entonces, de 2,15 bolívares por dólar dentro del marco de control estatal de divisas vigente desde 2003. Se establecieron dos tipos de cambio: uno de 2,6 bolívares por dólar regirá para las importaciones de alimentos, salud, maquinarias y equipos, ciencia y tecnología, artículos de librería y todas las compras en el exterior del sector público. Para "todo lo demás" (comercio, telecomunicaciones, sector automotriz) se estableció el "dólar petrolero" en 4,30 bolívares. Además, el Banco Central intervendría en el mercado paralelo o de permuta para reducir la escasez de dólares que pudiera impulsar a la suba la divisa estadounidense. La oposición calificó la devaluación como medida altamente inflacionaria que perjudicará especialmente a los pobres.

En el marco de la *Ley habilitante,* que estuvo en vigencia entre enero de 2007 (cuando fue aprobada) y el 31 de julio de 2008, el gobierno anunció la "nacionalización" de las empresas cementeras que operaban en el país –Cemex de México, Lafarge de Francia y Holcim de Suiza– "para lanzar con mayor fuerza el plan de viviendas", declaró el Presidente de la República. Asimismo, en mayo de 2008 nacionalizó la Siderúrgica del Orinoco (SIDOR), por 1.970 millones de dólares. La mayor parte del capital de esta industria básica pertenecía al grupo argentino Techint cuyos dueños, según afirmó el presidente Chávez, "son capitalistas que no tienen alma" (el 20% de las acciones pertenecían al Estado y otro 20% a los trabajadores de la empresa). En abril de 2009 fueron nacionalizadas también las empresas siderúrgicas proveedoras de la industria petrolera Tavsa, Matesi y Comsigua, también pertenecientes, en parte, al grupo argentino Techint.

Nuevas estatizaciones siguieron: el 31 de julio de 2009 el gobierno anunció la del Banco de Venezuela, perteneciente al Grupo Santander Central Hispana, por 1.050 millones de dólares. El Banco estatizado, el tercero del país, tenía una cartera de clientes cercana a los 3 millones, poseía activos valorados en más de 11.000 millones de dólares estadounidenses y contaba con una red de 300 agencias en todo el país. Según anunció el Presidente de la República, el Banco dejaría de ser capitalista y pasaría a ser socialista: "La ganancia no será de un grupo, sino para invertirla en el desarrollo social-socialista. ¡El socialismo cada día con más fuerza!" El socialismo del siglo XXI no excluye la operación de empresas extranjeras en el país, y mucho menos de las latinoamericanas, pero da preferencia a las empresas mixtas donde el Estado venezolano posea parte importante del capital accionario. Tal es el caso de las empresas donde participarán las 51 compañías argentinas que fabricarán tractores, medicamentos, alimentos o frigoríficos.

El control estatal avanza en otros sectores fundamentales de la actividad económica, y en ese avance va reduciendo cada vez más el ámbito de la inversión privada. En octubre del 2008 se promulgó la *Ley orgánica de Reordenamiento del mercado interno de los combustibles líquidos* por la cual el Estado asume la intermediación del suministro. En marzo de 2009 se promulgó *La ley que prohíbe la pesca de arrastre*; el Estado asumió la administración los puertos y aeropuertos nacionales. Por disposición del Banco Central se determinó que 70% de la producción nacional de oro (son muy ricas las reservas de este mineral que posee Venezuela) será vendida en el mercado interno del país y 60% de ella debe ser ofrecida al Banco Central. Miles de empresas privadas cesaron sus actividades en los últimos años.

La optimización del comercio internacional de la región –sin despreciar la capacidad dinámica de la demanda interna, sobre todo en los países de mayores dimensiones– puede impulsar la actividad económica, generar empleos decentes en procesos productivos cada vez más complejos y, en definitiva, ayudar a enfrentar la crisis, y superar la pobreza y la inequidad. La diversificación de los destinos de sus exportaciones y de los orígenes de sus importaciones, atenúan la vulnerabilidad de una América Latina que, hasta hace pocas décadas, reducía su relacionamiento comercial, político y cultural a Estados Unidos y Europa. El resto del mundo, incluida su propia región, no era, realmente, parte de *su* mundo. En tal sentido se está transitando una nueva etapa de amplificación enriquecedora.

Venezuela: socios malqueridos

El gobierno venezolano ha logrado la rara distinción de mantener una conducta pugnaz y agresiva con sus dos socios comerciales más importantes. Durante los once años del gobierno de Chávez las relaciones políticas con el "imperio" sufrieron permanente tensión hasta llegar incluso a la expulsión del embajador estadounidense en Venezuela (retornaría después de la asunción del presidente Obama). Las acusaciones de supuestos planes de magnicidio generados en el Norte, de una proyectada invasión de Estados Unidos al territorio venezolano, invocados por el presidente Chávez, llegaron hasta el paroxismo: insultos, de vulgaridad irrepetible, por televisión. Pero a pesar de ese clima político de severa hostilidad, las relaciones comerciales continúan siendo estrechas y florecientes. Venezuela es el cuarto exportador de petróleo hacia los Estados Unidos, al cual le vende, aproximadamente, un millón de barriles diarios de petróleo. Según el Departamento de Energía de Estados Unidos, este país importó de Venezuela 1.080.000 barriles diarios en 2009 y 980.000 barriles diarios en los primeros cuatro meses de 2010. Por ser los crudos venezolanos de la Faja Petrolífera del Orinoco del tipo pesado, se requiere de refinerías especiales, que se encuentran concentradas en Estados Unidos. Venezuela tardaría no menos de diez años en poner en marcha nuevas refinerías adecuadas para procesar su producción y poder colocarla en otros países. La improbable cancelación de las ventas de hidrocarburos a Estados Unidos, por otra parte, perjudicaría en extremo la operación de Citgo, filial de PDVSA que dispone de más de 13.000 estaciones de servicio en ese país.

Según el Banco de Comercio Exterior de Venezuela, el comercio total entre ambos países superó en 2008 los 60.000 millones de dólares con saldo favorable a Venezuela de unos 38.000 millones. En el año 2009 dicho comercio se redujo en 50%. Estados Unidos sigue siendo, por mucho, el principal socio comercial de Venezuela. Las importaciones de automóviles, de maquinaria de construcción o computadoras desde Estados Unidos satisfacen una necesidad real en Venezuela, pero las importaciones no se reducen a productos manufacturados o de refinada tecnología; además, trigo, maíz, productos lácteos, carne y aceite son bienes estadounidenses que satisfacen una demanda interna que la industria venezolana no puede actualmente atender. Las emblemáticas, por indispensables, caraotas o frijoles negros, el arroz y el aceite vegetal, tres productos de la cesta básica venezolana, provienen en buena medida de Estados Unidos. El antiimperialismo del presidente Chávez es, por lo dicho, más testimonial, declamatorio, que factual. Por su parte, el presidente Obama declaró simplemente que su país reducirá su dependencia del petróleo de Venezuela y de Irán. Según los expertos, la sustitución de las importaciones venezolanas no significará un problema importante para Estados Unidos.

Igualmente agresivo es el manejo que hace el mandatario venezolano de las relaciones comerciales con Colombia. Una frontera de más de 2.000 kilómetros hermana a

Venezuela con el "vecino país"; en algunas ciudades como Cúcuta y San Cristóbal se entrelazan, interactúan y por momentos se confunden los dos pueblos en una de las fronteras más vivas de América Latina. Desde 2004 el comercio mutuo creció a un promedio de 39% anual. Venezuela venía exportando a Colombia insumos y materia prima para la industria automotriz, cuyos vehículos Colombia después exportaba a Venezuela, su segundo socio comercial después de Estados Unidos. El comercio entre Colombia y Venezuela alcanzó en 2008 los 7.231 millones de dólares, de los cuales unos 6.000 millones correspondieron a exportaciones colombianas (carne, pollo, huevos, leche, animales vivos, textiles y autos). Este comercio era evidentemente desigual y demostraba la superioridad de Colombia desde el punto de vista de su capacidad productiva. Además, alrededor del 30% de las importaciones venezolanas de alimentos proviene de Colombia. Se trata de un intercambio útil a las dos sociedades pues genera unos 300.000 empleos directos e indirectos en ambos países. En enero de 2009, en Cartagena de Indias, el presidente Chávez manifestó su deseo de elevar el intercambio común a 10.000 millones de dólares por año, además de abogar entusiasta por la construcción de un gran gasoducto binacional. La buena relación cambió.

El 28 de julio de 2009 el presidente Chávez mudó de parecer llegando incluso a ordenar el retiro del embajador venezolano de Bogotá y el "congelamiento" de las relaciones diplomáticas. El motivo: el uso proyectado de siete bases colombianas por Fuerzas Armadas estadounidenses para combatir el terrorismo (FARC, ELN, etc.) y al narcotráfico. Ni Colombia ni Estados Unidos aclararon nunca los alcances del acuerdo pero el solo conocimiento del mismo hizo estallar a Chávez. La situación coincidió con la aparición en manos de las guerrillas de las FARC de misiles antitanques que años atrás fueron vendidos por Suecia a Venezuela y, aunque el gobierno de Chávez lo negó, había indicios de una inconveniente cercanía de éste con los guerrilleros. Venezuela eliminó a las FARC de la lista de movimientos terroristas y abogó por que se le reconociera carácter beligerante. Las simpatías del presidente Chávez con las FARC nunca han sido desmentidas ni por él ni por su gobierno.

Las relaciones se mantienen desde entonces, aunque al borde de la ruptura. Mientras, el otrora floreciente comercio entre los dos países sufre los embates del conflicto: en el primer semestre de 2009 las exportaciones venezolanas a Colombia cayeron 56%, siendo los rubros más afectados el hierro, aluminio y los de la industria petroquímica. Esta reducción del comercio consolidó la tendencia del último quinquenio en el que cayeron significativamente las exportaciones no tradicionales de Venezuela a Colombia.

Las exportaciones colombianas a Venezuela no fueron afectadas en los primeros meses de 2009 a pesar de que el gobierno venezolano retrasó la entrega de divisas a los importadores de su país, quienes las necesitaban para cancelar sus facturas a los exportadores colombianos. A finales de julio de 2009 esa mora en el pago rondaba ya los 300 millones de dólares. En cambio, meses después era ya más que evidente la caída de las exportaciones de mercancías de Colombia hacia Venezuela, las cuales totalizaron 485 millones de dólares entre enero y octubre de 2009 (León, 2009). Las exportaciones colombianas a Venezuela, entre enero y mayo de 2010, se redujeron en un 76,6% en comparación con igual período del año anterior, como consecuencia del bloqueo económico impuesto por Venezuela.

Para compensar la caída de su comercio con Colombia, Venezuela firmó diversos acuerdos, especialmente con Argentina, por más de 1.000 millones de dólares. Dichos acuerdos incluyen la compra de 10.000 autos (cuota antes asignada a Colombia) y mercancías como medicinas, arroz, 2.000.000 de pares de zapatos. "Esos 10.000 carros que nosotros le íbamos a comprar a Colombia, que se los compre Obama", (Samán, 2009) manifestó, despectivo, el ministro venezolano de Comercio, Eduardo Samán. Aunque el gobierno venezolano tranquiliza a sus críticos al afirmar que estos bienes importados de Argentina resultarán más baratos porque su precio no será recargado con tarifas de importación, la verdad es que esos bienes ingresarán ahora al país por puertos marítimos venezolanos abarrotados, mal administrados y cercanos al colapso.

No será sencillo rearmar las estructuras productivas de Venezuela y Colombia; ambos países habían logrado alto grado de complementación productiva, después de décadas de muy estrecha relación fundada en nexos que van más allá de lo simplemente comercial.

Un tercer aliado comercial de Venezuela es Brasil. Buen socio y buen vecino. Hace cinco años el comercio entre los dos países apenas llegaba a 400 millones de dólares; en 2008 ya se había multiplicado por 500 y más, y se le valoraba en 5.688 millones de dólares. Venezuela sólo exporta a Brasil la quinta parte de lo que importa de este país. Tan desigual intercambio dejó al gigante amazónico, en 2008, un superávit de 4.611 millones de dólares. Venezuela ocupa la posición número diecisiete como socio comercial de Brasil y es el séptimo destino de sus exportaciones. En 2008 aumentaron notablemente (150%) las exportaciones brasileñas de alimentos hacia Venezuela, lo que compensó en parte la baja en las exportaciones industriales, principalmente de automóviles. Pero la desmesurada geografía une y también separa a estos países. Un camión tarda cuatro días en cubrir la distancia entre Manaos y Caracas atravesando zonas soledosas y con deficientes servicios. Por ello sólo 2% de las exportaciones brasileñas llega a Venezuela por tierra; más del 90% (carne, pollo, ganado en pie, textiles, calzados, etc.) viaja por vía marítima y demora siete días o más en alcanzar a puertos venezolanos. El 70% de las importaciones colombianas llegaba a Venezuela por los estados de Táchira y Zulia, por vía terrestre, y tardaba sólo dos días en llegar a Caracas una vez pasada la frontera.

El presidente Chávez ha dicho que Brasil y Argentina reemplazarán a Colombia como socios comerciales. En todo caso, como se ha sugerido arriba, los cambios de origen y destino en el comercio mutuo no serán fáciles ni inmediatos. Consolidar una relación comercial transnacional exige, entre otras cosas, tiempo, y más aun cuando Venezuela atraviesa un período de dificultades para abastecer sus mercados, producir por sí misma los bienes que su población necesita, crecer y exportar. Con razón Nicolás Eyzaguirre, director del Departamento del Hemisferio Occidental del Fondo Monetario Internacional, advirtió refiriéndose a este país: "Con menos acceso a recursos en moneda dura por la vía de las exportaciones, menos acceso a recursos fiscales, los niveles de gasto tanto del sector privado como del sector público van a tener que irse ajustando a estas nuevas realidades y, como sabemos, desde Keynes en adelante, cuando el gasto privado y el gasto público se reducen, eso produce inevitablemente en el corto plazo una caída de la actividad."

El tiempo dirá si con políticas y medidas como las adoptadas por el gobierno de Hugo Chávez es posible atenuar la crisis y continuar reduciendo la pobreza atacando sus causas tanto como sus efectos. Muy probablemente, no.

América Latina: "dulce" salida de la crisis

En su informe de coyuntura, publicado en Washington y en Hong Kong el 9 de julio de 2010, el Fondo Monetario Internacional afirma que la economía mundial se recuperará este año con mayor rapidez que la esperada gracias a crecimiento de los países emergentes y en desarrollo; China crecería un 10,5%, India un 9,4% y Brasil un 7,1%.

La salida de la crisis global esta siendo dulce para América Latina [...]. El conjunto de la región y, muy significativamente, algunos países como Brasil, Chile o Perú lideran junto con Asia y otras economías emergentes la recuperación global. Esto está permitiendo dejar atrás viejas pesadillas en que las recesiones, ya fueran causadas por motivos internos o externos, tenían largos y devastadores efectos sobre la estabilidad económica y social de los países (Steinberg, 2010).

En su nuevo informe de coyuntura el Fondo Monetario pronostica un crecimiento global en alza que alcanzará al 4,6% a fines de 2010, advirtiendo que los países desarrollados enfrentarán serios problemas debidos a la antinomia entre los paquetes de rescate y su fuerte endeudamiento. Los países ricos que más crecerán en 2010 serán Estados Unidos (3,3%) y Canadá. Alemania lo hará en un modesto 1,4%. España será el único país desarrollado que seguirá sufriendo una recesión en el 2010.

Con respecto a América Latina, el Fondo Monetario elevó hasta el 4,8% el crecimiento en el 2010, impulsado por el vigoroso incremento de Brasil (7,1%) y México (4,5%). Asimismo prevé perspectivas "favorables" para las materias primas, lo que favorece a América del Sur dada su voluminosa exportación de metales y energía. Estima que el precio promedio del barril de petróleo será de 75 dólares en el 2010 y de 77 dólares en el 2011.

Por último, el informe de coyuntura destaca la creciente vinculación de América Latina con los países asiáticos, principalmente China e India, cuyo crecimiento en 2010 superará el 10% el primero, y se ubicará muy poco por debajo de esa cifra el segundo. Brasil tiene ya en China el principal destino de sus exportaciones; desplazó así a Estados Unidos como su cliente más importante. Pero como contrapartida, según la Federación de Industrias del Estado de San Pablo (FIESP), entre 2004 y 2009, por la penetración de productos chinos en los mercados internacionales en que Brasil tiene presencia, éste disminuyó sus exportaciones en 12.600 millones de dólares.

La mayoría de los indicadores apuntan a que el mundo está superando la peor recesión acaecida en los últimos sesenta años, que por primera vez en la historia globalizada afectó negativamente, aunque en distinto grado, a todos los países. Es evidente una reactivación de la actividad económica; la recuperación de los niveles de empleo tarda más tiempo en lograrse. El economista jefe del Fondo Monetario, Olivier Blanchard, niega que el mundo vaya a sucumbir en una recesión de "doble caída", pero advierte que "hay nubes en el horizonte" y los riesgos de una recaída persisten y hasta aumentaron. En todo caso, América Latina está saliendo "dulcemente" de la crisis, y con la excepción de Venezuela y Haití, vivirá días mejores en 2010, y muy probablemente en el año siguiente.

2. Las oportunidades

América Latina y el Caribe distan mucho de conformar una región preferida por las inversiones extranjeras directas; en 2006 sólo 1,5% de la Inversión Directa Extranjera se aventuró en la región. Otras zonas del globo o países hay que brindan mayores posibilidades, seguridades o utilidades, con menos zozobras y sorpresas. Aun así, existen oportunidades que están enrumbando a los países de la región hacia una exitosa participación en el mundo globalizado, lo que les permitiría devengar los recursos necesarios para promover una sustancial mejora de la calidad de vida de sus habitantes, una disminución significativa y rápida de la pobreza. Se presentan aquí algunas de las más significativas áreas de oportunidades, sin dejar de exponer los indicios preocupantes.

Las multilatinas

En las últimas décadas se ha venido ampliando un fenómeno que, en modesta escala, es más que centenario: la multinacionalización de los capitales, en este caso de empresas nacionales latinoamericanas, que invierten en otros países de la misma región y se convierten en "multilatinas".

El fenómeno no es nuevo, lo es el contexto global donde ellas se insertan. A fines del siglo XIX y principios del XX empresas argentinas como Bunge y Born, Molinos o SIAM Di Tella se multinacionalizaron y radicaron sus filiales en otras ciudades y lugares, exportando y produciendo para el mercado interno de otros países; algunos se aventuraron incluso fuera de la región. A fines del siglo XX, en la década de 1990 y bajo los influjos del Consenso de Washington, hubo un amplio proceso de privatización que, en los hechos, fue de desnacionalización. Se vendieron entonces a intereses extranjeros empresas latinoamericanas que en muchos casos daban pérdidas al Estado. Así pasaron a manos foráneas desde compañías aéreas hasta productoras de metales. Se extranjerizó la distribución del agua y los servicios telefónicos. "Si era extranjero, seguramente administraría mejor la empresa que cualquier administrador local". Entre 1991 y 2001 el proceso de extranjerización hizo que de las 500 empresas más grandes de América Latina, 40% pasara a ser controlado por intereses extrarregionales cuando, antes de esa década, sólo 27% se encontraba en esa situación (Martínez *et al.*, 2010-2011). Esta alienante realidad, que con frecuencia desembocó en estridentes fracasos, como fue el caso de las líneas aéreas latinoamericanas extranjerizadas, comenzó a cambiar de manera importante a medida que se consolidaron ámbitos subregionales de integración que ofrecían un mercado ampliado.

El proceso de extranjerización de los años 1990 tuvo algo positivo: estimuló la competencia entre las empresas propiamente latinoamericanas que durante décadas gozaron de la protección estatal, plácidamente instaladas en el intento de sustituir las importaciones provenientes de países extranjeros. Con la apertura predicada por el Consenso de Washington, "el rival" –la empresa transnacional extranjera– estaba dentro de casa, y para sobrevivir las compañías locales debían competir con ella en un ámbito de liberalización económica. Esta puja hizo madurar a muchos empresarios de la región que se vieron obligados a competir con éxito con las transnacionales extranjeras. Algunos se aventuraron a exportar a otros países de la región y, en una segunda etapa, se instalaron en ellos aprovechando las facilidades comerciales que les brindaban los esquemas subregionales de integración; transnacionalizaron a sus empresas y las convirtieron en multilatinas.

- En 2005 doce empresas multilatinas facturaron, cada una, más de 4.000 millones de dólares. Las nueve primeras son mejicanas y brasileñas y juntas facturaron 146.000 millones de dólares en 2005.
- Las argentinas Tenaris y Ternium, que hasta hace poco controlaban Sidor en Venezuela, ambas pertenecientes a la también Argentina Techint, ocupaban los puestos 10 y 12 (Ceriotto, 2007).

A principios de 2008 más de un centenar de empresas, que hasta pocos años atrás crecían amuralladas en sus países de origen, se aventuraron en el espacio común latinoamericano o más allá de sus fronteras, como la brasileña del hierro, Gerdau. Los flujos de inversión directa en el exterior por parte de países latinoamericanos siguieron creciendo y rondaron en el año siguiente los 35.000 millones de dólares, lo que significa un incremento del 42% interanual. Cabe advertir que el *boom* de las internacionales pertenecientes a economías emergentes está lejos de limitarse a América Latina: la coreana Kía es prueba de ello, entre muchas otras. Constituido el MERCOSUR, unas 190 empresas brasileñas se establecieron en Argentina e invirtieron más de 4.000 millones de dólares; el promedio de las inversiones directas de empresas latinoamericanas en la región fue de 151 millones de dólares en toda la década de 1970; trepó a 30.437 millones de dólares entre 2000 y 2005 (Cuervo-Cazurra, 2007) y llegó a más de 20.000 millones de dólares sólo en el año 2008. A nadie se le ha ocurrido atacar a tales emprendimientos como representativos de un supuesto "imperialismo latinoamericano".

El número de transnacionales latinoamericanas en 1991 representaba el 1,5% del total mundial; a comienzos de 2010 significa el 4% de todas las compañías transnacionales que actúan en la región. Más importante aun es que ese incremento no se debe tanto a que unas pocas empresas aumentaran el volumen de sus inversiones en otros países de la región, sino a que su número creció mucho. Desde 1991 hasta 2005, en quince años, las multilatinas se multiplicaron por seis, al pasar de 500 a 3.000. Brasil sigue siendo el principal inversionista extranjero en la región con más del 60% del total de la Inversión Extranjera Directa. Lo siguen Chile, que invirtió en América Latina casi 7.000 millones de dólares, y Venezuela, que destinó a este fin unos 2.800 millones de dólares. La mexicana Cemex es la tercera productora de cemento en el mundo y la tercera en Estados Unidos. La empresa minera brasileña Vale do Rio Dolce es la segunda del mundo. La mexicana América Móvil es la quinta compañía operadora de telefonía móvil y en América Latina es líder. Gerdau, brasilera, es la mayor productora de aceros largos en todo el continente americano. Sólo por muy estrecho margen Heineken supera a la mexicana Femsa en la venta de bebidas en América Latina; Coca-Cola le es inferior en ventas.

Las inversiones más cuantiosas de las multilatinas, sobre todo en hidrocarburos y minería, obedecieron a decisiones tomadas con anterioridad al estallido de la primera crisis global, por lo que es probable que el ritmo de internalización de estas empresas hubiera disminuido a lo largo de 2009 debido a la crisis. La CEPAL duda de esta reducción porque las dificultades, precisamente, suelen generar nuevas oportunidades para empresas fuertes que cuentan con financiamiento (CEPAL, 2009d). Sin embargo, la crisis mundial perjudicó seriamente a muchas multilatinas por la reducción de la demanda y por las restricciones del mercado financiero. La Unión Industrial Argentina (UIA) proporciona los nombres de algunas que ve como promesas por su capacidad de "pegar el salto" y convertirse en multilatinas argentinas; ellas son: la empresa láctea Williner, la citrícola San Miguel, la bodega Catena-Zapata, el laboratorio Bio Sedus, la autopartista Basso, la tecnológica Grupo Assa y hasta la estatal INVAP. Ese privilegio lo ostentan hasta hoy sólo Tenaris, Arcor, Bayó, Ledesma, Molinos, Roemmers, Sadisa o Alvar (Bidegaray, 2009). Para ello necesitan planificación a largo plazo y financiamiento.

Países como Brasil y México basan el fortalecimiento de sus multilatinas, fundamentalmente, en su gran mercado interno (185 millones de personas en Brasil y 105 en México). En cambio, para un país de reducida dimensión demográfica y geográfica como Chile, lo fundamental es la estabilidad de sus políticas macroeconómicas y la muy especial coordinación entre el sector privado y el gobierno en la promoción de exportaciones y en la radicación de sus empresas en el exterior. Pro-Chile es impar ejemplo de la acción conjunta del Estado y los empresarios.

Lo destacable del crecimiento de las multilatinas que operan en el territorio regional, haciendo uso de ventajas comparativas como relaciones, conocimiento de la idiosincrasia, familiaridad con hábitos de consumo y uso del mismo idioma, es que promueven el aumento del volumen de las exportaciones entre países latinoamericanos y son, por lo tanto, agentes dinamizadores del comercio dentro de la región. La mayoría de las empresas latinoamericanas que exportan a países de la misma región (México 74, Brasil 71, Chile 22, Argentina 11, Colombia 9) suele estar asociada con empresas locales con amplio conocimiento de su mercado y, en muchos casos, establecen *joint ventures*, alianzas, fusiones o realizan adquisiciones. Bimbo SA, el mayor productor de panes en México, y Carvajal de Colombia, dedicada a impresiones y a la industria editorial, son elocuentes ejemplos.

Hace algunos años empresas nacionales exitosas competían con las multinacionales extranjeras teniendo como campo de batalla al territorio nacional, pero lograron aprovechar la oportunidad que les ofrecía esa competencia; la Compañía Brasileira de Distribuçao SA adquirió otras cadenas nacionales de distribución; la colombiana Almacenes Éxito se fusionó con su principal competidora: Cadenalco. Hoy día esas compañías tienen activa presencia más allá de su fronteras originales, como la colombiana Éxito en Venezuela, la chilena Falabella en Argentina y en otros países del mundo, o la mexicana FEMSA, la gran embotelladora de Coca-Cola, en el gran Buenos Aires. No es único el caso el de la brasileña Camargo Correa que adquirió la principal cementera en Argentina, y que por otra parte, invirtió más de 100 millones de dólares en El Salvador para producir textiles; como el volumen de producción de telas excede la demanda de ese pequeño país, exporta prácticamente toda la producción a Estados Unidos aprovechando el Tratado de Libre Comercio entre ambos, y a la vez crea puestos de trabajo en el país centroamericano.

En abril de 2009, por segundo año consecutivo, se publicó el *Ranking Multilatinas* (Aldunate, 2009), el cual determina la globalidad de una empresa según su cobertura geográfica, importancia de los mercados extranjeros en su negocio, potencial de globalización, fortaleza financiera y las fusiones y adquisiciones realizadas en el último año. Estos indicadores y los resultados de su ponderación jerarquizan a las empresas en cuanto a la globalización de sus negocios. La lista, que incluye a sesenta multilatinas, revela que los países que más empresas tienen en el *ranking* son: Brasil con veintiséis, México con trece y Chile con doce.

En la valoración de logros y retrasos del proceso de integración regional, el análisis se suele concentrar en los actores políticos y en sus decisiones con respecto a las corrientes comerciales. Últimamente, con acierto, se consideran sus dimensiones institucionales y se busca consolidarlas o ampliarlas (UNASUR, Banco del Sur, Telesur). No obstante, muy poca atención se ha prestado a ese efectivo y concreto instrumento de la integración que son las multilatinas. Mientras las relaciones políticas, e incluso económicas, entre algunos países de la región transcurren en clima de tensión o de abierto enfrentamiento, las multinacionales traspasan las fronteras y crean solidaridades de hecho que propenden a la concertación e inversión de recursos financieros, utilización del capital humano, promoción de exportaciones dentro y fuera de la región y masiva generación de empleos, la mejor arma para derrotar la pobreza y la desigualdad.

3. Investigación y desarrollo

Investigación y desarrollo es uno de los campos hacia el cual confluyen los avances científicos y tecnológicos, donde se genera y se vuelca el conocimiento, y el que ofrece grandes oportunidades para crecer y participar en el mundo en globalización. Sin investigación y desarrollo es imposible derrotar la pobreza ni balancear la desigualdad.

En esta materia América Latina se ubica muy por debajo con respecto al mundo industrializado. El gasto que hacen los países de la región en Ciencia y Tecnología representó durante 2008 apenas un 2,3% del gasto de todo el mundo en estos rubros, y es, por ejemplo, la mitad de lo que solía invertir en él una transnacional como la General Motors.

Los países desarrollados destinan a ciencia y tecnología anualmente entre 2,5 y 3,0% del PIB; América Latina, en conjunto, destina menos de 0,5%. La brecha es enorme entre ambos grupos de países y los resultados están a la vista. América Latina produce y exporta bienes básicos, por lo general sin mayor valor agregado. Los países más avanzados producen bienes sofisticados en los cuales la incorporación de desarrollos resultantes de la Ciencia y la Tecnología constituye gran parte de su valor. Otra diferencia es que en América latina existe gran dependencia de la investigación científica con respecto del Estado, tanto en lo que atañe al financiamiento como a las líneas de investigación. El Estado financia 70% de las actividades de ciencia y tecnología, mientras que en el mundo avanzado es el sector privado el que se hace cargo de 90% de estos emprendimientos.

Dentro de este sector, un campo donde florecen las oportunidades es el de las tecnologías de información y las telecomunicaciones. Su impacto económico en las sociedades que las generan y controlan es innegable. El Banco Mundial sostiene, con fundamentación en datos empíricos, que las compañías que invierten en este rubro crecen más, son más productivas y rentables que las que no lo hacen. El 25% del crecimiento de la economía estadounidense en 2003 provino del sector de tecnologías de información (Zhen-Wei Qiang, 2006). Muy alentador resultó un pronóstico de *International Data Corporation* y Microsoft según el cual América Latina gastaría unos 63.000 millones de dólares en servicios y productos de la industria de tecnología de la información en el año 2009, lo cual le permitiría crear casi 700.000 empleos y unas 6.000 empresas nuevas en los cuatro años siguientes (Microsoft, 2006).

Las tecnologías de la información y comunicación no sólo son útiles; son imprescindibles, inevitables. No hay opción en cuanto a su uso. Sin ellas, desde los grandes países y las organizaciones transnacionales, hasta los pequeños centros de salud y educación en las más olvidadas geografías, el comercio, la administración, hasta el ciudadano común, no pueden formar parte del mundo globalizado.

Rezago en Investigación y Desarrollo

Tratándose de las oportunidades para crecer y participar con éxito en el nuevo orden global, existe otro aspecto fundamental: la relación entre los adelantos de la Ciencia y la Tecnología y las actividades productivas que impulsan el desarrollo sustentable. La participación de científicos y tecnólogos que en su mayoría están adscritos a las universidades o centros públicos especializados, en los emprendimientos del sector privado, ha ido en ascenso. En América Latina, en 2005, la tasa de participación superó el 30%; en Europa dicha tasa se acerca a 50% y en Estados Unidos es mayor de 80%.

Los países de América Latina donde los gobiernos invierten más en investigación y desarrollo son Argentina, Brasil, Chile y México. En ellos se dedica entre 20 y 36 dólares por habitante a tal fin, mientras que en algunos países desarrollados esa inversión se eleva hasta los 700 dólares. Las empresas privadas en Argentina, Brasil y Chile destinan a Investigación y Desarrollo unos 50 dólares por habitante; en México, gastan 33 dólares y en Costa Rica, Uruguay y Venezuela sólo 20 dólares por habitante. Si en 1994 América Latina participaba con 1,9% en el gasto mundial en Investigación y Desarrollo, Estados Unidos lo hacía en cambio con el 38% de ese gasto. Hacia el año 2000 la región disminuyó su participación; por entonces los dos países latinoamericanos que más invertían en este rubro eran Brasil y Cuba.

El uso de Internet, por ejemplo, está muy desigualmente distribuido en el globo: en 2000 existían más de 400 millones de usuarios, de los cuales en Asia-Pacífico había 105 millones, en Europa 113 millones, en Canadá y Estados Unidos 167 y en América Latina sólo 16. En cuanto al número de servidores existentes en el continente americano, en ese mismo año 2000, Estados Unidos tenía 35 millones, Canadá 6 millones, Brasil 225.000, México 121.000, Argentina 69.000, Uruguay 17.000, Colombia 16.000. Venezuela ocupaba el noveno lugar en el continente con 5.000 servidores, seguida por República Dominicana, Costa Rica. Ecuador, Guatemala y Paraguay (UNESCO, 2001).

Sólo cuatro economías de América Latina, de 127 países del mundo estudiados en 2007 y 2008, se encontraban en los primeros cincuenta puestos del *ranking* que mide y jerarquiza la innovación en tecnología de redes (*World Economic Forum*, 2008): Chile en el puesto 34; Barbados en el 38; Puerto Rico en el 39, y Jamaica en el 46. En Chile los índices mostraban la firme decisión del gobierno de turno de impulsar el desarrollo científico y tecnológico. México y Brasil, que ocupaban los puestos 58 y 59 respectivamente, descendieron algunas posiciones con respecto a 2006, pero no porque tuvieron mala actuación, sino porque otros países, en comparación, tuvieron mejor desempeño. Argentina tuvo un desusado descenso al bajar once puestos para ocupar la posición 77, consecuencia de la escasa atención que el gobierno prestó al desarrollo tecnológico.

Venezuela ocupaba el puesto 81 en el año 2005; el puesto 83 en 2006, y en este *ranking* del 2008 el puesto 86. Y siguió perdiendo posiciones. La seguían: Honduras (90), Ecuador (107), Bolivia (111), Nicaragua (116) y Paraguay

(120). Chad es el último de la lista (127). Los cuatro primeros países son Dinamarca, Suecia, Suiza y Estados Unidos, país éste que ascendió tres posiciones con respecto al *ranking* del año anterior.

Por tercer año consecutivo *The Economist* publicó el *ranking* de competitividad con respecto a las industrias de este sector. Su informe valora datos sobre 66 países y concluye que, en general, el sector de Tecnología de la Información logró superar la crisis financiera mundial razonablemente bien, a pesar de la reducción de la inversión en tecnología, en el financiamiento de investigaciones y no obstante algunas posiciones proteccionistas del tipo "compre nacional".

El primer lugar de la clasificación del año 2009 lo ocupa una vez más Estados Unidos, seguido por Finlandia que, del puesto número trece en el Informe del año anterior, pasó a la segunda posición. El descenso más llamativo es el de Taiwán, que pasó del puesto dos en 2008 al quince en 2009. Los tres últimos puestos son ocupados por Nigeria (64); Argelia (65) e Irán (66). Chile es el mejor colocado de los ocho países latinoamericanos incluidos en el estudio, seguido por Brasil, Argentina y México.

Importancia del conocimiento

Andrés Oppenheimer, reconocido periodista,[24] publicó en enero de 2008 un breve artículo en el que sintetizó las razones por las cuales América Latina se estaba quedando rezagada económicamente con respecto a otras regiones del mundo. Algunas de ellas se relacionan con la posición de los países en Ciencia y Tecnología aplicadas al desarrollo (Oppenheimer, 2008a). Aunque sus aseveraciones convocan

---

[24]   Publicó hace dos años *Cuentos Chinos: el engaño de Washington, la mentira populista y la esperanza de América Latina*, Buenos Aires, Sudamericana, 2005.

a la discordancia –uno de los méritos de su trabajo–, vale la pena resumirlas aquí:

- La tendencia más perturbadora en América Latina es su estancamiento en educación, ciencia y tecnología. Los países asiáticos y del Este de Europa educan a su mano de obra en programas altamente calificados, los latinoamericanos siguen repitiendo contenidos desactualizados. En China los niños estudian inglés, con cuatro clases semanales, desde el tercer grado de escuela primaria; en México, vecino, comienzan a estudiarlo en séptimo grado y sólo durante dos horas por semana.

- Las universidades latinoamericanas, aun las mejores, son mediocres internacionalmente comparadas. En varias clasificaciones muy respetables (la del *Times* de Londres, por ejemplo) entre las 200 mejor ubicadas del mundo sólo figuran tres universidades latinoamericanas y éstas en los últimos lugares: la Universidad de San Pablo, en la posición número 178; la Universidad de Campinas, número 179, y la Nacional Autónoma de México, 195. En otras clasificaciones no figura ninguna casa de altos estudios de la región, pero en todas las listas hay más de diez universidades de China, Singapur o Corea del Sur.

- La India tiene 84.000 estudiantes en facultades de Estados Unidos; China 68.000, Corea del Sur 62.000. México apenas 14.000, Brasil 7.000 y Venezuela 4.500. La proporción de estudiantes latinoamericanos en universidades europeas es aun más desfavorable.

- Los países asiáticos y del Este Europeo producen millares de científicos, técnicos, ingenieros. En América Latina egresan muchísimos sociólogos, abogados, científicos políticos.

- Según el Banco Interamericano de Desarrollo, los 32 países de la región aportan sólo 1% a la inversión mundial en Ciencia y Tecnología, unos 11.000 millones de dólares; sólo Corea del Sur invierte en ese campo una suma mayor que toda América Latina.

- En el más reciente Programa Internacional de Evaluación de Estudiantes que midió la capacidad de lectura, matemáticas y ciencias en jóvenes de quince años, los latinoamericanos figuraron –todavía según Oppenheimer– entre los de más bajo rendimiento de todo el mundo.

El conocimiento permite entender la realidad; la tecnología, transformarla. Durante miles de años la tierra y sus frutos se impusieron sobre los otros factores de la producción. En las actuales sociedades en proceso de globalización, el conocimiento, fundamento de la investigación y el desarrollo, es clave para que puedan florecer tierra, trabajo y capital. Una idea acertada puede permitir procesar y transformar las materias primas, por muy distante que sea su origen, y atraer al capital necesario para su producción. La realidad se encargará, además, de comprobar si esa idea fue también exitosa.

Los países avanzados cada día producen, consumen y exportan más conocimiento; el valor de sus productos no está determinado tanto por el precio de las materias primas, ni por el costo de capital sino, sobre todo, por el conocimiento que les agregan. Lamentablemente, esta primacía de la inteligencia sobre la materia no suele darse en los emprendimientos latinoamericanos, donde lo más importante siguen siendo las vacas, el petróleo, el trigo, el cobre; lo que la tierra generosamente da (a veces casi gratuitamente) y no lo que el hombre hace con ese don. Bien lo denunciaba Paulo Freyre cuando afirmaba: "La palabra verdadera es la praxis, porque los hombres deben actuar en el mundo para humanizarlo, transformarlo y liberarlo." (Freyre, 1999). En la desfavorable relación entre los términos del intercambio, tanto como las injusticias de los centros debe denunciarse la molicie, la ceguera y la incuria de las periferias.

Investigación y Desarrollo en Venezuela

La posición de Venezuela en cuanto al cultivo de la ciencia y la tecnología es desmedrada no ya en cuanto a los países más avanzados en este campo, sino con respecto a los latinoamericanos. Competitividad en Tecnología de la Información Ranking de los países del continente americano

América		
1	Estados Unidos	78,9
2	Canadá	71,3
3	Chile	46,1
4	Brasil	36,6
5	Argentina	36,5
6	México	32,0
7	Colombia	28,4
8	Perú	26,0
9	Venezuela	24,4
10	Ecuador	22,7

Fuente: "Resilience amid turmoil: Benchmarking IT Industry Competitiveness 2009", *The Economist Intelligence Unit. The Economist*, septiembre de 2009.

Como puede apreciarse en el cuadro, la diferencia en el puntaje entre Chile, el mejor posicionado de la región, y Venezuela en 2009, es más del doble; el último es Ecuador.

De acuerdo con datos de la UNESCO, para 1998, de los 500 millones de habitantes que había en la región, poco más de 100.000 eran científicos. Venezuela nunca ha estado en los primeros lugares de la región en cuanto al cultivo de la investigación y el desarrollo. La Red de Indicadores de Ciencia y Tecnología (Ricyt), al relacionar el número de investigadores con la población económicamente activa por cada 1.000 habitantes, en el año 2000, sitúa a Venezuela en el nivel 0,45, muy por debajo del promedio de la región, que es de 0,69, ampliamente superada por Argentina con 1,67; Costa Rica con 1,53; Chile con 1,43 y Cuba con 1,15.

La creación en 1999 del Ministerio de Ciencia y Tecnología de Venezuela marca un punto de inflexión en la promoción, uso y difusión de la investigación y desarrollo del país. Por ejemplo, el nuevo Ministerio emprendió de inmediato la multiplicación de infocentros como parte de un programa que impulsa la participación de los menos pudientes en el ciberespacio; en muy poco tiempo se crearon 243 centros de acceso gratuito para la población en más de doscientos municipios, lo que significó un número de más de 7,5 millones de visitas al año. La ubicación de estos infocentros incluyó lugares remotos de muy difícil acceso, como la selva amazónica y cárceles (Genatios, 2002). El énfasis puesto en la incorporación de los más pobres al uso de la Tecnología de la Información tendía a democratizar los beneficios de las mismas y a evitar que el acceso a estos recursos se constituyera en un factor más de la brecha entre ricos y pobres, como acontece en la educación. Este esfuerzo innovador, aunque era todavía muy limitado, se frenó, y Venezuela continúa rezagada en su oportunidad de aprovechar las vastas posibilidades de estimular un crecimiento capaz de generar bienestar para todos los sectores de la población. Ejemplo destacable es Uruguay; todos los niños de los 2.360 colegios estatales de educación primaria poseen una computadora con Internet inalámbrica. Los niños son dueños de la computadora que les regaló el gobierno y en su casa la puede usar toda la familia. Durante dos años 362.000 niños y 18.000 maestros fueron recibiendo sus pequeñas computadoras dentro de un programa que "busca reducir la brecha digital y la brecha del conocimiento". Que sepamos, es caso único en el mundo.

Migraciones y remesas

En las dos últimas décadas la lucha contra la pobreza ha experimentado un cambio profundo en la región; su motor fue el creciente flujo de remesas que los trabajadores emigrantes envían periódicamente a sus países de origen. El volumen de las mismas supera con creces el ingreso sumado de las inversiones directas extranjeras y la ayuda para el desarrollo; al contrario de éstas, la remesa establece un contacto directo, personal, con calor humano, entre el remitente y el beneficiado que "gambetea" las tramitaciones, expedientes y dificultades de la burocracia estatal. "Las remesas constituyen la principal herramienta con que cuentan muchos países para reducir la pobreza." (Núñez, 2008). A pesar de los excelentes estudios del BID y del Banco Mundial sobre este tema, la relación entre migración y remesas, y entre éstas y reducción de la pobreza, no ha concitado la atención que requiere.

Uno de cada veinticinco latinoamericanos ha emigrado fuera de la región principalmente para buscar mejores oportunidades de empleo y, en menor medida, por razones políticas (CEPAL, 2004). Distintas encuestas señalan que si las exigencias de los países receptores fueran menores la migración latinoamericana se duplicaría para incluir a uno cada doce habitantes jóvenes; "que el último apague la luz", decía con humor negro un letrero en el aeropuerto internacional de Montevideo: una cuarta parte de los uruguayos había emigrado y vivía fuera de su país, hasta hacía poco, justificadamente, considerado un paraíso, "la Suiza de América". Pero la emigración, en cierta medida, empobrece al país que expulsa población. Los que parten suelen ser los jóvenes entre 20 y 40 años, los mejor dotados de su grupo, los de ánimo emprendedor. El país que los acoge, en cambio, se enriquece con sus destrezas y ansias de mejorar, sin haber invertido en su educación o en su salud. Les ofrece, en cambio, horizontes de sueño, una aventura que puede cambiar sus vidas.

Un tema poco estudiado en los textos de economía laboral es el efecto de la emigración sobre el nivel de los salarios en el país de origen: "Una reducción del 10% del número de trabajadores mexicanos en un determinado sector de especialización produce un aumento de alrededor del 4% en los salarios medios de ese sector... el aumento más fuerte se observa entre asalariados de mayor ingreso (con 12 a 15 años de escolaridad) pues en ese grupo la tasa de emigración es más alta." (Mishra, 2006).

Las corrientes migratorias latinoamericanas se acentuaron de manera importante en las últimas décadas. Desde 1880 hasta 1950, aproximadamente, la región recibió millones de inmigrantes provenientes de Europa, Medio Oriente, China y Japón. Algunos países captaron el mayor número de ellos, a lo largo de todo el siglo XX. Pero en el último cuarto del siglo, todos los países latinoamericanos se convirtieron en tierra de emigrantes.

- Unos 20 millones de emigrantes latinoamericanos residen hoy en Estados Unidos; de ellos, 10 millones proceden de México y de América Central.
- Otros tres millones de emigrantes de la región, en su mayoría hijos o nietos de europeos, se dirigieron a España, Italia, Portugal, Suiza, Israel.
- Más del 20% de la población de varios países del Caribe se ha residenciado en el exterior. Puerto Rico, Barbados y Bahamas acogen a inmigrantes del Caribe (CEPAL, 2006a).
- Las tasas más altas de emigración de América Latina se dan en Cuba (9%), El Salvador (15%), Nicaragua (10%) México (9%), Uruguay (8%).
- Los países que reciben más inmigrantes de América Latina son Argentina, Costa Rica y Venezuela.
- De Colombia han emigrado un millón y medio de personas, de Cuba y El Salvador un millón.

- Bolivia, Chile, Honduras, Nicaragua. Panamá, Paraguay, Uruguay y Venezuela, cada uno de ellos vio partir entre 100.000 y 450.000 personas.
- Costa Rica es el país con menos emigrantes (no tiene sentido irse del Paraíso).
- El costo de las remesas ha bajado desde 2007.
- Los envíos de televisores, teléfonos inalámbricos, equipos y materiales de computación, utilizados en pequeños emprendimientos, equivalen aproximadamente al 25% de las remesas en dinero.
- Las remesas que envían, en todo el mundo, unos 125 millones de trabajadores emigrantes suman anualmente cerca de 300.000 millones de dólares.
- En 2001, 59% de los emigrantes latinoamericanos enviaban remesas a sus familiares; ese porcentaje subió a 73% en 2007 y cayó a 50% en 2008.

Hecho destacable sobre todo por sus implicaciones sociales es la feminización de la emigración en todo el mundo. Si hace un siglo los inmigrantes que llegaban a nuestros puertos solían ser hombres solos; actualmente la mitad de los emigrantes de América Latina –y del mundo– son mujeres. Desde su exilio, ellas tratan de "manejar" sus hogares distantes. En España, Italia y Portugal el número de inmigrantes mujeres latinoamericanas excede ampliamente al de los hombres. Hay gran demanda de ellas como empleadas domésticas, cuidadoras de niños, ancianos o enfermos, en restaurantes, en empresas de limpieza. El salario mínimo es entre cuatro y cinco veces mayor que en el país de origen y se las suele emplear con alojamiento y comida, por lo cual ahorran buena parte de su salario.

El aumento de las remesas con anterioridad a la crisis global se debió principalmente a dos razones: desde la tragedia de las Torres Gemelas el control de remesas procedentes, sobre todo, de Estados Unidos y Europa se tornó más estricto. A pesar de ello, las cifras son insuficientes e inseguras. Parte importante de las remesas llegan a su destino en América Latina a través de contactos personales o utilizando "casas de cambio" no controladas por los bancos centrales. Muchos emigrantes, los de menor nivel de educación, no están "bancarizados" en América Latina, y hasta hace muy poco tiempo la banca comercial no ofrecía servicios especiales para facilitar el envío de remesas que suelen oscilar entre 50 y 300 dólares mensuales.

Según el Banco Interamericano de Desarrollo, en 2006 las remesas enviadas a algunos países, en orden decreciente según el volumen recibido fueron, en millones de dólares: México 25.000; Brasil 6.500; Colombia 4.200; Guatemala 3.000; El Salvador 3.000; República Dominicana 2.800; Perú 2.500; Ecuador 2.400; Honduras 1.800; Jamaica 1.700; Haití 1.200; Bolivia 900; Nicaragua 850; Argentina 780; Paraguay 550; Costa Rica 362; Venezuela 272; Guyana 270; Panamá 254; Uruguay 110; Trinidad y Tobago 97. El 75% de las remesas enviadas hacia América Latina proceden de Estados Unidos. California es el Estado desde el cual se envía mayor volumen: más de 14.000 millones; la siguen Texas con 4.300 millones y Nueva York con 3.900 millones. Cada remesa ayuda directamente a 4,5 personas (Núñez, 2008).

Interesa destacar que en todo el mundo, las remesas Sur-Sur significan entre un 30 y un 45% del total de las remesas. Ello se explica porque muchas personas emigran a otros países subdesarrollados, por lo general, de su misma región. En 2008, como consecuencia de la crisis global, el envío de remesas disminuyó en todo el mundo: muchos trabajadores migrantes han perdido sus empleos sobre todo en la industria de la construcción en Estados Unidos y en España.

Más de 20 millones de familias latinoamericanas se mantienen por encima de la línea de pobreza gracias a las remesas que reciben. Los destinatarios de las remesas en América Latina las invierten, preferentemente, en

educación, salud, vivienda, y para paliar desastres naturales como inundaciones o sequías. Los "gastos del hogar" que figuran en las encuestas, por ejemplo, del Banco
Interamericano de Desarrollo, en los países receptores,
seguramente se nutren de las remesas. A ellos se dedica
78% del presupuesto familiar en México; 77% en América
Central y 61% en Ecuador (Interamerican Development
Bank, 2004).

- Las remesas para México son la segunda fuente de
  divisas después del petróleo; es el país que más remesas recibe en América Latina y el tercero en el mundo,
  después de India y China.
- En una encuesta de 6.000 pequeñas firmas en 44 áreas
  urbanas de México se comprueba que las remesas representan el 20% del modesto capital de estas microempresas que no tienen acceso, por falta de capacidad de
  endeudamiento, a los canales normales de crédito, y
  ese porcentaje sube al 33% en diez Estados mexicanos
  con la mayor emigración a Estados Unidos.
- En Guatemala se estima que las remesas redujeron en
  un 20% el nivel de la pobreza. (En Uganda el 11% y en
  Bangladesh un 6%).
- En El Salvador, las remesas reducen la probabilidad
  de deserción escolar en más de diez veces en las áreas
  urbanas y unas tres veces en las rurales.
- Un incremento de 1% en los flujos de remesas aumenta
  en 0,6% la inversión privada (Mishra, 2006).

Para los habitantes de varios países de la región el
dinero que envían sus emigrantes constituye la principal o
la segunda fuente de financiamiento y es, por lo tanto, una
de las principales armas en la lucha contra la pobreza. De
manera creciente, los modestos recursos financieros que
reciben regularmente las familias de los emigrantes no sólo
sirven para atender necesidades básicas, sino que además
algunos bancos las aceptan ya como garantía de microcréditos. En México y República Dominicana las remesas

hacen posible reducir entre 2 y 3 puntos porcentuales la pobreza extrema (menos de un dólar diario). En toda la región son las familias no pobres (cuyos familiares emigrados completaron la educación secundaria y en muchos casos son profesionales universitarios) las que reciben mayores proporciones de las remesas.

Con respecto a la Región Andina –y dentro de ella Venezuela– los datos son los siguientes:

Bolivia: los bolivianos de las zonas rurales emigran en su mayoría a Argentina, y también a Chile y Brasil. Quienes tienen mayor nivel de escolaridad emigran, principalmente, a Estados Unidos y a España. En 2000 había en Estados Unidos unos 150.000 bolivianos, concentrados en su mayoría en Virginia y California, que en 2006 remitieron a su país remesas por un total de 860 millones de dólares.

Ecuador: en España viven 1.200.000 ecuatorianos que envían, aproximadamente, unos 4.000 euros por año cada uno a su país. Los 500.000 que residen en Estados Unidos se concentran en Nueva York, Nueva Jersey, Florida, California e Illinois. En 2006 éstos remitieron 2.600 millones de dólares.

Colombia: el país ocupa la tercera posición entre los países latinoamericanos que reciben los mayores montos de remesas. Medio millón de colombianos residentes sobre todo en Florida, Nueva York, Nueva Jersey y California enviaron en 2006 remesas por un valor de 4.126 millones.

Perú: más de tres millones de peruanos emigrantes residían en el exterior en 2005; de ellos, 50% en Estados Unidos; 8% en Argentina; 6%, en Venezuela y el mismo porcentaje en España e Italia; en Chile residía un 4% y el mismo porcentaje en Japón. El 48% que emigró entre 2000 y 2003 fueron mujeres. Como en otros países de la región las familias que más remesas reciben son las que tienen mayores niveles de educación.

Venezuela: es, junto con Chile, el país latinoamericano donde tienen menor impacto las remesas, no obstante cerca de 250.000 venezolanos residen en Estados Unidos. (Según el Ministerio de Relaciones Exteriores de Venezuela eran sólo 60.000 en 2004.) La gran mayoría de los emigrantes venezolanos tiene niveles de educación superior. En los últimos tres años, 974 médicos revalidaron sus estudios en España y prestan servicios en los hospitales públicos; sus sueldos son unas seis veces superiores a los que reciben en Venezuela por igual trabajo. No se conocen datos sobre si envían remesas a su país, ni por lo tanto sobre el monto de las mismas.

3. ¿Las maldiciones?

Cuando las oportunidades se convierten en verdaderas maldiciones en los países, suele revelarse la incapacidad de sus dirigencias. Es como si por alguna rara suerte los pueblos estuvieran condenados a padecer los males de supuestos "milagros". Pareciera evidente la falta de voluntad política o la ineficiencia de sucesivos gobiernos para convertir las oportunidades en bendiciones, en desarrollo sustentable, llámese *progreso*, como en el siglo XIX, o *desarrollo* como en el siglo XX, o superación de la pobreza en este comienzo del siglo XXI. Es la voluntad política la tecla que acciona o no el éxito en esa dirección. Su carencia ha convertido las mejores oportunidades de la historia de los países en desarrollo, en verdaderos lastres difíciles de sobrellevar. Cómo la riqueza petrolera puede convertirse en obstáculo para la felicidad de los pueblos que la poseen es algo que resulta inexplicable. O también, ¿por qué escasea la valentía a la hora de enfrentar la corrupción? En las páginas que siguen se apuntan ambos problemas.

Petróleo: "la paradoja de la abundancia"[25]

Con el petróleo, para bien y para mal, Venezuela dejó de ser un país rural (predecible, pausado, conservador) para convertirse en país minero obsesionado por la veta de riqueza que podría surgir en cualquier momento; internacionalizado (en parte alienado), nuevo rico, "moderno".

Salvo una o dos excepciones, los países cuyas economías son casi totalmente dependientes del petróleo son más pobres, más conflictivos, sus gobiernos suelen tornarse despóticos. Estudios realizados por la OPEP muestran los peligros de depender tan estrechamente del petróleo y con razón: en ellas el desarrollo es difícilmente sustentable y el balance en el plazo mediano es negativo. Entre 1965 y 1998 las economías de los países miembros de la OPEP se contrajeron 1,3% cada año. Por lo general es evidente que las sociedades petroleras son muy ineficientes con respecto a promover la salida de sus pueblos de la pobreza; algunos indicadores no dejan dudas, como son los de muertes de las madres durante el alumbramiento, sobrevivencia infantil, nutrición, esperanza de vida, alfabetismo, escolaridad; casi todos estos indicadores tienen menor nivel en los países productores de petróleo.

¿Cómo surge la paradoja? El caso reciente de Venezuela lo muestra una vez más en su historia de país petrolero. El fuerte crecimiento de la demanda de petróleo y sus derivados en China e India, y un relativo estancamiento de la oferta por parte de los países productores, junto con la devaluación del dólar, explican en parte la evolución alcista en los precios del crudo en el mercado global. El petróleo muestra una gran sensibilidad con respecto a los cambios que sobrevienen, con frecuencia de un día para otro, por

---

[25]   La expresión fue utilizada en 1997 por Terry Lynn Karl, de la Universidad de Stanford, California, en su obra *La Paradoja de la abundancia: los booms petroleros y los petroestados.*

razones (climáticas, desastres naturales, guerras o conflictos internacionales) que involucran a los países productores. Así, la curva de los precios del petróleo en el largo plazo tiene aspecto cíclico. El precio se ve afectado, además, por actividades especulativas de fondos de inversión que no tienen vinculación alguna con los problemas de oferta y demanda del mercado.

Los altos valores del petróleo en algunos períodos estimulan a los inversionistas a concurrir al mercado con crudos más costosos, como ha ocurrido recientemente con los de Kazakstán, Angola y también con los crudos pesados de la Faja Petrolífera del Orinoco. Éstos, unidos a los recientemente descubiertos en aguas profundas del Golfo de México y en Brasil, contribuirán a compensar el descenso de la producción en el Mar del Norte, el propio México y de los yacimientos de Estados Unidos y a mantener los precios o impulsarlos al alza. Para algunos países ello no quiere decir que todos los productores de petróleo podrán neutralizar la paradoja de la abundancia.

Venezuela, país petrolero, es caso representativo. Cuando el crudo disfruta de buenos precios se desborda el gasto público, la estructura productiva se paraliza, se desbordan las importaciones, el gobierno se hace clientelar. Tras cortos períodos de aparente crecimiento en las estadísticas y de relativo bienestar, el país vuelve a hundirse en crisis cada vez más profundas, verdaderas crisis integrales porque van más allá de lo económico. El tesoro público, saqueado por la dirigencia de turno, no puede ocuparse con propiedad de implementar políticas de superación de la pobreza: los pobres aumentan.

Una caída pronunciada y relativamente sostenida de los precios del crudo venezolano en 2009 está teniendo graves consecuencias para el proceso de desarrollo económico y social de Venezuela. La exportación petrolera significó el 93% del total de las exportaciones venezolanas en 2008. En

1998, en cambio, cuando el presidente Chávez fue elegido, representaba sólo 69% de las divisas que el país percibía por ventas en el exterior. Con el fin de comprender mejor la gravitación del petróleo en el destino del país conviene reiterar que, por la disminución de 1 dólar en el precio promedio anual de su crudo, Venezuela deja de recibir 1.000 millones de dólares al año por sus exportaciones petroleras. Y no hubo "siembra" productiva del petróleo, sino despilfarro y momentánea atenuación del malestar de los más pobres. La consigna que ordenaba a los venezolanos "sembrar el petróleo" para superar la paradoja de la abundancia, es vieja directriz en la sociedad venezolana, bandera de todos los gobiernos, incluso del actual, nunca alcanzada hasta ahora. Tal es la circunstancia de Venezuela cuando intenta defenderse de la crisis global, mientras arrastra su propia y recurrente crisis.

Hasta mediados de 2009, con oscilaciones, los precios del crudo se elevaron inexorablemente impulsados por la demanda mundial que se acercaba a los 25 millones de barriles diarios. Esta cantidad, según una calificada opinión,[26] será aproximadamente el nivel de dicha demanda durante los próximos veinte años. Y el Ingreso Petrolero en ascenso le aseguraron al gobierno de Hugo Chávez una situación fiscal holgada, pero no se logró racionalizar el gasto público; el modelo del socialismo del siglo XXI, adoptado por el presidente, desalentó la producción, persiguió y expulsó al capital, desmontó el aparato productivo construido durante el último siglo y financió y alentó las importaciones de todo tipo, que no hicieron otra cosa que generar empleo en los países vendedores y desempleo mal disfrazado en Venezuela.

---

[26]   En conversación del autor con Félix ROSSI GUERRERO, experto venezolano, a finales de 2008.

- En 2003 el precio promedio anual de la cesta petrolera venezolana fue de 25,76 dólares el barril;
- en 2004 de 32,88;
- en 2005 dicho precio promedio fue 46,03 dólares por barril;
- en 2006 de 54,44;
- en 2007 de 64,74;
- en 2008 de 86,61 (en julio de 2008 rozó los 150 dólares por barril);
- en 2009 el precio anual promedio de la canasta petrolera básica fue de 57,02 dólares por barril.
- El costo de producción promedio de petróleo fue de 4,93 dólares por barril (en 2006 fue de 4,34 dólares).

PDVSA: ¿eficiencia o beneficencia?

En gran parte, la dificultad de Venezuela para mantener su ingreso petrolero es la transformación de PDVSA de gran empresa petrolera en principal canal de redistribución del ingreso petrolero mediante planes sociales. Desde su fundación el 26 de agosto de 1975, hasta su "absorción" por el Ejecutivo, PDVSA fue una empresa eficiente, excelente maquinaria administrativa y técnica, exitosa empresa productora de petróleo y universalmente reconocida como la mejor del mundo, por encima incluso de la saudita, de Petrobras o de Pemex. El comienzo de la apertura petrolera, que significaba la privatización parcial de dicha empresa, generó justa reacción en un país marcado por su histórica nacionalización del petróleo en tiempos de los presidentes Rafael Caldera y Carlos Andrés Pérez. La llegada de Hugo Chávez al poder frenó y desactivó la apertura, pero encontró otra vía para apropiarse del Ingreso Petrolero por medio de las llamadas reservas excedentarias y la creación del FONDEN, temas a los cuales ya se ha hecho referencia en este trabajo. En diciembre de 2006, cuando *Petroleum*

Intelligence Weekly publicó su *ranking* de las empresas petroleras más importantes del mundo, incluyó a PDVSA como la sexta compañía en producción, la quinta en reservas de crudo y gas, la quinta también en capacidad de refinación y la octava en ventas. La transnacional petrolera venezolana quedó ubicada en quinto lugar, en ese *ranking* general.

Varios expertos, la OPEP y la Agencia Internacional de Energía sostienen que la producción diaria de petróleo es, a mediados de 2009, de unos 2,2 millones de barriles diarios, inferior a la señalada por el gobierno (3,3 millones de barriles diarios). Ello se debe a la deficiente inversión y a la falta de personal calificado resultante de la expulsión masiva de miles de profesionales después del paro petrolero de 2002-2003. PDVSA no ha podido recuperarse de esa "sangría" de profesionales.

Ramón Espinasa, ex jefe de planificación de PDVSA y economista jefe del Banco Interamericano de Desarrollo, llegó a las siguientes conclusiones alarmantes en septiembre de 2009:[27]

- "La producción de PDVSA ha caído en forma sostenida e irreversible después del desmantelamiento de la empresa en 2002-2003. La producción se encuentra en el nivel más bajo de los últimos veinticinco años. [La producción total, a fines de agosto de 2009, era de 2.210.000 barriles diarios, de los cuales 1.780.000 barriles diarios corresponden a PDVSA y 430.000 a las Asociaciones Estratégicas].

- La caída de la producción de PDVSA ha sido parcialmente compensada por la entrada en operación de las Asociaciones Estratégicas con empresas transnacionales en la primera mitad de esta década. Sin embargo, la producción derivada de estos convenios cayó desde que las empresas fueron expropiadas hace dos años.

---

[27]   Las conclusiones de ESPINAZA (2009) se transcriben sólo parcialmente, con el agregado de algunas actualizaciones.

- La caída en la actividad de taladros en el primer semestre de 2009, desde un nivel que ya era bajo a principios de año, hace irreversible la caída de la producción. [En agosto de 2009 sólo había 48 taladros en operación]."

- La caída acelerada de las exportaciones en volumen, más la caída de los precios del petróleo en 2009, impactaron fuertemente el Ingreso Petrolero. En agosto de 2009 las exportaciones totales de Venezuela fueron de 1.630.000 barriles diarios. La fracción de exportaciones a Estados Unidos, 74%, alcanzó a 1.140.000 barriles diarios y a otros países 490.000 barriles diarios.

- "Las exportaciones a Estados Unidos han caído durante la última década, en particular en el último lustro. Sin embargo, lo hicieron en forma menos acelerada que las exportaciones totales, por razones estrictamente económicas, debido al rendimiento que ofrece el sistema de CITGO, tal cual fue diseñado."

- Las exportaciones de petróleo de Venezuela se han concentrado en los Estados Unidos, mientras Estados Unidos ha disminuido su dependencia de las importaciones de Venezuela.

Las cifras de exportaciones de petróleo a Estados Unidos dadas por Ramón Espinaza para agosto de 2009 coinciden con las proporcionadas por el Departamento de Energía de Estados Unidos. Según la OPEP, la producción total de Venezuela (PDVSA y Asociaciones Mixtas), fue de 2,3 millones de barriles diarios en ese año, y no de 3 millones como alega el gobierno. El consumo nacional alcanzó los 800.000 barriles diarios a fines del primer semestre de 2010, lo cual deja para la exportación un saldo de aproximadamente 1.500.000 de barriles diarios, de los cuales unos 250.000 barriles se exportan a China, que los pagó por adelantado hace más de un año a través del Fondo Chino-Venezolano; otros 250.000 barriles que se exportan a Cuba, a los países de Petrocaribe y a otras naciones amigas, con descuentos importantes y grandes facilidades en cuanto a la forma y a los plazos de los pagos. De modo que quedan

1.000.000 de barriles diarios para su exportación a Estados Unidos y, en mucha menor cantidad, a otros países.[28]

Interesa destacar también que Venezuela ya no se autoabastece de gasolina debido al gran incremento de la demanda, dado el crecimiento desmedido del parque automotor. La eficiencia se redujo a favor de la beneficencia.

En la lucha contra la pobreza, PDVSA es por mucho el principal actor. La "toma" de PDVSA –en su gestión y orientación por parte del Ejecutivo– es uno de los hechos fundamentales desde el punto de vista económico (y electoral) del gobierno del presidente Chávez. El rechazo a esta decisión desembocó en el paro petrolero y el golpe de Estado fallido del año 2002; en esta coyuntura estuvieron en juego concepciones diferentes sobre el destino del ingreso petrolero y la función de PDVSA en el proyecto del presidente Chávez. El resultado fue que desapareció la anterior autonomía de la empresa, que en muchos casos llegó a ser autarquía. Con el nombramiento del ministro de Energía y Petróleo como presidente de PDVSA, el alto funcionario pasó a ser, simultáneamente, cabeza del ente regulador y presidente de la institución regulada; contralor y controlado al mismo tiempo. La relación a veces conflictiva entre el gobierno y PDVSA se superó así porque uno de los términos del binomio –la empresa– perdió talante y autonomía. Con el ministro de Energía y Petróleo al frente de PDVSA, ésta quedó alineada con los planes de hacer de Venezuela un país socialista. La empresa participaría especialmente en el financiamiento de cooperativas y misiones.

La antinomia entre eficiencia y beneficencia crucifica la actividad de la actual empresa petrolera estatal. La antigua PDVSA, alegan algunos, era mejor manejada, pero no era eficiente para satisfacer las necesidades de los más necesitados, para superar la pobreza. Ciertamente, no era esa

---

[28]   "¿Dónde están los dólares?", *VENECONOMÍA Opina*.

su función. "Hoy el dinero del petróleo alimenta y educa a los barrios pobres. El propósito de la compañía petrolera no es producir más petróleo, sino producir más socialismo bolivariano." (Rosemberg, 2007). Esta rotunda afirmación resuelve la antinomia: se trata de una empresa que nominalmente es la misma, pero que tiene dos propósitos distintos, no necesariamente contradictorios: la antigua PDVSA, producía petróleo, la nueva, bolivariana, produce socialismo. Para la antigua, el petróleo era su fin único y excluyente; para la nueva, el petróleo es el instrumento para consolidar la revolución bolivariana que conduce al socialismo. Populismo puro: se le considera "la palanca de la transformación integral de nuestra sociedad" y está "profundamente comprometida con el auténtico dueño del petróleo: el pueblo venezolano" (República Bolivariana de Venezuela. Ministerio del Poder Popular para la Energía y Petróleo, 2007). Son dos propósitos distintos, dos compañías diferentes; la antigua era una empresa económica, la actual, un emprendimiento político. Hablar de las dos como si fuera la misma entidad es un equívoco esencial. Una sólo producía petróleo, ésta produce petróleo y... pollos, soya, caña de azúcar.

Pero también en su nueva función política, PDVSA sufre los altibajos de los precios del petróleo y reduce sus aportes a los programas sociales. Tales reducciones se explican porque, a pesar de que sus utilidades aumentaron en 2008 más de 50% en comparación con el año anterior, sus deudas aumentaron 146% y totalizaron más de 15.000 millones de dólares. Asimismo, en 2008 crecieron los gastos operativos de la gran empresa en 52% (más de 22.000 millones de dólares). En 2007 fueron de 14.900 millones. PDVSA informó que su deuda financiera consolidada a fines de 2009 llegó a 21.419 millones de dólares, 6.234 millones más que en 2008.

- En 2008 los aportes de PDVSA a los programas sociales y a las misiones descendieron en casi 60%. En 2007 esos aportes fueron de más de 7.000 millones de dólares; en 2008 se redujeron a 3.000 millones.
- Las misiones más afectadas fueron Barrio Adentro y Mercal. La primera recibió en 2008 96% menos que en el año anterior. Mercal recibió sólo 456 millones de bolívares, muy agudo descenso con respecto a lo recibido en 2007: casi 1.970 millones de bolívares.
- Las misiones Música y Ciencia, que en 2007 obtuvieron 152 millones de bolívares, no recibieron nada de PDVSA en 2008.

El drama de la alcancía vacía

Mientras países como Rusia, Nigeria y los del Norte de Europa están engrosando multimillonarios fondos con los ingresos extra del *boom* petrolero, a fin de enfrentar la situación de escasez en los años venideros, cuando tales ingresos se reduzcan, el gobierno del presidente Chávez, en continua lucha por mantenerse en el poder, ha sido muy pródigo con los recursos del Fondo de Inversión para la Estabilización Macroeconómica (FIEM). Este fondo tenía en noviembre de 2001 más de 7.000 millones de dólares, pero en diciembre del 2003 sólo le quedaban 700 millones. El FIEM fue creado en 1998 durante el segundo gobierno del socialcristiano Rafael Caldera como mecanismo para compensar las caídas de los precios petroleros después de algún período de alza, como ocurrió en 1973, 1981 o en 2009, derrumbes que dan lugar a tiempos difíciles y de inestabilidad política.

Actualmente los países de Medio Oriente y de Asia están ahorrando un 40% de sus ingresos extra. Noruega es paradigma: con los ingresos petroleros adicionales creó un fondo de ahorro que asciende en este momento a 330.000 millones de euros (85% de su PIB). Para reforzar y

complementar el presupuesto ordinario sólo se permite al
gobierno usar parte de los intereses que el Fondo obtiene
de sus inversiones en acciones y bonos, sin tocar el capital
que, creciente, está a disposición de las generaciones veni-
deras. Con ello se obtienen simultáneamente tres objetivos
que se refuerzan mutuamente: 1) se evita el crecimiento
desorbitado del gasto público que incentiva la inflación,
la cual en 2007 fue del 1,2% en Noruega; 2) se cuenta con
recursos para atemperar las épocas de escasez cuando "la
fiesta del petróleo" se enturbie por alguna de sus recesiones cíclicas; 3) se evita el crecimiento del aparato estatal.

El presupuesto venezolano para 2010 asciende a
159.000 millones de bolívares (74.000 millones de dólares)
con una estimación del precio del barril en 40 dólares, una
producción estimada de 3.200.000 barriles diarios y una
exportación de 2.660.000 barriles por día. Los precios de la
cesta venezolana casi se triplicaron en los últimos cuatro
años, pero el gasto público es descontrolado ("insostenible",
según el Banco Mundial).

Al contrario de países petroleros como Arabia Saudita
o Kuwait, que en 2007 tuvieron una inflación de 3 y 2,6%
respectivamente, Venezuela sigue los pasos de los *booms*
petroleros anteriores e implementa políticas inflacionarias
(la tasa de inflación del año 2009 fue 25,1%, la más alta del
continente. Según el Banco Central la inflación acumulada
en el primer semestre de 2010 fue de 16,3%).

Ni la PDVSA casi estrictamente comercial de ayer, ni
la totalmente politizada de hoy, parecerían ser la respuesta funcional y conducente a los problemas de la sociedad
venezolana. Seguirá siendo motivo de saludable debate
definir cuál es la misión fundamental de la empresa petrolera venezolana (y de otras instituciones esenciales, como
el Banco Central de Venezuela) para que el país supere
definitivamente el riesgo de vivir con la "alcancía vacía", el
cual implica un importante peligro que no ha concitado la

debida atención de los especialistas: el *default,* es decir la incapacidad de pagar la deuda soberana. Según la reputada institución *Credit Market Analysis* (CMA), especialista en información de crédito, al finalizar el segundo semestre de 2010, el país con mayor posibilidad de *default* en el mundo es Venezuela, seguida por Grecia, Argentina, Pakistán y Ucrania. Los deudores más seguros son Noruega y Finlandia.[29]

La corrupción

Hay una forma de escamotear recursos financieros públicos y privados para la lucha contra la pobreza, en la cual intervienen muchos actores: jueces, partidos políticos, grupos de interés, empresas privadas, contratistas, funcionarios públicos, lavadores de dinero y la ciudadanía en general. Su nombre genérico es *corrupción.* Si las tendencias inflacionarias con sus negativas repercusiones en diversas dimensiones de la vida económica son un flagelo que, por el momento, tiende a quedar bajo control en casi todos los países, debido entre otras razones al más eficiente manejo macroeconómico, la corrupción, en cambio, parece extenderse y profundizarse. En sus múltiples formas, ella abarca ámbitos distintos: jurídico, político partidario, económico, e incluso el religioso. Lo que interesa aquí es señalar su impacto económico sobre todo en relación con la lucha contra la pobreza. Con ello no se agotan todas sus implicaciones como son la degradación de valores morales y el deterioro de las instituciones.

Se utiliza aquí el término *corrupción* como el abuso del poder en beneficio propio. Este abuso puede ser cometido por un empleado público, un político o un empresario, etc. El beneficio propio implica ventajas materiales o de otro tipo. Aunque con diferencias notables entre los países, en general

---

[29]   Credit Market Analysis, *Global Sovereign. Credit Risk Report.*

los ciudadanos perciben la corrupción como problema muy importante, y estiman que el poder que se confiere a las instituciones públicas para representar y defender el interés de la comunidad de hecho se utiliza, con gran frecuencia, en beneficio personal de las autoridades. Hay voces que vinculan este mal con la extendida pobreza en algunas sociedades: "Las democracias ya no pueden tolerar el soborno, el fraude y la deshonestidad en especial porque esas prácticas lastiman desproporcionadamente a los pobres." (Carter, 2009). Transparencia Internacional calcula que se usan al año, en todo el mundo, entre 20.000 y 40.000 millones de dólares para sobornar, lo cual "debilita la competencia leal, retarda el crecimiento económico y atenta contra la existencia de las empresas." En fin, se perjudica a los consumidores.

Naciones Unidas relaciona directamente el tema de la corrupción con el de la pobreza. La Conferencia Internacional sobre la Financiación del Desarrollo, cuyo documento final se conoce como *Consenso de Monterrey*, concluyó que "La corrupción es un grave obstáculo que entorpece la movilización y la asignación eficientes de recursos que deberían destinarse a actividades fundamentales para erradicar la pobreza y promover un desarrollo económico sostenible." (ONU, 2002).

En una reunión de la Comisión de Relaciones Exteriores del Senado estadounidense en que se analizaba la gestión de los organismos financieros internacionales, su presidente, el senador Richard Lugar, dio una voz de alarma. Después de señalar que por sobornos ofrecidos por compañías transnacionales a funcionarios gubernamentales de alta jerarquía "puede ser que millones de personas que viven en la pobreza hayan perdido oportunidades para mejorar su salud, educación y condición económica." Lugar mencionó además cálculos según los cuales se habrían malversado entre 26.000 y 130.000 millones de dólares de los préstamos otorgados por el Banco Mundial desde 1946.

En América Latina la práctica de la corrupción ha dado lugar a una incultura, generalmente aceptada, que estima como normales a procederes y hábitos ilegales y hasta criminales. Forman parte de ella las pequeñas transgresiones diarias, como pago de favores para evitar hacer una fila, eludir una multa de tránsito, obtener documentos, conseguir permisos, lograr el ingreso a una escuela pública... Grandes y pequeños actos de corrupción revelan la debilidad de la trama institucional del Estado para impedirlos y castigarlos, para establecer las normas de regulación que los pueblos reclaman. Los pobres, en su mayoría, no participan ni activa ni pasivamente en los grandes actos de corrupción,[30] ni llegan hasta ellos las cuantiosas comisiones que se generan en los contratos petroleros, en los de compras de armas, en las licitaciones multimillonarias de obras públicas, el financiamiento de los partidos políticos, en el accionar del sistema judicial o en las extorsiones multimillonarias que pocas veces salen a la luz pública. Pero los pobres, inevitablemente, sufren las consecuencias de este mal. En todas sus dimensiones, la corrupción crea serios problemas de gobernabilidad. El sistema político y administrativo, todo, se torna menos transparente y confiable, lo que conlleva un altísimo costo político y hasta la pérdida del poder.

---

[30] Como, por ejemplo, el relacionado con la Enron Corporation, empresa de energía con sede en Houston, EE.UU., una de las más importantes compañías de Estados Unidos, que se convirtió en el arquetipo de fraude empresarial planificado. Fue acusada de pago de sobornos y tráfico de influencias para la obtención de contratos en la India, América Latina y África. Su presidente murió antes de que se hiciera efectiva su condena a 45 años de prisión. Su sucesor está en la cárcel cumpliendo una condena de 24 años. En América Latina la cárcel es para los pobres. En los países institucionalmente desarrollados, con real independencia de poderes, suelen cumplir largas condenas, también, los ricos o famosos, incluidos ministros de Estado. No en nuestra región.

Las principales –y deprimentes– conclusiones de Transparencia Internacional a finales del año 2006 fueron[31]:

- El pago de sobornos está generalizado en todo el mundo, con excepción de Europa y Estados Unidos y Canadá.

- La policía es el sector al cual los ciudadanos pagan más sobornos; el 17% de las personas entrevistadas declara haberlos pagado. Las regiones en que más se soborna a la policía son África y América Latina.

- El pago de sobornos para acceder a ciertos servicios es más común en África.

- En la mayoría de los países se considera que la actuación del gobierno no es la adecuada en la lucha contra la corrupción. Un porcentaje muy elevado de la población mundial tiende a tener una opinión muy negativa sobre los esfuerzos de sus administraciones públicas por combatir la corrupción.

- Sólo una persona de cada cinco entrevistadas en todo el mundo estima que su gobierno es, en alguna medida, eficaz en su lucha contra la corrupción.

- Uno de cada seis encuestados llega incluso a afirmar que las administraciones públicas de sus países fomentan la corrupción en vez de oponerse a ella.

- Casi uno de cada cinco encuestados en Estados Unidos y el Reino Unido sostiene que su gobierno fomenta la corrupción en vez de combatirla.

- Los encuestados en todo el mundo opinan que los partidos políticos y los parlamentos son las instituciones más corruptas. Los partidos políticos son vistos cada día como menos eficientes canales de representación y mucho menos de participación de sus afiliados.

- Los partidos políticos están siendo desplazados por otras agrupaciones, a veces inorgánicas y un tanto anárquicas; por ONG, o por la difusamente llamada "sociedad civil".

---

[31] Transparencia Internacional y su *Índice de Percepción de la Corrupción Mundial (IPC)*. Es la única organización privada que, con rigor académico y celo cívico, combate la corrupción en el mundo. Fue creada en 1994 por Peter Eigen, ex funcionario del Banco Mundial; tiene su sede en Berlín y capítulos nacionales en 80 países. Cuenta con una red de asociaciones afiliadas en 14 países de América Latina y el Caribe. Su Índice es resultado de múltiples encuestas a expertos de más de 160 países.

- En el plano mundial hay tres instituciones que registran resultados modestamente positivos: entidades religiosas, organizaciones no gubernamentales y oficinas de registro y de permisos.

Adicionalmente, Transparencia Internacional correlaciona los índices de Transparencia con los de Desarrollo Humano y Competitividad. Lamentablemente ningún país latinoamericano figura entre los doce más destacados, en ninguno de los tres índices. El que más se acerca es Chile, que ocupa el puesto veinte en Transparencia. Dato interesante: Estados Unidos ocupa el primer lugar en Competitividad, el sexto en Desarrollo Humano, pero no figura entre los doce países mejor posicionados en Transparencia.

Posición de los países según sus índices de Desarrollo Humano, Transparencia y Competitividad

Países líderes en Desarrollo Humano	Países Líderes en Transparencia	Países Líderes en Competitividad
1. Noruega	1. Finlandia	1. Estados Unidos
2. Suecia	2 Dinamarca	2. Finlandia
3. Canadá	3. Nueva Zelanda	3. Taiwán
4. Bélgica	4. Islandia	4. Singapur
5 Australia	5. Singapur	5. Suecia
6. Estados Unidos	6. Suiza	6. Suiza
7. Islandia	7. Canadá	7. Australia
8. Países Bajos	8. Luxemburgo	8. Canadá
9. Japón	9. Holanda	9. Noruega
10. Finlandia	10. Reino Unido	10. Dinamarca
11. Suiza	11. Australia	11. Reino Unido
12. Francia	12. Noruega	12. Islandia

Fuentes:
Indicadores del Desarrollo Humano: PNUD, 2002. Disponible en línea: http://undp.org.

Indicadores de Transparencia: Transparencia Internacional, 2002.
Disponible en línea: http://www.globalcorruptionreport.org.
Indicadores de Competitividad: Foro Económico Mundial, 2002.
Disponible en línea: http://www.weforum.org.

Según el informe ya citado (Transparencia Internacional, 2009), refiriéndose solamente a los países en desarrollo, las compañías que actúan en connivencia con políticos y funcionarios corruptos habrían pagado sobornos por un total hasta de 40.000 millones de dólares por año. Más de la mitad de los ejecutivos de empresas internacionales encuestados estimaron que la corrupción elevaba, por lo menos, en un 10% el precio de los proyectos. Y si bien el 90% de las 200 principales compañías mundiales han adoptado códigos éticos que regulan las prácticas empresariales, menos de la mitad afirmaron monitorear su cumplimiento. Los niveles de corrupción rampante equivaldrían a la mitad de los desembolsos de la ayuda mundial que reciben los países en desarrollo; con lo cual, como bien advierte la organización que realizó la encuesta, está en peligro la lucha mundial contra la pobreza.

El *Índice de Percepción de la Corrupción (IPC) 2009* de Transparencia Internacional clasifica a 180 países con una escala de puntuación de 0 a 10, donde cero indica el nivel más alto de corrupción y diez el nivel más bajo. Nueva Zelanda, Dinamarca, Singapur, Suecia y Suiza, cada uno con índice de 9 o más son los países menos corruptos del mundo. Estados Unidos ocupa el puesto 20 (7,3). Somalia es el país más corrupto: ocupa el puesto 180 con un índice de 1,1.

En América Latina el país más corrupto es Venezuela, que ocupa la posición 168, con un índice 1,9 igual al de Haití (1,8). Chile es el menos corrupto de la región, junto con Uruguay; ambos ocupan la posición 25. El país más pobre del continente americano, Haití, junto con uno de los más ricos (Ingreso Per Cápita), Venezuela, son los más corruptos, lo que demuestra que no necesariamente los países más pobres son siempre los más corruptos. Esta desgracia nace principalmente de la irresponsabilidad de las clases poderosas, la débil incorporación de la población a la producción y a la economía, de la insuficiencia o inadecuación de sus instituciones... de la desesperanza.

Para Terry Lynn Karl (1997), "la paradoja de la abundancia" que aqueja a los países de economía predominantemente petrolera implica la corrupción a expensas del Estado, principal agente y dispensador. El petróleo, afirma Karl, no sólo crea muy pocos trabajos, sino que además destruye el empleo en otros sectores. Al presionar el aumento de las tasas de cambio, las exportaciones del petróleo distorsionan la economía y la renta petrolera ahuyenta otras actividades productivas. ¿Para qué un país petrolero se va a preocupar por producir su propia comida si puede importarla? La dependencia del petróleo concentra en el Estado el impulso a la economía, con lo cual se crea una cultura clientelar; el dinero se hace solicitándolo a los políticos y burócratas de turno, en vez de resultar del proceso de producir bienes y venderlos. Por otra parte, los gobiernos de los países petroleros suelen cargar a sus habitantes con muy bajos impuestos; quienes están en el poder prefieren distribuir (mediante dádivas) el dinero del petróleo para mantenerse en el poder. Los habitantes en estos países, al tener muy bajas cargas impositivas, no suelen ser muy estrictos en el control de las cuentas públicas (*accountability*) (Rosemberg, 2007).

La corrupción en Venezuela

El presidente Hugo Chávez fustigó durante su campaña electoral la corrupción existente, e hizo de la lucha contra ella una de sus banderas electorales. Como el mal no hizo más que agravarse durante su gobierno, en su programa televisado "Aló Presidente" del 30 de septiembre de 2007 se sintió obligado a denunciar "a los corruptos de boina roja y de camisa roja". Haciéndose eco del clamor generalizado contra los enriquecimientos súbitos de militares y civiles de su régimen, el presidente demandó: "¿Qué revolución es ésta? ¿La revolución del whisky? ¿La revolución de las Hummer?" y anunció que se diseñaría una "Nueva Ética Socialista". Mientras tanto se suman los escándalos de corrupción que dejan pequeños en magnitud a los del Plan Bolívar 2000 o el Central Azucarero Ezequiel Zamora. Después de once años de presuntas corruptelas, sobornos, comisiones, robos... el descreimiento campea incluso entre quienes antes defendían al presidente. No es de extrañar que un insobornable simpatizante de la revolución, como el arquitecto Fruto Vivas, haya denunciado a "la cantidad de bandidos que cobran comisiones por cada actividad del Estado [...] No conozco un solo preso, ni uno, por corrupción." (Vivas, 2008).

Eleazar Díaz Rangel, periodista no hostil al gobierno, delató en un artículo la profundidad y la extensión de la corrupción existente y evidente ya desde 2001. Aludía Díaz Rangel a una entrevista suya al presidente Chávez:

> El Presidente estaba claro, después de tanto tiempo no ha sido posible contenerla. De poco han valido sus exhortaciones, su llamado a combatirla. Hoy existe entre civiles y militares, en niveles superiores, en los medios y en los más bajos, hasta donde se extendió, en la medida en que se han creado nuevas instituciones y se les ha dotado de inmensas sumas de dinero, casi incontroladas. El Presidente lo sabe, pero al parecer, nada puede hacer. Una de las columnas de su campaña electoral fue la denuncia de la corrupción en la Cuarta República. Pero hoy, según muchas encuestas y mediciones, Venezuela es el país más corrupto del Continente, [...] después de Haití.[32]

---

[32]   República Bolivariana de Venezuela, Presidente Hugo CHÁVEZ FRÍAS entrevistado por Eleazar DÍAZ RANGEL.

Una voz muy autorizada, la del profesor y ex directivo del Banco Central de Venezuela Domingo Maza Zavala:

> La corrupción durante el gobierno de Hugo Chávez tiene características propias. Los nuevos corruptos son empresarios, militares, funcionarios políticos que reciben contratos, prebendas, beneficios en proporciones mucho mayores que en el pasado. Lo más grave es que no traducen en obras el dinero público que reciben. Roban rápido y son muy ostentosos. En ese sector son usuales grandes camionetas que cuestan 200.000 dólares. Corrupción sin obras, sin control. La contraloría (fiscal de cuentas) es inexistente. La Asamblea Nacional no controla nada (Maza Zavala, 2008a).

La concentración del poder en manos del presidente Chávez con la consiguiente des-institucionalización ha creado una suerte de gobierno paralelo caracterizado por la falta de transparencia y rendición de cuentas. (Ejemplo: Barrio Adentro, muy laudable empeño por procurar asistencia médica primaria a toda la población, aun en los lugares más desasistidos –dependiente directamente del presidente como todas las misiones sociales– funciona en paralelo, pero no en coordinación, con el Ministerio de Salud.) El populismo chavista si bien tiene el mérito de haber colocado a la pobreza como problema fundamental de gobierno, se ha inclinado más a ganar el apoyo popular mediante dádivas, lo cual le aseguraría la permanencia indefinida en el poder con el ejercicio democrático del voto por millones de favorecidos, pero no promueve la creación de riqueza que podría distribuirse en búsqueda de la equidad social.

La corrupción impera en el círculo de los aduladores áulicos: el escándalo de los banqueros "boliburgueses", familiares o vinculados al gobierno que medraban favorecidos por ingentes depósitos de recursos estatales; el abuso de los dineros pagados por Argentina por la compra de fuel-oil cambiados en el mercado paralelo venezolano con una utilidad de 13 millones de dólares; el envío subrepticio de maletas con centenares de miles de dólares para el financiamiento de la campaña de Cristina Fernández de Kirchner (caso Antonini Wilson); y uno de los escándalos más grandes de corrupción en Venezuela y en América Latina: la putrefacción de 130.000 toneladas de alimentos (1.300.000 kilos) comprados en el exterior a bajos precios, por la proximidad de su fecha de vencimiento, y facturados con sobreprecio por funcionarios de la estatal petrolera PDVSA .

En los últimos cien años, desde el advenimiento del general Juan Vicente Gómez, quizás el jefe de Estado más corrupto de la historia venezolana, se han librado algunas batallas para combatir la corrupción. Pero aunque muchos gobernantes se auparon en el poder con la firme promesa de enfrentarla, no pasaron de la retórica, y Venezuela ha sido y sigue siendo señalada como uno de los países más corruptos del mundo: "Las actuales medidas económicas son la ocasión propicia para que los deshonestos jueguen con la vida del país. La inflación, la especulación, la fuga de capitales, la corrupción en el trámite de divisas, la baja del poder adquisitivo del salario, el desempleo, la desinversión, son atentados graves, incluso criminales, contra la vida digna a la que tenemos derecho todos los venezolanos." (Olaso, 1985).

¿Diatriba contra el actual gobierno que no suele combatir a la corrupción sino a sus denunciantes? No, ni mucho menos. La invectiva tiene veinticinco años, fue lanzada en noviembre de 1985. La corrupción tiene en Venezuela, como en otros países de la región, la presencia, la vigencia y la actualidad de un mal permanente y al cual, a pesar de sus efectos corrosivos para la economía y la moral social, muy pocos gobiernos atacan a fondo. Son muchas las transgresiones; pocos los castigados. En el tiempo, la corrupción termina poniendo al descubierto sus ramificaciones hasta el centro mismo del poder público.

Capítulo V
Dimensiones de la pobreza

No existe un indicador único, plenamente satisfacto-
rio, para medir la pobreza, uno que revele sus múltiples
dimensiones. Ingreso y Consumo per cápita fueron durante
años los indicadores más usados; sin embargo, ya en el año
2001 el Banco Mundial reconoció que el mismo tomaba en
cuenta solamente una dimensión cuantitativa de la pobreza
y que era necesario diseñar otro que incorporara aspectos
cualitativos relacionados con educación, salud, nutrición
y otras áreas del desarrollo humano (World Bank, 2001).
Coincidía con esta visión el Programa de las Naciones
Unidas para el Desarrollo (PNUD): "Si el ingreso no es
la suma total de la vida humana, la falta de ingreso no
puede ser la suma total de la privación humana." (PNUD,
2007-008).

En la Cumbre del Grupo de los Ocho (G-8) celebrada
en Okinawa, Japón, en el año 2000[33] los ocho países más
desarrollados pusieron el acento en la "falta de oportunidades", expresión que conjuga muchas carencias que, medidas, descubren las múltiples dimensiones de la pobreza:

---

[33]   Celebrada del 21 al 23 de julio de 2000. Participan en el G-8: Alemania,
        Canadá, Estados Unidos, Francia, Italia, Japón, Reino Unido, Rusia. Ver:
        Banco Interamericano de Desarrollo (BID), Fondo Monetario Interna-
        cional (FMI), Banco Mundial (BM), *G-8. Cumbre de Okinawa. Global
        Poverty Report*, 2000.

Económicamente los pobres están privados no sólo de ingresos y de recursos, sino también de oportunidades. Los mercados y los empleos a menudo son de difícil acceso debido a las bajas capacidades y a la exclusión social y geográfica. La poca educación afecta las posibilidades de conseguir empleo y de acceder a información que podría contribuir a mejorar la calidad de sus vidas. La asistencia sanitaria y los servicios de salud insuficientes, más la inadecuada nutrición, limitan las posibilidades de trabajar y realizar su potencial físico y mental... lo cual se agrava ... debido a la estructura de sociedades e instituciones que tienden a excluir a los pobres de su participación en la toma de decisiones sobre los direccionamientos del desarrollo económico y social.[34]

Coincide con esta definición multidimensional Amartya Sen, Premio Nobel de Economía 1998, cuando afirmó: "La pobreza económica no es la única que empobrece la vida humana"; que la libertad del individuo para intentar convertir en acto sus potencialidades, es fundamental. "El análisis de la pobreza –agregaba–, debe estar enfocado en las posibilidades que tiene un individuo de funcionar, más que en los resultados de su funcionamiento." (Sen, 2000). La pobreza es mucho más que el hambre: "Es la suma de todas nuestras hambres", denunció también Nadine Gordimer (1996): hambre de comida, de justicia, de participación. Por su parte, el Comité de Derechos Económicos, Sociales y Culturales de las Naciones Unidas proporcionó en 2001 una definición todavía más completa de la pobreza, siendo ésta "una condición humana que se caracteriza por la privación continua o crónica de los recursos, la capacidad, las opciones, la seguridad y el poder necesarios para disfrutar de un nivel de vida adecuado y de otros derechos civiles, culturales, económicos, políticos y sociales." (ONU, 2001). La comprensión de la pobreza se complica porque, además de multidimensional, ella es relativa:

---

[34]   Ibídem, p. 3.

- La Oficina del Censo de Estados Unidos, con base en información del año 2000, documenta que 38% de los pobres tenía casa propia; 62% poseía un automóvil; 97% tenía un aparato de televisión a color y 49% gozaba de aire acondicionado en su vivienda.
- Estos habitantes pobres de Estados Unidos serían considerados ricos en Haití.
- Con 2 dólares una persona puede comer tres veces al día en Bolivia;
- en Tokio o en Manhattan una taza de café cuesta 3 dólares.

Otros estudiosos de este problema social acuden a indicadores especiales para avanzar en su conocimiento. El Banco Mundial, por ejemplo, emplea la Paridad de Poder de Compra (PPC) que le permite comparar, como la expresión indica, el poder de compra relativo de las monedas de los distintos países. Así, considera que son pobres quienes viven con menos de dos dólares diarios; e indigentes los que sobreviven con menos de un dólar diario. El Instituto Nacional de Estadística (INE) de Venezuela, por su parte, mide la pobreza de acuerdo con la capacidad de consumo de las personas. Según este indicador, padecen pobreza extrema o indigencia quienes no pueden adquirir la Canasta Alimentaria (compuesta por productos cuyo consumo equivale a 2.200 calorías), y están en pobreza quienes, aun teniendo acceso a esa Canasta, no pueden adquirir la Canasta Básica (que además de alimentos, incluye vivienda, vestido, educación, salud, transporte y servicios como electricidad y agua). Otro indicador que permite aproximarse a los límites reales de pobreza es el de Necesidades Básicas Insatisfechas (NBI) y considera, por ejemplo, el hacinamiento y la escasa o insuficiente disponibilidad de agua potable. Los hogares que padecen alguno de estos problemas son pobres.

Todas las mediciones, en conjunto o separadamente, dibujan un cuadro de tremenda desigualdad en el globo terrestre con respecto a la riqueza y a la pobreza:

- La desigualdad de ingresos, lejos de disminuir, aumenta. Hace 50 años el 10% más rico de la población mundial tenía ingresos 35 veces superiores al 10% más pobre. Hoy esa brecha se duplicó con creces: los más ricos lo son 75 veces más que los más pobres.

- Las tres cuartas partes del Producto Interno Mundial en 2009 corresponde a los siete países más ricos (G-7): Estados Unidos, Canadá, Inglaterra, Francia, Italia, Alemania y Japón. La otra cuarta parte, se distribuye entre más de 80 países.[35]

- El 80% de la población mundial vive con menos de 10 dólares diarios.

- El grupo de los 20 países más ricos posee una riqueza 150 veces superior a la de los 20 países más pobres.

- Las mayores concentraciones de fortunas siguen estando en Estados Unidos (3,3 millones de millonarios); Europa (3,1 millones); Asia y Pacífico (2,8 millones de millonarios).

- En todo el mundo hay 10 millones de millonarios cuya fortuna media supera los 4 millones de dólares (sin contar el valor de su casa habitación).

- Estados Unidos cuenta con 6% de la población total del mundo y consume 48% de la riqueza del planeta.

- En 2009, tres ciudadanos estadounidenses –Bill Gates, Paul Allen y Warren Buffet–, juntos, poseen una fortuna superior al PIB de 42 naciones pobres donde sobreviven 600 millones de personas.

- En Argentina, no el más inequitativo país de América Latina, en 1974, el 10% más rico ganaba 8 veces más que el 10% más pobre; en 2008 ese mismo 10% más rico ganaba, aproximadamente, 38 veces más.

- El número de personas con fortunas millonarias creció 19% en Brasil, en 2007.

- En América Latina había, en 2008, 400.000 millonarios, 12% más que en 2006.

---

[35]   Foro Social de Sao Paulo, *Grito de los Excluidos.*

En general se suelen emplear varios indicadores para medir el desarrollo integral humano y se insiste en que el acceso a las oportunidades es clave para captar la dimensión de la pobreza en los distintos países. El desconcierto se convierte en escándalo cuando las diferencias de acceso a oportunidades de superación –educación, trabajo, ingreso, salud, participación ciudadana– se dan, no entre países, sino en el seno de un mismo país. En América Latina las diferencias entre pobres y ricos son abismales y por ello la región es considerada como la más inequitativa del planeta. Cuando se analizan los indicadores se concluye que para avanzar en la superación de la pobreza el problema consiste en establecer prioridades, no sólo en el gasto público o en las políticas tributarias, sino también en cuanto al comportamiento ciudadano.

En suma: distribución y educación. Si cada pareja de los estratos económicos más altos de América Latina proporcionara alimentación, salud y educación a un niño pobre o indigente, la miseria, y muy probablemente la pobreza, desaparecerían en dos generaciones. Pero la Caridad sólo atenúa el mal momentáneamente; no es una solución definitiva, ni sustentable; quizás el Evangelio, poco optimista, siga teniendo razón: "Siempre tendréis pobres con vosotros" (Mateo 26, 11-13). Lejos resuena la voz de San Ambrosio: "De los hambrientos es el pan que tenéis guardado; de los desnudos las ropas que tenéis encerradas", en antiquísima condena del atesoramiento, al uso y abuso de los bienes superfluos en beneficio propio. El de la pobreza no es esencialmente un problema de solidaridad humana sino de voluntad política para equilibrar la distribución de los recursos.

- En 1988, para proporcionar instrucción básica a todos los niños del mundo se requerían 6.000 millones de dólares adicionales a los que ya se destinaban para este fin. Mientras, los gastos en cosméticos fueron de 8.000 millones de dólares en Estados Unidos, ese mismo año (ONU, 1988).

- Para dotar de agua potable a toda la población mundial se requerían 9.000 millones de dólares adicionales y, en ese año, los europeos gastaron 11.000 millones de dólares en comprar helados, 50.000 millones en cigarros y 105.000 en bebidas alcohólicas.
- Dispensar salud y nutrición básicas a la población mundial requería de 13.000 millones de dólares adicionales a los que ya se invertían en esto, pero ese año se gastaron 17.000 millones en compra y mantenimiento de mascotas en Europa y Estados Unidos.

Niños sanos, bien alimentados, saludables podrían dar al mundo mucha felicidad, pero se gastan anualmente 780.000 millones de dólares en armamento, y no para ganar la guerra contra el hambre y la pobreza. Por eso seguirá habiendo niños pobres entre nosotros. Hay que admitir que el basamento ético, no simplemente justiciero, de la relación entre pobreza y equidad, también importa; el mismo envuelve el sentido de solidaridad y de corresponsabilidad entre el Yo y el Tú, del cual surge el Nosotros que acorta distancias y diferencias. Voluntad política, poder y conciencia social son indispensables para superar la indignidad de la pobreza.

La extrema concentración del ingreso es, en última instancia, un problema de poder político y no se logrará una mejor distribución de la riqueza si no se amplía la participación efectiva de todos los sectores sociales, y muy especialmente de las grandes mayorías, en los procesos de adopción de decisiones. Pero el populismo, con su visión más política coyuntural que socialmente perdurable, aunque centra las soluciones en las grandes mayorías atenúa sus privaciones mediante dádivas o asistencias que apenas mitigan los efectos más que las cusas de la pobreza. En todo caso, es innegable que el papel del Estado es fundamental como regulador de las fallas del mercado y como remediador de las groseras asimetrías en el acceso de todos los ciudadanos al bien-estar.

La pobreza y su contracara la desigualdad permean todos los ámbitos sociales en mayor o menor grado y los transforman, de manera que no es posible entenderlas y examinarlas sólo como resultados sino, además, como condicionantes. El Banco Mundial se ha referido a estas interacciones de la pobreza y la desigualdad con otras realidades, como generadoras de "círculos virtuosos y círculos viciosos de la pobreza" (Banco Mundial, 2006a). "¿Uno vive en el campo porque es pobre o es pobre porque vive en el campo?", se pregunta el mexicano Ricardo Medina Mejías, y se responde: "Estamos hablando de causas que se vuelven efecto para más tarde convertirse en causas de mayor pobreza: es el círculo perverso de la miseria" (Medina Mecías, 2001). Mientras se avanza en la comprensión de estos graves problemas sociales, continúa en todo el mundo el esfuerzo por actuar eficiente y definitivamente no sólo sobre sus manifestaciones, sino también sobre las condiciones –incluso históricas y psicológicas– que las modifican, acrecientan, ocultan, complican.

Cuando se trata de las políticas para superar la pobreza, no parece posible tratar de influir sobre uno solo de sus indicadores. Entonces, ¿cómo actuar sobre su conjunto para avanzar con paso firme? Si algo muestra la evaluación de los esfuerzos que los distintos gobiernos hacen en esta dirección es que los logros pueden perderse casi totalmente, incluso súbitamente, en determinadas coyunturas o períodos de dificultades, como un desastre natural, una política equivocada o, como actualmente, por el impacto de la crisis global.

- 2002 fue un año fatídico: se registró el mayor número absoluto de pobres e indigentes en la región: 221 millones de pobres y 97 millones de indigentes. Los pobres (incluidos los indigentes) sumaban 44% de la población.

- En 2007, la situación en América Latina era notablemente mejor que en 2002, no obstante el incremento demográfico: 180 millones de pobres y 71 millones de indigentes.

- En 2008, como consecuencia de la crisis, se registró una desaceleración importante en la reducción de la pobreza que disminuyó sólo 1,1%, cuando en 2002-2007 había disminuido anualmente 2%; casi el doble.

- En cuanto a la indigencia, en este mismo año, no sólo se detuvo la disminución, sino que además aumentó 0,3% mientras que en 2002-2007 disminuyó anualmente casi 1,5%. Este aumento de la indigencia se debió, principalmente al incremento de los costos de los alimentos.

- Debido a la crisis, la CEPAL anticipó que en 2009 la pobreza en la región aumentaría 1,1% y la indigencia, 0,8% en relación con 2008. Habría entonces 9 millones más de personas pobres que en 2008 para totalizar 190 millones (más del 34% de la población). Los indigentes sumarían 76 millones.

- Esos 9 millones de nuevos pobres equivalen aproximadamente a la cuarta parte de la población que había logrado salir de la pobreza entre 2002 y 2008.

- En América Latina y el Caribe la pobreza afecta especialmente a los niños y a las mujeres; es 1,7 veces más alta en los menores de quince años que en los adultos, y 1,15 veces mayor en las mujeres que en los hombres.

- Con excepción de El Salvador, la brecha de pobreza entre niños y adultos se agravó en los últimos seis años en Argentina, Brasil, Panamá, Uruguay y Venezuela, aunque con grandes diferencias entre estos países.

- En Uruguay la pobreza en los niños es 3,1 veces mayor que en los adultos; en Chile es 1,8 veces más alta, y en Nicaragua, 1,3 veces.

Las páginas que siguen muestran las múltiples dimensiones de la pobreza y examinan de manera general sus manifestaciones y relaciones en el caso de los países de América Latina. En algunos aspectos se presta atención a la situación de Venezuela.

Pobreza y educación

La más importante revolución, cualquiera que sea el sistema social de un país, consiste en implantar una educación que dé efectivamente a todos los pobres herramientas para que puedan superar la pobreza y quebrar la situación de inequidad; una revolución que garantice a todos las mismas posibilidades educativas. Tal es la meta; disminuirla sólo difiere el problema y las consiguientes presiones sociales para más tarde. Existe consenso en que para que exista auténtica distribución de la riqueza debe haber también justo, equitativo, acceso a la educación.

Además de ser un derecho inalienable de todas las personas porque les permite su pleno desarrollo (*educere*: terminar de sacar, dar vigencia a las potencialidades del ser humano), la educación es también palanca poderosa para hacer llegar el bienestar a todos los individuos, a las comunidades, a toda la sociedad. Merced a su educación los ciudadanos logran mayores niveles de ingreso y pueden atender mejor a la variada índole de sus problemas. Un buen nivel educativo, además, promueve entre quienes lo han logrado una participación social y política más razonada y creativa, los libera de la manipulación caudillista, los ayuda a desenmascarar la dominación detrás del carisma, a comprender el mensaje real de sus líderes. Únicamente la educación puede quebrar la predestinación a la pobreza, romper el círculo perverso por el cual ésta pareciera transmitirse de generación a generación: si el hijo no tiene educación, lo más probable es que sea pobre como su padre.

Una mejor educación ciertamente facilita encontrar empleo, una de las llaves que abre oportunidades de movilidad social vertical e inclusión social. La desigualdad existe lamentablemente institucionalizada en América Latina y el Caribe con lo que se exacerban las diferencias entre ricos y pobres. Un ejemplo de cómo se institucionaliza la inequidad lo proporciona la diferencia cualitativa que existe entre las escuelas a las que asisten unos y otros. Hubo tiempos en que la escuela pública primaria y secundaria en algunos países de América Latina era muy superior a la escuela privada y los hijos de familias de buena posición económica, acudían a ellas. Las escuelas públicas funcionaban como las grandes igualadoras sociales. Lamentablemente, ello dejó de ser así, como lo prueban los últimos cincuenta años de decadencia de la educación pública argentina que antaño, en doce años, convertía al hijo del inmigrante prácticamente indigente, en potencial profesional exitoso. El niño pobre terminaba la escuela pública secundaria argentina con sólidos principios éticos, ansias de superación –con frecuencia desmedidas–, buena formación científica y humanística y hasta ¡con conocimientos de latín!, en fin, salía de la adolescencia capacitado para ingresar en las mejores universidades del mundo. La CEPAL, subversiva, denuncia la perpetuación de las desigualdades a través del sistema escolar:

Las élites escolarizan a sus hijos en colegios de jornada completa y con una oferta curricular variada en contenidos. Adicionalmente ellos establecen lazos al interior de sus estratos, reforzando el capital humano y las redes sociales necesarias para una buena inserción laboral. En cambio, los sectores populares van a escuelas con mayores carencias en infraestructura, oferta curricular y recursos [...] La escuela actúa más bien como mecanismo de diferenciación social que sólo asienta las desigualdades que posteriormente se reproducen en el mercado de trabajo (CEPAL, 2007c).

En el mundo en desarrollo, y comprendida en él, la región de América Latina y el Caribe, se pierde cada día la batalla contra la desigualdad de oportunidades:

- Hay en el mundo 41 millones de analfabetos adultos.
- En el mundo en desarrollo hay 10 millones de niños en edad escolar que no asisten a clases; 60% de ellos son niñas.
- Los analfabetos en el mundo suman unos 870 millones; dos tercios son mujeres.
- De los 870 millones de analfabetos que hay en el mundo, 860 millones viven en países pobres.
- La pobreza impide que 133 millones de niños y niñas vayan a la escuela; ellos deben trabajar todo el día.
- En 1980 el número de analfabetos en América Latina y el Caribe ascendía a 44 millones.
- En 2008 hay en América Latina 43 millones de analfabetos; la reducción del analfabetismo es muy lenta; el índice de analfabetismo es del 11%.
- La región no es aún territorio libre de analfabetismo, aunque la escolarización supera el 95%.
- El enrolamiento en la escuela primaria creció en 7% entre 1990 y 1997.
- En Argentina, Trinidad y Tobago, Bahamas, Cuba y Uruguay el índice de analfabetismo es inferior a 5% de la población.
- En Brasil el analfabetismo llega al 13% (16 millones de personas).
- En Guatemala la tercera parte de los adultos no sabe leer ni escribir.
- Cuba es el país con el más alto grado de alfabetización de la región.
- El índice de analfabetismo en el África Subsahariana es de 40% y en el Asia Meridional llega al 45%.

Si hay un ámbito en el que la región se puede sentir complacida es el de la educación primaria. En el esfuerzo por lograr su universalización han participado prácticamente todos los sectores de las sociedades. El Estado, la sociedad civil, las iglesias, las Fuerzas Armadas, los sindicatos, las universidades. Es uno de los valores compartidos, por encima de diferencias ideológicas, partidistas, religiosas, en toda América Latina.

- En 2002 el 93% de los niños en edad escolar en América Latina estaba inscrito. A finales de la década de 1990 era 86%.

- El ritmo de avance de la educación primaria en América Latina supera al mundial.

- El porcentaje de alumnos que completa el quinto grado en la mayoría de los países de la región es inferior a 90%.

- Las tasas de repetición, muy altas en los primeros grados, incitan a la deserción.

- En 2002, 88% de la población de 15 a 19 años culminó la educación primaria.

- Se estima que para 2015 casi 94% de las niñas y niños de la región lograrán completar su educación primaria.

- En Chile, Argentina y Uruguay, más del 97% de los niños culminará su educación primaria en 2015.

- Lamentablemente en El Salvador, Honduras, Guatemala y Nicaragua, con elevado nivel de pobreza extrema, entre 20 y 30% de los niños en edad escolar no completarán la educación primaria.

- En Venezuela, 70% de las estudiantes menores de 19 años que han sido madres, no concluyen la educación primaria.

- En algunos países la deserción es aún muy alta. En Brasil, por ejemplo, aunque casi todos los niños entre los 15 y 19 años, de los hogares más pobres, han asistido algún tiempo a la escuela, sólo 15% completó la educación primaria.

- En todos los países de la región (excepto Guatemala y Perú) las niñas, antes relegadas, presentan una tasa de terminación que supera la de los niños. Y lo mismo acontece con la educación secundaria y, en algunos países, en las universidades.

- En materia de acceso a la educación se va erosionando el machismo en el continente. Organismos internacionales y otras voces autorizadas comienzan a alertar sobre la discriminación contra ¡los varones!

- En América Latina sólo 4 de cada 10 jóvenes terminan la secundaria; 80% de los niños cuyos padres no lograron terminar la primaria, tampoco la completarán.

- Sólo 1% de los jóvenes del 20% más pobre de la población de la región termina la universidad (Kliksberg, 2007a).

Existen otras limitantes para alcanzar las metas. Las oportunidades de terminar la escuela primaria son mucho menores en países con más numerosa población rural, generalmente los más pobres; en ellos la deserción de la escuela primaria es tres veces más alta que en las regiones urbanas. El Estado debe involucrarse en las soluciones, por ejemplo, para igualar las oportunidades en todos los rincones del territorio de una nación y no sólo en la capital y ciudades importantes. Los servicios educativos preescolares, por ejemplo, se concentran en las poblaciones urbanas, y generalmente benefician a las familias de mayores ingresos. Como se ve, la inequidad de oportunidades educativas comienza muy temprano.

- En las zonas rurales, entre el 16 y el 68% de los niños no llega al quinto grado.
- En Colombia 81% de los niños pobres de entre 6 y 14 años asiste a la escuela, los niños no pobres de su misma edad asisten en 98%: una diferencia de 17%.
- Esta diferencia entre niños pobres y ricos baja al 9%° en Perú, se remonta a 36% en Haití y es de 9% en República Dominicana.
- En Cuba la matriculación en la educación preescolar llega a 100%. Los países del Caribe registran una matriculación media, en este nivel educativo, de 70%.

Uno de los Objetivos de Desarrollo del Milenio propuestos por las Naciones Unidas y asumido por gran parte de los países del globo era "lograr la enseñanza primaria universal" y se proponía como meta "velar porque para el año 2015 los niños y niñas de todo el mundo puedan terminar el ciclo completo de educación primaria". Pero las proyecciones demuestran ya que unos 100 millones de niños no estarían asistiendo a la escuela en ese año debido a las limitaciones e ineficiencias de los sistemas escolares de sus países.

Para que los postulados sobre el poder socialmente revolucionario de la educación se confirmen, es necesario hablar de una formación de calidad, de lo contrario sólo se consolidarán las pronunciadas inequidades existentes y sus deplorables consecuencias. El progreso que muestra el nivel de la educación primaria en la región se reconoce como un buen comienzo, pero es obvio que la superación de la pobreza pasa también por elevar la calidad en ese nivel en todo el sistema educativo. El Banco Mundial ha llamado la atención sobre el tema:

> En principio la mayoría de los gobiernos está de acuerdo y ha logrado que el acceso a la educación primaria sea casi universal. Sin embargo, la calidad de esta educación sigue siendo baja en América Latina y hay una necesidad urgente de mejorar tanto la cobertura como la calidad de la educación secundaria, así como de crear mecanismos para abrir el acceso a la educación terciaria a otros grupos aparte de aquéllos con ingresos altos (Walton, 2003).

Felizmente, las asignaciones estatales para la educación son cada día más consideradas menos como gastos y más como inversión. Un reciente estudio realizado en Estados Unidos demuestra que la tasa de retorno de cada dólar que el Estado invierte en educación preescolar es del 700%, ¡excelente negocio! (Walton, 2003).

La importancia de las políticas públicas resalta ante la comprobación de que existe notoria vinculación entre pobreza y bajos niveles de educación. Más de 40% de los hogares pobres, en América Latina, están encabezados por personas que sólo completaron el ciclo primario de educación; en ellos la incidencia de la pobreza es ocho veces superior a la que se da (5%) en los hogares dirigidos por personas con educación superior. Perdura –se eterniza– la desigualdad en materia de educación, en los tres niveles: los más pobres tienen menos años de escolaridad que los más ricos. Éstos suelen obtener en consecuencia los trabajos mejor remunerados, podrán seguir siendo ricos y educar mejor a sus hijos. Los pobres tendrán menos posibilidades de vencer la pobreza con trabajos bien remunerados, porque carecen de la instrucción formal indispensable para ello.

- Sólo el 48% de los pobres, en 2002, concluyó la escuela primaria;
- el 80% de los ricos la concluyó;
- 12% de los pobres completaron estudios secundarios;
- y más del 58% de los ricos lograron ser bachilleres.
- De la universidad egresa menos del 1% de los pobres y más del 20% de los ricos.

Las políticas públicas para la educación pueden ser tan radicales y beneficiosas como la que adoptó en 1948 el presidente de Costa Rica, José Figueres: disolvió el Ejército y traspasó su presupuesto al Ministerio de Educación. Desde entonces el país ha vivido en paz y tiene una de las tasas más bajas de analfabetismo. Cuando un personaje llega al país, no lo recibe un batallón de soldados con despliegue de fusiles, sino un coro de niños escolares con ramos de flores. Civilidad y sabia asignación de recursos.

En el ámbito de la relación entre pobreza y educación cabe señalar, además, otros aspectos de interés. Puede coexistir pobreza generalizada desde el punto de vista del ingreso de un país, y acertadas políticas públicas en materia de educación. Cuba ejemplifica el caso. En 1998 la UNESCO realizó un estudio que tenía por objeto comparar las capacidades, en cuanto a lectura y aritmética elemental, de los alumnos del cuarto año de escuela primaria en trece países de la región (Argentina, Bolivia, Brasil, Colombia, Costa Rica, Chile, Cuba, Honduras, México, Paraguay, Perú, República Dominicana y Venezuela). Los estudiantes cubanos superaron en mucho a los de todos los otros países, a pesar de ser su país uno de los más pobres en cuanto a ingresos. "Los buenos resultados de Cuba no son fruto del azar, sino que son fundamentalmente la consecuencia de la prioridad que se ha venido dando a la educación [primaria] en este país desde hace más de 40 años", concluyó la UNESCO (1998).

Otro desafío fundamental en materia de educación y pobreza es poder garantizar el acceso a la educación secundaria y facilitar la conclusión de estos estudios. La educación secundaria, aunque retarda el momento en que el estudiante ingresa al mercado de trabajo, lo compensa después, ya que su mayor escolarización le facilita conseguir un trabajo mejor remunerado.

- El salario es 30% más elevado para los trabajadores que han completado la educación secundaria.
- El promedio regional de la tasa de inscripción en la escuela secundaria, al iniciarse el año lectivo de 2002, era muy bajo en toda la región: alrededor del 70% de los jóvenes en esa edad escolar.
- Las diferencias son notorias: en los pequeños países del Caribe (Anguila, Granada, Montserrat, Saint Kitts y Nevis, Dominica) el enrolamiento en la escuela secundaria supera el 90%.
- El país latinoamericano con mayor cobertura es Cuba con 86%. Lo sigue Argentina, con 85%, Chile con 81%, Brasil con 76%, Uruguay con 74%, Bolivia con 71%, Perú con 69%, Panamá y México con 64%, Venezuela con 58%.

En muchos países de la región el número de varones inscritos en la escuela secundaria es inferior al número de niñas; las encuestas demuestran que esa diferencia se explica porque en los estratos más pobres y en el sector rural, los jóvenes se emplean a más corta edad para ayudar económicamente a sus familias. Por ello cobran especial relevancia los programas que contemplan incentivos equivalentes al costo de oportunidad de su incorporación a la vida laboral. Pero no sólo del Estado es la responsabilidad. Cada vez más, los Estados de la región promulgan leyes que institucionalizan la contribución especial de las empresas para los fines del desarrollo social; se afirma el concepto de la función social de las mismas. El esfuerzo educativo requeriría del compromiso de todo el conjunto nacional, empresas, comunidades, sindicatos, asociaciones, cooperativas.

Pobreza y salud

La pobreza mata. La afirmación de que la gente tiene mala salud porque es pobre y es pobre porque tiene mala salud, supone la existencia de un círculo vicioso que, como otros, enreda y entorpece las políticas públicas que se instrumentan para superar la pobreza. Pero la proposición es falaz, porque considera que la mala salud es causa o efecto de la pobreza antes que parte de ella, un dato ínsito de la misma. Las medidas sanitarias más efectivas parecen ser las que tienden a convertir a las comunidades pobres con mala salud en comunidades pobres con buena salud, pues su población, seguramente, al tener mejor salud, mejorará sus niveles de ingreso y dejará de ser pobre (Organización Mundial De La Salud, 2002). Cuando se considera a la persona como agente económico, la salud se relaciona con la productividad y las políticas que se adoptan para mejorar la salud de los pobres, no sólo beneficia a éstos, sino también al crecimiento económico nacional. Invertir en los pobres siempre es "buen negocio", aunque la rentabilidad de esta inversión sólo se percibe en el mediano y largo plazos, como ocurre con la educación.

"En el mundo en desarrollo, el mayor enemigo de la salud es la pobreza", denunció el ex secretario general de las Naciones Unidas, Kofi Annan, en la Asamblea Mundial de la Salud celebrada en 2001 (Annan, 2001). Los pobres se enferman con más frecuencia que las personas en mejor situación económica: sus niveles generales de salud y bienestar son inferiores, están más expuestos a las enfermedades contagiosas y presentan menos resistencia a ellas. Los pobres, además, suelen trabajar en ámbitos más peligrosos, disponen de menos alimentos y menos acceso al agua no contaminada; sus viviendas los protegen menos contra las inclemencias del tiempo y sus ocupantes suelen vivir en ellas hacinados.

La diferencia entre ricos y pobres desde el punto de vista de la salud se muestra en indicadores irrefutables:

- En Noruega muere una madre de cada 14.000 partos; en América Latina muere una parturienta cada 160 partos.
- En el mundo en desarrollo, cada minuto muere una madre durante el embarazo o el parto.
- Noventa madres mueren durante el embarazo o el parto, en América Latina, por cada 100.000 nacimientos;
- en Canadá sólo mueren seis madres.
- Entre la población indígena de Bolivia y Perú el número puede subir a 300 ó 400.
- En España mueren 4 mujeres cada 100.000 nacimientos, en Guatemala 153, en Paraguay 174, en Perú 185 y en Bolivia 230.
- Más de 500.000 mujeres mueren, anualmente, en los países en desarrollo durante el parto y, por lo menos, 10 millones padecen infecciones y otros problemas.
- Casi 40% de la población mundial no tiene acceso a servicios sanitarios.
- "Cada 20 segundos muere un niño en el mundo, como consecuencia de no disponer de un buen acceso a letrinas", dice el secretario general de la ONU, Ban Ki-Moon;
- cada año un millón y medio de jóvenes muere por esta causa evitable.
- La mortalidad infantil en América Latina es seis veces más alta que la de Canadá.

- Más de 10 millones de niños mueren antes de los cinco años en los países en desarrollo; la mayoría por enfermedades que es posible prevenir.

- Aunque la mortalidad infantil ha descendido en todas las regiones desde 1990, sólo 35 países podrán cumplir el Objetivo del Milenio de reducir la mortalidad de niños menores de 5 años en dos tercios entre 1990 y 2015.

- La esperanza de vida de los grupos ricos en el mundo es de 77 años, la de los pobres es 28 años menor: 49 años.

- La mitad de los nuevos infectados de SIDA son menores de 25 años; 75% de ellos morirá de este mal.

Los progresos en la atención de la salud materna contribuyen poderosamente a reducir la mortalidad infantil. Las altas tasas de mortalidad de las madres son resultado de la malnutrición, de embarazos muy frecuentes y del inadecuado tratamiento durante el embarazo y el parto. La elevada tasa de mortalidad entre las mujeres pobres se debe con frecuencia a la mala calidad de la asistencia que se les presta durante el parto y no tanto al número de partos que los especialistas deben atender. Las muchas mejoras introducidas en Honduras (como capacitación moderna a las parteras tradicionales, refuerzo de la atención obstétrica de urgencia, mejoras en los sistemas de supervisión) contribuyeron al importante descenso que mostró el índice de mortalidad materna.

A pesar de las limitaciones de los servicios públicos de salud y de los niveles de pobreza e indigencia, se destacan los logros de todos los países de la región en la fuerte disminución de la mortalidad infantil. Los países con altas tasas de mortalidad en niños menores de 5 años tienen, por lo general, problemas de malaria difíciles de erradicar, desnutrición y malas condiciones sanitarias en sus viviendas.

- Según la CEPAL, la tercera parte de los niños menores de 2 años en la región padece "alto riesgo alimentario".
- La mortalidad infantil descendió en América Latina de 54 defunciones por cada 1.000 nacidos vivos en 1991, a 31 en 2005.
- Las disparidades entre países son abismales: en 2003 la mortalidad infantil de menores de cinco años que era de 8 por cada 1.000 nacidos vivos en Cuba y de 9 en Chile, ascendía a 97 en Haití.
- La esperanza de vida en la región se acrecentó de los 61 años en 1970 a 70 años en 1999.
- 89% de los partos de la región son atendidos por personal de salud calificado, aunque ese porcentaje desciende abruptamente en todos los países de América Central (con excepción de Costa Rica).
- En Argentina, como consecuencia en gran medida de la crisis del 2000, cada hora y 50 minutos muere un niño desnutrido.
- En este país, otrora reconocido como el "granero del mundo", 8% de la población está deficientemente alimentada (Argentina exporta más de 300 millones de toneladas de alimentos cada año).

También en el caso de la salud es el Estado el gran igualador, si no el único. La inequidad en el acceso a los servicios de salud entre ricos y pobres afecta incluso a los países desarrollados. En el informe que el gobierno estadounidense publica anualmente sobre las disparidades con respecto al acceso a la salud, la administración Bush confesaba: desde 2003, "las desigualdades en la calidad y en el acceso a los servicios de salud por parte de los grupos minoritarios y la población pobre no se han reducido." Lo alarmante no es tanto que no se hubiese reducido sino que se había ensanchado. El mismo informe gubernamental habla de las "grandes y crecientes diferencias con respecto a las expectativas de vida entre ricos y pobres", y sostiene que esas desigualdades se relacionan directamente con las diferencias en el ingreso de los distintos grupos (Center for Disease Control and Prevention, 2008). La desigualdad en los ingresos influye de manera directa en la salud de la población, lo cual, obviamente, no acontecería si los ingresos más bajos fueran suficientes para atender las necesidades primarias.

- En Colombia la tasa de mortalidad de niños menores de cinco años supera el 39% en el quintil más pobre; esa proporción se reduce al 15% en el quintil más pudiente;
- 72% de los partos de mujeres pertenecientes al quintil más pobre es atendido por enfermeras profesionales;
- en el quintil más adinerado ese porcentaje sobrepasa el 99%.
- En 2005 murieron 23.000 mujeres durante el parto en América Latina, 28 veces más que la tasa de mortalidad de parturientas en países desarrollados.

Nuevamente, es mucho lo que los Estados pueden y deben hacer en este ámbito. El gasto total en salud, en la región, alcanza a 6,4% del Producto Interno Bruto; América Latina y el Caribe es la segunda región del mundo que más gasta en salud, pero los costos siguen siendo muy altos, la cobertura de los servicios públicos es limitada y por lo general deficiente. La falta de infraestructura, la mala dotación de equipos y personal en todos los países (excepto en Cuba, Colombia y Uruguay) agravan la situación. Los más pobres de la región pagan de sus bolsillos hasta el 85% de los gastos de salud privada, proporción muy superior a la que abonan los europeos. Dada la vastedad del sector informal de la economía, y la limitada y en muchos casos ineficiente cobertura de los servicios públicos, la mayor parte de la población pobre queda desatendida; muchos "mueren de *mengua*".

La atención dispensada por los centros sanitarios públicos tiene muy diferentes alcances en los distintos países:

- El 25% de la población de la región carece de acceso a los servicios básicos y permanentes de salud.
- En Colombia los servicios de salud públicos atienden al 73% de la población, en Uruguay, al 40%.
- Los servicios de seguridad social abarcan a gran parte de la población en Costa Rica (92%), Chile (90%), Brasil (89%), Argentina (73%), México (60%).
- La provisión de servicios privados sólo alcanza al 12% en Brasil, 10% en Chile, 8% en Costa Rica.

La atención de los hospitales públicos en varios países se está resintiendo por la falta de médicos en algunas especialidades. Venezuela, por ejemplo, que hasta hace poco no tenía médicos emigrantes, entre 2004 y 2006 vio emigrar a 974 médicos que revalidaron sus títulos y ejercen en España; la mayoría lo hace en centros asistenciales públicos, donde reciben un salario varias veces mayor al que obtenía en su país.

Recursos y cobertura de servicios de salud en las Américas

Subregión	Médicos Enfermeras, Dentistas (Por 10.000 habitantes)						Camas hospit. (Por 1.000 hab.)	
	1980	1997	1980	1997	1980	1997	1980	1997
Las Américas	13,1	19,6	23,1	41,2	2,6	5,3	4,2	3,6
América del Norte	18,9	27,4	49,8	96,5	5,5	6,0	6,2	5,3
América Latina y el Caribe	9,1	14,8	4,2	7,6	3,3	4,9	2,8	2,5

Fuente: Organización Panamericana de la Salud (OPS), *Base de Datos Regionales 2002.*

Debido a la desigual distribución de los servicios de salud, no tienen acceso a ellos muchos de los pobres e indigentes y gran parte de la población que reside en zonas rurales. Quienes trabajan en el sector informal de la economía no suelen estar afiliados a los servicios de salud. Sólo 48% de la población que vive en las áreas rurales tiene cobertura regular. El total de la población excluida de los servicios básicos de salud alcanza a 51% en Ecuador, al 56% en Honduras, al 62% en Paraguay y al 40% en Perú. Las condiciones de su exclusión tanto de los servicios de salud como en los educativos están directamente relacionadas con su grado de pobreza, la ruralidad, la dispersión geográfica, la independencia e informalidad en el empleo, el origen étnico (especialmente los indígenas).

Las condiciones que promueven la exclusión de los pobres de los servicios de salud varían de uno a otro de los países de la región:

- En Ecuador, en 2004, el déficit de infraestructura médica, la escasa oferta profesional, el abandono del programa de vacunaciones contribuyen en 59% a la exclusión de la población con respecto a los servicios públicos de salud.

- En Paraguay la exclusión de los servicios públicos de salud obedece fundamentalmente a la falta de servicios, a las barreras de carácter laboral (informalidad, empleo en el sector agrícola), y de carácter cultural, como el idioma.

- En Perú, donde 10% de la población (más de 2.500.000 de habitantes) está excluido de los servicios de salud, los factores más importantes de esa exclusión son la ruralidad, la falta de servicios públicos de saneamiento y electricidad en las viviendas, la discriminación étnica.

Junto con el déficit de servicios públicos de salud, la falta de previsión contribuye a agravar el cuadro general. Así, los accidentes, las enfermedades, los imprevistos problemas de salud suelen sumergir en la pobreza a familias que antes estaban por encima de ella (Baeza, 2006):

- El 5% de hogares no pobres de Argentina cayó por debajo de la línea de pobreza, al menos por tres meses en 1997, como resultado de su exposición al gasto en salud;
- en Ecuador ese porcentaje llegó al 11% en el año 2000;
- en Honduras, 4% en 2000;
- y en Chile, 1% en el mismo año.

La falta de previsión social para la salud determina que, además de los costos del tratamiento del enfermo, sus familiares tengan que asumir los costos del tiempo sustraído al trabajo para atender al enfermo. Sin poder prevenir los gastos potenciales en casos de accidentes, enfermedades, vejez... la lucha contra la pobreza, desde el sector salud, tendrá muy magros resultados.

Pobreza y hambre

"El hambre nace, en primer lugar, de la pobreza", define El Vaticano. El hambre genera pobreza y ésta, a su vez, genera más hambre. Durante la última década el número de personas desnutridas se incrementó de modo lento y constante en el mundo y, especialmente, en los países en desarrollo. Este crecimiento del número de personas que padece hambre y sus prolongados efectos resulta "crítico para la paz, seguridad y estabilidad en muchos lugares del mundo."[36] El hambre hiere física y espiritualmente a quienes la padecen y obstaculiza la *gobernanza,* y con razón se ha convertido en centro de la preocupación de gobiernos y ciudadanos.

---

[36]   Josette SHEERAN, directora del Programa Mundial de Alimentos (PMA) de la FAO.

- "Un niño está muriendo cada cinco segundos debido al hambre" denuncia la FAO (2008).

- El Fondo de las Naciones Unidas para la Infancia (UNICEF, 2006) afirma que "la desnutrición es la principal causa de muerte de lactantes y niños pequeños."

- El 27% de la población infantil que vive en los países en desarrollo tiene un peso inferior al normal, lo que significa que cerca de 146 millones de niños y niñas están malnutridos (UNICEF, 2006).

- Naciones Unidas denunció en septiembre de 2009 que en el mundo hay más de 1.000 millones de personas que padecen hambre, la gran mayoría se desvive en los países subdesarrollados.

- La FAO estima que en los países más avanzados económicamente, unos 15 millones de personas padecen hambre;

- en Italia unos 3.500.000 de personas no tienen dinero suficiente para acceder a una alimentación adecuada.

- Una de cada ocho personas no dispone de alimentos suficientes para conservar su salud en el mundo; 53 millones de estas personas viven en América Latina.

- Durante el primer semestre de 2008 los precios de los alimentos subieron en 15% en la región, lo cual determinó que aumentara en 10 millones el número de pobres. Como consecuencia de ello ahora sumarían 200 millones.

- 25.000 personas fallecen diariamente en el mundo por causas decididamente relacionadas con el hambre.

- Nueve millones de niños padecen hambre crónica en América Latina.

El problema básico no consiste solamente en la falta de alimentos: América Latina produce suficiente comida para alimentar a 1.800 millones de personas, sino en la inequidad en el acceso a los bienes en general y, en especial, a la comida. La accesibilidad a su vez depende de la disponibilidad de suficientes redes de distribución públicas y privadas. En buena medida, el escándalo de la putrefacción de miles de contenedores de comida en Venezuela (130.000 toneladas), se debió a la incapacidad para la distribución rápida de esos alimentos. La FAO llamó la atención en 2004 con respecto a "la proliferación de supermercados transnacionales" que se relacionan estrechamente con los grandes productores y conlleva –si no se construyen redes de distribución complementarias–, a la desaparición de pequeños puestos de mercadeo hacia donde concurre la oferta y la demanda de los más pobres. La promoción de la agricultura y del desarrollo rural en distintas escalas con la participación de pequeños agricultores es indispensable en los países en desarrollo porque fortalece la oferta local de alimentos y contribuye a reducir el hambre y, en suma, se fortalece la economía general.

- En 2005 el índice de Desnutrición en Venezuela era 28%.
- En Colombia, El Salvador y Paraguay el porcentaje de desnutrición alcanza al 19%.
- Argentina tiene un 2,5% de la población subnutrida, seguida por Cuba, Chile, Costa Rica y Uruguay, grupo de países en que el porcentaje alcanza hasta el 4%.
- En México y Brasil el bajo nivel nutricional afecta al 4 y al 9%, respectivamente.
- En Guatemala la población subnutrida constituye el 20% y el 34% en Honduras.
- En Haití 35% de la población es desnutrida.
- En el Caribe según el PMA el bajo peso al nacer afecta al 10% de los nacidos. Los países con mayores tasas de desnutrición son: República Dominicana (10%), Guyana (12%), Surinam (13%), Haití (21%) y Trinidad y Tobago (23%).
- La desnutrición crónica o retardo del crecimiento sigue siendo muy elevado, en América Central. La desnutrición afecta a más del 20% de los niños menores de cinco años en El Salvador, Guatemala, Honduras y Nicaragua.
- En Costa Rica la desnutrición infantil está por debajo del 5%.
- La desnutrición crónica afecta en la región andina, en especial, a niños menores de cinco años en las zonas rurales de Bolivia, Ecuador y Perú.
- Por el contrario, la desnutrición crónica es mucho más frecuente en los niños de las zonas urbanas de Colombia.

La responsabilidad por el hambre y la desnutrición no es tanto de la naturaleza, sino de quienes la administran y la ponen al servicio de la producción de alimentos; labor cuyos éxitos y culpas recaen principalmente sobre los gobiernos, y también sobre la empresa privada y los ciudadanos. Crece en el mundo la conciencia acerca de que el gasto en la lucha contra el hambre no es sólo un acto de justicia, sino también una inversión rentable. En efecto, desde el punto de vista económico la relación costo-beneficio no deja lugar a dudas: según la FAO, cada dólar invertido en la lucha contra el hambre puede multiplicarse entre cinco y hasta veinte veces en beneficios. "A escala mundial, cada año en que el hambre se mantiene en los niveles actuales está causando muertes y minusvalías, que supondrán un costo para la productividad futura de los países en desarrollo de un valor actual neto, igual o superior a los 500.000 millones de dólares". La misma organización informa que algunos países de la región lograron avanzar en su esfuerzo por reducir el hambre hasta finales de 2004 en 25%: Brasil, Chile, Costa Rica, Cuba, Ecuador, Haití, Perú y Uruguay (FAO, 2008).

Pobreza y empleo

Existe íntima vinculación entre la pobreza y el empleo. Por lo general, la única fuente de los recursos destinados a satisfacer las necesidades básicas de las familias de bajos ingresos proviene de las entradas generadas por el trabajo de sus miembros. Destacar esta relación tiene especial importancia porque desde la década de 1990 hasta el año 2005 aumentaron en la región las tasas de desempleo adulto y juvenil. El 30% de los habitantes de la región opinaba en 2005 que su problema más importante era el desempleo. La ocupación no sólo tiene las recompensas del salario; tan importante como ello es la posibilidad que tiene el trabajador de insertarse en un quehacer que contribuye al bienestar general y sentirse así realizado como "hacedor". El acceso a un empleo de calidad, dice la CEPAL, "representa para el individuo su canal de inserción en el esfuerzo colectivo de creación de riqueza económica y cultural, haciéndolo partícipe e integrante de un proyecto colectivo, factores que refuerzan su identidad y comunión con los valores que la sociedad propugna." (ONU, 2005). El trabajo decente y estable reafirma la autoestima de la familia cuyos miembros sienten que su desarrollo como grupo se debe al esfuerzo propio y no al providencialismo del Estado que, sin proponérselo, puede alentar actitudes de dependencia, de irresponsable resignación y abuso. "El desempleo es humillación"..., decía una pintada en una barriada pobre de Santiago de Chile.[37]

- En la década de 1990, de cada 10 nuevos puestos de trabajo 7 eran informales, con baja productividad, bajos salarios y ningún beneficio social.
- El desempleo aumentó en la región del 6,9 a 10% en el año 2004.
- En 2006 la desocupación afectó a 195 millones de trabajadores en todo el mundo.
- En América Latina, en ese mismo año, estaban desocupados 1.300.000 trabajadores; fue la región donde el desempleo tuvo el mayor crecimiento.
- El desempleo en la región descendió de 9,5% en 2005 a 9% en 2006.
- En todos los países de la región durante el período 2005-2006 el desempleo se redujo aunque en pequeña escala.

A pesar de la modesta recuperación de los indicadores relativos al mercado de trabajo hasta el estallido de la primera crisis global, aún restaba mucho para abatir el desempleo

---

[37]   *The New York Times*, 14 de febrero de 2009.

de modo de aproximarlo a la tasa que tenía en 1980: 6%. Lo confirmaba la Organización Internacional del Trabajo en 2007: "El fuerte crecimiento económico en los últimos 5 años ha tenido un impacto muy leve en la reducción del número de trabajadores que vive en condiciones de pobreza junto con sus familias, y esa reducción se produjo en muy pocos países. Además, el crecimiento no está provocando la disminución del desempleo mundial" (OIT, 2007).

- La demanda laboral en 2006 creció 0,6% y la oferta de trabajo sólo 0,3%.
- Entre 1980 y 2004 el poder adquisitivo de los salarios mínimos se contrajo 22% en América Latina.
- En algunos países como Haití, Nicaragua, Guatemala, Honduras y Paraguay la agricultura genera entre el 30 y el 50% de los empleos y, en general, las zonas rurales son las más pobres y suelen carecer de servicios básicos como educación y salud.
- En Venezuela el desempleo, que en 2004 superaba el 20%, descendió en 2008 a 6,1%.
- El desempleo aumentó en Venezuela en 2009; su tasa se elevó a 8,3% en medio de la recesión.[38]

En la relación del empleo con la pobreza interesa destacar dos aspectos especialmente relevantes: el empleo informal y el empleo juvenil. Pertenecen al primer grupo los que trabajan por cuenta propia y, con frecuencia, son dueños de microempresas. Ellos representan el 24% del empleo urbano; en algunos países como Argentina, Brasil, Chile y Uruguay abarcan el 20% o menos del empleo urbano y en otros como Bolivia, Colombia, Perú, República Dominicana y Venezuela son el 35% o más.

El segundo grupo está constituido por trabajadores informales asalariados que constituyen, aproximadamente,

---

[38]   "Venezuela cierra 2009 con 7,2% de desempleo", *América Economía,* 6 de enero de 2010.

el 30% del empleo total urbano y más de la mitad del empleo informal. Este grupo varía desde un 17% en Chile hasta más de 49% en Bolivia, Ecuador, Guatemala, México, Nicaragua, Paraguay y Perú.

Como consecuencia de la crisis económica mundial, en el primer trimestre de 2009 se perdieron en América Latina, aproximadamente, un millón de empleos.

- En Argentina, en el primer trimestre de 2009, se perdieron 140.000 puestos de trabajo.
- En Brasil, en el mismo período, desaparecieron 490.000 empleos.
- Chile, Ecuador, Jamaica, México y Perú sufrieron severas pérdidas de puestos de trabajo en el primer trimestre de 2009.
- En Colombia se había experimentado una fuerte disminución de empleos en el tercer trimestre de 2008.
- Sin embargo, las tendencias indican que no se recuperarán los niveles de empleo preexistentes sino, quizás, a finales de 2010.

Algunos países adoptaron provisiones de protección social para los trabajadores del sector informal y para los trabajadores por cuenta propia. En aquellos donde la cobertura de la seguridad social es relativamente alta para los trabajadores del sector formal (más del 80% en Chile, Costa Rica y Uruguay) esos beneficios protegen a menos de la mitad de los trabajadores informales. La proporción es mucho más baja en otros países.

- En Brasil el seguro de desempleo fue extendido para cubrir a los trabajadores más afectados por la crisis y se reforzaron las transferencias condicionadas de la Bolsa Familia.
- En Chile, se flexibilizaron las normas del seguro de desempleo para los trabajadores con contratos de tiempo fijo.

- En México el programa Oportunidades fue ampliado con el propósito de mejorar los niveles de educación, salud y nutrición de las familias pobres que padecieron una disminución del ingreso familiar como consecuencia de la crisis.

Ciertas medidas gubernamentales protegen el empleo sólo en apariencia, medidas que buscan evidentemente obtener el respaldo político de la población trabajadora, pero que a la larga minan la capacidad de la sociedad para generar trabajo. El caso de Venezuela es ejemplo de esta situación. Desde mayo de 2001 el gobierno mantiene un régimen de inamovilidad laboral para evitar el incremento del desempleo entre los trabajadores de menores recursos. Si bien la inamovilidad protege a quienes ya están empleados, limita el crecimiento de la demanda de trabajadores por parte de las empresas por los mayores costos que implica. Es arma de doble filo que sólo momentáneamente atenúa la pobreza. La disminución del índice de desempleo es un logro cuestionable por cuanto existe en él desempleo encubierto que no se funda en un crecimiento real de la economía productiva. La mayoría de los trabajadores venezolanos está empleado en el sector comercio.

Si se hubiera podido mantener la tasa de crecimiento del PIB regional en niveles cercanos al 5% anual como en los años previos a 2008, muy probablemente el descenso del desempleo registrado se hubiera podido ir consolidando como tendencia gradual. La crisis global frena esta posibilidad. El desempleo real o encubierto y el empleo informal no sólo son causas del aumento de la pobreza, sino que además hipotecan el futuro. Por ejemplo, los desocupados y los trabajadores informales no cuentan en los países de la región con sistemas adecuados de protección social en materia de salud, ni posibilidades de jubilación o de pensiones suficientes para atemperar los rigores de la vejez;

se mantiene así la pobreza. Lamentablemente el empleo –en países donde no funcionan con efectividad los seguros de desempleo o providencias equivalentes– muestra gran vulnerabilidad. "La elevada volatilidad económica de la región significa que allí los pobres están sujetos a riesgos más altos en comparación con los pobres de otras regiones." (Perry *et al.*, 2006).

El caso de Argentina muestra las dificultades para mantener una tasa de desempleo consistentemente en baja:

- Según el Banco Mundial, Argentina registró el mayor aumento de la informalidad laboral de la región entre 1980 y 2003.
- En Argentina, en 1991, el desempleo afectaba al 6,5% de los trabajadores; diez años después se situaba en 17,4%.
- La profunda crisis argentina de 2001 cuadruplicó la pobreza extrema, y aumentó dramáticamente la tasa de desempleo.
- En 2002 el desempleo arañaba el 20% (19,7%).
- En 2003, ya en trance de recuperación económica, el promedio de desocupación descendió a 16%.
- En 2004 y 2005 Argentina logró revertir la tendencia y la informalidad disminuyó 4 puntos.
- En 2007, a pesar de que el PIB creció durante cuatro años a más del 8%, el desempleo estaba lejos de haber descendido a los niveles de 1991 (6,5%).
- En 2008 la informalidad afecta al 40% de los trabajadores, casi la mitad de los hogares no está cubierta por el sistema de seguridad social contributivo.

El 57% del empleo urbano en América Latina es informal y la cifra aumenta desde los años 1990 de manera "sorprendente y preocupante" (Perry *et al.*, 2007). Cientos de miles de puestos de trabajo pueden perderse en pocas semanas; recuperarlos lleva años.

En cuanto al empleo juvenil, según la Organización Internacional del Trabajo (OIT), en el año 2015, más de 650 millones de jóvenes estarán trabajando o buscando empleo en todo el mundo. Esto significaría un incremento del 7,5% con respecto a 2003.

> El desempleo juvenil, especialmente cuando se encuentra vinculado a situaciones de pobreza y exclusión social, es uno de los problemas más importantes del mundo globalizado [...] Se sabe que el desempleo en edades tempranas compromete permanentemente la *empleabilidad* futura de las personas y genera patrones inadecuados de comportamiento laboral para toda la vida. Por falta de ingresos de esta población, los aparatos productivos pierden demanda agregada y ahorro, los gobiernos pierden inversiones hechas en educación, dejan de recibir aportes a los sistemas de seguridad social y deben ampliar su gasto en servicios remediales incluyendo los costos generados por la vulnerabilidad de esta población a la criminalidad y la drogadicción (Ramírez Guerrero, 2002).

Más de la mitad de los 5.000 millones de personas que viven en los países subdesarrollados son menores de veinticinco años. Como dice el Banco Mundial, los jóvenes no sólo son el futuro, sino también el presente, y aunque por lo general vocingleros, su voz no se deja oír cuando gobiernos, organizaciones de la vida civil u organismos internacionales debaten y buscan soluciones sobre temas como el empleo juvenil. Doce millones de jóvenes menores de veinticinco años tienen dificultades adicionales para encontrar empleo porque padecen SIDA. La mayoría de los trabajadores jóvenes en todo el mundo tiene empleos de tiempo parcial, temporales, eventuales o estacionales, los cuales no valoran su potencial.

- En 2007 casi 100 millones de jóvenes, entre 15 y 24 años, estaban desempleados en el mundo, y 184 millones de niños entre los 5 y 17 años formaban parte del mercado laboral.
- De los empleados, unos 300 millones de mujeres y hombres vivían en la pobreza por ganar menos de dos dólares diarios.
- Y 200 millones, desanimados, habían abandonado por completo la búsqueda de empleo.
- Los jóvenes representan el 44% del total de los desempleados del mundo;
- un joven tiene tres veces más posibilidades de estar desempleado que un adulto.

El desempleo juvenil es el mecanismo más efectivo de reproducción de la pobreza; es dos veces mayor entre jóvenes pobres que entre jóvenes no pobres. Y el problema se agrava cuando se trata del desempleo juvenil femenino, que es 50% mayor que el de los varones, como acontece en Brasil, Uruguay, República Dominicana, Surinam y Jamaica. Causa y consecuencia de ello es, a la vez, el embarazo temprano, la maternidad sin pareja.

El 11 de mayo de 2006, el secretario general de las Naciones Unidas, Kofi Annan, advirtió que el desempleo juvenil comprometía el desarrollo social y económico de generaciones futuras y añadió que, en el caso de América Latina, combatir el desempleo de los jóvenes de entre 15 y 24 años ayudará a reducir la violencia, las drogas y el SIDA: "Reducir la tasa de desempleo de los jóvenes a la mitad para equipararla, aproximadamente, a la tasa de desempleo de los adultos en América Latina y el Caribe supondría un ahorro de 280.000 millones de dólares, equivalentes al PIB anual combinado de Costa Rica, Ecuador, Perú y República Dominicana." (Annan, 2006).

- En América Latina hay 8,8 millones de jóvenes sin empleo que representan un 15% de la fuerza laboral, frente al 5,6% de los trabajadores adultos.
- En la década 1996-2006 el desempleo juvenil aumentó levemente del 15 al 16%.
- En 2008 el desempleo urbano juvenil en América Latina superaba el 16%, esto es: más del doble del 7,5% registrado para el total de la población. Según la OIT esta brecha se mantendrá o ampliará un tanto en 2009 como consecuencia de la crisis mundial.
- En Venezuela, según datos oficiales, entre julio de 2008 e igual mes de 2009, 103.000 jóvenes de entre 15 y 24 años perdieron sus puestos de trabajo.
- La tasa de desocupación juvenil en este país supera el 17%, y es muy superior a la registrada en 2008 cuando alcanzó el 12,7%.
- Del total de 1.107.000 desempleados que existen en Venezuela, más del 36% corresponde al sector juvenil.

Para la reducción del desempleo juvenil y de adultos es imprescindible, pero no suficiente, el crecimiento económico; se requiere, además de políticas específicamente dirigidas a generar empleos, sobre todo entre los jóvenes que para obtener trabajos decentes deben vencer un gran número de barreras. Una como ejemplo: muchos jóvenes no logran empleo porque no tienen experiencia laboral y no tienen experiencia porque nunca han tenido trabajo. Paradoja que amuralla a los jóvenes en un círculo vicioso de desempleo.

Uruguay le hizo frente a esta absurda exclusión vigente en muchos países latinoamericanos, con la Ley de Empleo Juvenil de 1997 que promueve los programas de prácticas o de aprendizaje en empresas por un período máximo de un año. De este modo, los jóvenes han podido cumplir con el requisito exigido por los empleadores con respecto a la experiencia laboral. La misma ley contempla el otorgamiento de subsidios a las empresas que ofrecen empleo a los jóvenes más pobres. La *Ley de Empleo Juvenil* de Uruguay es ejemplo de la función del Estado como ente regulador del *statu quo* al cual transforma y mejora, sin atentar contra la empresa privada.

Pobreza y género

El trabajo doméstico no remunerado o muy mal remunerado, la discriminación salarial, las mayores dificultades para acceder al crédito con el fin de establecer emprendimientos productivos o mejorar sus condiciones de vida, son algunas de las diferencias que en todo el mundo afectan a las mujeres y las colocan en desventaja con respecto a los hombres desde el punto de vista laboral. Tales diferencias determinan que ellas sean más susceptibles a caer en la pobreza o hacen menos eficientes sus esfuerzos por salir de ella. Existe una relación directa entre la activa participación de la mujer en la sociedad y el bienestar de las presentes y futuras generaciones. "Cuando las mujeres tienen la posibilidad de liderar sus vidas plenamente y de forma productiva, los niños y sus familias prosperan", dice UNICEF.

El acceso y la cobertura de la enseñanza primaria y secundaria con respecto a las mujeres, es uno de los principales logros de América Latina; la paridad ha sido alcanzada en casi todos los países y en muchos de ellos el porcentaje de mujeres que culminan sus estudios es superior al de los hombres. Esta mayor y más exitosa participación de las mujeres es más abultada en el sector universitario. Los hombres son minoría en los índices educativos salvo en los países que tienen alta proporción de población indígena (Guatemala, Bolivia, Perú).

- En el mundo, las mujeres reciben por igual trabajo entre 30 y 60% menos salario que los hombres.
- En América Latina esa diferencia es de "sólo" 40%.

- En el 2002, en Honduras los hogares indigentes y pobres encabezados por mujeres sumaban el 61% y los no pobres el 39%.

- En Uruguay, del total de hogares monoparentales manejados por mujeres sólo 8% eran indigentes o pobres y 92% eran no pobres.

- En Costa Rica, Honduras, México, República Dominicana los hogares indigentes o pobres constituían más de la mitad del total de hogares manejados por mujeres.

En los últimos años se observa en toda la región un cambio en la estructuración de las familias: los hogares sólo con jefatura femenina tienen una gravitación creciente, especialmente en los sectores indigentes. En éstos, en 2005, 37% de las familias tenían jefatura femenina.

- En 2002, en las áreas urbanas latinoamericanas, el 43% de las mujeres mayores de quince años carecía de ingresos propios.

- En los hombres esa carencia era aproximadamente la mitad (22%).

- El 60% de las cónyuges de hogares pobres y el 40% de hogares no pobres carecía de ingresos propios. Esto somete a las mujeres a incertidumbre ante un eventual cambio de sus circunstancias conyugales (viudez, rupturas de parejas).

- La violencia doméstica agrede entre el 10 y el 36% de las mujeres latinoamericanas.

La disminución de esas diferencias facilitaría una mayor participación de la mujer en la fuerza laboral, en la productividad, en los ingresos y, por supuesto, tendría efectos benéficos en cuanto a la reducción de la tasa de fecundidad y en la educación de los niños. En todos los países del mundo, incluido Suecia, donde hay mayor igualdad de salarios de mujeres y de hombres, las diferencias entre lo que perciben unas y otros son notables. En América

Latina, aunque tengan el mismo grado de escolaridad y experiencia, las mujeres ganan menos salario que los hombres (CEPAL, 2006b) y esta desigualdad afecta más a las mujeres en el sector rural; ellas han tenido siempre mayor participación en empleos de baja productividad, y aunque la educación debería ser la gran fuerza igualadora, las mujeres con posgrados universitarios ganan mucho menos que sus colegas hombres.

- En similares puestos de trabajo las mujeres argentinas ganan 30% menos que los hombres.
- El comercio y los servicios financieros son los sectores en que más se discriminan los salarios femeninos en Argentina; la mujer gana 436 pesos y el hombre 660.
- En la industria la relación es 522 a 770.
- Los sueldos que perciben los científicos y profesionales casi duplican a los de las mujeres en la misma posición.
- La misma situación se da en los puestos técnicos donde las mujeres perciben sólo 66% de lo que gana el varón.
- En Venezuela, en 2006, el salario promedio de las mujeres era 6% inferior al salario de los hombres.
- En Costa Rica las mujeres, en total, ganan 9% menos que los hombres por igual trabajo.
- En Argentina 15%, en México 9%, en Perú 19%, en República Dominicana 23%.
- El país con mayor brecha salarial por género es Brasil, con 30% de diferencia.
- El país con menos diferencias entre los salarios de hombres y mujeres es Bolivia.
- En Colombia la brecha salarial es del 7%, en Venezuela 14%, en Chile 19%, en Uruguay 26%.
- La vulnerabilidad de las mujeres con respecto a la pobreza supera a la de los hombres en todos los países de la región, sin excepciones. Es más alta en Panamá, Costa Rica, y República Dominicana.

Según el Banco Interamericano de Desarrollo (Ñopo, 2009) las mujeres ganan en América Latina menos que los hombres en cualquier grupo de edad, en cada nivel de educación, en cualquier tipo de empleo (sea por cuenta propia, empleador o empleado), tanto en empresas grandes como pequeñas. En general, la menor brecha salarial entre hombres y mujeres se encuentra entre los jóvenes que tienen título universitario. En muchos países la pauta de vulnerabilidad salarial de la mujer con respecto de los hombres se acentuó en el período 2002-2008. Entre las recomendaciones del Banco Interamericano de Desarrollo se cuentan la adopción de políticas a largo plazo que contribuyan a fomentar la inserción laboral de las mujeres, la redistribución de la carga de trabajo no remunerado en los hogares (acotar el machismo) y aumentar la protección (alimentación, mayor tiempo en la escuela, actividades extracurriculares) que la escuela brinda a los menores.

Y, como la pobreza iguala, en los grupos menos calificados cuyos miembros tienen sueldos inferiores a los sueldos promedio, las diferencias entre los salarios de hombres y mujeres son substantivamente menores: ambos ganan poco (Muscatelli, 2000).

Pobreza y niñez

Cada 5 segundos un niño muere de hambre en el mundo. El drama de la niñez pobre asoma en campos y ciudades, por doquier, mas no en toda su vastedad. Unas pocas cifras lo denuncian:

- En América Latina existían, en 2002, 41 millones de niños en extrema pobreza. Más de la mitad de los niños de la región son pobres.
- Uno de cada doce niños moría antes de los cinco años en la región, en 2002.

- Debido a la desnutrición, 16% de los niños de América Latina tenían una talla inferior a la que debían tener.
- Más de 10 millones de niños menores de cinco años morían en el mundo a causa de enfermedades que se podían prevenir (América Latina tenía la menor tasa de mortalidad de niños menores de cinco años en el mundo en desarrollo). Estas proporciones seguramente se mantienen en el presente.
- 20 millones de niños son refugiados.
- Más de 100 millones son explotados.
- Más de 120 millones jamás han pisado una escuela.
- Uno de cada cuatro niños sobrevive con menos de un dólar diario.
- Muchos son esclavos o utilizados para las guerras o con fines de la lucha política.
- Más de 20 millones de lactantes nacen anualmente con insuficiencia de peso en el mundo en desarrollo. Los que sobreviven suelen presentar discapacidades físicas y mentales.
- Más de 300.000 jóvenes menores de dieciocho años han participado recientemente en conflictos armados y más de 400.000 han sido reclutados por fuerzas militares o paramilitares en el mundo.
- El 17% de los niños y jóvenes estadounidenses entre 2 y 19 años es obeso, dos veces más que hace diez años; una de las causas principales es la "comida basura".
- En América Latina y el Caribe la pobreza en los menores de quince años es 1,7% más alta que entre los adultos.

Las tasas de mortalidad infantil, en promedio, son en la región muy altas con respecto a las de los países avanzados. Las condiciones sanitarias varían en extremo en los países de América Latina y el Caribe, lo que influye en las grandes diferencias en cuanto a la mortalidad infantil. Haití es el país más atrasado y Cuba el más avanzado: en esta materia no parecen pertenecer a la misma región.

Mortalidad infantil
2003

Países en situación más crítica	Mortalidad infantil (por mil nacidos vivos)	Mortalidad menores de cinco años (por mil nacidos vivos)	Año
Haití	80,3	111,5	1995-2000
Bolivia	66	72,2	2002
Guyana	54	70,3	2000
Países con tasas más bajas			
Uruguay	13,5	15,3	2002
Chile	8,9	13,7	2000
Costa Rica	11,2	12,2	2002
Cuba	6,5	9,6	2002

Fuente: OPS-OMS, "Situación de la salud en las Américas 2003", *Los objetivos de desarrollo del Milenio en América Latina y el Caribe. Retos, acciones y compromisos*, 2003.

La población indigente de América Latina, como se ha dicho, alcanza a los 92 millones de personas; de cada cinco indigentes, dos son niños. La desnutrición afecta el desarrollo biológico de los niños y como consecuencia de ello muchos jamás lograrán su plenitud vital. La falta de oportunidades de educación o la dificultad que los niños pobres tienen para acceder a ella, junto con la insalubridad, disminuyen su capacidad física y mental y los convierte en rémora en los esfuerzos contra la pobreza.[39] Sumado a lo

---

[39] El diario *Clarín*, de Buenos Aires, en su edición del 15 de agosto de 2007, relata el caso de un maestro –el único– de una escuela-albergue en un valle de la Provincia de Salta quien viajó horas hasta llegar a la capital de la provincia y consiguió que un banco le hiciera un préstamo personal por el equivalente de unos 260 dólares con los cuales, después de pagar los gastos de viaje, compró carne, pasta, harina, etc. y pudo dar de comer

anterior, la indigencia, en la mayoría de los casos, tanto en el campo como en las ciudades, los obliga a trabajar desde muy temprana edad.

La indigencia y la pobreza infantil varían mucho en el mosaico de países latinoamericanos:

- En Argentina 4 de cada 10 niños reside en hogares que no tienen la capacidad de atender su salud, y el 50% pertenece a hogares que no pueden cubrir sus necesidades de alimentación y vestimenta.

- La mitad de los niños argentinos no reciben narraciones orales (lo cual incluye narraciones de cuentos).

- En Bolivia, Honduras y Nicaragua el porcentaje de niños pobres es superior al 45%; el promedio regional gira en torno del 30%.

- En Chile, Costa Rica y Uruguay es inferior al 12%.

- En la región, en los últimos quince años, el número de niños desnutridos bajó en un 50%.

- En Suecia la posibilidad de que un niño muera antes de cumplir un año es de 0,5%.

- En Bolivia, en los lugares pobres, es 20 veces más, un 10%.

- En América Central, la mortalidad infantil es de 60 por mil en Guatemala, 47 por mil en Nicaragua y 42 por mil en El Salvador y Honduras.

- En Costa Rica, país sin armas pero con buena educación, la mortalidad infantil es cuatro o cinco veces menor; 14 por mil.

En 2002, en la región, el 15% de los niños cuyas edades oscilaban entre los 10 y los 14 años (casi ocho millones de niños) cumplían jornadas completas de trabajo; en Brasil,

---

a los 16 alumnos que viven en el albergue. En ese valle, dispersas entre los cerros, a 3.800 m. de altura, viven unas pocas familias descendientes de los incas, pastores de ovejas. La Argentina culta, "granero del mundo", no puede alimentar a sus niños pobres. Uno de los lemas rectores del peronismo primigenio fue: "En Argentina los únicos privilegiados son los niños".

Guatemala y Ecuador el trabajo infantil alcanzaba al 20%. Es ésa la principal causa de la no inscripción de los niños en escuelas primarias o de su deserción. El aumento del ingreso familiar al que puede contribuir el niño que abandona la escuela primaria –dos años antes de terminarla– para desempeñar algún trabajo, es mínimo si se considera que su rentabilidad futura, durante toda su vida, disminuye entre 20 y 30% por haber abandonado la escuela; y ello le dificultará, además, encontrar trabajo.

- El trabajo rural infantil afecta en América Latina a unos 20 millones de niños de los cuales unos 7 millones enfrentan las peores formas de empleo, que les impiden adquirir conocimientos y calificaciones básicas a través de la educación.

- En el mundo hay más de 132 millones de niñas y niños de 5 a 14 años que trabajan en fincas y plantaciones. Los niños que trabajan en la agricultura corren, entre otros, el riesgo de manipular pesticidas tóxicos

- En Venezuela, hacia 1970, las mujeres más prolíferas tenían entre 16 y 17 años; en 2005 la mayor tasa de fecundidad correspondía al grupo de de mujeres que tenían entre 24 y 29 años.

- La primera mujer que dio a luz en Caracas, en 1940, en la recién inaugurada Maternidad Concepción Palacios, tenía quince años; tuvo una niña quien, a su vez, más tarde fue madre, también a los quince años.

Los padres pobres tienen más dificultades que otros para salir de la pobreza. Dar cuidado integral a cinco o seis hijos dependientes los hunde más en ella. Son pobres porque son muchos y son muchos porque son pobres, y la transmisión de la pobreza de una a otra generación se incrementa por falta de educación o por la mala educación. Parte del problema es la inadecuada orientación en cuanto a la planificación familiar. La iglesia católica, que aún conserva cierto ascendiente entre los pobres, condena el empleo de métodos de contracepción –excepto el de la abstinencia– para que Dios les mande menos hijos. La elevada tasa de fecundidad junto con la reducción progresiva de la mortalidad infantil, explican que en América Latina el crecimiento demográfico sea el doble del registrado en América del Norte.

Crecimiento demográfico
Tasa media de crecimiento anual en las Américas (%)
2002-2005

	Américas	A. del Norte	A. Lat. y el Caribe
1980-1985	1,6	1,0	2,1
1995-2000	1,3	0,8	1,5
2000-2005	1,2	0,7	1,4

Fuente: Organización Panamericana de la Salud, *Situación de la salud en las Américas. Indicadores básicos. 2002 y 2006*, Indicadores demográficos, pp.3-12.

Desnutrición, baja o nula escolaridad, falta de capacitación laboral, hacen de los niños y niñas que nacen y se crían en la pobreza ciudadanos que la repiten, que se convierten en eslabones continuadores que incrementan la pobreza.

Pobreza y vejez

Se estima que en el año 2050 habrá en el mundo unos 2.000 millones de personas de 60 años o más de edad, y que 80% de ellas vivirá en países en desarrollo (UNESCO, 2007a). Actualmente más de las tres cuartas partes de la población mundial no tiene cobertura de seguridad social y se prevé que, de no efectuarse cambios drásticos en las políticas vinculadas con este tema, unos 1.200 millones de personas mayores enfrentarán en 2050 inseguridad de ingresos y de cuidados de salud, esto es: podrían estar sumidos en la pobreza. En cierta manera el problema afectará también a las naciones más industrializadas, donde se vive la llamada "Tercera transición demográfica", caracterizada por el descenso de la fertilidad y la mortalidad, y el consiguiente aumento de la proporción de personas de mayor edad. Debido a su alta esperanza de vida, estas personas corren el riesgo de ser pobres y quedar excluidos, no sólo de las actividades laborales sino también de la participación en ámbitos culturales y sociales que suelen hacer más llevadera su situación. Lo paradójico de la situación (en el drama de la pobreza las contradicciones absurdas abundan) es que ella es resultado directo del progreso de las ciencias de la salud. El problema no existía hasta hace pocas décadas, cuando la esperanza de vida no superaba los cincuenta años. Los "Matusalenes" eran entonces escasos, en cambio hoy hay abuelos que juegan al fútbol y realizan viajes espaciales.

Una de las soluciones para evitar que los adultos mayores se sumerjan en la pobreza es una adecuada política de seguridad económica que garantice la disponibilidad de recursos materiales suficientes para dar buena calidad de vida a esta población. "La seguridad económica es el opuesto de la pobreza, pues permite generar condiciones para un envejecimiento con dignidad y seguridad." (UNESCO, 2007a). Las fuentes de la seguridad económica son la participación económica en el mercado laboral formal e informal, la protección social y el apoyo familiar. En este sentido el secretario general adjunto para Asuntos Económicos y Sociales de las Naciones Unidas, el colombiano José Antonio Ocampo, declaró:

Primero, hay que construir sistemas de pensiones viables con cobertura universal para esos 190 millones de personas. Segundo, hay que ir adaptando los sistemas de salud para el cuidado de los adultos mayores. Tercero, hay que desarrollar sistemas que permitan a la población mayor

estar integrada política y socialmente [...] Los países deben
empezar a prepararse ya. Si no se toman medidas desde
ahora, en 2050 el tema del envejecimiento de la población
en América Latina será inmanejable (Ocampo, 2007b).

- La incidencia de la pobreza en personas mayores (años
  2001-2003) variaba ampliamente entre los países de la
  región.

- Las personas mayores de sesenta años que trabajan,
  lo hacían en gran parte porque no recibían pagos de la
  seguridad social. Su proporción varía entre menos de
  30% en Colombia, y 90% en Uruguay.

- La gran mayoría de los mayores trabaja para poder
  subsistir.

- En cinco países –Argentina, Brasil, Chile, Uruguay y
  Panamá– 50% de las personas mayores residentes en
  zonas urbanas recibe ingresos exclusivamente de la
  seguridad social.

- Hacia el 2000, casi la mitad de las personas mayores no
  recibía ingresos ni del sistema de seguridad social ni
  por su trabajo; su soporte económico provenía de sus
  familias o de redes de protección social.

- En siete ciudades de la región, las personas mayores reci-
  ben ayuda en dinero en el siguiente porcentaje: Santiago,
  La Habana y México DF, más de 70%; Bridgetown y
  Montevideo 65%; Sao Pulo 61%, y Buenos Aires 59%.

El riesgo de caer en la pobreza y de no poder evadirse
de ella aumenta con el paso del tiempo y es mayor entre los
abuelos que en otros grupos etarios. La capacidad de los
mayores para generar ingresos es inferior a la de la gente
joven, y en países con tasas elevadas de desempleo, su posibilidad de competir es nula. Su edad los excluye aunque
gocen de buena salud y su capital humano –educación,
experiencia laboral, etc.– sea superior al de los más jóvenes. Sin embargo, es necesario reconocer que la población
de más edad no padece niveles de pobreza con la misma
intensidad de otros grupos etarios, y tal vez por esto no se

le ha prestado suficiente atención en la región y es poco lo que se ha avanzado en instrumentar soluciones. Si bien en las últimas décadas este problema captó mayor espacio en los debates acerca de las políticas sociales, algunos temas todavía no se discuten suficientemente (Huenchuan, 2006). Sin la ayuda de las familias o las comunidades, sin el respaldo de un sistema de seguridad social, las personas mayores caen rápidamente en situación de pobreza. Sólo una porción relativamente reducida de la población mayor puede vivir sólo de lo que recibe como jubilación o pensión y ello se debe a que cuenta con otros ingresos.

Todavía falta mucho por hacer para superar las consecuencias de las políticas de privatización y de reducción del Estado que se inspiraron en el Consenso de Washington; ellas relegaron el tema de la seguridad económica de la vejez y confiaron su solución al mercado. La iniciativa privada asumió entonces como negocio la gerencia de los sistemas de seguridad social y el Estado pasó a cumplir sólo funciones de regulación, supervisión y garante de última instancia. La privatización de los fondos de pensión, si bien representa un avance importante para evitar la pobreza en las edades tardías, "ha dado lugar a sistemas de pensiones más contributivos y menos redistributivos." (Huenchuan, 2006). La privatización –comercialización– de la seguridad social, en muchos casos, la hizo más eficiente y transparente, pero de ninguna manera más incluyente, porque las agencias administradoras de los aportes dejan fuera del sistema a la mitad de la población laboral de América Latina que trabaja en el sector informal.

Algunos cambios que vienen aparejados con la transformación de las sociedades agravan el problema de la vejez en la pobreza. La gradual reducción del número de miembros de las familias debido a las menores tasas de fecundidad, el debilitamiento de la familia extendida, el proceso de urbanización, el aumento de separaciones y divorcios..., al disminuir la solidaridad de los lazos familiares, también fomentan la destitución económica de creciente número de personas mayores. En los estudios sobre el tema, llama la atención el hecho de que la pobreza individual afecte más a los hombres que a las mujeres (excepto en Colombia, Ecuador, Perú y Venezuela). La respuesta más probable es que más mujeres mayores que hombres reciben ayuda familiar.

- En 2007, en Uruguay, la pobreza afectaba al 3% de las personas mayores;
- en Honduras a más del 70%;
- en Chile al 10%; en Brasil al 12%; en Costa Rica, Panamá y Argentina al 27%;
- en Colombia al 40%; en Venezuela al 41%;
- en Paraguay al 49%; en Bolivia al 54%; en Nicaragua al 64%.
- El promedio de personas mayores de sesenta años afectadas por la pobreza en América del Sur es del 23%.
- Uruguay es el país con población más envejecida; ello se debe a la baja tasa de fertilidad de las mujeres (2,04 hijos) y a la fuerte emigración en los últimos diez años.
- Cada año se registran unos 47.000 nacimientos, unas 32.000 muertes y 12.500 migraciones por lo cual Uruguay pronto comenzará a perder población joven. Se estima que hacia 2040, los mayores de 65 años superarán a los menores de 15.
- Gran parte de los 49 millones de adultos mayores de 60 años que sobreviven en América Latina, viven en la pobreza o en la indigencia.
- Ellos constituyen, aproximadamente, el 9% de la población total y en 2015 serán el 11%.
- Entre los años 2000 y 2050 se triplicará la proporción de personas mayores de 60 años; de cada cuatro latinoamericanos uno será adulto mayor. En 2050 serán 189 millones, es decir, el 24% de la población total.

- Para hacer frente a este desafío del envejecimiento y empobrecimiento de su población, América Latina tendrá que dedicar entre el 0,5 y 2% de su Producto Interno Bruto al financiamiento de pensiones sociales universales.
- En la región, más de 50% de las personas mayores dependen sólo de la ayuda familiar.
- En México 20% de las personas mayores sería pobre si no residiera en hogares de parientes, por lo general hijos, que no son pobres.

Venezuela es un país demográficamente joven, donde los menores de veinticinco años constituyen más de la mitad de la población total. La fuerte reducción de la mortalidad infantil, la derrota del paludismo y la viruela desde los comienzos de la explotación petrolera, definieron este perfil demográfico. En consecuencia, se centró la atención en los problemas de los jóvenes (educación, salud, empleo) y se relegó el cuidado de los ancianos, déficit que puede convertirse en lastre para avanzar en la lucha contra la pobreza. La gerencia de la seguridad social en Venezuela se ve afectada en su eficiencia por la inestabilidad institucional, dolencia que el presidente Chávez ha convertido en crónica (es la norma). (El Instituto Nacional de Servicios Sociales ha tenido siete presidentes en los últimos cuatro años.) La excesiva rotación de los altos ejecutivos, incluidos los miembros del gabinete ministerial, no es la menor causa de la extremada ineficiencia del gobierno del presidente Chávez. Con razón advierte una especialista: "La pobreza y la pobreza crítica ponen al descubierto la existencia de una masa de ancianos vulnerables debido a su bajo nivel socioeconómico y educativo, a su no inserción en los beneficios de la seguridad social y a la carencia de adecuadas y suficientes redes de apoyo por parte del Estado." (De Lima, 2003).

- A partir de la década de 1960 la población de Venezuela comenzó a envejecer.
- En 1990 las personas mayores de sesenta años no llegaban a constituir el 6% de la población total (cerca de un millón).
- En 1995 los ancianos eran ya más de 1.300.000, de los cuales 800.000 vivían en la pobreza.
- En 2001 existía 1.700.000 personas mayores de sesenta años (6,7% de la población total) de los cuales 400.000 padecían pobreza crítica.
- De acuerdo con las proyecciones oficiales en el año 2015 Venezuela tendrá 30.877.400 habitantes de los cuales más de 3 millones serán mayores de sesenta años (casi el 10% de la población total).
- En el año 2050, estima el Instituto Nacional de Estadísticas, los mayores serán el 22% de la población total venezolana.

Un señalamiento final: el logro de altos niveles de longevidad no tiene estrecha relación con los niveles de ingreso. El mismo sistema social que hace que aumente el número de personas mayores, no sabe qué hacer con ellos. Con la creciente disolución de la cohesión social influida por los procesos de urbanización, la familia extendida ya no existe como cálido fogón de encuentro y como red de contención; el anciano vive dilatadamente para descubrir, al final, que es huérfano, prescindible, vulnerable, marginado y, a veces, mendicante. La seguridad económica es elemento determinante de un envejecimiento con dignidad y seguridad, una clave fundamental en la lucha contra la pobreza.

Pobreza y origen étnico

La variada amalgama social de América Latina no se ha concretado aún en una "raza cósmica", aunque somos, es cierto, crisol de razas. La población indígena y afrodescendiente suma en la región entre 150 millones y 200 millones de habitantes. Las estadísticas son en este caso imprecisas, porque en muchas encuestas de hogares y censos la etnicidad no aparece como variable, y cuando se intenta apreciar sus características se observa que los criterios empleados para medirlas no son uniformes. A pesar de los prejuicios y exclusiones que aún se mantienen, se proclama que América Latina es una región pluriétnica y pluricultural. La nueva Bolivia, cuya población indígena busca superar un pasado de quinientos años de dominación criolla, va más allá y se identifica actualmente como sociedad plurinacional. En todos los países de la región, la pobreza extrema hiere agudamente a los grupos étnicos que viven casi en situación de marginalidad social.

- La población indígena en América Latina oscila entre 35 y 55 millones de personas,
- y la afrodescendiente suma entre 120 y 150 millones.
- Existen 671 pueblos indígenas reconocidos por los Estados nacionales.
- Los indígenas en Bolivia, Ecuador, Guatemala, México y Perú suman el 90% de la población indígena total de América Latina.
- En Bolivia, 64% de los indígenas vive por debajo de la línea de la pobreza;
- en Guatemala 86% y en Perú 79%.

En las últimas décadas, en varios países ha cambiado radicalmente el lugar de asentamiento de los indígenas; muchos abandonaron sus aldeas y emigraron a las ciudades, temporal o definitivamente, constituyendo allí grupos urbanos que intentan conservar algunos de sus valores y culturas. Al mudarse de hábitat, se desarticulan como sociedad, como pueblo, y junto con su vestimenta pierden identidad, sentido de pertenencia a un territorio, y por lo tanto, gran parte de su poder potencial. En Chile, por ejemplo, 80% de la población indígena habita en ciudades; despojados de sus tierras comunales, la urbe ha podido ofrecerles posibilidades de trabajo estable gracias al continuado crecimiento económico del país (CEPAL, 2004).

La usurpación de las tierras indígenas durante la conquista, la quiebra de sus sistemas sociales donde no solía haber derroche ni hambre, la discriminación en el acceso a los sistemas de educación, salud y de crédito hasta el tiempo reciente, dan cuenta de la pobreza en que se debate la inmensa mayoría de los indígenas en la región. La irrupción de los pueblos indígenas como vigorosa fuerza social está modificando la dinámica política de países como Bolivia, Ecuador y Perú. Sus sociedades no volverán a ser las mismas porque con los indígenas se han desatado fuerzas de renovación que están alterando ya las dinámicas de convivencia y la distribución del poder político, construyendo una democracia temporalmente más conflictiva, pero ciertamente más inclusiva y más participativa. Y es justicia que así sea.

La mortalidad infantil en América Latina es 60% más alta entre los niños indígenas que entre los no indígenas; grandes son también estas diferencias de un país a otro: un indio quechua nacido en Bolivia tiene más de cinco posibilidades de morir antes de cumplir un año, que un niño quechua nacido en Chile.

- En México el 50% de las viviendas indígenas no tiene electricidad; 68% carece de agua potable; 90% no tiene alcantarillas y 76% de las casas tiene piso de tierra.
- En los centros poblados donde más de 30% son indígenas, 41% de los mayores de quince años son analfabetos; 37% nunca asistió a la escuela; tampoco lo hace el 26% de los niños en edad escolar.
- El analfabetismo de la numerosa población indígena de estos centros poblados es tres veces mayor que el resto de la población.
- 90% de los indígenas de Honduras son analfabetos.

- En Ecuador sólo el 53% de los niños indígenas en edad escolar asiste a la escuela primaria; 15%, a la escuela secundaria y 1%, a la universidad.
- Más del 80% de la población indígena rural vive en la pobreza.
- En Bolivia en pueblos y ciudades donde la población indígena no pasa de 25%, los habitantes acceden con facilidad a servicios de salud; en aquéllas donde predomina la población indígena, este acceso se reduce a 11%.
- Las poblaciones que habitan en las ciudades, denominadas "minoritarias", con igual edad y nivel de educación que los trabajadores blancos perciben sueldos 28% menores.
- Esta diferencia oscila entre 4% en Ecuador y 30% en Brasil (BID, 2009).
- La diferencia es de 1,8 veces mayor en Perú, 5,9 veces mayor en Panamá y 7,9 veces mayor en Paraguay.

Caracteriza a los hogares indígenas la alta tasa de fecundidad que agrava los efectos de su pobreza. En Panamá, por ejemplo, entre los indígenas de San Blas, en cuyas manos florece el milagro de las molas, la epidemia de cólera de 1993 tuvo una incidencia 80 veces mayor que en el resto de la población. Poco tiempo después, la neumonía fue 6 veces más alta. En la provincia panameña de Boca de Toro, que tiene alta densidad de población indígena, la mortalidad por diarrea es 6 veces más alta que el promedio nacional. La situación se repite en Paraguay donde las enfermedades transmisibles entre los indígenas son entre 5 y 8 veces más altas que en la minoría no indígena de la población. La diarrea aguda es la primera causa de muerte entre niños indígenas menores de cinco años.

Los censos y encuestas tampoco son suficientemente confiables cuando muestran la situación de la población afrodescendiente; aún así, se puede apreciar que su situación de pobreza es apenas mejor que la de la población indígena.

- Los afrodescendientes constituyen el 30% de la población total de América Latina (unos 150 millones, aproximadamente).

- Brasil concentra casi la mitad (47%) de la población afrodescendiente de la región; con 79 millones de personas; es el segundo país del mundo de origen africano, superado sólo por Nigeria.

- Los países con mayor porcentaje de población afrodescendiente y mestiza son: Haití, 95% de población afrodescendiente; Cuba, 12% de población negra y 21,8% mestiza; República Dominicana: afrodescendiente 11,0% y 73,0% mestiza; Venezuela 10% afrodescendiente y 65% mestiza; Colombia 5% afrodescendiente y 71% mestiza.

La población afrodescendiente, siendo en la región cinco o seis veces más numerosa que la indígena, tiene mucho menos "visibilidad"; es de alta densidad y, sin embargo, de poca resonancia. Esto pudiera explicarse porque después del fin de la esclavitud su inserción social aumentó, aunque todavía sea, en gran medida, marginal. Los indígenas conservan un perfil más definido y concreto; sobreviven los mitos acerca de sus orígenes, su cosmovisión, sus lenguas y todavía viven en comunidades que son su entorno, refugio y defensa. La fuerte presencia cultural, social e incluso política del pueblo mapuche –que fue sistemáticamente perseguido y diezmados hasta fines del siglo XIX, tanto en Argentina como Chile–, es testimonio de cómo el mantenerse en comunidad los protegió de la extinción. Sufren la discriminación –no necesariamente la exclusión–, como lo demuestran evidentes diferencias en cuanto a las mejores oportunidades que se abren para la población blanca.

- En Salvador (Brasil) el desempleo es del 26% entre los afrodescendientes y el 18% entre los blancos;
- los salarios por los mismos trabajos pueden llegar a ser 40% más bajos para los afrodescendientes.
- Reflejando, seguramente, diferentes niveles de escolaridad, en Río de Janeiro los trabajos manuales son desempeñados en un 60% por población de piel oscura y 37% por blancos.
- De cada cuatro empleadas domésticas, tres son afrodescendientes y 1 blanca.
- La escolaridad de los afrodescendientes es mucho más baja. Sólo 4% de los negros llega a la Universidad frente al 13% de los blancos.
- De los 50.000 alumnos de la Universidad de San Pablo en 1994, sólo 2% eran negros.
- En Brasil la población blanca es 2,5 veces más rica que la afrodescendiente.
- En Colombia el 80% de los descendientes de africanos vive en la pobreza extrema.

Un caso interesante es el de Ecuador, donde los afrodescendientes son cerca del 10% de la población total. Ellos, como los indígenas, padecen los peores índices económicos y sociales, "reproduciendo la misma pirámide racial y social de los tiempos de la colonia [...] Esa situación se traduce en que los afrodescendientes e indígenas estén bajo el promedio nacional en asistencia a las universidades y por encima del promedio nacional en mujeres desempleadas o en población carcelaria de la que son el 17%." (Antón, 2010).

La participación de indígenas y afrodescendientes en el sistema político (parlamento, alcaldías, gobernaciones, gabinete ejecutivo) tampoco guarda relación con su peso demográfico. Una opinión calificada es la de Dorotea Wilson, monja, guerrillera y dirigente política: "La desigualdad e inequidad están a la vista; tenemos pocos o nulos espacios [en las instituciones] donde están los tomadores de decisiones [...] Ser negro es muy difícil en nuestra región, y más si uno es mujer; lo sé porque yo misma he debido enfrentar vejaciones degradantes en muchos momentos." (Wilson, 2007). Aunque la discriminación racial está en la base de la segregación y de la exclusión que se muestran a veces recubiertas de sincera afabilidad, o condescendiente paternalismo, hay opiniones sobre una aproximación más positiva al tema racial: "Es mezquino el reconocimiento de los valores culturales negros (comida, dioses, música, culto a la naturaleza); en los últimos años, en algunos países, ha aumentado el aprecio por ellos [...] Nuestra intelectualidad pensaba a los negros como problema, pero ahora hay una preocupación sobre la temática racial con sentido positivo." (Paixao, 2007).

La dicotomía excluyente del siglo XIX –civilización o barbarie– sigue vigente en gran medida. Ese Otro –indio, negro– no es todavía parte del Nosotros. El gran civilizador que fue Sarmiento –ejemplar y detestable– le aconsejaba al general Mitre: "No trate de economizar sangre de gauchos –mestizos de indios y criollos–, la sangre es lo único que tienen de seres humanos esos salvajes."

Pobreza y cambio climático

Existen pruebas de que el cambio climático trae consigo tormentas tropicales más intensas; a medida que sube la temperatura del mar se generan aumento del nivel de sus aguas, ciclones y huracanes. La región de América Central y el Caribe es especialmente vulnerable a estos fenómenos climáticos que son ahora de índole y de magnitud diferentes con respecto a los que la región ya conocía (como el del Niño, cuya existencia determinaron los españoles cuando comenzaron a habitar estas tierras, en la época colonial). El aumento de 50 o más centímetros en el nivel del mar tendría graves consecuencias pues conllevaría la pérdida de más de una tercera parte de las playas del Caribe; la penetración del agua salada tierra adentro perjudicaría las fuentes de agua dulce y las actividades económicas localizadas en la franja costera de las islas y costas continentales.

La Organización de las Naciones Unidas estima que el cambio climático es "el desafío decisivo del siglo XXI en materia de desarrollo humano" y guarda muy estrecha relación con las dificultades que enfrentarán los gobiernos en sus planes para superar la pobreza. "Son los pobres los que llevan el peso del cambio climático; los altos niveles de pobreza y el bajo desarrollo limitan la capacidad de los hogares pobres de administrar los riesgos climáticos", porque ellos no disponen de mecanismos de protección como seguros, ahorros o acceso a los créditos (PNUD, 2007).

El cambio climático es causado por el aumento de la temperatura global del planeta provocado por las emisiones de gases de efecto invernadero (GEI), *greenhouses,* producidos por las industrias y los habitantes del planeta. De continuar con el ritmo actual, estas emisiones podrían tener efectos catastróficos que afectarían principalmente a los pobres.

Sin el efecto invernadero la tierra no sería suficientemente caliente como para que los seres humanos la habitaran. Pero si el efecto invernadero se acrecienta en demasía, debido al exceso de gases en la atmósfera (como el dióxido de carbono, CO^2) la tierra podría recalentarse más aun, lo que afectaría a los seres humanos, las plantas y los animales. Algunas de las consecuencias del efecto invernadero provocado por el recalentamiento de la tierra (incremento hasta de 5 grados en la temperatura), son el aumento en el nivel del mar, períodos más prolongados de sequía o de fuertes lluvias, inundaciones, daños en la producción agrícola, mayores probabilidades de epidemias de dengue o paludismo. "El deterioro de los corales constituye otro acontecimiento catastrófico para el desarrollo humano de muchos países pues éstos son un medio de sustento para más de 60 naciones." (PNUD, 2007). Los principales países emisores de dióxido de carbono (CO_2) en 2004 fueron Estados Unidos, que emitió 20,9% del total mundial; China con el 17,3%; Rusia 5,3%; India 4,6%; Japón 4,3%; Alemania 2,8%; Canadá 2,2% y Reino Unido 2%. China e India son los países en desarrollo que más contaminan.

- En los países desarrollados, en los últimos años, por efectos del cambio climático, una persona por cada 1.500 habitantes ha resultado afectada;
- en los países en desarrollo fue perjudicado uno de cada diecinueve habitantes.
- En 2004, Venezuela causó el 0,6% de la emisión total de dióxido de carbono. México el 1,5%, Brasil el 1,1%, y Trinidad y Tobago el 0,1%.
- Más de 260 millones de personas en el mundo fueron afectadas anualmente (entre 2000 y 2004) por desastres climáticos;
- más de 98% vivía en países en desarrollo.

También los países desarrollados enfrentan ya serios problemas climáticos producidos por el recalentamiento de la atmósfera. Groenlandia, cuya superficie está cubierta por hielo en 80%, sufrió en 2007 el deshielo más alto desde 1979 (una veinteava parte del hielo del mundo se concentra en Groenlandia). Fue en este año cuando comenzaron las mediciones por satélite.

Si todos los países generaran los gases con efecto invernadero en la misma cantidad con que los generan algunos países desarrollados, se necesitarían nueve planetas como la Tierra para absorber tales emisiones y evitar así cambios climáticos peligrosos. Serios estudios pronostican que, debido a los cambios de clima, en dos generaciones más los únicos osos polares que habrá en el mundo serán los que logren conservar los zoológicos.

La región enfrenta además graves amenazas en la disponibilidad de agua hacia el futuro debido al colapso de los glaciares, en particular de los de la región andina. Los glaciares se derriten con rapidez en Perú y Bolivia y se proyecta que en unos pocos decenios hayan desaparecido los que se ubican a baja altura. El repliegue de los glaciares amenaza con disminuir la disponibilidad de agua para millones de personas. En Perú, los glaciares surten el 80% del agua que se consume en los principales centros urbanos. Los peruanos no son responsables del cambio climático que causa el derretimiento de los glaciares ya que sólo producen el 0,1% de las emisiones de dióxido de carbono del mundo. Sin embargo, sufrirán impactos que afectarán, muy seriamente, su calidad de vida.

Es difícil exagerar la incidencia de la escasez creciente de agua potable sobre la población de menores recursos. Más de 1.000 millones de personas carecen en el mundo de acceso al agua potable y esta insuficiencia podría, por ejemplo, hacer más conflictiva la vida entre las poblaciones que comparten ríos o lagos. Naciones Unidas advierte que anualmente se producen casi dos millones de muertes de niños a causa de la diarrea que podría evitarse si tomaran agua de calidad aceptable. En muchos países en desarrollo el agua sucia es más amenazante para la seguridad humana que los conflictos violentos. La crisis del agua y su saneamiento es "al igual que el hambre, una emergencia silenciosa que experimenta la población pobre y que toleran aquellos que disponen de los recursos, la tecnología y el poder político necesarios para resolverla." (PNUD, 2006).

Cuanto mayor es el nivel de pobreza, más se debe pagar por el agua limpia:

- 20% de los hogares más pobres de El Salvador, Jamaica y Nicaragua gastan en promedio más de 10% de sus ingresos en agua.
- En el Reino Unido no suelen gastar más del 3%.

Las personas que viven en los barrios pobres urbanos suelen pagar entre 5 y 10 veces más por un litro de agua que los habitantes que habitan en áreas de ingresos altos. La población pobre necesita "agua para vivir" –para beber, cocinar y lavar–, así como para cultivar alimentos y obtener un medio de sustento. Hay una buena dosis de arrogancia e irresponsabilidad en los países desarrollados con respecto al futuro inmediato del planeta desde el punto de vista del cambio climático y su relación con la pobreza.

El *Génesis* señala que Dios entregó la tierra al irresponsable de Adán, orgulloso desconocedor de límites, aquel que dilapidó una herencia de felicidad eterna por una manzana de soberbia ("seréis como dioses") para que la administrara, aunque la deficiente traducción de *La Vulgata* suele traducir "para dominarla". Los indios americanos sabían más: "No heredamos la tierra de nuestros antepasados, la tomamos prestada de nuestros hijos".[40]

El cambio climático ya está afectando el régimen de precipitaciones, las temperaturas y la disponibilidad de agua para la agricultura, en especial en zonas vulnerables. Los agricultores pobres no tienen cómo defenderse de esta calamidad recurrente; su futuro es más pobreza. En América Latina se pueden esperar pérdidas considerables en la productividad agrícola, lo que limitará la reducción de la pobreza. Se sabe que cuando el huracán Mitch azotó a Honduras en 1998, los hogares rurales pobres perdieron entre 30 y 40% de los ingresos provenientes de sus cosechas y la pobreza aumentó 8% a nivel nacional (de 69% de la población a 77%). Además, estos hogares perdieron en promedio entre 15 y 20% de sus activos productivos, con lo que aumentó su vulnerabilidad y se profundizaron las desigualdades.

---

[40]   Proverbio atribuido a los indios Sioux.

El reclamo de urgencia que hace Naciones Unidas se justifica por cuanto es evidente que todavía es posible ganar la lucha por la supervivencia; existen los recursos técnicos y financieros. Lo que se requiere es decisión política y reordenamiento de prioridades. Para evitar los desastrosos efectos del cambio climático es menester que las naciones más ricas logren reducir significativamente sus emisiones (con respecto a los niveles de 1990) por lo menos en 20% para el año 2020, y aun más, en 80% hacia el 2060.

El 11 de diciembre de 2007 el Programa de las Naciones Unidas para el Medio Ambiente (PNUMA, 2007), pocas horas antes de que en Oslo se entregara el Premio Nobel de la Paz al ex vicepresidente de Estados Unidos, Al Gore, divulgó su informe sobre el clima. En él sostiene que "las tensiones latentes entre las poblaciones en vías de desarrollo pueden verse exacerbadas por la creciente violencia de los huracanes, el deshielo de los glaciares o al aumento de los *refugiados climáticos*". Hans Schnellhuber, profesor del Instituto sobre Cambio Climático de Potsdam, Berlín, llegó a decir que si la temperatura media del planeta aumentara 5° centígrados, "podríamos asistir a algo así como una guerra civil mundial." (PNUMA, 2007).

Martin Luther King Jr., siendo pastor, predicaba en 1967 (un año antes de su asesinato):

> El progreso humano no es ni automático ni inevitable. El futuro ya está aquí y debemos enfrentar la cruda urgencia del ahora. En este acertijo constante que implica la vida y la historia, la posibilidad de llegar tarde existe. Podemos rogarle desesperadamente al tiempo que detenga su paso, pero el tiempo es sordo a nuestras súplicas y seguirá su curso. Sobre montañas de blancas osamentas y desperdicios de múltiples civilizaciones se observan las terribles palabras: demasiado tarde (King, 1967).

Pobreza y desigualdad

Reducir la desigualdad es mucho más arduo que disminuir la pobreza. Algunos países de la región muestran alentadores indicios de haber reducido la pobreza, no así la desigualdad. Para que, cuando menos en el curso de una o dos generaciones, se pueda atenuar o eliminar la desigualdad de bienestar entre ricos y pobres, es menester, en primer lugar, un cambio de mentalidad: la solidaridad tiene que reemplazar a la indiferencia o a la mera compasión. Sólo así las políticas públicas que accionen las "palancas" que determinan la desigualdad se traducirán en un cambio en paz. Sin esa conciencia será difícil implantar los correctivos para la suma de inequidades que tienen hondas raíces en el pasado de cada país. Sólo así la reasignación de los recursos públicos daría prioridad a la eliminación de la desigualdad sin llevar a los países hasta el borde de la guerra civil.

Al igual de lo que sucede con la pobreza, la inequidad tiene estrechas relaciones con otras realidades económicas y muestra particulares dimensiones. Así ocurre con el crecimiento, la educación, la salud. Con una mejor distribución del ingreso, sostiene CEPAL (2006b), puede potenciarse el crecimiento y reducir la pobreza. Las decisiones de los gobiernos aparecen como la herramienta más conveniente para actuar: "Los responsables de las políticas en los países más pobres y más igualitarios deberían concentrarse principalmente en el crecimiento, mientras que los países más ricos y donde hay mayor desigualdad deberían tratar de equilibrar los objetivos de aumento del crecimiento con las políticas para reducir la desigualdad." (Perry *et al.*, 2006: 19). Los párrafos que siguen se dedican a presentar las relaciones de la inequidad con la concentración o distribución del ingreso, el modelo de desarrollo y las políticas públicas y la evolución de la clase media como importante resultado de ellas. Se revisa con mayor detalle el caso de Venezuela. Pobreza y desigualdad suelen confundirse como problemas sociales equivalentes. Ciertamente uno implica al otro y la diferencia está, tal vez, en los factores que determinan sus diferentes magnitudes. El *Diccionario de la Real Academia de la Lengua Española* no registra todavía la palabra inequidad ni siquiera como sinónimo de desigualdad. Los diccionarios ingleses la definen como "inigualdad", desigualdad, injusticia". El *Oxford Advanced Lerners Dictionary of Current English* (Hornby, 1979) asienta: "*Instance of injustice or unfairness*". En castellano, en el manejo de las ciencias sociales:

> La equidad no se confundiría con la justicia y la igualdad, aunque está emparentada con ellas. Mientras la justicia es un valor, inalcanzable, la equidad es aquella parte de la justicia que es realizable, es posible, es viable, en un momento histórico determinado. Una sociedad equitativa no busca la igualdad de resultados, pero pretende ir más allá de la igualdad ante la ley, para superar barreras económicas y sociales, y compensar desigualdades que dificultan la realización de su potencial a determinados individuos (Heynig, 2002: 2).

El *Diccionario de la Real Academia Española de la Lengua* sí define equidad: "Disposición del ánimo que mueve a dar a cada uno lo que merece", relacionándola, como en la cita de Heynig, con justicia. Mariano Grondona perfila la naturaleza económica de la equidad cuando la define como "el máximo de contribución que es compatible con la acumulación [de capital] que se requiere para que haya desarrollo económico." (Grondona, 2000). La distribución, advierte Grondona, debe ser complemento de la inversión –sin la cual no hay desarrollo– pero no sustituta de ella. El excedente de la producción que no se destina al consumo debe en parte invertirse y en parte distribuirse; el problema así radica en encontrar un equilibrio "justo" entre inversión y distribución, para no atentar contra el desarrollo. Pero el problema consiste en determinar qué porción de la riqueza distribuible llega a los pobres y cual a los ricos.

En todo caso, es problema complejo y no es fácil comprender cuándo se habla de pobreza y cuándo de equidad o inequidad en el análisis de la situación de otros países desde cada una de las muy diversas realidades nacionales. ¿Cómo puede, por ejemplo, un ciudadano de nivel cultural medio de Uruguay –donde hay sólo 4 indigentes por cada 100 habitantes– y muy poca inequidad, entender que en Honduras, con gran inequidad, mucho más de la mitad de la población es indigente? ¿Cómo puede admitir el mismo ciudadano que mientras en Chile se acuestan con hambre menos de 5 personas entre 100, en Nicaragua más del 42% y en la vecina Bolivia, más del 32%? Estas diferencias denuncian disparidades entre países en cuanto a niveles de pobreza. Pero el escándalo se agiganta cuando la disparidad se produce entre ricos y pobres de un mismo país, incluso en los más desarrollados.

América Latina es mosaico diverso y heterogéneo, desconcertante y fascinante, desde este punto de vista. Conviven en ella el hombre más rico del planeta y grandes multitudes sumidas en la casi absoluta miseria material, pueblos enteros que, sin embargo, atesoran culturas ancestrales de excelencia. Los bienes cuantificables están repartidos de forma tan heterogénea que los promedios regionales, más que revelar, ocultan. La inequidad o desigualdad es una constante en este continente de contrastes: el promedio regional de extrema pobreza, alrededor de 2005 era de 15,4% (CEPAL, 2006B); pero la desigualdad en el reparto de la riqueza en cada país muestra una pobreza ya consolidada con grandes diferencias entre ricos y pobres. "La desigualdad es el gran baldón de la historia latinoamericana" (Fuentes, 1991). Lo que torna angustiante el problema es que la distancia entre ricos y pobres se agranda cada día más y no sólo en toda la región, ocurre en todo el planeta y tal inequidad seguirá incrementándose si no se regulan las pautas del mercado del capitalismo neoliberal excelente para la asignación de recursos, pero ciego en la distribución de beneficios.

- En 1991 los países más avanzados, que albergaban 22% de la población mundial, acaparaban 61% del Producto Mundial Bruto;

- el restante 39% se repartía entre el 78% de la población mundial que habitaba en los países en desarrollo (subdesarrollados).

- Sólo 10% de la población recibía la mitad del ingreso mundial total.

- Casi 3.000 millones de habitantes vivían entonces sin adecuados sistemas sanitarios y más de 800 millones padecían severa desnutrición.

- Entre la década de 1970 y la década de 1990, la desigualdad en América Latina fue diez puntos más alta que en Asia, 18 puntos más que en los países de la OCDE y 20 puntos mayor que en Europa Oriental.

- Más del 80% de la población mundial vivía a fines del siglo XX en países donde la desigualdad era menor que en América Latina.

- En 2003, según el Banco Mundial, el decil (la décima parte de la serie) más rico de la población de América Latina y el Caribe percibía 48% del ingreso total, mientras que el más pobre sólo recibía el 1,6%.

- En las naciones industrializadas del mundo el decil superior de la población, el más rico, recibía 29% de dicho ingreso. El decil más pobre recibía 2,5% (De Ferranti *et al.*, 2003).

- En Estados Unidos el salario real aumentó, en promedio, 11% en 2005, pero el ingreso real del 10% más rico creció casi 60%. Y el del 1% más adinerado aumentó más de 120%.

Algunos indicadores no son suficientemente reveladores. El Producto Interno Bruto de Argentina creció 8,7 y 7% en los años 2007 y 2008 respectivamente, pero la desigualdad (0,460 según el coeficiente de Gini) es superior a la que existía a fines de 1990 (0,431). "En términos de distribución del ingreso, Argentina sigue igual o peor que 20 años atrás" (Giarrizo en: Galak, 2010). El Ingreso Per Cápita, una medición promedio, tampoco revela las diferencias irritantes entre ricos y pobres.

Indicadores de inequidad

La medición de la equidad, como en el caso de la pobreza, ha requerido del diseño de métodos e indicadores específicos. Las Naciones Unidas, en un informe basado en datos recogidos en su mayoría entre 2001 y 2004 (PNUD, 2007), presentó una medición de la inequidad en todos los países del mundo con base en el Índice de Desarrollo Humano (IDH), indicador que mide el progreso medio conseguido por un país en tres aspectos:

- Disfrute de una vida larga y saludable, medido a través de la esperanza al nacer.
- Haber recibido educación, medido a través de la tasa de alfabetización de adultos (con una ponderación de dos terceras partes) y la tasa bruta combinada de matriculación en la escuela primaria, secundaria y terciaria (con una ponderación de una tercera parte).
- Disfrutar de un nivel de vida digno, medido a través del Producto Interno Bruto Per Cápita en términos de la Paridad del Poder Adquisitivo (PPA) en dólares estadounidenses.

Los resultados incluyen el coeficiente de Gini (presentado en la última columna) según el cual, cuanto más alto es el número, mayor es la desigualdad prevaleciente.

Índice de Desarrollo Humano
Medida de la desigualdad

País	Ubicación en el IDH	10% más rico respecto del 10% más pobre (%)	20% más rico respecto del 20% más pobre (5)	Coeficiente de Gini
Argentina	38	41	18	0,51
Chile	40	33	16	0,55
Uruguay	46	18	10	0,45
Costa Rica	48	38	16	0,50
México	52	25	13	0,46
Panamá	62	58	24	0,56
Brasil	70	51	22	0,57
Venezuela	74	48	16	0,48
Colombia	75	64	25	0,59
Paraguay	95	30	26	0,58
Guatemala	118	48	20	0,55
Haití	146	72	27	0,50
Otros países				
Noruega	2	6	4	0,25
España	13	10	6	0,35
India	128	9	6	0,37

Fuente: United Nations Development Program (UNDP). *Human Development Report 2007-2008. Fighting Climate Change...*

El coeficiente de Gini para el conjunto de todos los países del mundo se estima en alrededor del 0,65. Los países europeos no tienen diferencias irritantes: el coeficiente se sitúa entre 0,25 y 0,35 (Portugal 0,39). Europa, Noruega, Hungría y Dinamarca tienen un coeficiente de 0,25. Namibia 0,70 y Estados Unidos 0,40. Este último país es bastante inequitativo: media docena de multimillonarios absorben mayor riqueza que cincuenta millones de sus compatriotas, de los cuales 47 millones son pobres. Y la mala noticia es doble: la desigualdad crece cuando se comparan las naciones entre sí, y se amplía dentro de los países. Las naciones con un Producto Interno Bruto más alto, se alejan cada vez más de los países pobres. Dentro de cada país se agrandan las distancias entre los pocos que tienen mucho y los muchos que tienen poco. Entre 1979 y 1997 el ingreso promedio del 5% más rico de la población estadounidense pasó a ser de nueve veces a quince veces superior al ingreso del 5% más pobre. En 2008 el 48% del ingreso nacional fue absorbido por el decil más rico (con ingresos anuales superiores a los 110.000 dólares). En 1999 la desigualdad en el ingreso en Inglaterra fue la más alta de los últimos cuarenta años.

La aplicación del coeficiente de Gini a varios países de la región, más Estados Unidos e Italia, utilizados aquí como términos de comparación, arrojó en otro estudio, los siguientes resultados para 2003:

Indicadores de desigualdad para algunos países de América Latina, más Estados Unidos e Italia
2003

	Coeficiente de Gini (1)	Porcentaje del decil más rico en el ingreso total	Relación entre los ingresos del decil más pobre y el más rico
Brasil (2001)	59,0	47,2	54,4
Guatemala (2000)	58,3	46,8	63,3
Colombia (1999)	57,6	46,5	57,8
Chile (2000)	57,1	47,0	40,6
México (2000)	54,6	43,1	45,0
Argentina (2000)	52,2	38,9	39,1
Jamaica (1999)	52,0	40,1	36,5
Rep. Dominicana (1997)	49,7	38,6	28,4

	Coeficiente de Gini (1)	Porcentaje del decil más rico en el ingreso total	Relación entre los ingresos del decil más pobre y el más rico
Costa Rica (2000)	46,5	34,8	25,1
Uruguay (2000)	44,6	33,5	18,9
Estados Unidos (1997)	40,8	30,5	16,9
Italia (1998)	36,0	27,4	14,4

Coeficiente de Gini: 0 equivale a la total igualdad: todos tienen lo mismo; 100 equivale a la total desigualdad: uno solo tiene todo y los demás, nada.
Fuente: David de Ferranti *et al.* (2003), *Desigualdad en América Latina y el Caribe: ¿Ruptura con la Historia?*, Washington DC, Banco Mundial, Estudios del Banco Mundial sobre América Latina y el Caribe. México, octubre 2003. Disponible en línea: http://wbln0018. worldbank.org Con fines divulgativos se modificó la redacción del encabezamiento de las dos últimas columnas; se mantuvo el significado original.

En materia de equidad social, el retraso en América Latina es tan agudo que tanto el país más equitativo hasta hace poco, Uruguay, como el que actualmente lo es, Venezuela, tienen mayores desigualdades sociales que los países más pobres de Asia. Lamentablemente, a pesar del incremento del gasto público en programas sociales (educación, salud, seguridad y asistencia social, vivienda y servicios básicos), la desigualdad en la distribución del ingreso tiende a aumentar. En Argentina, en el segundo trimestre de 2009, la diferencia entre el decil más rico y el más pobre de la población es de más de 26 veces; un año antes era de 23,4 veces.

Resulta interesante, como comparación y contraste, citar la reflexión del Banco Mundial sobre el tema:

En el siglo XX, Francia, España, el Reino Unido y Estados Unidos tuvieron niveles altos de desigualdad en el ingreso. Sin embargo, lograron reducir drásticamente la desigualdad en el ingreso en el transcurso del siglo y en períodos relativamente cortos (de dos a tres décadas). Esos logros parecen guardar relación con el mandato universal de educación básica y servicios de salud y con el establecimiento de Estados benefactores sumamente distributivos (Perry et al., 2006: 3).

Además del Desarrollo Humano, se busca medir la desigualdad en América Latina desde el punto de vista de las oportunidades, centrado principalmente en el futuro de los niños. Millones de niños, indefensos, son los más afectados por la inequidad. Su desvalimiento presente les asegura un futuro de penuria. El Índice de Oportunidades Humanas muestra que el lugar de nacimiento, en primera instancia, y el ingreso de los padres, después, son determinantes poderosos del acceso a servicios de agua potable, de saneamiento y de electricidad. La educación de los padres y su estatus socioeconómico están estrechamente vinculados a los logros educativos de sus hijos.

- Entre 19 países latinoamericanos, Argentina (88%), Chile (91%), Costa Rica (85%), Uruguay (85%) y Venezuela (86%) están más cerca de la universalidad de oportunidades. Guatemala (50%), Honduras (53%) y Nicaragua (46%), están más lejos de llegar a la meta, tanto por una baja cobertura de los programas sociales, como por una distribución desigual.

- En promedio, dos tercios de las mejoras en el Índice de Oportunidades Humanas se deben a un incremento de la tasa de cobertura y un tercio a una reducción de la inequidad en la distribución de las oportunidades educacionales y de vivienda.

- Entre un cuarto (Colombia) y la mitad (Guatemala) de la desigualdad de ingreso que existe entre los adultos de América Latina, se debe a circunstancias que enfrentaron al inicio de sus vidas y que estaban fuera de su control.

Para Marcelo Giugale, "el debate [...] no debería ser tanto sobre la desigualdad de resultados entre los adultos (como el ingreso que perciben), sino sobre la inequidad en las oportunidades entre los niños, oportunidades como la educación." (Giugale, 2008). Este especialista sostiene que la urgencia por atenuar las lacerantes desigualdades en la apropiación de la riqueza induce a los dirigentes políticos a concentrar en ellas políticas sociales de distribución de ingresos, y a esquivar la inequidad de oportunidades que padecen, sobre todo, los niños en su acceso a la educación y otros bienes sociales, las cuales reducirán sus posibilidades de inserción provechosa en su futura participación en la vida económica y social. La solución es que los ciudadanos de mañana, contrariamente a lo que sucedió con sus padres, tengan acceso a las mismas oportunidades de educación, salud, vivienda de que gozan los otros niños, con independencia de su etnia, del nivel educativo de los padres y de sus ingresos, del lugar de residencia. Se trata de, por lo menos, morigerar las circunstancias que imponen una fatalidad: un niño negro o indio difícilmente tenga éxito en la vida en América Latina. Las potencialidades del Yo, esencial, no pueden florecer plenamente si, además, las circunstancias modificables, accidentales (acceso a la educación, al agua potable, etc.) son adversas.

El nuevo Índice de Oportunidades Humanas propuesto por el Banco Mundial considera cinco variables de oportunidades básicas cuyo logro conduciría a una mayor igualdad en cuanto al disfrute del bienestar:

1.   Completar el sexto grado de educación primaria en el tiempo debido;

2.   asistir a la escuela entre los 10 y 14 años;

3.   acceso al agua potable;

4.   acceso a la electricidad;

5.   saneamiento.

El *Índice* considera 0 a la total privación de los servicios básicos y 100 a la universalidad en el acceso a ellos. Si bien algunos países tienen niveles muy bajos en todas las oportunidades, como Nicaragua, Guatemala y El Salvador, otros hay que exhiben grandes asimetrías con respecto a las distintas oportunidades. Jamaica, por ejemplo, ha alcanzado niveles altos de universalización en cuanto a las oportunidades de educación, pero está por debajo del promedio regional en lo referente al acceso al agua potable y saneamiento. Otro ejemplo: Brasil casi ha logrado el acceso universal a la electricidad, pero no ha avanzado con la misma eficiencia en materia de saneamiento y, sobre todo, de educación. Chile, en cambio, se aproxima al acceso universal en todas las oportunidades consideradas, seguido por Argentina, Venezuela y Uruguay. El promedio regional para el año 2005 fue de 78% (Banco Mundial, 2005).

El índice de Oportunidades Humanas del Banco Mundial es valioso complemento del Índice de Desarrollo Humano de las Naciones Unidas para apreciar la inequidad. El primero está basado en estadísticas que cubren a 200 millones de niños pertenecientes a diecinueve países de América Latina, apoyadas en datos recopilados por las muestras permanentes de hogares llevadas a cabo en la década 1995-2005. Su objetivo: medir el porcentaje de oportunidades necesarias para asegurar el acceso universal de la niñez a los servicios básicos que facilitarán su inserción exitosa en la vida social y económica. Interesan sobre todo a los menores de cinco años, "cuando las posibilidades cognitivas, emocionales y sociales son todavía ilimitadas y el costo de la intervención pública es relativamente bajo. Es en esa edad cuando comienza o termina la verdadera oportunidad del individuo", afirma, quizá demasiado categórico, Marcelo Giugale, promotor de este índice en el Banco Mundial.

Además del binomio concentración-distribución del ingreso, resultan reveladoras las cifras del consumo como indicador parcial de inequidad.

Porcentaje del quintil más pobre de América Latina en el consumo nacional 2006

Argentina	3,5
Bolivia	1,5
Brasil	2,4
Chile	3,7
Colombia	2,9
Costa Rica	4,1
Ecuador	3,4
El Salvador	3,4
Guatemala	3,7
Honduras	2,4
México	3,7
Nicaragua	2,5
Panamá	2,5
Paraguay	3,2
Perú	3,8
República Dominicana	2,6
Uruguay	4,8
Venezuela	3,4

Fuente: *Latin America: Poverty, inequality challenges remain*, *The Economist*, Think Tank. Informe del año 2007. En: Arcaya & Asociados. A&A@arcaya.com

Determinantes de la inequidad

Clave en la determinación de la inequidad es el comportamiento del ingreso de un país: su concentración o, por el contrario, su distribución. En los ocho años que corren entre 2002 y 2008 ese comportamiento ha cambiado en

América Latina a favor de una mayor distribución, pero se mantiene una importante concentración (pocos ricos y muchos pobres) que sigue siendo una de las más altas del mundo. La mayor parte del aumento del ingreso medio de las personas (85%) se debió a las altas tasas de crecimiento económico y, en menor medida (15%), a los cambios en las formas de distribución. Diversos estudios, especialmente los realizados por Latinobarómetro, muestran que en todos los países de la región se percibe una inequitativa distribución del ingreso, la cual por lo general se achaca a que el Estado está dominado por una pequeña élite, o por sus representantes, que promueve políticas distributivas favorables a las minorías más ricas, en detrimento de las mayorías pobres. Más de 80% de los latinoamericanos opina que la distribución del ingreso es muy injusta o injusta. La situación, de angustiosa, se torna alarmante y ha venido alentando durante la primera década del siglo XXI cambios en el modelo de desarrollo, que pueden no desembocar en la superación del problema, sino en su agravamiento.

Caso desconcertante es Cuba; la distribución de oportunidades de educación, salud, etc. es muy equitativa. Es país ejemplar en la "justa" distribución del ingreso. No existen diferencias notorias entre los ingresos de los distintos sectores. Un profesor gana, más o menos, lo mismo que un barrendero. Pero se ha nivelado hacia abajo: todos son, igualitariamente, pobres. El problema radica en la falta de inversión que produzca riqueza, sin que ella altere las pautas de su distribución igualitaria. Ello permitiría distribuir a todos más.

Las diferentes oportunidades de trabajo y de acceso a la propiedad privada de diversos activos, son también factores determinantes de la inequidad que hace de la región la más desigual del mundo. Las insuficiencias del mercado de trabajo y las limitaciones del acceso a la propiedad se atemperan, según la CEPAL, a través de mecanismos de redistribución de la riqueza que se pueden activar en la medida en que se hayan establecido sistemas recaudatorios que graven los ingresos corrientes, la propiedad, las utilidades y el consumo, y que definan la obligación de los trabajadores de aportar una proporción de sus ingresos para financiar prestaciones y transferencias de recursos una vez culminada su vida activa. Las políticas de vivienda y crédito para los sectores populares, especialmente orientadas a la adquisición de viviendas y medios de trabajo son importante factor de la equidad y se corresponden con el modelo de desarrollo adoptado, con el tipo de nación que se aspira a construir.

Se aprende mucho sobre esta dimensión de la pobreza, la desigualdad, la inequidad, observando los resultados de las políticas públicas en varios países. En el promedio de extrema pobreza ya citado, para América Latina y el Caribe (2005: 15,4%), influyen notoriamente los avances logrados en los últimos años en Brasil, país que era uno de los más inequitativos de la región y que, con pasos agigantados durante los gobiernos de Fernando Henrique Cardoso y sobre todo de Lula da Silva, está dejando de serlo.

Entre 1990 y 2002 la concentración del ingreso, uno de los factores de la inequidad, aumentó en todo el mundo; también lo hizo en la mayoría de los países de América Latina y el Caribe.[41] Sólo México y Panamá experimentaron al final de ese período una reducción importante de la concentración del ingreso y, por lo tanto, acortaron la distancia entre ricos y pobres, la inequidad.

Un reciente informe del PNUD (2010) sostiene que "la desigualdad es alta [en América Latina] y se reproduce en

---

[41]   El análisis de la situación de desigualdad en los países latinoamericanos se basa, en estos párrafos, en los siguientes estudios: Banco Mundial, años 1999 a 2000; CEPAL (2008), *Anuario Estadístico de América Latina y el Caribe*, y Banco Interamericano de Desarrollo, años 2000-2009.

su contexto de baja movilidad social". La desigualdad entre los países y, lo que es peor, dentro de cada uno de ellos, en gran medida se debe a una herencia generacional y al mal diseño y ejecución de políticas públicas que, en la mayoría de los casos, se han limitado a combatir la pobreza con el resultado de que ésta disminuye al mismo tiempo que la desigualdad se mantiene en su mismo nivel o se incrementa. El crecimiento por sí solo –las fuerzas del mercado– no basta para reducir la desigualdad, por ello, para disminuirla es necesario otorgarle prioridad en la formulación de las políticas públicas. La desigualdad es alta y palpable en la mayoría de los países de la región.

- Diez de los quince países más desiguales del planeta están en América Latina.
- Bolivia es el país con mayor desigualdad socioeconómica de la región; comparte con Camerún y Madagascar la posición de los países más desiguales del mundo.
- Haití sigue a Bolivia en cuanto a desigualdad;
- vienen después Brasil –que ha logrado avances muy importantes en los últimos ocho años– y Ecuador; seguidos por Honduras, Panamá, Paraguay, Chile, Colombia y Guatemala más desiguales que Botswana, Etiopía y Nepal.
- Los países menos desiguales de la región son Uruguay, Costa Rica, Venezuela y Argentina, cuyos niveles de desigualdad superan dos o tres veces a los de la mayoría de los países europeos.
- Sólo el 3% de los hijos de padres que no terminaron la escuela primaria concluyen estudios universitarios en la región.
- El acceso al agua potable varía entre el 57 y el 45% entre ricos y pobres, respectivamente, en Perú, Nicaragua y El Salvador,
- pero sólo es de 2% entre los sectores de mayores y menores ingresos en Uruguay y del 4% en Costa Rica y Argentina.

- En Bolivia, Honduras y Perú la diferencia en el uso de la electricidad supera en mucho el 50% entre ricos y pobres;
- en Chile y Venezuela ambos sectores tienen la misma posibilidad de acceso a la electricidad.
- Las mujeres, los indígenas y los afrodescendientes son los grupos más afectados por la desigualdad.

Las Naciones Unidas, en el informe mencionado, partiendo del supuesto de que sí se puede romper con la transmisión intergeneracional de la desigualdad en la región, recomienda que las políticas públicas deben ser elaboradas y aplicadas con *alcance* (que lleguen a todas las personas), con *amplitud* (que contemplen el conjunto de restricciones que perpetúan la pobreza y la desigualdad) y con *apropiación* (las personas deben sentirse y actuar como agentes de su desarrollo).

"Es nuestra obligación que los frutos del desarrollo contribuyan al bienestar general y no de unos pocos", expresó la presidente de Costa Rica, Laura Chinchilla Miranda, en el acto de presentación del informe de Naciones Unidas. Ya lo había dicho años antes Adam Smith desde la soteriología de su doctrina: "No puede haber una sociedad floreciente y feliz cuando la mayor parte de sus miembros son pobres y desdichados."

El ejercicio de la equidad exige ponderación, cordura y sensibilidad para encontrar el justo equilibrio entre lo que los gobiernos invierten cuando aplican políticas sociales que aumentan la participación de los excluidos en los bienes sociales (educación, salud, empleo), y la riqueza que se permite acumular a fin de que existan incentivos suficientes que favorezcan la reinversión productiva. Sólo así es posible mantener el círculo virtuoso que va de la inversión a la producción, y a la distribución. Sin embargo, dichas políticas dependen del modelo de desarrollo económico adoptado por los gobernantes y la forma como ellas se instrumentan. El análisis del crecimiento no basta; está demostrado que puede existir crecimiento sin mejora proporcional en la equidad, aunque crecimiento y equidad deben ser objetivos simultáneos. Sin equidad el crecimiento, a la larga, no es sustentable; y sin crecimiento no existe la posibilidad de distribuir bienes que se incrementan. "No puede haber desarrollo social en el mediano y largo plazo si no existe un crecimiento económico sostenido, generador de empleo. Por otro lado, cuanto más desigual es un país menos efectivo es el crecimiento para reducir la pobreza." (Lustig, 2001).

No es de extrañar entonces que el presidente del Banco Mundial – "Banco de Reconstrucción y Desarrollo" – James Wolfensohn, distanciado del Consenso de Washington que la institución promovió y respaldó, declare que el objetivo de la entidad internacional no es promover el crecimiento: "El objetivo central de nuestro trabajo es conseguir una mejor distribución de la riqueza". Conmovido por la tragedia de las Torres Gemelas que un mes antes había mostrado lo que las tensiones entre los países pobres y los ricos podía ocasionar, Wolfensohn sorprendió a su auditorio al sostener que "si no le tendemos una mano a la gente que vive en la pobreza y no creamos una mejor distribución de la riqueza, no habrá paz. Es muy sencillo".[42] Con la obsesión por superar la pobreza y la inequidad algunos gobiernos de la región han optado por dejar de lado los modelos de desarrollo en vigor, y se esfuerzan por dar vida a otros que ya se creía definitivamente descartados. La adopción de un particular

---

[42]   WOLFENSOHN (2001). El orador, presidente de una institución tan conservadora y ortodoxa como el Banco Mundial, desconcertó a los oyentes que lo ovacionaron por su valiente posición con respecto al "mundo único" cuya paz depende de la satisfacción de las necesidades de los pobres. Este discurso hizo evidente la "conversión" mental de la dirigencia del Banco Mundial.

modelo de desarrollo puede crear aun más pobreza si no se incide en los determinantes del problema, aunque se someta a los pueblos a innecesarios sacrificios y sufrimientos. La superación del desencuentro entre crecimiento y equidad que caracteriza a los países latinoamericanos exige una profunda revisión del modelo de desarrollo y de las estrategias y políticas que se implementan para hacerlo realidad. Los países que han logrado grandes niveles de crecimiento y de bienestar (como los nórdicos europeos, Taiwán o Japón) son igualitarios; en ellos el ingreso de los ricos no supera al de los pobres más de cuatro o cinco veces, en cambio en América Latina la diferencia es superior a 23 veces. Algo ha salido mal. No en balde Joseph E. Stiglitz sostiene que "la experiencia latinoamericana sugiere que deberíamos reexaminar, rehacer y ampliar los conocimientos acerca de de la economía del desarrollo que se toman como verdad, mientras planificamos la próxima serie de reformas" (Kliksberg, 2010).

De acuerdo con que "la equidad es la vara fundamental para medir la calidad del desarrollo", pero la gran interrogante que no se plantea a menudo en la academia –y quizás sí en las trincheras de lucha ideológica– es cómo se llega a ella. ¿En cuánto contribuye el trabajador y en cuánto el dueño del capital, en la generación de la riqueza? ¿Cómo se retribuye a esos dos actores económicos ya que ambos participan en la creación de la riqueza? (Lindenboin y Halperin, 2007). En América Latina la apropiación asimétrica de la riqueza por parte de los factores de la producción –los dueños del capital y, por otra parte, los trabajadores– es uno de los determinantes de la creciente inequidad. Seguramente la apropiación desbalanceada por parte de quienes aportan el capital contribuye al crecimiento, pero no favorece la superación de la pobreza, ni torna más igualitaria la distribución del ingreso. En muchos casos la concentración de la riqueza –y con ella del poder– se traduce en inversiones productivas que generan empleo; en muchos otros, por el contrario, se canaliza hacia consumos suntuarios y la fuga de capitales al exterior. Las soluciones dependen tanto de la conciencia y la responsabilidad de las clases dominantes o de la dirigencia política, de los dueños de la riqueza privada o de los administradores de los bienes públicos. Como las buenas políticas no suelen ser duraderas, se descubren momentos cuando las altas tasas de crecimiento económico, a pesar de su distribución desigual, dispensan a los pobres algún progreso en materia de ingresos, educación, salud... Son migajas que atizan la esperanza de lograr ese futuro mejor que, como el horizonte, se aleja cuando más se le quiere alcanzar.

En la medida en que se reduzca la incidencia de los factores determinantes de la inequidad, aumentarán las posibilidades para dinamizar la más justa distribución de oportunidades. La participación efectiva –no delegada en el líder populista– de sectores sociales hasta ahora marginados, presionará por la reforma del Estado, sea éste elitista o totalitario, y el gasto público se orientará hacia inversiones que fortalezcan el tejido social. Las políticas impositivas y de gasto público por sí solas no logran asegurar que los frutos del crecimiento se distribuyan más amplia y justamente.

Los correctivos

Hay dos injusticias patentes que agreden a los pobres incrementando la inequidad en la distribución de la riqueza: la asignación de subsidios regresivos y el destino de la recaudación impositiva.

Los recursos que los gobiernos asignan, por ejemplo, a las pensiones de gente adinerada, o para subsidiar la educación universitaria de estudiantes de altos ingresos familiares, las subvenciones al consumo de energía que benefician a los sectores medios y altos, o el subsidio al uso de la gasolina.

"Los subsidios elevados a las pensiones no benefician a los pobres ya que ellos rara vez reciben pensiones; debido a que los pobres rara vez terminan la educación secundaria, no se benefician con las universidades subsidiadas; gasolina, electricidad y otros bienes y servicios subsidiados por el Estado son consumidos en su mayor parte por los que tienen buenos ingresos." (De Ferranti *et al.*, 2003).

He aquí aspectos que necesitan revisión, negociación, consenso y correctivos. Un ejemplo es el del precio de la gasolina en Venezuela. El litro de agua nacional envasada cuesta 10 veces más que un litro de gasolina de alto octanaje. Un refresco de menos de un litro cuesta 18 veces más que un litro de gasolina. Con lo que se paga por un "cafecito" se adquieren 10 litros. Las pérdidas en que la empresa estatal incurre por vender la gasolina por debajo de su costo superan los 9.000 millones de dólares anuales, el doble de la suma que dedica a investigación, exploración y extracción; supera en cuatro veces el dinero invertido por el gobierno para la construcción de viviendas en 2005. El presidente Hugo Chávez anunció en enero de 2007 un aumento del precio de venta de la gasolina; justamente indignado, en una de sus alocuciones semanales denunció: "Lo que se cobra por la gasolina es una grosería; a ese precio es mejor regalarla, así que es hora de revisarlo. Ese precio favorece a la clase alta, a la clase media, mas no a los pobres que se movilizan en unidades públicas". La grosería se perpetúa tal vez por el elevado costo político que, en Venezuela, tendría una medida que aumentara el precio de los combustibles.

En América Latina la evasión fiscal es una suerte de deporte nacional. Ningún gran evasor ha conocido cárcel. Aprobar leyes que incrementen los impuestos para que el fisco pueda destinar más recursos a proyectos social y económicamente prioritarios, no tiene mucho sentido. Las leyes tributarias no se cumplen. La impunidad es casi total. Por ello no es de extrañar que organismos internacionales denuncien que "la mayoría de los países de la región, con pocas excepciones, tienen recaudaciones fiscales inferiores a lo previsible de acuerdo con su ingreso per cápita." (De Ferranti *et al.*, 2003). La vicepresidente del Banco Mundial para América Latina, Pamela Cox, denunció: "A diferencia de la OCDE (Organización de Cooperación y Desarrollo Económico), donde es una cuestión moral el pagar impuestos, en América Latina el castigo por no hacer la declaración de la renta es mínimo. Es un círculo vicioso porque los latinoamericanos no pagan impuestos porque no reciben nada a cambio y los gobiernos no pueden atender las desigualdades por falta de ingresos."[43]

Las evasiones sistemáticas del pago de los impuestos sobre la renta personal y, en menor medida, sobre las propiedades, cuyo producto podría tener algún efecto redistributivo sin atentar contra el crecimiento, tratan de ser compensados por los gobiernos con los impuestos sobre el valor agregado (IVA), estandarte de la injusticia social que iguala perversamente a pobres y ricos, porque los primeros pagan exactamente igual que los segundos. La eliminación de muchas exenciones y el cumplimiento efectivo de las leyes fiscales serían importantes fuentes de ingresos adicionales que permitirían promover el aumento del crecimiento y la reducción de la pobreza.

La corrección de las conductas evasivas del pago de impuestos avanzó sin embargo en la región durante los últimos años. Brasil, Nicaragua, Chile, Argentina y Venezuela, entre otros, han dado pasos positivos. En Venezuela, el Servicio Integrado de Administración Aduanera y Tributaria (SENIAT) tuvo hasta hace poco una actuación laudable, ejemplar, en materia de eficiencia en la recaudación y,

---

[43]   En la Mesa redonda con motivo de la presentación del informe *Perspectivas económicas de América Latina 2008*. Organización de Estados Americanos (OEA), Washington DC, 6 de diciembre de 2007.

sobre todo, en sus campañas educativas que promovieron cambios en la mentalidad y el comportamiento de los contribuyentes, con sólo ocasionales medidas de presión. Pero el problema de cómo se asignan esos recursos y cuán transparente es su administración se mantiene.

El monto de los subsidios que resultan altamente regresivos bien puede redirigirse a financiar gastos públicos que incidan positivamente en los factores de la inequidad. Los resultados se verían seguramente en todas las dimensiones de la pobreza. Además, la reducción o eliminación de muchas exenciones y la no evasión, aumentarían la recaudación y darían al Estado mayores posibilidades de concretar programas que aumenten la inclusión en el goce de beneficios sociales. Bernardo Kliksberg, desde su amplia perspectiva de la gerencia social, insiste en que la reducción de la desigualdad no se agota en proporcionar mayores oportunidades de acceso a la educación y a la salud; para lograrla se requiere "un sistema fiscal más equitativo y políticas de estímulo a la creación de pequeños empleos." (Kliksberg, 2003). Por su parte, especialistas del Banco Mundial afirman que "convertir al Estado en un agente que promueva la igualdad de oportunidades y efectúe una redistribución eficiente, es quizás el desafío más crítico que enfrenta América para ejecutar mejores políticas que, al mismo tiempo, estimulen el crecimiento y reduzcan la desigualdad y la pobreza" (Lindenboin y Halperin).

Los países latinoamericanos realizaron laudables esfuerzos en la asignación de mayores recursos financieros para hacer operativas y eficientes las políticas sociales; de hecho los recursos a ellas destinadas en pocos años aumentaron en 50%. El gasto social en la región mantuvo hasta el estallido de la primera crisis global una tendencia ascendente y llegó a superar, en términos per cápita y como porcentaje del Producto Interno Bruto, las asignaciones de muchos países industrializados. Se asignaron muchos recursos a combatir la pobreza aunque, lamentablemente, su utilización no siempre fue óptima. Gastar mucho no siempre es sinónimo de invertir bien y, aunque sea cierto que el mayor gasto social hizo posible que los pobres tuvieran más fácil acceso a bienes sociales como educación y salud, lo es también que algunos grupos minoritarios privilegiados –del sector público y del privado– fueron absorbiendo parte muy importante, desmesurada, del crecimiento económico generado durante los años de bonanza. La inequidad creció.

Las teorías de Kuznets (1955), que sembraron esperanzas hacia mediados del siglo pasado entre los economistas y científicos sociales progresistas, fueron refutadas por la ruda realidad: el crecimiento económico no disminuye por sí mismo ni la pobreza, ni la desigualdad. Kuznets había anunciado que en una primera etapa se produciría un aumento de la desigualdad y que la misma se asentaría en una especie de meseta para, después, dar paso a la reducción de la pobreza y la inequidad. El "derrame" del crecimiento económico terminaría así beneficiando a los pobres y contribuiría a disminuir las diferencias con respecto a los ricos. Esto no ocurrió. Hubo concentración, pero no derrame (Kliksberg, 2008).

La Conferencia de Obispos Católicos de Estados Unidos[44] expresó muy claramente el problema en 2004, y expuso su solución: las políticas económicas deben ser juzgadas a la luz de lo que hacen por los pobres, qué les hacen a los pobres y qué les posibilitan a los pobres hacer por ellos mismos. El 40% de la población latinoamericana, que es pobre, no tiene verdadera participación en la formulación de las políticas económicas que los afectan directamente. En América Latina la intolerable injusticia en la distribución de la riqueza tiene también como base

---

[44]   United States Conference of Catholic Bishops (USCCB). En: "Nuestra responsabilidad moral como ciudadanos católicos", Carta Pastoral Conjunta.

y razón la injusta distribución del poder político. Como en el caso de la pobreza, desde el Estado la dirigencia política puede actuar sin necesidad de generar perjudiciales clientelismos. Las políticas públicas son la clave para mejorar la situación de la equidad en un país.

Y el sano impacto de las políticas públicas se concreta, especialmente, en las características que va asumiendo la clase media por cuanto ella es resultado de la mejora de la calidad de vida de la clase trabajadora. Llama la atención que los estudios sobre la desigualdad en América Latina raramente mencionen el impacto de la inequidad sobre la clase media; se refieren casi exclusivamente a las crecientes diferencias de ingresos y de oportunidades entre ricos y pobres, pero no a los 340 millones de personas que conforman en América Latina una clase que no es ni rica ni pobre, es el "relleno del sándwich", una población que, en su mayoría, "tiene el gusto de los ricos y el sueldo de los pobres" como afirma Andrés Solimano, especialista vinculado a la CEPAL (Solimano, 2008). Solimano define como clase media a las personas cuyo ingreso se ubica entre los deciles tercero y noveno de la distribución del ingreso. A los dos deciles primeros pertenecen los pobres y al último, el 10% más próspero. La situación de la clase media mejoró en la región entre 2000 y 2006 cuando el valor de su renta media aumentó 27%; hoy día se incluyen en ella 75 millones los hogares latinoamericanos que gozan de una renta anual que se aproxima a los 20.000 dólares. "América Latina tiene una clase media más reducida que el promedio internacional, por el alto nivel de desigualdad, y ése es un factor negativo para el desarrollo, ya que ese segmento cumple un rol económico y político clave". Es cierto que la clase media produce, demanda bienes y servicios y propicia la estabilidad del sistema político. Ella absorbe 57% del ingreso económico regional, que es ligeramente inferior al que absorben las clases medias en el mundo, cuyo promedio es 62% (Solimano, 2008).

La inequitativa distribución del ingreso –algunos ricos que tienen mucho y muchos pobres que tienen poco– no sólo perjudica a los más carenciados, constriñe además el crecimiento de esa clase media que ni es rica ni pobre. "Las sociedades con estructuras sociales más concentradas tienen clases medias más débiles", dice Solimano, quien también destaca que las pequeñas y medianas empresas (PYMES) y las instituciones públicas son las dos más importantes fuentes de ingresos de la clase media; "un Estado débil y PYMES estancadas –afirma– fragmentan y debilitan a este estrato socioeconómico." (Solimano, 2008).

Una clase media consciente de sus responsabilidades en las dimensiones política y económica sirve de encuentro entre los dos extremos opuestos de sociedades con pocos ricos y muchos pobres, un rol que es vital en los muy desiguales países latinoamericanos. La clase media es factor esencial del consenso nacional y de cohesión social. Según el estudio citado en párrafos anteriores, las clases medias serían históricamente menos propensas a apoyar sistemas políticos populistas o autoritarios, si bien ambas tendencias han logrado su respaldo en algunas coyunturas. El fortalecimiento de la clase media es el resultado en parte de la movilidad social vertical por la cual pasan a integrarse en ella quienes van dejando atrás la pobreza. La clase media es puente, articulación, estabilidad. Los proyectos políticos impulsados por el autoritarismo pretendidamente hegemónico de izquierda, resulta simplemente igualador –y no necesariamente más equitativo– porque incluye a casi todos, menos la burocracia del partido, en el nivel más bajo de la pobreza. Este tipo de gobiernos tienden a debilitar a la clase media donde se encuentra buena parte del sector más reflexivo y crítico de la sociedad. Terrible contradicción ésta de pretender sacar a la población de la pobreza, sin permitir el crecimiento y el progreso de la clase media.

El caso de Venezuela

Luis España, director del proyecto *Investigación de la Pobreza*, de la Universidad Católica Andrés Bello de Caracas, admite que durante los diez años de gobierno del presidente Chávez hubo disminución de la pobreza, pero subraya su carácter meramente coyuntural. Tal reducción se alcanzó "dentro de una burbuja inflada por elevados y súbitos ingresos petroleros que se gastan a manos llenas; si esos ingresos disminuyen [...] se reducirá otra vez el ingreso de los hogares y volveremos a las mismas cifras estructurales de pobreza." (Cevallos, 2007). Está por verse. El gobierno del presidente Chávez se enfrentó con la urgente necesidad de devaluar el "bolívar fuerte" por segunda vez durante su gobierno (la primera fue en 2005), el 8 de enero de 2010. Es la medida tradicional a la que acuden los mandatarios venezolanos cuando baja el precio del petróleo y se prevé la disposición de menos recursos para sostener el inflado presupuesto de gasto público. El resultado, en el corto plazo, es conservar el poder pues 2010 es año de elecciones legislativas. En el mediano plazo, el castigo golpeará como antes, con mayor inflación y escasez de oferta de productos, descontento popular. En el largo plazo, como antes, el gobierno esperará algún golpe de suerte que vuelva a catapultar el precio del principal y casi único producto de exportación, el petróleo que en la semana que terminó el 16 de julio de 2010 se colocó en 67,76 dólares el barril.

En principio se acepta que hubo en los últimos diez años en Venezuela una reducción de la pobreza que CEPAL califica como sustantiva (CEPAL, 2009). Según fuentes oficiales venezolanas la pobreza se redujo entre 1998 y 2009 en 24 puntos porcentuales, y la indigencia 12,4 en el mismo período, como muestra el siguiente cuadro:

Venezuela: Pobreza e indigencia (%)
1998-2009

Año	Pobreza	Indigencia
1998	50,4	20,3
1999	48,7	20,1
2000	46,3	18,2
2001	45,3	16,9
2002	55,3	25,0
2003	62,1	29,7
2004	53,9	22,5
2005	43,7	17,8
2006	36,3	11,1
2007	33,1	9,4
2008	27,7	7,5
2009	26,4	7,9

Fuente: República Bolivariana de Venezuela, Ministerio del Poder Popular para la Comunicación y la Información. (MINCI).[45]

La estructura de la sociedad venezolana según sus ingresos y niveles de educación se divide en 5 estratos: A, B, C, D y E. Pertenece al estrato E el 44% de los hogares que tienen un ingreso mensual de hasta 550 bolívares fuertes y un nivel de educación que no supera la escuela primaria. El estrato D está compuesto por el 37% de los hogares que tiene un ingreso promedio mensual de 829 bolívares fuertes. Su nivel educativo no suele superar la escuela secundaria. El estrato C incluye el 11,6% de los hogares, tiene un ingreso promedio de 1.900 bolívares fuertes y, en su mayoría, son técnicos superiores. Los estratos A y B comprenden el 3% de los hogares cuyos sus ingresos mensuales superan los

---

[45]   Por ejemplo, ver: República Bolivariana de Venezuela, Instituto Nacional de Estadística (INE), *Social*, *"Pobreza"*. Cuadro: Hogares pobres por tipo de método, según año, 2002-2008.

8.000 bolívares fuertes y, en gran medida, son profesionales universitarios.

Se tiene una idea aproximada de la desigualdad en la distribución del ingreso en Venezuela si se advierte que el 44% de los hogares pertenecientes al estrato E tiene un ingreso, por lo menos, 16 veces inferior al 3% que integra los estratos A y B. Esta situación es mejor que en la mayoría de los países de la región y en algunos aspectos, como en la retribución salarial a las mujeres en comparación con los salarios de los hombres, por ejemplo, Venezuela es el país menos desigual de América Latina. Si Venezuela no padeciera tan alto nivel inflacionario (16,7% en el primer semestre de 2010) el más elevado de la región y uno de los más altos del mundo, sería con mucho el país latinoamericano menos desigual con respecto a la distribución de la renta, seguido por Uruguay y Costa Rica. Pero, ¿es el más equitativo?

Para responder esta pregunta conviene evaluar cómo es Venezuela, no ya desde el punto de vista de la desigual distribución del ingreso, sino por otras inequidades internas como el nivel de su Desarrollo Humano, índice que mide además de pobreza, bienestar. El *Informe sobre Desarrollo Humano 2007-2008* del PNUD intenta una tarea casi imposible: medir el grado de bienestar a través de un prisma que permitiría apreciar el "progreso" humano y la compleja relación entre ingreso y bienestar. Parece querer medir lo incuantificable, parcelar en porcentajes la felicidad porque el desarrollo humano está, en alguna manera, vinculado con el ingreso, pero es mucho más y lo trasciende de mil maneras. El Desarrollo Humano crea el ámbito donde la gente puede desarrollar todas sus potencialidades y desenvolver sus vidas creativamente, de acuerdo con sus necesidades e intereses (United Nations

Development Program, 2008).[46] El bienestar es el fin y la justificación del desarrollo.

El Índice de Desarrollo Humano (IDH) de las Naciones Unidas intenta elevarse sobre la cruda materialidad del Producto Interno Bruto para lograr una definición más totalizadora del bienestar que anida en la equidad. El indicador combina la medida de tres dimensiones íntimamente vinculadas: vivir una larga y saludable vida (medida por la esperanza de vida); tener acceso al conocimiento (medido por las tasas de alfabetismo entre los adultos, y la inscripción en la escuela primaria, secundaria y universitaria) y gozar un aceptable nivel de vida (medido por el Ingreso y la Paridad de Compra). El informe correspondiente tiene información sobre 177 países donde el IDH oscila entre un mínimo de 0 y un máximo de 1. Cuanto más cerca del 1 se encuentra ubicado un país, tanto más se aproxima al nivel óptimo.

- El IDH de Venezuela en 2005 era de 0,792; el país se ubicaba en el lugar 74 entre los 177 países. (Aunque el Índice mejoró con respecto al año 2004, descendió dos rangos, como acontece con Argentina, Chile, Cuba y otros países, no porque se hayan deteriorado sus tres indicadores, sino porque fueron superados por otros países que tuvieron un desarrollo más rápido.)

- El país con IDH más alto es Islandia (0,968), seguido de Noruega, Australia, Canadá, Irlanda, Suecia, Suiza, Japón, Países Bajos y Francia.

---

[46]   El *Human Development Report 2007-2008* define al desarrollo humano como un ámbito que permite a individuos y sociedades alcanzar sus derechos económicos, sociales, culturales y políticos, además de cubrir sus necesidades; les permite desarrollar sus capacidades y conducir sus vidas como ellos desean. El completo estado de desarrollo humano debe permitir a los individuos, teóricamente, vivir con dignidad una vida larga y saludable, obtener educación y mayores conocimientos, tener control sobre los recursos básicos, comprometerse con un empleo productivo de su escogencia y participar efectivamente en actividades de la comunidad y el Estado.

- Estados Unidos está ubicado en el puesto 12 (bajó cuatro posiciones con respecto a 2004),
- España ocupa el lugar número 13, Italia el 20, Alemania el 22,
- Portugal el 29, Qatar el 35.
- El país con índice más bajo es Sierra Leona (177).
- En América Latina el país mejor posicionado es Argentina (puesto 38), seguido de Chile (40), Uruguay (46), Costa Rica (48), Cuba (51), México (52) y Brasil (70). Todos estos países se ubican en el nivel alto de Desarrollo Humano.
- Venezuela integra el grupo de 85 países de desarrollo medio al cual pertenecen los demás países latinoamericanos. Ocupa el puesto 74 seguido por Colombia.
- Los peor clasificados de la región son: El Salvador (103), Nicaragua (110), Honduras (115), Bolivia (117), Guatemala (118), y por último Haití (146), que ascendió ocho puestos con respecto al año 2004.

Otra aproximación a la situación real de la inequidad en Venezuela la proporcionan dos indicadores: Pobreza Coyuntural y pobreza Estructural. La primera se mide con base en el ingreso monetario de los hogares en determinado momento y depende de circunstancias que pueden ser cambiantes, como en el caso de trabajadores sin salario fijo que trabajan por su cuenta, de trabajos con rentabilidad estacional variable, aumentos de sueldo en empleados fijos, algún beneficio adicional como una beca...

- En el primer semestre de 2006 la Pobreza Coyuntural en Venezuela era del 33,9%. De ese porcentaje, 10,6% padecía Pobreza Coyuntural Extrema.
- Las entidades federales que en ese momento, por línea de ingreso (según las Encuestas de Hogares por Muestreo, del Instituto Nacional de Estadística) tenían un porcentaje menor de pobreza eran: Distrito Federal con 18,2%; Nueva Esparta con 22,4%; Vargas, 26,9% y Carabobo, 27,7%.
- Las entidades que contaban con el mayor porcentaje de hogares pobres eran: Portuguesa con 51,3%; Barinas con 47,3%; Guárico con 44,6%; y Yaracuy con 42,5%.

La Pobreza Estructural, en cambio, no se mide por el ingreso monetario (que entre los pobres se reduce muy frecuentemente al salario), el cual suele ser bastante variable, sino por cinco indicadores más estables que definen con más propiedad el "estilo" o la "calidad" de vida, por lo menos en sus dimensiones materiales. Los cinco indicadores son:

1. hogares con niños de entre 7 y 12 años que no asisten a la escuela;
2. hacinamiento crítico –"tugurios"–: más de tres personas por cuarto para dormir;
3. viviendas inadecuadas;
4. falta de servicios de agua;
5. alta dependencia de un jefe del hogar que tiene menos de tres años de escolaridad.

En 1999 la Pobreza Estructural alcanzaba en Venezuela a 28,9% y la Pobreza Estructural Extrema, o indigencia, llegaba al 10,8%. Al concluir el año 2005 la Pobreza Estructural descendió a 26,7% y la Pobreza Extrema a 10,1%. Se trata de resultados muy magros: algo más de dos puntos en la Pobreza Estructural, medida por la línea de Necesidades Básicas Insatisfechas (NBI), y menos de un punto en la Pobreza Extrema. Los hogares más pobres casi siguieron en la misma situación desvalida, lo cual demostraría que los programas del gobierno, sobre todo a través de las misiones, han sido mucho menos exitosos con respecto a la reducción de la pobreza extrema de lo que los voceros del gobierno pretenden mostrar.

Con respecto a los cinco indicadores que configuran la Pobreza Estructural (NBI), en Venezuela hubo avances en tres de ellos (menos en "hacinamiento crítico" y en "viviendas inadecuadas") que reflejan el rotundo fracaso del gobierno actual en sus políticas de vivienda, a pesar de las desorbitadas y reiteradas promesas en materia de construcciones para sectores de bajos ingresos.

Venezuela: Indicadores de pobreza estructural (%)
1997-2005

Necesidades Básicas Insatisfechas	1997	2003	2005
Inasistencia escolar	1,7	1,9	1,4
Hacinamiento crítico	13,7	16,2	14,1
Viviendas inadecuadas	4,9	9,2	8,1
Viviendas sin servicio básicos	17,6	16,3	12,0
Alta dependencia económica...	6,9	5,5	5,1

Fuente: República Bolivariana de Venezuela, Instituto Nacional de Estadística (INE), *Reporte Social. Dinero. Enfoque financiero*, Primer Semestre 1998-Primer Semestre 2006.

De manera que, si bien de acuerdo con la estadística de Distribución del Ingreso, Venezuela es el país más equitativo de la región por el número de veces que el ingreso de los ricos supera al de los pobres, la observación de otros indicadores o de la combinación de ellos muestra con mayor transparencia la verdadera situación de la pobreza e inequidad en Venezuela. El consumo y los Índices de Desarrollo Humano o de Necesidades Básicas Insatisfechas revelan que todavía falta mucho para poder afirmar que Venezuela, durante los diez últimos años, puede mostrar logros definitivos en la lucha por superar la pobreza y la inequidad.

Pobreza e inseguridad

La inseguridad es el tema que más preocupa a los latinoamericanos de todos los niveles económicos y sociales y tiene mucho que ver con la violencia que se instala en las sociedades por múltiples razones. Inseguridad y violencia tienden a predominar en los lugares donde las condiciones de vida son muy deficientes y, si bien la pobreza es dato subyacente en el mundo de la criminalidad, no existe, necesariamente, relación directa y determinante entre ellas. La pobreza no debe ser criminalizada *per se*; en modo alguno ella es sinónimo de criminalidad, o de violencia. La pobreza no requiere de disculpas ("pobre, *pero* decente"), sino de soluciones incluso para liberarla de males como la inseguridad y la violencia que suelen agravarla.

Para la Oficina Panamericana de la Salud, violencia es "el uso intencional o la amenaza de usar la fuerza física que ejerce una persona para causar daño físico a otra o a un grupo de personas o al patrimonio personal o social". El daño causado es también psicológico; el daño al patrimonio incluye la violencia hacia objetos (vandalismo). La inseguridad, como su compañera la violencia social, son fenómenos complejos. Ambas expresan, en última instancia, la relación disfuncional entre los individuos y la sociedad.

- Cada año mueren en el mundo 750.000 personas a causa de la violencia; de éstas más de 500.000 pierden la vida por culpa de la criminalidad en países donde no hay guerra.
- Más de 150.000 personas fallecen de muerte violenta en la región cada año;
- América Latina es la segunda zona más violenta del mundo (sólo superada por África Subsahariana), con una tasa de homicidios tres veces superior al promedio mundial.
- La región tiene 8% de la población mundial, y contabiliza 42% de todos los homicidios por armas de fuego y 66% de todos los secuestros del mundo.
- La violencia se ha extendido y aumentado en todos los países de la región, incluso en aquellos que hasta hace pocos años tenían bajos índices de criminalidad; así, por ejemplo, en Costa Rica la tasa de homicidios casi se duplicó en los últimos ocho años al pasar de 6 homicidios a 11, por cada 100.000 habitantes.

- La única excepción es Colombia, consumida por la violencia durante sesenta años, donde, a pesar de que los homicidios en Medellín y Cali aumentaron notablemente, la tasa global en el país fue, en 2009, la más baja en los últimos veintisiete años.
- El índice de homicidios en la región es más alto en América Central, con 29,3%, seguido por América del Sur (25,9%) y por el Caribe (18,1%).
- Honduras padece el mayor número de homicidios y Chile el menor.
- En el mundo, Irak tiene la tasa más elevada de homicidios por cada 100.000 habitantes (89); lo siguen Sierra Leona (50); El Salvador (49,1); Jamaica (49); Venezuela (48). Siguen a Venezuela: Guatemala (45,2); Colombia (37); Belice (30,8); Trinidad y Tobago (30,3); Brasil (25,7); República Dominicana (23,5).
- En Estados Unidos la tasa es 9 homicidios por cada 100.000 habitantes.

Durante mucho tiempo la lucha contra la inseguridad en América Latina se concentró de manera especial en la represión, la "mano dura", y se dejó de lado otros correctivos menos expeditos, pero a la larga más eficaces. Se combatían los efectos y no las causas. Afortunadamente crece hoy la conciencia acerca de la prevención como herramienta que actúa simultáneamente sobre varias dimensiones de la pobreza que se extienden a los campos de la educación, la salud, el empleo, la cohesión familiar, los escandalosos niveles de desigualdad del ingreso, la pobreza, la promoción de valores.

La prevención y el fortalecimiento institucional, sostiene el Banco Interamericano de Desarrollo, son claves para resolver el problema de la violencia que compromete la gobernabilidad y la competitividad económica, al socavar la inversión privada y el crecimiento. Coincide el Banco Mundial con tal planteamiento al afirmar que si América Latina redujera en una tercera parte el índice de homicidios, algunos países podrían hasta duplicar su tasa de crecimiento económico (The World Bank, 1998). Cuando las actitudes violentas son resultantes de conductas aprendidas y no de causas innatas, genéticas, las acciones emprendidas por todas las fuerzas sociales deben dedicar especial atención a la prevención, en el entendido de que ésta no excluye la represión. La situación ideal es que ésta sea realizada por organismos con personal formado, bien equipado y respetuoso de los derechos humanos.

Para el Banco Mundial la violencia en América Latina se debe principalmente al grado de inequidad, más que a los niveles de desarrollo.[47] Es la desigualdad, la injusticia en la distribución de los bienes sociales lo que frena el progreso de la cohesión social, fomenta la irritación o la rebelión, y hace difícil la "con-vivencia"; la inequidad obliga a compartir la vida en un ámbito donde el "vivir con" el otro no construye comunidad sino rivalidad y enfrentamiento.

Roberto Briceño León[48] explica cómo la "homogeneización e inflación de las expectativas" por parte de la población de emigrantes del campo a las ciudades influye en la pobreza y la inseguridad urbana. Este proceso alienta a una segunda generación de migrantes a requerir bienes y comodidades, a adoptar estilos de consumo que ofrece el mercado urbano, con lo cual aumentan sus expectativas. Hace ochenta años, el nivel de vida, el consumo suntuario

---

[47]   "There is a consensus in the literature that the explanation for the abnormally high level of violence is primarily due to the extent of inequality rather than the overall levels of development in Latin America.... The main risk factors for violent and criminal behaviour next to income inequality are the lack of education, low social capital, unemployment, unruly urbanization and inefficient criminal justice systems." (THE WORLD BANK, 1998).

[48]   La nueva violencia urbana de América Latina, p. 4. BRICEÑO LEÓN se ha destacado en el estudio de la inseguridad, la violencia y la criminalidad en América Latina; es Director del Laboratorio de Ciencias Sociales de la Universidad Central de Venezuela.

de los ricos era casi desconocido por los pobres. Ahora se conocen y los jóvenes pobres aspiran a los mismos lujos (camisa y zapatos de marca, modelos de motos o de automóviles) que se ofrecen con todo esplendor y supuestas facilidades desde las pantallas de sus televisores. Como no pueden adquirirlos para satisfacer sus deseos, pueden caer en el delito. También Daniel Lerner (1963: 330-333) se ha referido a este sentimiento como *"the revolution of frustrated expectations"*, el cual crea condiciones conducentes a la violencia.

- En América Latina la mayoría de las víctimas de homicidios son jóvenes; el 60% tiene entre 15 y 29 años.
- El número de jóvenes muertos en las *favelas* de Río de Janeiro es siete veces mayor que en otras áreas (266 jóvenes son asesinados anualmente por cada 100.000 habitantes).
- En El Salvador el 60% de los presidiarios tiene menos de treinta años y el 45% no ha completado la educación primaria.
- En Colombia la tasa de asesinatos de niños de entre 10 y 14 años se ha duplicado entre 1979 y 1994.
- En 2004, en Guatemala la violencia cobró la vida de 3.819 hombres y 527 mujeres.
- En El Salvador se estudió en 2003 la relación de la familia con los *gangs* y se llegó a las siguientes conclusiones: el 83% de las familias con "mareros" son pobres; el 73% están a cargo de sólo la madre; en el 80% de las familias hay violencia doméstica.

Tema preocupante como el que más es el de la violencia juvenil en América Latina, íntimamente vinculado con la pobreza y la inequidad. Un trabajo de la Red de Información Tecnológica Latinoamericana (2008) presenta datos sobre este problema en 83 países, de los cuales 16 son latinoamericanos. Según el estudio es 30 veces más probable que un joven entre los 15 y 24 años sea asesinado en América Latina, que en Europa: "Las elevadas tasas de homicidio entre los jóvenes de América Latina duplican las africanas, triplican las de América del Norte y son muy distantes de las de Europa". Al contrario de lo que ocurre en otras regiones del globo, el homicidio en América Latina es un fenómeno sobre todo juvenil. El Salvador encabeza la lista de países con más homicidios (92 por cada 100.000 habitantes), lo siguen Colombia (73) y Venezuela (64). Brasil tiene 51 y Japón 0,3. Los países de la región más seguros para los jóvenes son Chile, Cuba y Uruguay, con unos 7 homicidios por cada 100.000 habitantes.

Los grupos de jóvenes (pandillas, *maras*, bandas, *galeras*, cuadrillas, barras, *chapulines*) son actores en el escenario delictivo de muchos países de la región. Varias son las explicaciones para la proliferación de las pandillas (discriminación, pobreza, falta de grupos de apoyo, analfabetismo), pero hay acuerdo generalizado en el sentido de que estas "cofradías" juveniles son un intento por integrarse en grupos protectores ante la desaparición o la ausencia de instituciones sociales incluyentes, como la familia, la escuela, la iglesia, los clubes deportivos. Las *maras* azotan América Central (con excepción de Costa Rica) y se reproducen ya en Estados Unidos y México. Se estima que en El Salvador y Honduras cuentan con más de 30.000 miembros. La mayoría de sus integrantes tiene menos de quince años y no ha completado la educación primaria; muchos son analfabetos provenientes de hogares desintegrados. La drogadicción en todas sus variantes agranda el problema y hace mucho más compleja su solución. Y es que la pobreza desesperanzada, la que no puede alcanzar determinadas expectativas, la que no ve la luz al final del túnel, ni puede ser encausada hacia el disfrute de los servicios educativos, de salud y empleo, es la que se convierte en criminalidad. Según el mencionado estudio de RITLA, los jóvenes perciben que la injusta distribución de la riqueza es más dañina que los niveles de pobreza. El Banco Mundial confirma estos asertos y explica: en una comunidad donde no existan mayores diferencias entre ricos y pobres la criminalidad es mucho más baja que en aquellas otras donde, en cierta medida, conviven y se rozan el lujo y la miseria. La exhibición obscena de la riqueza mediante un consumo suntuario, conspicuo, desenfrenado, arremete contra el hambre de los que, conviviendo con la impudicia de los ricos, no tienen lo necesario para comer ellos, ni para alimentar a sus hijos.

La criminalidad y la inseguridad han crecido de manera exponencial en la región; su impacto en la economía es demoledor:

- Colombia gasta la cuarta parte de su Producto Interno Bruto para combatir la criminalidad.

- Los costos de la violencia en El Salvador eran en el año 2000 de 24,9% de su PIB, en Colombia 24,7%, en México 12,3%, en Brasil 10,5% y en Perú 5,1%.

- La violencia sobre bienes y personas representaba en 2000 el 14,2% del PIB de la región, es decir, 168.000 millones de dólares.

- Brasil gasta más en seguridad que todo lo que produce Chile en un año.

- Según el Banco Mundial la actividad criminal le cuesta a América Latina unos 300.000 millones de dólares anuales.

- Añade, además, el Banco Mundial que si América Latina redujera en una tercera parte el índice de homicidios, algunos países podrían duplicar su tasa de crecimiento económico.

- Los costos directos de la violencia sobre los bienes y las personas representan el 12% del PIB de Colombia y el 7% de El Salvador.

- En 2008 el costo de la violencia armada en Guatemala fue de 7% del Producto Interno Bruto.

Muchos analistas consideran que existe un exceso de garantías para los delincuentes juveniles; aprehendidos *in fraganti*, salen de las cárceles o comisarías pocos días después de haber cometido el delito y casi todos reinciden. La clave, para el profesor Carlos Sabino, está:

> [en que] el Estado ha perdido el centro de sus funciones. No reprime la delincuencia y derrocha el dinero en gastos sociales de tipo asistencialista por donde se va el 10% del presupuesto y sólo el 1% se dedica al ámbito judicial. El problema de la inseguridad no es sólo de tipo policial sino también requiere reformar y fortalecer a la justicia [...] las leyes en la región son excesivamente garantistas, muy al estilo europeo, pero no sirven para el contexto latinoamericano. Donde el Estado no llega, la sociedad echa mano de primitivas formas de organización e incluso recurre al linchamiento para castigar al delincuente (The World Bank, 1998).

La inseguridad es ya el principal factor limitante del desarrollo económico y social de América Latina y los costos económicos de violencia son ingentes. De acuerdo con el Banco Mundial sólo los gastos para la reconstrucción de infraestructuras y el refuerzo de los servicios de seguridad casi equivalen al Producto Interno Bruto de Ecuador. Según el BID el costo total de la violencia en la región se ubica entre el 5 y el 25% del Producto Interno Bruto, y el de la vigilancia privada, que cubre directamente los ciudadanos, oscila entre el 8 y el 25%. La violencia destruye el capital humano y el tejido social porque termina por impulsar la migración de los ciudadanos al exterior –casi siempre los más capaces y emprendedores de su grupo–; promueve la fuga de capitales, disminuye la afluencia de la corriente turística, desalienta la inversión extranjera y el ahorro interno, fomenta la corrupción y, de manera desproporcionada, afecta a los pobres y a los jóvenes de menores recursos.

Los secuestros, tanto en las áreas urbanas como en las zonas rurales, se han convertido en una sólida industria. Las sumas pagadas por rescates o en "vacunas" para evitar el secuestro son indeterminables –por lo general se negocian directamente y reservadamente entre victimarios y familiares de las víctimas– pero, por cierto, cuantiosas. Son costosas y numerosas en todos los países las "compañías de seguridad" que prestan servicios de vigilancia privada que complementan o substituyen a los cuerpos policiales. Los *serenazgos* en los campos de Perú son una institucionalización de la policía privada rural. América Latina se afirma como buen mercado para la venta de seguros contra secuestros.

La violencia urbana es, pues, una de las rémoras que debe superar América Latina para retomar su ritmo de crecimiento y reducir la pobreza. Es un desafío a la imaginación y al pragmatismo de quienes manejan, participan o influyen en la administración de las ciudades. Reconfortan y abren perspectivas de esperanza, "milagros" como las empresas públicas de Medellín o la transformación de Bogotá que en diez años redujo la tasa de homicidios de 80 personas a 23 cada 100.000 habitantes. Su Programa de Cultura Ciudadana, admirado e imitado en varios continentes, mediante la participación activa de ciudadanos, y de las más diversas instituciones, logró que se redujeran sustancialmente los accidentes de tránsito, que se entregaran voluntariamente más de 2.300 armas de fuego, que disminuyera en un 75% el número de quemados por cohetes durante Navidad y, lo más importante, como transformación pedagógica, logró convertir a transgresores e indiferentes en ciudadanos responsables y solidarios. "Más del 80% de la población rechaza abiertamente el uso de la violencia, incluso para responder a ella", declaran observadores independientes (Mockus y Acero). Así, Bogotá, la ciudad adusta y tensa de hace treinta años, se ha trasmutado en una de las más deleitables del continente.

La inseguridad ha modificado hábitos y costumbres que tienden a descomponer el tejido social en las ciudades y a reducir la actividad económica; la gente sale menos -o no sale- a cenar, a las funciones de cine o teatro nocturnas, a divertirse o hacer compras. Se va perdiendo la ciudad. El placer tan latino de la "visita" que mantiene vivos los lazos familiares y de amistad son tronchados por la inseguridad. Las ciudades se tornan *ghettos*, "barrios cerrados" con alcabalas, espinados con alambres de púas y con rejas.

- El 47% de los mexicanos y el 66% de los argentinos se sienten inseguros.

- Según una encuesta de Activa (1998) el 24% de los entre-vistados en Río de Janeiro, el 26% en Santiago de Chile, el 33% en Caracas y el 46% en Cali, había reducido sus salidas de trabajo, de compras o de placer en horas nocturnas por temor a ser víctimas de la violencia.

- El 44% de las personas no lleva consigo, en la calle, dinero en efectivo, y el 37% no usa joyas.

- El 27% de los ciudadanos, según la misma encuesta, no visita a parientes y amigos que viven dentro de la misma ciudad. (La distancia ya no se mide en términos de tiempo sino de peligro en recorrerla.)

Las encuestas carcelarias, dadas a conocer por el Centro de Investigaciones y Docencia Económicas de México, revelan que la mayoría de los presos abandonó su casa en la adolescencia por dos motivos muchas veces concurrentes: la necesidad de encontrar algún trabajo y por violencia intrafamiliar. En casi todos los casos los recluidos provienen de familias divididas, sienten frus-tración y fracaso (exclusión social) y asocian el éxito con la acumulación de bienes materiales.[49] Además, el 33% de los internos reportaron que cuando eran niños sus padres

---

[49]   Centro de Investigaciones y Docencia Económicas de México. *Amplio estudio sobre la criminalidad en México.*

consumían frecuentemente alcohol. Aunque abundan los estudios sobre la criminalidad, el debate está empobrecido en la región; se lo ha reducido casi a un tema meramente policial. Bernardo Kliksberg (2006) llega a esta conclusión después de analizar los mitos más extendidos sobre la criminalidad, como la creencia en que la "mano dura" o la policía resuelven el problema. Entre las causas de éste menciona la desarticulación de la familia y revela que más de la mitad de los jóvenes delincuentes de Uruguay y de Estados Unidos vienen de familias desarticuladas. Para bajar radicalmente el número de delincuentes, por tanto, hay que dar empleo a los jóvenes, aumentar la escolaridad y fortalecer la familia. "Es mucho más barato construir un aula que una celda", ha dicho el presidente Lula da Silva.

El ex presidente Bill Clinton afirma que la fuerte reducción de la criminalidad juvenil durante su gobierno se debió a la baja del desempleo juvenil y al aumento del salario mínimo. En América Latina el 25% de los jóvenes no trabaja ni estudia. De cada 10 jóvenes, 4 no terminan la escuela secundaria. La escuela puede y debe funcionar como instrumento de inserción en la comunidad sobre todo para jóvenes que no son protegidos por una vida familiar estable y estructurada. Pero en la mayoría de los casos los jóvenes son excluidos, alejados de la familia y de la escuela.

El caso de Venezuela

El aumento de la violencia y de la criminalidad en Venezuela se relaciona más con la inoperatividad de las instituciones que con problemas de equidad. "Hay una crisis en la normativa, del valor de la ley, del quiebre de la norma como reguladora de la vida social", afirma Briceño León (2002). La mayor parte de los homicidios en Venezuela se cometen en las zonas donde viven los sectores populares, donde abundan las bandas, el acceso es difícil y es muy escasa la protección policial. En Venezuela quienes más sufren con la inseguridad son los pobres. Desde el año 2004 el gobierno del presidente Chávez considera "reservada" la información policial acerca de homicidios por lo que las estadísticas disponibles han sido confeccionadas con distintos criterios. Para los voceros del gobierno, por ejemplo, los ajusticiamientos resultantes de enfrentamientos de malhechores con la policía, no son homicidios.

La estadística habla por sí misma:

- Una persona es asesinada cada media hora en Venezuela.
- Según Datanálisis la principal preocupación de los venezolanos (52%) es la inseguridad, seguida por el desabastecimiento de alimentos (29%) y el desempleo (9%).
- El promedio es de 40 asesinatos por día; en los últimos diez años los homicidios pasan de 100.000.
- Los homicidios se incrementan en 1.000 cada año. En 2006 se reportaron 12.000; en 2007, 13.200; en 2008 se registraron 14.600 y a fines de 2009 se proyectaban entre 19.000 y 20.000 homicidios, un aumento del 30% comparado con 2008 (Briceño León, 2002).
- En Caracas aumentó también en el último año el número de secuestros (68%) de 25 a 42 y el robo de vehículos (20%).
- De acuerdo con el informe del Instituto de Investigaciones de Convivencia y Seguridad Ciudadana (INCOSEC), aumentó significativamente el número de policías implicados en la comisión de delitos; entre enero de 2008 y el primer trimestre de 2009 la Fiscalía General instruyó cerca de 11.000 expedientes de este tipo de casos. Durante el primer trimestre de 2009 se registraron 155 homicidios con presunta participación policial.
- En los primeros nueve meses de 2009 se cometieron unos 3.200 "secuestros express" en el país.
- Según el Observatorio Venezolano de la Violencia (OVV) en Caracas ocurren 130 homicidios por cada 100.000 habitantes, y en el resto del país, 52.

- Venezuela es el segundo país de la región, después de El Salvador, con más alta tasa de homicidios: 48 por cada 100.000 habitantes. 86% de los crímenes en Caracas se cometen con armas de fuego.

- En 2007 hubo en Venezuela, según el Observatorio Venezolano de la Violencia, más de 14.000 homicidios, sin contar las más de 4.000 muertes "en averiguación" y otras 1.125 clasificadas como "resistencia a la autoridad".

- En 1997 las muertes violentas constituían el 4% de la mortalidad total. La primera causa de muerte eran entonces las enfermedades cardíacas, seguidas por el cáncer, accidentes cerebro-vasculares, accidentes, perinatales y diabetes.

- En 1998 hubo 4.500 asesinatos. En diez años la cifra de homicidios se triplicó.

- En el 2006 las muertes violentas pasaron del séptimo al tercer lugar.

- En 2008, en los jóvenes de 15 a 24 años, la primera causa de muerte es el homicidio.

- Con respecto a la actuación del gobierno en cuanto a la seguridad personal, más del 90% de los entrevistados se mostró insatisfecho.

- En relación con el comportamiento de los cuerpos policiales, 85% expresó opinión negativa.

Según los estándares internacionales, más de doce homicidios por cada 100.000 habitantes indican que hay un problema de violencia. En Venezuela se da una tasa cinco veces superior. El país es seis veces más violento que Estados Unidos que tiene una tasa de 9 homicidios por cada 100.000 habitantes, tasa altísima comparada con la de otros países industrializados como Inglaterra, Francia o Japón cuyas tasas son inferiores a dos homicidios cada 100.000 habitantes. Caracas, con 130 homicidios por cada 100.000 habitantes es, con creces, la capital más violenta de América Latina (Briceño León *et al.*, 2005; Briceño León, 2005)[50].

---

[50]   Gran parte de la información estadística mencionada en este apartado proviene de la primera obra citada.

- De acuerdo con cifras de la Organización Panamericana de la Salud desde 1993 los homicidios en Caracas desplazaron a los accidentes de tránsito como la primera causa de muerte de hombres entre los 15 y 29 años.
- Entre 1999 y 2006 hubo en Venezuela 116.147 muertes violentas; si se considera que cada familia está compuesta por 4,4 miembros resulta que en ese lapso más de medio millón de personas fueron directamente afectadas por la muerte de un miembro de su familia.
- El 90% de las víctimas son hombres, la mayoría de sectores de bajos ingresos; 65% de ellos tenía entre 16 y 32 años.
- En el Municipio Sucre de Caracas, el 80% de los homicidios contabilizados fueron de jóvenes de entre 10 y 25 años.
- El 85% de los crímenes ocurren con armas de fuego; 9% con armas blancas; y 5% por la fuerza física.
- En 2006 el entonces ministro del Interior, Jesse Chacón, informó que según la Dirección de Armamento de la Fuerza Armada (Darfa) existían en Venezuela aproximadamente seis millones de armas de fuego; de ellas 75% no tiene ningún tipo de registro ni control del Estado.
- De cada 100 homicidios que ocurren en el país, 90 quedan impunes.
- Los secuestros se cuadruplicaron en los últimos ocho años.
- En el 2006 Venezuela es el tercer país más violento de América Latina, superado por Colombia y El Salvador.
- El Laboratorio de Ciencias Sociales (LACSO) da la cifra de 53 homicidios por cada 100.000 habitantes; la Alcaldía de Chacao (Plan 180 grados) eleva la cantidad a 68 homicidios por cada cien mil habitantes.
- En México son 24 y en Brasil 21.
- Muchísimo más bajo es el porcentaje en Costa Rica, Uruguay, Chile o Argentina.
- Sin contar los ajusticiamientos presuntamente perpetrados por la policía, los cuales, entre 2000 y 2005 sobrepasaron los 5.000 casos, entre 1999 y 2006 hubo más de 83.00 asesinatos.

Según declaró el alcalde de Chacao, Leopoldo López, uno de los líderes de la oposición al gobierno de Chávez, a mediados de 2006 "Venezuela es uno de los países más peligrosos del mundo: con sus 90.000 homicidios supera en muertos a la guerra de Afganistán, iniciada en 2001 y que hasta hoy provocó 33.000 muertos; a la guerra del Golfo, en Irak, con 63.000 muertos; a la insurgencia de Chechenia, con 50.000 muertos; y al conflicto armado de Colombia, que en los últimos diez años ha cobrado la vida de 73.000 ciudadanos". Y es que en los últimos veinte años la violencia se desbordó en forma dramática, especialmente en los últimos ocho años.

Otro factor que ciertamente incide en los altos índices de la criminalidad en Venezuela es la falta de control sobre las armas de fuego. Desde el año 1999 cuando asumió el presidente Chávez, hasta el 31 de agosto de 2009, los homicidios sumaban 107.334 personas: unos 6 millones de armas de fuego circulan ilegalmente en el país. El 4 de agosto de 2009 el presidente venezolano estableció la Guardia Del Pueblo con el objetivo de disminuir los altos índices de inseguridad y violencia y promover la educación y el deporte. Las cárceles de Venezuela, lejos de ser centros de rehabilitación, son maquinarias de muerte: en 2007 murieron asesinados 498 reclusos, en 2008 fueron 422 y en 2009, 366. Más de un preso es asesinado por día.

- El 50% de los homicidios se cometen durante el fin de semana y la mayoría en horas de la noche.
- Uno de cada doce habitantes declara haber perdido un familiar por hechos violentos, y 40% de los hogares fue afectado por un delito violento.
- Desde hace años en Colombia se registraban muchos más homicidios que en Venezuela. En 2007 la situación se invirtió: en Colombia mueren 38 personas por cada 100.000 habitantes y en Venezuela 48.

- En Venezuela el 37% de las familias tiene a una mujer como cabeza.
- El desempleo juvenil, en septiembre de 2007, se ubicaba en el 17,7% (ligeramente superior al nivel del 2006). Eran 426.172 los jóvenes que en vano buscaban trabajo.
- Los jóvenes desempleados de entre 15 y 24 años representan más del 41% de la población que carece de empleo en Venezuela.
- Y las tres cuartas partes de los jóvenes trabajadores laboran en el sector informal.
- Para el año lectivo de 2002 estaba inscrita en la escuela secundaria sólo el 56% de la población en edad correspondiente.
- El país con más alta cobertura en cuanto a educación secundaria era Cuba con un 86%, seguido por Argentina (85%), Chile (81), Uruguay (74%), Bolivia (71%).
- En Caracas el 27% de los varones entre 15 y 18 años de edad ni estudia ni trabaja.

La disolución familiar, la falta de cohesión social, la creciente pérdida de influencia de la iglesia católica como creadora o fortalecedora de valores morales, la inoperancia de la justicia, la complicidad de las instituciones policiales con los delincuentes, la estructura urbanística de los ranchos con una sola vía de acceso (escalera mal iluminada), la incitación al odio social en aras de una supuesta revolución, el consumo excesivo de drogas y alcohol, el acceso incontrolado a las armas y la más flagrante impunidad son algunos otros factores estrechamente vinculados con el incremento de la violencia en Venezuela. El impacto sobre la actividad económica en las ciudades y en el campo es descomunal; ha cambiado la vida en las ciudades y en las fincas, donde nadie duerme con tranquilidad. El temor a ser víctimas fuera de sus casas ha afectado a los venezolanos en general, principalmente con respecto a las salidas para trabajar, estudiar, efectuar compras y para expansiones nocturnas (cenas en restaurantes, cines, teatros, conciertos, diversiones). Y hasta las unidades del transporte público, azotadas día a día por el hampa, son abordadas con miedo por la población que no tiene otro medio de transporte. Con nostalgia y desconfiada aprensión canta su advertencia Giordano, el cantautor venezolano:

> Por eso cuídate de las esquinas,
> no te distraigas cuando caminas
> que pa'cuidarte yo sólo
> tengo esta vida mía...

Seguridad y desarrollo son conceptos interdependientes. Sin un mínimo de seguridad no hay alicientes para la inversión reproductiva generadora de empleos, y la escasez o carencia de inversión forma parte del círculo vicioso: desempleo, pobreza, criminalidad. El impacto de la inseguridad es amplísimo en la vida de relación urbana; áreas de la ciudad que son abandonadas por temor de seguir viviendo en ellas y que decaen físicamente; capacidad instalada que se mantiene subutilizada porque los empleados se niegan a trabajar hasta horas de la noche, colegios e institutos de formación y capacitación que suprimen sus cursos nocturnos, iglesias que cancelan sus servicios vespertinos.

La pobreza tiene tantos rostros como pobres hay en el mundo. Se muestra en cada país, en cada sociedad, con características propias. Los problemas relacionados con ella y sus dimensiones son múltiples, complejos y de difícil solución. No hay forma de evadirla, imperioso es reducirla, transformarla en fuerza de creación y construcción social.

Capítulo VI
Estado y pobreza

No es cierto que al Muro de Berlín lo hayan despedazado. Se cayó solo. Hacía años que el socialismo real era seriamente cuestionado, incluso por quienes lo dirigían. Gorbachov fue el último de sus críticos en funciones de gobierno, pero no el único. Otros altos jerarcas del Partido habían denunciado sus excesos, y sobre todo su ineficiencia.

Ante tal vacío "ideológico", la triunfadora economía capitalista neoliberal (triunfadora por *forth fait*) consideró oportuno y conveniente establecer ciertas pautas que deberían regir la conducta económica mutua entre los gobiernos de los países en desarrollo (inicialmente América Latina) y los organismos internacionales (Banco Mundial, Banco Interamericano de Desarrollo, Fondo Monetario Internacional). Este listado de medidas de política económica pasó a ser una suerte de "paradigma" de la economía capitalista. Con él, los países industrializados y en especial Estados Unidos y su *establishment* imponían las normas que promoverían el progreso de los países pobres, especialmente, y ayudarían a los desarrollados a aprovechar las oportunidades que ofrecían los nuevos mercados emergentes.

El supuesto que permeaba el decálogo era la disminución del rol de "la mano muerta" del Estado que debía ceder espacio a las fuerzas del mercado. Minimizar al Estado entrometido en campos que no le competen (producción) y fortalecer el rol de los mercados financieros internacionales. El estatismo y la planificación central fueron víctimas de la

caída del Muro. Por toda América Latina cundió esta satani-
zación del Estado, salvo en Chile, hacedor de excepciones,
cuyo Estado siguió siendo, imperturbable, el gran productor
del cobre y cultivando la cohesión social expresada en consensos nacionales básicos que le permiten participar en el
mundo globalizado con prestancia y eficiencia, a través de
estrategias que comparten gobierno y oposición basadas
en el "regionalismo abierto" al mundo, a través de tratados
de libre comercio o acuerdos comerciales.

Los defensores del estatismo y de la planificación central,
aunque sin base política operativa –sólo Cuba en la región,
desaparecido Allende–, seguían enarbolando sus banderas
que más bien eran pancartas denunciadoras del capitalismo
salvaje en turbulentas manifestaciones callejeras o en agitados
Foros Sociales. En el otro extremo, desgastadas y derrotadas
las criminales dictaduras militares en gran parte del Cono Sur,
trasnochadas en su anticomunismo, abiertamente apoyadas
por Estados Unidos y aliadas con las fuerzas reaccionarias en
la "defensa de la civilización cristiana y occidental" –aunque
para ello tuvieran que asesinar obispos, la mayoría de los
cuales las apoyaban– predicaban las bondades de la libertad del mercado. Ante tales enfrentamientos algunas voces
recomendaron abandonar el extremismo en las políticas
económicas (Ricúpero, 2000) y las ideologías o concepciones
apriorísticas que conducen a simplificaciones peligrosas de la
realidad (Iglesias, 2006). Joseph E. Stiglitz dejó un testimonio
personal de la absurda dicotomía entre mercado y Estado
cuando era miembro del gabinete del presidente Clinton: "Yo
había estudiado las fallas, tanto del mercado como del Estado,
y no era tan ingenuo como para fantasear con que el Estado
podía remediar todas las fallas del mercado, ni tan bobo como
para creer que los mercados resolvían por sí mismos todos
los problemas sociales." (Stiglitz, 2002a).

En América Latina, el destierro de las dictaduras fue seguido por una década en que, con la excepción de Chile, se

afirma en la conducción económica la corriente neoliberal y en la política la alineación casi automática con Estados Unidos, que en algunos países fue tan automática y tan vergonzante, como en la Argentina peronista de los años 1990, que llegó a proclamar los deleites de unas impúdicas "relaciones carnales" con los Estados Unidos. ¿Qué hubiera opinado sobre ellas el Perón tan antiimperialista? ¿Dónde quedó la consigna pedagógica del ¡mate sí, whisky no!? Fue la época del endeudamiento externo y de las consiguientes políticas de austeridad y ajuste. Las páginas siguientes dan una mirada a las implicaciones de este proceso en el pensamiento económico global y latinoamericano y su relación causal con la pobreza y la desigualdad.

1. Del Consenso de Washington a la Ronda de Doha

En el contexto ideológico de América Latina, animado por el neoliberalismo como paradigma de desarrollo económico, hizo su aparición el Consenso de Washington. John Williamson, economista de origen inglés, fue su presentador. En noviembre de 1989 redactó un trabajo para ser discutido en el *Institute for International Economics*; "se trata de un decálogo de medidas que se desarrolló en el año 1989 para los países de América Latina con el objeto de crear riqueza". Se procuraba lograr mayor eficiencia para las economías estatizadas, seriamente deterioradas; se buscaba mejorar el manejo económico sin darle importancia expresa a la forma en que esa riqueza se distribuía; la equidad en el crecimiento no aparecía como tema importante. No se planteaba expresamente. "Deliberadamente excluí de la lista de todo aquello que fuera prioritariamente redistributivo, en vez de presentar consecuencias pro equidad como subproducto de procurar objetivos de eficiencia, porque sentí que en el Washington de los años 1980 había cierto desdén por los temas de equidad".

¿Quiénes constituían el Consenso de Washington de los años 1980 a que se refiere Williamson? Un complejo económico, político y académico variopinto que, con distintos matices, incluía el Departamento del Tesoro de Estados Unidos, los organismos financieros internacionales con sede en Washington (Banco Mundial, Banco Interamericano de Desarrollo, Fondo Monetario Internacional), la Reserva Federal, el Congreso de Estados Unidos, las agencias económicas del Gobierno estadounidense y grupos de expertos que en algunos casos incluían a prestigiosos académicos latinoamericanos que participaron en la reunión en que se discutió la propuesta de Williamson. Todos ellos –en especial el Banco Mundial y el Fondo Monetario Internacional– impulsaron las reformas propuestas por el Consenso.

Los diez mandamientos no pretenden exponer planteamientos novedosos; en gran medida son el ordenamiento de políticas, instrumentos y mecanismos económicos de uso ya extendido en la región. "Intenté describir aquello que normalmente se consideraba acertado, más que exponer mi opinión", aclara Williamson.

Los diez puntos del Consenso a los cuales Williamson se referiría años más tarde como "el más bajo común denominador de las recomendaciones que las instituciones de Washington daban a los países latinoamericanos" son:

- Disciplina fiscal.
- Cambios en las prioridades del gasto público.
- Reforma fiscal.
- Tasas de interés.
- Tasa de cambio.
- Liberalización comercial.
- Política de apertura a la inversión extranjera directa.
- Privatizaciones.
- Desregulación.
- Derechos de propiedad.

Todos los actores antes mencionados, y en especial el Banco Mundial y el FMI, impulsaron las reformas del Consenso basados, fundamentalmente, en la determinante importancia de la libertad de mercado y en la minimización del Estado considerado incompetente, burocratizado, corrupto y clientelar. Exageran quienes quieren ver en el Consenso una suerte de conspiración imperial destinada a colonizar el emergente mercado latinoamericano. Sus defensores quisieron hacer más eficiente la economía latinoamericana adaptándola a sus requerimientos e intereses que, en el mejor de los casos, consideraban compatibles con el crecimiento económico de la región: desregulación del mercado, aplicación de estrictos programas de estabilización, apertura y liberalización del comercio internacional, ascetismo fiscal, facilidades para la colocación de recursos financieros, promoción indiscriminada de las privatizaciones.

Joseph Stiglitz, inconformista, arremete contra las políticas de ajuste estructural del FMI, las cuales fueron "diseñadas para ayudar a un país a ajustarse ante crisis y desequilibrios más permanentes, produjeron hambre y disturbios en muchos hogares e incluso cuando los resultados no fueron tan deplorables y consiguieron a duras penas algo de crecimiento durante un tiempo, muchas veces los beneficios se repartieron desproporcionadamente a favor de los más pudientes, mientras que los más pobres en ocasiones se hundían aún más en la miseria." (Stiglitz, 2002a).

La buena marcha de la economía latinoamericana no sólo era campo propicio para los emprendimientos estadounidenses, sino que además respondía lógicamente a legítimos intereses –potencialmente vulnerables– como el cobro de la deuda; baste decir en tal sentido que en 1982 el total prestado a la región por los bancos estadounidenses sobrepasaba en mucho (124%) el capital de los mismos. El apoyo irrestricto de Estados Unidos a las políticas de ajuste y austeridad, obviamente estaban relacionadas con su lógico interés de que los países latinoamericanos pagaran su deuda, en parte irresponsablemente contraída e imprudentemente otorgada (los petrodólares debían colocarse como fuera).

Diez años después de haber propuesto los términos del Consenso de Washington, John Williamson lamentaba que se le hubiera dado una connotación y alcance muy diferentes de lo que él creía era la opinión generalmente aceptada en Washington y se lo esgrimiera como símbolo del neoliberalismo, o como dijera George Soros (2008: 13)[51] del "fundamentalismo de mercado". Rechazaba que se lo usara como sinónimo de compromiso extremo y dogmático que un mercado omnipotente, por sí solo, pudiera determinar. Puso entonces énfasis en el logro, a través del Consenso, de una serie de objetivos relacionados con los niveles de crecimiento y advirtió tardíamente: "Es importante tener en cuenta la equidad porque no basta con incrementar los ingresos sino que han de estar bien repartidos".

El paradigma del desarrollo (CEPAL): 1980, la década "perdida"

Desde la CEPAL se había preanunciado el advenimiento de la "década perdida", la de 1980, que significó la liquidación del paradigma cepalino de desarrollo, el cual había influenciado en mayor o menor medida las estrategias de crecimiento durante las tres décadas anteriores. Tal modelo estaba asentado en el desarrollo desde adentro y en la substitución de importaciones en el contexto de un

---

[51]   "Lo que yo llamo una superburbuja [...] consiste en una tendencia actual, la expansión crediticia, y una concepción equivocada actual, el fundamentalismo del mercado (es decir, lo que en el siglo XIX se llamaba *laissez-faire*) que mantiene que debe darse rienda suelta a los mercados."

mercado regional o subregional integrado. Dinamizado por un proceso de industrialización substitutiva, propiciaba la creciente incorporación tecnológica para atenuar las relaciones asimétricas entre el centro y la periferia. El modelo de la CEPAL enaltecía el papel del Estado como institución pivote y bisagra articuladora entre los intereses privados y los requerimientos del bien común. Lamentablemente el Estado, como denuncia Enrique Iglesias,

> Fue fácilmente dominado por intereses particulares, entre otros, los de las agrupaciones o partidos políticos, grupos económicos, líderes militares, caudillos o dictadores, los cuales fortalecieron su poder político y económico por la vía del Estado. Eso explica también el carácter clientelista del empleo y de la gestión del gasto público por los regímenes autoritarios o semidemocráticos [...] En suma, el Estado que acompañó al paradigma cepalino fue omnipresente, centralista y cautivo (Iglesias, 2006).

El desmoronamiento de tal modelo, anárquico y desarticulado, favoreció la aceptación por parte de gobiernos y de amplios sectores de la sociedad civil del Consenso de Washington que, como se dijo, tenía el respaldo y los recursos del gobierno estadounidense, de los organismos financieros internacionales y de los todopoderosos fondos de inversiones estadounidenses.

Los ajustes estructurales impuestos por los seguidores del Consenso produjeron importantes logros macroeconómicos, aunque en última instancia no favorecieran a las minorías empobrecidas. La disciplina monetaria permitió reducir drásticamente la inflación en la mayoría de los países. La apertura comercial conllevó una drástica reducción arancelaria. El más responsable manejo fiscal redujo el déficit presupuestario a menos de la mitad (del 5% del Producto Interno Bruto al 2%). La deuda pública se contrajo también en más de la mitad.

Hubo un festival (en muchos casos irresponsable) de privatizaciones. Se vendieron al sector privado unas 800 empresas públicas lo cual, unido a una acentuada desregularización, brindó favorable espacio a empresas monopólicas u oligopólicas que vivían en un fácil mundo sin competencia. Las inversiones encontraron en la región, abierta y desregulada, gran campo propicio en el cual se movían con total libertad, acunados por las varias crisis internacionales (tequila, asiática, argentina). Pocos países adoptaron medidas de encaje u otras similares con respecto a los "capitales golondrina" no comprometidos con inversiones reales sino en especulaciones bursátiles. El movimiento irrestricto de capitales no resolvió los problemas de financiamiento del desarrollo e incentivó la irresponsabilidad de la mayoría de los países latinoamericanos que no quisieron contener las presiones de los colocadores de petrodólares y, con frecuencia, contrataron préstamos para financiar gastos y no inversiones reproductivas.

La apertura comercial con fuertes rebajas arancelarias para los productos industriales exportados por los países desarrollados y el mantenimiento por parte de ellos de altos subsidios a su producción agropecuaria, dificultó la colocación de la producción agrícola de los países en desarrollo, y tornó desequilibrado el rendimiento del comercio internacional. Importante materia pendiente que aún no ha podido resolver la Ronda de Doha.

Bajo la inspiración del Consenso de Washington, antiestatista y con proclividad neoliberal, –"Estado mínimo y mercado libre"– florecieron enclaves de prosperidad, y hubo importantes logros en la estabilización de la economía. En cambio, el desarrollo económico, el empleo y las condiciones sociales se deterioraron, con algunas excepciones en educación primaria, escolarización de las niñas o mortalidad infantil. Pero un tercio de la población siguió siendo pobre. La violencia se hizo cotidiana y América

Latina no dejó de tener el más alto grado de desigualdad del planeta. El neoliberalismo capitalista, eficiente, impuso una suerte de "darwinismo social". Y los más beneficiados fueron los más fuertes.

Más mercado, mejor Estado

En la segunda mitad de la década de 1990, surge en la región una lacerante conciencia acerca de la necesidad de impulsar el desarrollo social, no sólo promoviendo la educación y la salud en todos los niveles, sino también en una abierta lucha contra la pobreza y la inequidad. Fue momento de inflexión de esta creciente preocupación por la pobreza, la octava Reposición de Recursos del Banco Interamericano de Desarrollo, en 1995, cuyo capital superó así los 100.000 millones de dólares. En su Asamblea de Gobernadores, todos los países miembros, por unanimidad, decidieron cuáles deberían ser las áreas prioritarias de la futura acción del Banco: la primera fue la reducción de la pobreza y la promoción de la equidad social. Se estableció para ello que el 50% de las operaciones y el 40% de los recursos del BID fueran destinados a programas y proyectos sociales que promovieran la equidad y beneficiaran a los pobres. Otra área prioritaria fue contribuir a modernizar la acción del Estado para mejorar la efectividad y eficiencia del sector público.

Momento definitorio en la atención a la pobreza y la equidad y en el redescubrimiento de la importancia del Estado fue, también, la publicación del Informe Anual del Banco Mundial en 1997, que sorprendió a los gobiernos miembros y a la institución misma con sus planteamientos sociales y sus posiciones a favor de un cambio urgente. Se podría hablar de la refundación del Banco Mundial. La institución que junto con el FMI había sido la gran promotora del Consenso de Washington si no lo repudiaba, sí lo trascendía ampliamente y lo dejaba atrás. Las recurrentes crisis financieras (México, 1994; Brasil, 1999; Argentina, 2001) pusieron en evidencia que se necesitaba algo más que la austeridad fiscal, los reajustes y la liberalización de los mercados.

La conclusión más sensata por su ponderación y por su proyección es la declarada por el presidente de Chile Ricardo Lagos y por el presidente del BID, Enrique Iglesias, en un Seminario sobre el clima de inversiones en América Latina, celebrado en la primera semana de diciembre de 2003, en la sede del BID: las reformas recomendadas por el Consenso de Washington fueron necesarias pero no suficientes. Se requiere "más mercado y mejor Estado", sintetizó acertadamente Lagos.

Quizá no sea correcto hablar de un nuevo paradigma de desarrollo regional diferente del propuesto por la CEPAL y del Consenso de Washington. Se trata de mantener, con pragmatismo, lo mejor de ambos, en una síntesis superadora. "Paradigma incremental", así lo define Iglesias. En todo caso, es una diferente visión del proceso económico que busca crecimiento y desarrollo con equidad, con respecto al cual el Estado vuelve a ser protagonista importante (los acontecimientos del 11 de septiembre de 2001 reforzaron su función al poner énfasis en las medidas de seguridad en su más amplio espectro, impulsadas por el Estado). "El tema sobre el que debemos reflexionar es, por tanto, la noción del nuevo concepto de Estado, aprovechando las buenas y malas lecciones dejadas por su papel en los dos paradigmas anteriores", sostiene Iglesias (2006).

Redefinición del rol del Estado

Con el siglo XXI América Latina comienza a plantearse un nuevo modelo de desarrollo basado en la participación protagónica de todos los actores sociales, con un mercado eficiente y un Estado fuerte, articulador y promotor, fundado en la inclusión y en la más equitativa distribución de los bienes sociales.

Enrique Iglesias formula una propuesta superadora "incremental", no necesariamente antagónica, del decálogo del Consenso de Washington (Iglesias, 2006):

1. El Estado debe ser capaz de hacer viable la eficiencia del mercado.

2. El Estado debe impulsar la capacidad productiva.

3. El Estado tiene la responsabilidad de disminuir las desigualdades sociales porque debe velar por el bienestar de los desamparados.

4. El Estado debe encontrar nuevas formas de relacionamiento con la empresa privada.

5. No hay Estado eficiente con una sociedad civil débil o viceversa. El desarrollo requiere más Estado, más mercado y más sociedad civil. Las tres partes deben convivir y reforzarse mutuamente.

6. El Estado debe formular políticas de integración regional en colaboración con el sector privado. La integración es en sí misma un proceso de reforma del Estado.

7. El Estado debe apoyar el desarrollo de la tecnología, la investigación científica y la innovación, sin menoscabar la participación del sector privado en este campo.

8. El Estado debe promover un proceso permanente de reflexión que facilite aprovechar la globalización.

9. El Estado debe volver a promover el planeamiento a largo plazo, que requiere el análisis y la reflexión sobre el futuro.

10. El Estado debe promover los grandes consensos nacionales con y entre la empresa privada, los sindicatos y la sociedad civil.

También planteaba Enrique Iglesias la necesidad de generar una "Economía Política de lo posible". Alcanzar una suerte de consenso nacional en relación con los componentes básicos de un proyecto social actualizado, es quizás el desafío más importante de la sociedad latinoamericana en la mayoría de los países. Si no se da un grado importante de convergencia sobre los temas fundamentales de la economía y de la sociedad, la inserción en el mundo global, a través de mecanismos regionales, no será fructífera. Para que lo sea se requiere unidad de propósito, continuidad en el esfuerzo, metas permanentes compartidas. Los latinoamericanos son, en muchos casos, países en lucha consigo mismos. Se exceptúa Chile donde, hasta la reciente elección presidencial ganada por Sebastián Piñera, gobernó una "concertación" en la que comulgaron socialistas con demócrata cristianos, empresarios y sindicalistas, abierta en sus coincidencias básicas a la derecha progresista que ahora triunfó en la contienda electoral. Brasil, en gran medida Costa Rica, y quizás Uruguay, avanzan organizándose en torno de ese proyecto social común. En los demás países no se consolida todavía ese acuerdo básico que permita ir concretando, paulatinamente, a pesar de las convenientes divergencias tácticas, la gran estrategia de la nación.

Venezuela es ejemplo de desencuentro, de polarización, de país dividido en dos; un gobierno con apoyo popular que intenta conformar al Estado Socialista (en realidad, neocomunista), y la otra casi mitad del país que repudia tal proyecto; entre ambos "mundos" los consensos son mínimos y endebles, si es que los hay. Y, sin ellos, no hay nación, si por tal se entiende unidad de origen y destino.

Junto con la recuperación del papel protagónico del Estado, Enrique Iglesias subraya:

> Su reforma es realizable sólo a través de ajustes incrementales, que sean concebidos desde la economía política de lo posible. La realidad demuestra que son las ideas y no las ideologías las que permiten avanzar paulatinamente en la solución de los problemas. Eso afecta también el diseño del Estado, en que no hay muchas opciones viables unidas a banderas de diverso color, sino espacios de cambios gra-

duales, normalmente transversales, que requieren grandes
consensos y apoyos de la sociedad en su conjunto (Iglesias,
2006).

Sin esos grandes consensos será difícil que la región,
que goza de un ciclo de revalorización de sus *commodities* (petróleo, soja, maíz, cobre, vacas), pueda insertarse
creadoramente en un mundo globalizado, propulsada no
tanto por las ventajas comparativas que graciosamente dio
la Naturaleza, sino por las ventajas competitivas que tienen
fundamento en el valor agregado que les dan el conocimiento a través de la investigación y el desarrollo. Mientras
tal no acontezca las economías latinoamericanas seguirán
siendo, en gran medida, vulnerables y dependientes, y
nuestras sociedades remedos de comunidad organizada.

Más allá del Estado-centrismo

Oswaldo Sunkel, cepalino de primera hora, estrecho
colaborador de Raúl Prebisch, considera que en el escenario
económico y social de la región está ocurriendo un fundamental cambio estructural debido a las nuevas funciones
que comienza a cumplir el Estado. Se necesita la acción
pública del Estado porque, calmado el tsunami neoliberal,
se requieren importantes correcciones en el modelo de
mercado. "Hay bienes públicos y funciones públicas que
no satisface el mercado y que no es bueno que volvamos
a recurrir al Estado para que las satisfaga." (Sunkel, 2005).
Para llenar ese vacío entre la inacción del mercado y el
Estado-centrismo de las décadas de 1940 a 1970, desme-
surado, centralista, burocrático, concentrado y único referente, propone la creación de "alguna institucionalidad
que podríamos llamar un sector público no estatal [...] Hay
que imaginar y crear instituciones que cumplen funciones
públicas pero que no son necesariamente estatales." Y a
modo de ejemplo de tal institucionalidad, menciona dos

casos de gestión pública no estatal en Venezuela: la Misión "Barrio Adentro", que procura satisfacer la necesidad de atención médica primaria que no cumplen ni el mercado que busca utilidad, ni el Estado burocrático, clientelar, ineficiente. La otra mención, en el contexto venezolano, son las "Mesas Técnicas del Agua" y su relación de apoyo, control y supervisión directa a nivel local con respecto a Hidrocapital.

Un sector público no estatal puede estar constituido por empresas privadas, cooperativas y la comunidad organizada interesada en que la empresa pública preste sus servicios eficientemente. El rol del Estado debe ser de apoyo para que las instituciones de bien público no estatales puedan participar activamente e influir para que la empresa estatal cumpla su función. La inclusión de las personas y de la comunidad en la gestión pública les confiere sentido de responsabilidad y les brinda un protagonismo que beneficia al bien común del barrio o la localidad. Sunkel apunta a una realidad que está adquiriendo peso en el quehacer democrático de América Latina y que, además de coadyuvar concretamente al Estado, brinda a su gestión transparencia y conocimiento de la realidad local. Revolución pacífica que podría enriquecer el quehacer del Estado y democratizar su gestión en beneficio de la economía y la sociedad de América Latina. Lamentablemente, su mediatización política puede convertirlas en fuentes del clientelismo.

El saludable debate sobre el rol del Estado con respecto al bien común está muy lejos de haberse agotado. La praxis política está abriendo caminos no sospechados a su ámbito de acción y a su relación funcional con otros agentes sociales.

> Pasada la ola del ajuste estructural y las políticas pro mercado que estigmatizaron el papel del Estado, en América Latina se ha abierto un nuevo ciclo en que el sector público comienza a adquirir otra entidad, tanto en el plano valorativo-

ideológico, como en su práctica concreta. Sin embargo, esta transformación es aún incipiente y dispareja en cada Estado Nacional de la región, y no encuentra soportes teóricos lo suficientemente avanzados como para leer su real significación y apuntalar las políticas futuras (Thwaites Rey, 2008).

Y no obstante las limitaciones y acotaciones que los procesos de integración y globalización imponen al accionar del estado Nacional, "las experiencias recientes en América Latina (en Argentina, Bolivia, Brasil y Venezuela) muestran que el rango de posibilidades de acción del sector público es bastante más amplio que lo que el discurso neoliberal acuñó en los noventa".

El "ciudadano-centrismo"

Si el "mercado-centrismo" se enfrentó por décadas con el "Estado-centrismo", la aparición de un "Estado público no estatal", propiciado por Sunkel, parece inaugurar la presencia un tercer actor: el "ciudadano-centrismo", que revitaliza el rol de la ciudadanía, individualmente o a través de asociaciones civiles, en la definición de las prioridades sociales y en su implementación. Con el estruendo de las cacerolas los argentinos derrocaron a cinco presidentes en una semana; esa sonora prolongación del voto, aun en sus formas más primitivas, anárquicas y desaforadas (manifestaciones abusivas de "piqueteros", por ejemplo) comienzan a ser formas inorgánicas, no institucionalizadas, de efectiva participación ciudadana sobre todo en los asuntos barriales, municipales y provinciales. Es el ejercicio de una democracia participativa que hace oír la voz de importantes minorías –o mayorías– que podrían balancear, por una parte, los excesos del mercado que benefician a los grandes monopolios u oligopolios, o a los intereses corporativos que absorben una porción desmedida de las utilidades. Y, por otra, podrían equilibrar el clientelismo de la gestión gubernamental, sobre todo en los Estados centralizadores y autoritarios, dominados por intereses particulares o por la voluntad omnímoda de un caudillo personalista, como denunció, más arriba, Enrique Iglesias.

La Ronda de Doha: comienzos del nuevo milenio

En la tercera semana de junio de 2007 se reunió el llamado G-4 de la Ronda de Doha integrado por la UE y Estados Unidos en representación de los países desarrollados y Brasil e India de los países en desarrollo. A las pocas horas de discusión el diálogo se canceló, con acusaciones mutuas de intransigencia. El fracaso de la Ronda de Doha significa que el comercio Norte-Sur de mercaderías y de servicios seguirá limitado, hasta que se logre una conciliación de intereses en el seno de la Organización Mundial de Comercio o fuera de ella. Brasil e India plantean que la apertura que los países en desarrollo podrían hacer en materia de importación de bienes industriales y servicios provenientes de Europa y de Estados Unidos, principalmente, debe hacerse simultáneamente con el mayor acceso de los países en desarrollo a los mercados agrícolas de los países ricos. Para unos 50 países en desarrollo la exportación de productos agrícolas constituye un tercio del total de sus exportaciones y en muchos de ellos ese porcentaje llega a la mitad de su comercio exterior. Si no venden en el exterior –en los países más ricos– los productos que con su esfuerzo extraen de la tierra, millones de pobres se quedan sin trabajo y no pueden importar bienes esenciales que no producen.

Además de las altas barreras arancelarias que dificultan el ingreso en los países desarrollados de mercancías agrícolas producidas por los pobres, los países industrializados, especialmente la Unión Europea y Estados Unidos, otorgan subsidios de más de mil millones diarios a sus productores agrícolas lo cual baja los precios internacionales de muchos productos básicos. Por ello la Ronda de Doha, de la Organización Mundial del Comercio, inició en 2001 conversaciones para liberalizar el comercio agrícola, tema pendiente de la Ronda Uruguay. Los tres temas más importantes sobre el acceso de la producción agrícola a los países desarrollados son el acceso a sus mercados, los subsidios que los Estados pagan a los agricultores, y la competencia de las exportaciones.

En cuanto al acceso a los mercados, los países en desarrollo atacan la imposición de tarifas arancelarias muy elevadas en varios productos como los ganaderos, el arroz y el azúcar que superan el 100%, con lo cual esas tarifas se convierten en barreras insalvables. Sumado a ello se da la progresividad arancelaria, de acuerdo con la cual se gravan de manera creciente los productos agropecuarios elaborados. Además, reforzando las limitaciones o impedimentos mencionados, el establecimiento de contingentes arancelarios por los cuales si el volumen exportado sobrepasa cierta cantidad que ingresa con tarifas inferiores, esas tarifas se elevan. En la Unión Europea casi el 40% de la producción agrícola de los países pobres está sujeta a contingentes arancelarios, en Europa Oriental se eleva al 50%, en Estados Unidos es del 25% y del 12% en Japón. Así los predicadores del libre comercio penalizan a los productores de los países pobres si producen más y si producen bien. Es la imposición del "comercialismo" como forma de dominación casi colonial.

En el fondo, este problema no es técnicamente arancelario, ni simplemente económico. Para Francia y Estados Unidos, por ejemplo, los multimillonarios subsidios que otorgan a sus agricultores conforman un hecho político, con directas consecuencias electorales. Es problema de votos, cualquiera sea el partido que esté en el poder. Al respecto interesa citar las palabras del ex director gerente del FMI, Rodrigo Rato:

> La Unión Europea y sus miembros gastan cerca de 40.000 millones de euros anuales en asistencia a los países en desarrollo, pero también gastan 60.000 millones de euros en subvenciones agrícolas. Estas subvenciones, y en general las distorsiones de los mercados agrícolas, hacen mucho daño a la mayoría de los países en desarrollo y desvirtúan algunos de los efectos beneficiosos de la ayuda. Casi las tres cuartas partes de la población pobre del mundo vive en zonas rurales y la mayoría depende de la actividad agropecuaria, y gran parte de esta población estaría mucho mejor si pudiera vender sus productos más libremente en el mercado mundial. ¿Qué sentido tiene que la UE entregue dinero con una mano y se lo lleve con la otra? (Rato, 2005).

Según el Fondo Monetario Internacional no es esperable que las negociaciones acerca del acceso a los mercados de bienes agrícolas y no agrícolas tengan avances importantes en el futuro cercano. Sin embargo, en la Tercera Cumbre del G-20 de Pittsburgh, en septiembre de 2009, Estados Unidos se comprometió a concluir con éxito la Ronda de Doha en 2010 y el presidente Lula da Silva está realizando gestiones en tal sentido.

2. La pobreza es derrotable

Nelson Mandela (2006) proclamó, con fe: "Al igual que la esclavitud y el *apartheid*, la pobreza no es un estado natural. Es obra de los hombres y puede ser superada y erradicada por la acción de los seres humanos". Los pueblos, los gobernantes, parecen haberse acostumbrado a convivir con la pobreza y la miseria. Ambas podrán reducirse en gran medida y hasta desaparecer en América Latina, si en los próximos treinta o cincuenta años los agentes de cambio (gobiernos, sociedad civil, organismos internacionales) hacen de ella una prioridad importante y facilitan la concreción de tres condiciones básicas: primera, que los pobres participen activamente en el diseño, ejecución y control de las medidas que se adopten (que se oiga su voz) para superar la pobreza. Segunda, que asuman obligaciones y responsabilidades concretas en la implementación de las políticas distributivas que los favorecen. No deben ser clientes pasivos de un gobierno, sino agentes conscientes de su propia superación. Tercera, se les debe asegurar el acceso a la educación de calidad en todos los niveles (primaria, secundaria y superior), la salud y la previsión social. Se sigue confiando en que la educación universal y gratuita, con niveles de excelencia en los tres escalones, rigurosa pero sin más requisitos que la idoneidad, acelerará la movilidad social vertical y en dos o tres generaciones permitirá construir una sociedad mucho más igualitaria.

Educación excelente para los pobres (no una pobre educación universalizada) será la gran revolución que, en su solidaridad, anulará la polarización entre ricos y pobres. No es tarea fácil, pero sí es posible. Los países nórdicos europeos consiguieron algo muy próximo a este sueño. Ya lo dijo Dahredorf (1995): "Alcanzar al mismo tiempo crecimiento, cohesión y libertad, puede ser difícil, puede incluso implicar la cuadratura del círculo, lo que, por supuesto, no puede hacerse de manera perfecta; pero podemos acercarnos a ello".

Chile, Costa Rica, Uruguay, que no son los países más poderosos de la región, van camino de lograr la meta en que se refuerzan mutuamente crecimiento, cohesión y libertad. No se alcanzará en pocos meses o años. Hacer que nuestras economías no sean tan dependientes, tan vulnerables y sí más interdependientes, productivas y más inteligentes (mayor valor agregado, más ciencia y tecnología). Conseguir que las sociedades, si no más justas, sean, por lo menos, más incluyentes, donde si prosperan los ricos lo hagan también los muy pobres. Son objetivos que requieren tiempo y constancia. Acelerar forzadamente estos procesos puede abortarlos.

La revolución propuesta implica una renovación acelerada de todas las estructuras, que propicie la excelencia y no sólo la masificación (vale la pena insistir en esto). Sus logros serán necesariamente paulatinos. No hay lugar para el exitismo engañoso ni para el facilismo populista. La impaciencia es enemiga del cambio profundo como lo prueban los penosos resultados que comienza a exhibir la "revolución" bolivariana a comienzos de 2010. Para eliminar la pobreza extrema y reducir la inequidad "veinte años no es nada", siempre que la eficiencia se traduzca en cambios efectivos y duraderos.

Desde el año 2002 los países de América Latina y el Caribe vienen reforzando y ampliando diversos programas dirigidos a reducir la pobreza y la indigencia y, sobre todo, para atenuar la desigualdad. No obstante los notorios adelantos, las políticas no han sido tan eficientes como se esperaba. El Instituto para el Desarrollo Social de la Argentina (IDESA) explica las razones por las cuales las estrategias ensayadas en Europa desde el Estado, para lograr mayor igualdad social fueron más exitosas allí:

La equidad no emerge de un proceso espontáneo ni de cualquier forma de intervención del Estado; surge de un buen diseño y administración del sistema tributario y de que en la asignación del gasto público la prioridad sean las familias de bajos recursos, no las corporaciones, la corrupción y el clientelismo político. También, buenas regulaciones que apuntan a mejorar la competencia y la transparencia ponen límites a los intereses corporativos, disminuyendo la polarización en la distribución de la riqueza a favor de los ricos.

Hasta el primer semestre de 2008, hubo progresos importantes en la lucha por superar la pobreza en el mundo:

- Aunque la pobreza afecta aún al 36% de la población mundial, por vez primera desde 1990 el número de pobres se sitúa por debajo de los 2.000 millones, incluso a pesar del aumento demográfico.

- En 2006, en América Latina, unos 15 millones de personas dejaron de ser pobres y 10 millones evadieron la indigencia (CEPAL, 2007c).

- En 2007 el total de pobres en la región era de 194 millones de personas, de las cuales 71 millones vivían en la indigencia. En cuatro años –2002 al 2006– la pobreza extrema se redujo en 30%.

- Tal progreso se debió fundamentalmente al alto crecimiento económico (5,6% en 2007) que contribuyó a mejorar la oferta de empleos.

- Se debió también al mantenimiento y ampliación de programas sociales a los cuales se dedicaron crecientes recursos financieros;

- en algunos países las remesas enviadas por emigrantes contribuyeron de manera importante en este adelanto.

- Entre 2002 y 2006 Argentina y Venezuela tuvieron un comportamiento excepcional; el primero redujo la tasa de pobreza casi un 25% y la de indigencia cerca de 14%.

- Venezuela disminuyó la pobreza en más del 18% y la indigencia en 12,3%.

- Los siguen Perú, Chile, Ecuador, Honduras y México que, en igual lapso, lograron un descenso en la pobreza de más del 5%.

- Brasil experimentó un descenso menor de la pobreza (4,2%).

- Uruguay no ha podido recuperar el nivel de pobreza que tenía en el 2002.

Como puede apreciarse en el cuadro que sigue, la magnitud de la pobreza extrema varía de un país a otro: en Bolivia, Guatemala, Honduras, Nicaragua y Paraguay afecta a más del 30% de la población; en Uruguay, Costa Rica y Argentina la pobreza extrema no alcanza al 10%. En Brasil no supera el 11% y en México, el 12%. En Panamá y Venezuela ronda el 15% (este último tuvo un fuerte descenso de la indigencia entre los años 2005 y 2007). Colombia, El Salvador y Perú tienen cerca de 20% de población extremadamente pobre. "Nuestra proyección –afirmaba José Luis Machinea, secretario ejecutivo de la CEPAL– es que se seguirá reduciendo la pobreza, mientras la economía siga creciendo al ritmo actual (4,5% anual). Hacia el año 2006 las perspectivas lucían esperanzadoras en el corto y mediano plazos" (Machinea, 2007a); la crisis global, como se vio en el Capítulo III de este trabajo, obligó a morigerar tales expectativas.

Tasas de pobreza (%)
2003-2006

	Pobreza extrema	Pobreza total
Argentina (2005)	9,1	26,0
Bolivia (2004)	34,7	63,9
Brasil (2005)	10,6	36,3
Chile (2006)	3,2	13,7
Colombia (2005)	20,2	46,8
Costa Rica (2005)	7,0	21,1
Rep. Dominicana (2005)	24,6	47,5
Ecuador (2005)	17,1	45,2
El Salvador (2004)	19,0	47,5
Guatemala (n/a)	30,9	n/a
Honduras (2003)	53,9	74,8
México (2005)	11,7	35,5
Nicaragua (n/a)	42,3	n/a
Panamá (2005)	15,7	33,0
Paraguay (2005)	32,1	60,5
Perú (2004)	18,6	51,1
Uruguay (2005)	4,1	18,8
Venezuela (2005)	15,9	37,1

Fuente: "*Latin America: Poverty, Inequality Challenges remain*", Informe del *Think Tank* de *The Economist*.

Los datos anteriores sugieren algunas reflexiones. ¿Por qué razones el porcentaje de pobres con respecto a su población era mayor o menor en algunos países que en otros? ¿Por qué había menos pobres en relación con su población en Uruguay, país pequeño, que en su vecino, el gigante Brasil, la sexta economía del mundo y la de mayor extensión territorial de la región? Las diferencias de las tasas de indigencia que se observan entre países se relacionan estrechamente con diversas variables económicas y sociales, tales como el Producto Interno Bruto por habitante, el promedio de años de estudio, el tamaño medio del hogar o la tasa global de fecundidad, entre otras. A manera de ilustración, en Chile, Costa Rica y Uruguay –los países con las menores incidencias de pobreza extrema–, el tamaño de los hogares es inferior a cuatro personas y la tasa global de fecundidad está por debajo de 2,5. En cambio, en algunos países con las mayores incidencias de pobreza como Guatemala, Honduras, Nicaragua y Paraguay, el tamaño medio del hogar se acerca a los seis miembros y la tasa global de fecundidad a 3,5 o más (ONU, 2005: 28-29).

Porque los hambrientos no pueden esperar algunos gobiernos buscan diseñar e implementar programas que produzcan resultados efectivos con la urgencia requerida. Para el Banco Mundial, aunque los programas de transferencia directa condicionada hacen una "contribución marginal", los respalda ampliamente. La afirmación es discutible. El estudio regional de América Latina, elaborado por el Banco Mundial (Lindert, 2006), encontró que los destinatarios de las transferencias condicionales de efectivo tienden a ser los adecuados y dichas transferencias hacen una contribución importante al bienestar social, y superan no sólo los planes de seguridad social, sino también la mayoría de los planes de asistencia social existentes (Perry, *et al.*, 2006). Una característica, en gran medida innovadora, de los Programas de Transferencias

Condicionadas (PTC), es que quiebran las barreras del trabajo informal que comprende a casi la mitad de los trabajadores de América Latina. A ellos no los protege la seguridad social: no están registrados ni aportan contribuciones. La informalidad laboral es una de las más importantes causas de la exclusión y de la persistencia de la pobreza. Las transferencias directas la esquivan. La eficiencia, transparencia y constante evaluación del manejo de los programas reducen al mínimo sus deficiencias y convierten a las redes de protección en eficientes iniciativas desde el punto de vista de su costo y beneficio.

En los Programas de Transferencia Condicionada de efectivo bien manejados, la asistencia y la seguridad social llegan directamente a los pobres y en muchos casos a hogares que dependen de un trabajador que se desempeña en el sector informal. La entrega del dinero a las madres de la familia está condicionada a que los niños permanezcan en la escuela y asistan regularmente a los servicios de salud. Con ello se enriquece el capital humano y se acorta la desigualdad en el acceso a tales servicios. "La idea central de estas redes es que no se trata de asistencialismo puro, sino de un compromiso del Estado para subsanar el incumplimiento previo de tareas constitucionales que le competen. Las políticas antipobreza buscan asegurar la cohesión social; la idea es que las personas se sientan partícipes de un proyecto único por el que vale la pena luchar." (Paz *et al.*, 2004).

Programas de transferencia condicionada de
ingreso en América Latina y el Caribe

Países	Año	Nombre
México	1997	Progresa-Oportunidades
Brasil	1997	PGRM; *Bolsa Escola* (22001); *Bolsa Alimentaçao* (2003); *Bolsa Familia* (desde octubre 2003)

Países	Año	Nombre
Nicaragua	2000	"Mi Familia"
Colombia	2001	"Familias en Acción"
Ecuador	2001	Bono Solidaridad-Bono de Desarrollo Solidario
Argentina	2001	Jefes y Jefas de Familia
Chile	2002	"Chile Solidario"
El Salvador	2002	"Oportunidades" (Red de Protección Social)
Uruguay	2005	"Ingreso Solidario"
Paraguay	2005	Tekoporá (piloto); Ñopytyvo (en la región Chaco)
Rep. Dominicana	2005	"Solidaridad"
Perú	2005	"Juntos"
Panamá	2006	Red de Oportunidades

Fuente: FONSECA, Ana. *Los sistemas…*, PNUD, 2006.

En noviembre de 2009 los Programas de Transferencia Condicionada funcionaban en diecisiete países de la región, beneficiaban a más de 22 millones de familias (unos 100 millones de personas) que constituían el 17% de la población de América Latina y el Caribe. No obstante, los PTC sólo significaban 2,3% del gasto público social total y el 0,25% del PIB de la región.

Uno de los aciertos de los PTC es que combinan objetivos de muy corto plazo con otros de cumplimiento muy dilatado. Así, la contribución en efectivo, que reciben hogares pobres, aumenta de inmediato su capacidad de consumo (de alimentos, en primer lugar) con lo cual mitiga –si no supera– los niveles de pobreza y, al mismo tiempo, robustece el capital humano de sus hijos quienes tendrán mayores posibilidades de empleo decente gracias a las obligaciones que la familia recipiente acepta en cuanto a educación y salud. Con ello se corta la reproducción de la pobreza de una generación a otra. Hijo de pobres, él podrá no serlo porque está comprometido a beneficiarse con mejores oportunidades de educación y de salud. Por otra parte importa destacar que los PTC no resultan afectados por la volatilidad del mercado de trabajo. Aunque sus padres pierdan los empleos, la familia sigue recibiendo las transferencias monetarias, hecho significativo en una región en que el desempleo alcanza casi el 9% de la fuerza laboral y la mitad de la cual se desempeña en el sector informal.

Brasil: Bolsa Escola

Brasil es uno de los países de la región con más altas tasas de trabajo infantil; sólo lo superan Haití y Guatemala. En 1998 de los 43 millones de niños de entre 5 y 17 años, unos 8 millones trabajaban. La baja inscripción en escuelas primarias y la deserción explican que más del 20% de los niños de entre 10 y 14 años sean analfabetos. En procura de reducir la pobreza, atacando simultáneamente el trabajo infantil y la baja escolaridad de los niños indigentes, en 1995, el entonces rector de la Universidad de Brasilia, Cristovam Buarque planteó la conveniencia de crear el programa y lo puso en práctica siendo Gobernador de Brasilia en 1997. Buarque, ingeniero doctorado en economía en la Sorbona, funcionario del BID, cristiano progresista, senador y primer ministro de Educación del presidente Lula da Silva (y primo de Chico Buarque) apuesta por una revolución socialista pero introdujo precisiones:

> Si todos tuvieran autos, no habría espacio para andar en ellos... falló la idea de la igualdad plena. Hay que diferenciar los bienes esenciales de los superfluos. En relación con los bienes esenciales tenemos que buscar la igualdad para todos; los bienes superfluos pueden quedar librados a la lógica del mercado. Entre los esenciales están la comida, la salud, la educación y una vivienda digna. No todos

necesitan tener auto, pero sí un transporte público digno (Buarque, 2010).

El programa consiste en subvencionar a las familias que se responsabilizan para que sus hijos asistan a clases por lo menos el 85% del calendario escolar. Si la asistencia decae, la subvención se termina. Lo que se pretende es lograr la permanencia del escolar y no su mera inscripción. Para ser beneficiarios del programa las familias deben tener un ingreso inferior a los 30 dólares mensuales –indigencia– y los hijos de entre 5 y 15 años a quienes se asiste, deben concurrir a la escuela y recibir atención médica periódica. El objetivo del programa es aminorar las dificultades económicas de familias indigentes para que no se vean obligadas a sacar a sus hijos de la escuela a fin de que obtengan algún ingreso. "Si los niños no estudian porque sus familias son pobres, paguemos a sus familias para que los niños estudien". La transferencia en efectivo se hace directamente a las familias mediante una tarjeta bancaria magnética que puede ser utilizada en otros tipos de programas de protección social, seguros, subvenciones, beneficios o auxilios focalizados en las familias más pobres. El subsidio que reciben por la permanencia de los niños en la escuela no está relacionado con gastos. Las familias reciben hasta unos 20 dólares por mes, suma que, aun siendo exigua, en muchos casos representa el 50% de los ingresos normales. Las escuelas controlan la asistencia de los niños y están obligadas a informar al órgano responsable del programa en el municipio. Según la Organización Internacional del Trabajo, en Brasil el servicio doméstico de niños, niñas y jóvenes se redujo en los últimos diez años en un 54%.

El programa *Bolsa Escola* fue evaluado y recomendado por el Banco Interamericano de Desarrollo, UNESCO, Banco Mundial, Organización Internacional del Trabajo,

UNICEF y el propio secretario general de las Naciones Unidas. Actualmente este programa se está aplicando, con éxito, en varios países, especialmente en África. En enero de 2004 el gobierno del presidente Lula da Silva puso en marcha el programa *Bolsa Familia* que procura unificar todos los programas que, como *Bolsa Escola*, promueven beneficios sociales (salud, alimentación, educación y asistencia social) para las familias indigentes. *Bolsa Familia* otorga subsidios por un máximo de 45 dólares mensuales a familias indigentes con hijos hasta de quince años que asistan a la escuela y beneficia a mujeres embarazadas y nodrizas.

La *Bolsa Familia* que funciona en 7.000 municipios, atiende a 12.000.000 de familias pobres, 44 millones de personas. En 2006 se invirtieron en el programa unos 4.000 millones de dólares (0,5% del Producto Interno Bruto). Al tomar posesión de su primer gobierno, en enero de 2003, el presidente oficializó su Plan "Hambre 0" y declaró que acabar con el hambre de los brasileños sería la gran misión de su gobierno. El objetivo: que todas las personas puedan comer tres veces por día. La crítica fundamental a este Plan es que sólo procura alimentar a los pobres, sin mejorar sus condiciones de vida. Asistencia sin transformación. Distribución de unos 17 dólares al mes por familia para la compra de alimentos. El hambre se puede mitigar momentáneamente, pero regresa pocas horas después de ser saciada. Si no se atacan las causas estructurales que la producen, la vulnerabilidad y la dependencia de los beneficiarios es permanente. El gobierno asegura, empero, que el Plan combina la emergencia con lo estructural, y que a través de la educación, la salud y la generación de empleos derrotará al hambre y la pobreza. Desde 2003 se crearon 9 millones de puestos de trabajo y disminuyó notablemente la gran desigualdad social.

Naciones Unidas califica como "resultados sorprendentes" los alcanzados por el programa *Bolsa Familia* (ONU-PNUD, 2007):

- El programa beneficia a 100% de las familias que viven por debajo del umbral oficial de pobreza de CR$ 120 al mes [unos US$ 60], 73% de las transferencias van destinadas a las familias más pobres y 94% beneficia a las familias de los dos quintiles inferiores de la distribución del ingreso.

- El programa es responsable de casi el 25% de la brusca reducción de la desigualdad en el país y de 16% de la disminución de la pobreza extrema.

- El programa también ha mejorado las tasas de matriculación escolar. Los estudios muestran que se espera que 60% de los niños entre 10 y 15 años que actualmente no asisten a la escuela se matricularán como resultado de este programa. Además. las tasas de deserción han caído en 8%.

- Entre los logros más marcados del programa está el impacto en la nutrición. La incidencia de la desnutrición en los niños entre seis y once meses fue inferior en 60% en los hogares pobres que participaron del programa de nutrición.

- La administración de Bolsa Familia ha respaldado la potenciación de las mujeres ya que ellas también han podido acceder a los beneficios.

México: "Oportunidades"

Es programa federal, iniciado en 1997, con el objetivo de aumentar el capital humano a través de transferencia condicionadas de dinero a las familias más pobres, mediante acciones coordinadas en el campo de la educación, salud y nutrición. Comenzó concentrándose en las áreas rurales (las más pobres) y posteriormente se extendió a las zonas urbanas. A fines de 2003 el Programa había beneficiado a 4.200.000 familias rurales y urbanas. Concentra, aproximadamente, la mitad de los recursos federales destinados a proyectos que combaten la pobreza.

En cuanto a educación, se ayuda a las familias cuyos hijos cursen, hasta la edad de veintidós años, estudios primarios o secundarios. Los valores de la ayuda aumentan en proporción directa al grado de escolaridad. En el área de la salud, el otorgamiento de recursos está asociado a consultas médicas, participación en actividades educacionales con respecto a la eliminación de malos hábitos (alcoholismo, fumar, etc.) parto, crianza. En lo referente a nutrición se procura aumentar y mejorar los alimentos de los niños de cuatro meses a dos años, sistematizar la atención de mujeres embarazadas y nodrizas, y la alimentación de los niños entre 2 y 4 años, incluyendo la distribución de suplementos alimentarios.

Todas las evaluaciones externas realizadas a este programa están contestes en su eficiencia y transparencia en el manejo de los recursos. Desde el año de su establecimiento (1997) fue responsable por el aumento de más del 20% en la escolaridad de las niñas y en un 10% de los varones; la incidencia de las enfermedades fue menor en un 11% entre los niños beneficiados que entre los no beneficiados. La mortalidad materna bajó en un 11% y la mortalidad infantil en un 2%. Se aumentó en un 16% el índice de crecimiento anual de los niños entre 12 y 36 meses de edad.

"Chile Solidario"

Los esfuerzos perseverantes efectuados en Chile por reducir la pobreza en las últimas dos décadas, dieron excelentes resultados: la pobreza bajó de 39 al 21% y la indigencia del 13 al 6%. Sin embargo, en el año 2000, existían 225.000 familias que no habían sido beneficiadas, no obstante los esfuerzos de focalización de las políticas.

La estrategia de "Chile Solidario" es de carácter integral e intersectorial: está focalizado en familias de extrema pobreza; la familia es la unidad de acción del programa.

Cubre siete ámbitos: documentación, salud, educación, apoyo familiar, vivienda, trabajo e ingresos; opera en 322 municipios a través de los cuales funciona localmente con una fuerte participación ciudadana en el diseño, ejecución y seguimiento de los programas.

Según el Banco Mundial, "si se diseñan bien y se integran planes de expansión de los servicios básicos que lleguen a los más pobres, estas transferencias condicionadas en efectivo pueden sentar las bases para desarrollar una protección social y un sistema de gestión de riesgos realmente progresivo en América Latina." (Walton, 2003). Más que aumentar los recursos disponibles para el desarrollo social, se requiere un cambio de actitud mental ante la pobreza y una gran dosis de imaginación para concretar nuevos instrumentos eficientes en la lucha contra ella. Imaginativos programas que brindan protección social a los trabajadores informales y a sus familias significarían importante progreso.

Sí, la pobreza se puede derrotar; lo han demostrado programas como los mencionados de transferencia directa de dinero y experiencias ejemplares de emprendimientos comunitarios como la Villa El Salvador, que surgió en Perú, en medio de un arenal, con la construcción de escuelas, hospitales, mercados, plazas, viviendas edificadas por sus habitantes indígenas. Los únicos recursos de que disponían eran sus manos y la voluntad de construir un sueño colectivo que ha recibido los más altos galardones internacionales. La pobreza, asimismo, ha sido derrotada en ámbitos más dilatados que superan la vecindad comunal convertida en solidaridad. Chile también es ejemplo: en menos de quince años, con gobiernos democráticos de distinto signo ideológico –socialcristianos y socialistas–, coordinados en un básico consenso social que se concreta en proyecto nacional compartido, rebaja la pobreza del 39% –que legó Pinochet–, al actual 16%. La gran esperanza es que las políticas públicas en materia de educación, salud, empleo, crédito, infraestructura, canalicen proporciones adecuadas de la renta nacional para acercarnos al ideal de la igualdad de oportunidades para todos.

Aún no se ha acabado la paciencia de los pobres, pero como dice el mexicano Carlos Fuentes: "En América Latina se han agotado los pretextos para justificar la pobreza." (Fuentes, 1991).

Capítulo VII
Venezuela: lucha contra la pobreza

Las misiones son el principal instrumento creado por el gobierno del presidente Hugo Chávez para luchar contra la pobreza. En su campaña electoral, en 1998, el entonces candidato (cuyo programa de gobierno, en sus aspectos fundamentales, está resultando mucho menos improvisado que lo que algunos creían) anticipó que su gestión se caracterizaría por la fórmula: "Dos moléculas de política social y una de política económica". Esta preeminencia de lo social sobre lo económico se contrapone al viejo apotegma según el cual "la mejor política social es una buena política económica".

Las misiones constituyen el original instrumento articulador de la preocupación social como centro de una "nueva" democracia en que los pobres, por vez primera en la historia venezolana, se sienten protagonistas y cuya coparticipación en la solución de los problemas comunitarios los vincula e inserta, según lo viven ellos, en un "proceso" político-social –¡y electoral!– del cual se sienten parte.

Las misiones y los consejos comunales, seguramente los aciertos más cabales e innovadores en la estrategia política del presidente Chávez, son los vehículos que, por encima de toda estructura burocrática y presupuestaria, ponen al mandatario en relación directa con "sus" pobres. Constituyen una suerte de gobierno paralelo. Las misiones, como dice la Organización Panamericana de la Salud (2006a: 2), plantean una nueva forma de relación entre el gobierno y los ciudadanos en la cual éste asume, en la persona del presidente Chávez y al margen de las instituciones gubernamentales existentes: Ministerios de Educación, de Salud, etc., la garantía de los derechos sociales.

Y los consejos comunales intentan ser la máxima expresión de la descentralización administrativa y política, aunque pueden convertirse en el último eslabón de una cadena de clientelismo que une las periferias con el centro que las financia y controla. Se supone que en los Consejos los ciudadanos, habitantes de las comunas, diseñan los proyectos, los ejecutan, supervisan su financiamiento y evalúan sus resultados con prescindencia –dentro de lo posible– de gentes ajenas a la comunidad. Y sobre todo de políticos y burócratas por lo general malavenidos o abiertamente rechazados. Es el "empoderamiento" del pueblo, su elevación a la categoría de ciudadanos, la superación de la exclusión y la marginalidad.

1. Las misiones

Las misiones comenzaron a ser establecidas por el gobierno en 2003 como herramientas paraestatales destinadas a atender las necesidades básicas –alimentación, vivienda, educación, salud, empleo– de los sectores populares, en ámbitos en que las políticas sociales no habían tenido penetración efectiva para transformar la sociedad. La donación del vaso de leche y programas asistenciales similares favorecían, sin duda, a los pobres, atenuaban ciertos efectos de su pobreza –el hambre no puede esperar– pero dentro de esos esquemas, muy limitados en sus alcances, los pobres eran destinatarios pasivos, y no actuaban como constructores de "su nuevo mundo".

Las misiones venezolanas, algunas inicialmente muy exitosas como "Barrio Adentro", otras fracasadas como

"Vuelvan Caras", fueron ejemplo de creatividad en la arquitectura social, y también de oportunismo político-electoral.
Se convenció a los sectores más empobrecidos de que
por primera vez serían protagonistas en la lucha contra
su pobreza.

El acierto de las misiones radica en que, solucionando
o atemperando más los efectos que las causas de la pobreza,
se hace coincidir sus objetivos con los más amplios objetivos
del programa revolucionario bolivariano. En esa ecuación
–fusión–, los pobres se sienten respaldados directamente
por su jefe, el "presidente comandante" Chávez, título con
el cual pide que se le identifique. Manipulación populista
o verdadera comunión entre liderazgo y pueblo, las mayorías pobres se saben partícipes de un proyecto mucho
más amplio que los que desarrollan en su comunidad; son
parte del Proyecto Bolivariano, una propuesta supuestamente ideada para la renovación del proyecto nacional
histórico, pero que en realidad lo sustituyó lentamente
por un proyecto que tiende a la instalación de un difuso
y confuso "socialismo del siglo XXI" con fuerte acento –y
participación– de Cuba. Para el gobierno, la coincidencia
de objetivos de las misiones con algunos objetivos de su
proyecto político, le aseguró hasta ahora un respaldo político electoral mayoritario. Toda la propaganda del gobierno
exhibe la ósmosis, supuestamente inquebrantable, que
confunde a Chávez con el pueblo. "Chávez, para los pobres",
"Chávez es el Pueblo". Demagogia enaltecedora cuya magia
religante persiste después de once años, aunque pareciera
estar perdiendo algo de su *elan* inicial.

La motivación directa e inmediata para la creación de
las misiones fue reforzar el apoyo electoral para el referendo
revocatorio del mandato presidencial, que la oposición
planteó en 2003 y el gobierno, convenientemente, fue pos-
tergando hasta 2004, mientras ampliaba y consolidaba el
apoyo de vastos sectores populares. La promoción de las

políticas sociales que desde el inicio había impulsado el
gobierno para subsanar deficiencias lacerantes entre los
pobres, para diferenciarse de los gobiernos anteriores y
para construir una base popular sólida, no habían resultado
en el establecimiento de vínculos estrechos "mágicamente
institucionalizados" entre el presidente Chávez y los sectores populares. Aunque beneficiados por sus políticas y
programas sociales, encandilados por su carisma, que lo
convertía en uno de los suyos, no se había definido, y mucho
menos concretado, una coincidencia entre las necesidades y
aspiraciones del pueblo y los objetivos políticos y electorales
de la Revolución Bolivariana. En un momento de asedio
político de la oposición, radicalizado por la convocatoria
al *referendum*, el presidente Chávez lanzó las misiones; él
otorga los recursos financieros que no están contempla-
dos en el Presupuesto Nacional, y el pueblo vota a quien
lo beneficia y "empodera". El presidente Chávez lo relata:

> Ustedes deben recordar que, producto del golpe y todo el
> desgaste aquél, la ingobernabilidad que llegó a un grado
> alto, la crisis económica, nuestros propios errores, hubo un
> momento en que nosotros estuvimos parejitos, o cuidado si
> por debajo. Hay una encuestadora internacional recomen-
> dada por un amigo que vino a mitad de 2003, pasó como 2
> meses aquí y fueron a Palacio y me dieron la noticia bomba:
> Presidente, si el referendo fuera ahorita usted lo perdería. Yo
> recuerdo que aquella noche para mí fue una bomba aquello,
> porque ustedes saben que mucha gente no le dice a uno
> las cosas, sino que se las matizan... Entonces fue cuando
> empezamos a trabajar con las misiones, diseñamos aquí
> la primera y empecé a pedirle apoyo a Fidel. Le dije: Mira,
> tengo esta idea, atacar por debajo con toda la fuerza, y me
> dijo: Si algo sé yo es de eso, cuenta con todo mi apoyo. Y
> empezaron a llegar los médicos por centenares, un puente
> aéreo, aviones van, aviones vienen y a buscar recursos, aquí
> la economía mejoró ...Y aquella avalancha de gente que
> se nos vino encima, ...y empezamos a meternos todos, ...
> todo el equipo de PDVSA, el frente Francisco de Miranda,

formamos el comando político, lo ajustamos un poco más, y entonces empezamos a remontar en las encuestas, y las encuestas no fallan ...es política, no es magia, y vean cómo hemos llegado (República Bolivariana de Venezuela, 2004b).

Acuerdo con Cuba

Venezuela y Cuba firmaron un acuerdo de cooperación integral mutua el 30 de octubre de 2000 según el cual "la República de Cuba ofrece gratuitamente a Venezuela los servicios médicos, especialistas y técnicos de la salud, para prestar servicios en los lugares donde no se disponga de ese personal" y "ofrece gratuitamente entrenamiento al personal venezolano de los distintos niveles, que las autoridades soliciten". El convenio incluye la posibilidad de que Cuba venda a Venezuela medicamentos, equipos y productos médicos. También establece la posibilidad de extender la ayuda a Venezuela en las áreas de nutrición, educación, deportes y salud. Por su parte Venezuela, a través del Acuerdo Energético, que es un apartado del Acuerdo Integral (Artículo III), se comprometió a entregar a Cuba 53.000 barriles diarios de crudo, a precios internacionales, pagaderos parte en efectivo y parte en servicios, con intereses del 2% anual y hasta quince años de plazo. Países centroamericanos y del Caribe (no Cuba) se beneficiaban ya del Acuerdo de San José mediante el cual México y Venezuela les proporcionaban 160.000 barriles diarios, con similares facilidades.

Militares y desarrollo social

En los nuevos espacios de poder se sitúa y acomoda un nuevo actor: los militares, que por el flamante derecho de votar y la eliminación del control parlamentario sobre sus ascensos, modifican su status "apolítico" por la "no militancia política". Pocos días después del advenimiento del teniente coronel Hugo Chávez a la presidencia, el 27 de febrero de 1999, se anunció el Plan Bolívar 2000 que dio ámbito institucional a la participación militar en la ejecución de las políticas públicas, y directamente en los programas sociales.

Con la puesta en marcha del Plan Bolívar 2000, se hace explícita la participación del sector militar en las políticas sociales al reconocer la alianza militar-civil como medio para activar y orientar la recuperación del país y atender las necesidades sociales en materia de salud, empleo, educación, infraestructura, seguridad y alimentación. Además, numerosos cargos públicos serán ocupados por militares activos y retirados, principalmente en áreas claves como infraestructura, comunicaciones, diplomacia y desarrollo social (D'Eliá, 2006).

El espacio de poder político abierto a los militares en el área de proyectos sociales con el Plan Bolívar no tuvo continuidad institucional. Sin embargo, militares retirados y en actividad siguieron, individualmente, fuera de esquemas institucionales, ocupando toda clase de cargos en funciones de un gobierno que por su composición y mentalidad es militar-cívico.

Misiones y gobierno

Si bien la creación de las Misiones respondió, como lo confirma el presidente Chávez, a inmediatas urgencias electorales (concretamente: el referéndum de 2004), el combate a la pobreza estuvo presente y ocupó lugar importante aún en los tiempos iniciales de su campaña presidencial. Mientras la oposición se entretenía en ilusos devaneos lanzando la candidatura presidencial de una ex reina de belleza, o de algún perimido dirigente, el candidato Chávez convocaba a los pobres con la promesa de políticas reivindicatorias que derrotarían la marginación y la exclusión. Y el pueblo lo prefirió y lo apoyó mayoritariamente.

Desde el comienzo de su mandato estableció vínculos directos, personales, con los menos favorecidos de un país teóricamente rico. Se establecieron dos líneas paralelas, simultáneas pero independientes, en la gestión gubernamental. Por un lado, la administración rutinaria de la res-pública quedó a cargo de las estructuras burocráticas tradicionales, en manos de ministros y altos funcionarios. La aversión de Chávez por las reuniones de gabinete delata su reluctancia por la gestión diaria de gobierno. Él dedica la mayor parte del tiempo y su vocación mesiánica a hacer efectiva la participación del pueblo en la concreción de la Revolución Bolivariana para que sean participantes protagónicos en la determinación de las necesidades y en la ejecución de las tareas que exigen las políticas en cuya formulación creen participar.

Nada tuvieron que ver con la creación y gerencia de las misiones los poderes públicos, ministros, instituciones financieras estatales, funcionarios, salvo desempeñar una función ancilar cuando el presidente lo demandaba. En poco tiempo, las misiones penetraron los barrios más humildes y con frecuencia, muy inseguros, de las ciudades importantes y se instalaron allí como parte de ellas. Las comandaban no empleados de los ministerios, sino efectivos de la Fuerza Armada, militares en retiro, médicos y asesores cubanos que las coordinaban, personal de la petrolera estatal PDVSA, ciudadanos que participaban en organizaciones comunitarias y que apoyaron, como voluntarios, la instalación de las misiones y jóvenes venezolanos que habían recibido alguna instrucción en Cuba y formaban parte del Frente Francisco de Miranda cuya tarea fundamental es apoyar a las misiones. El Frente se define como una fuerza antiimperialista, disciplinada, dinámica y organizada para luchar por erradicar la pobreza y alcanzar la igualdad social en Venezuela. Está en realidad al servicio directo del presidente.

De no ser por su sesgo ideológico y político, y la ineficiencia y corrupción que las rodea, las misiones, como programas para cancelar la deuda social con la población pobre venezolana, serían admirables. Cada una tiene nombre propio extraído de la historia de las guerras del siglo XIX y, aunque su gestión o parte de ella se incorpore a algún ministerio, tienen autonomía presupuestaria. Sus asignaciones son determinadas por el Presidente de la República y provienen de las "reservas excedentarias" que no se integran a las reservas internacionales del Banco Central, y una parte de los cuantiosos recursos que ingresan a PDVSA. Ello implica una gran falta de control de los recursos y atenta contra la transparencia de los programas.

La contrapartida política de estos programas sociales es la ideologización, la división de la sociedad en dos bandos hasta ahora irreconciliables: chavistas y antichavistas. Y en el medio de ambos se encuentra el vasto ámbito de los "ni-ni", aparentemente indecisos, aunque se inclinan por uno u otro bando según la calidad de las propuestas, o aguardan por el programa de una opción no polarizada. Como afirma Yolanda D'Eliá (2006):

> La justificación social de las misiones, tiene una impronta política e ideológica de la cual no pueden eximirse: dicha impronta es la que no permite que las estrategias trazadas puedan llegar a institucionalizarse en políticas públicas y sistemas de protección social. Las misiones pasaron de constituirse en un dispositivo para enfrentar adversidades... a un mecanismo de control institucional, político y social para avanzar en los propósitos de la revolución.

Aunque los beneficiarios de las misiones, quienes reciben alimentos a través de Mercal o asistencia médica en la misión Barrio Adentro no necesariamente son chavistas, ellos son contados erróneamente como "rojos, rojitos" comulgantes de una misma ideología por muy difusa que sea. Además, las misiones dependen de las decisiones del presidente de la República, no como jefe de Estado, sino como comandante de la revolución bolivariana. Las misiones son y aparecen como realizaciones partidarias, como instrumentos, no del Estado venezolano, no como financiadas con recursos de todos los venezolanos, sino del gobierno revolucionario. "Las misiones no solamente se dirigen a dar atención social a los sectores más necesitados de la población, sino que también intentan construir un modelo social y económico que ahora ha sido denominado Socialismo del Siglo XXI." (Petruyo, 2008).

Las misiones sociales

Durante los once años del gobierno del presidente Chávez se han creado una treintena de misiones y todas ellas, en mayor o menor medida, tienen alto contenido social: desde la Misión Guaicaipuro, destinada a mejorar los niveles de alimentación, salud, educación, vivienda y agua potable para las comunidades indígenas, hasta la Misión Negra Hipólita dedicada a atender a personas, especialmente niños, que viven en la calle. Aquí sólo se consideran aquéllas que actúan en las áreas de salud, alimentación, vivienda y educación.

Misiones: cronología y ámbitos de acción

Misiones	Fecha oficial de creación	Ámbitos
Barrio Adentro	16 de abril de 2003	Atención a la salud
Robinson I	1º de julio de 2003	Alfabetización
Robinson II	28 de octubre de 2003	Escolarización hasta 6º grado
Ribas	17 de noviembre de 2003	Escolarización hasta E. Media
Sucre	10 de julio de 2003	Cursos universitarios
MERCAL	10 de enero de 2004	Acceso a cesta de alimentos básicos

Misiones	Fecha oficial de creación	Ámbitos
Vuelvan Caras	12 de marzo de 2004	Cooperativas y núcleos de desarrollo endógeno
Hábitat	20 de agosto de 2004	Acceso a tierra, vivienda

Fuente: disponible en línea: http://www.mem.gob.ve/misiones/index.php. Citado por D'Eliá, Yolanda (Coord.) (2006), *Las misiones sociales en Venezuela: una aproximación para su comprensión y análisis*, Instituto Latinoamericano de Investigaciones Sociales (ILDIS), octubre de 2006, 227 pp. Disponible en línea: library.fes.de/pdf-files/bueros/caracas/50458.pdf

Cabe recordar que éstas y las demás misiones no inauguraron la acción gubernamental en los campos de su competencia; sistematizaron, concentraron, coordinaron, ampliaron y aceleraron iniciativas parciales como las llevadas a cabo con el Fondo Único Social (FUS), con el *Plan Bolívar 2000*, con el *Plan Nacional de Desarrollo Económico y Social 2001-2007*, programas sectoriales a cargo de diversos ministerios e iniciativas locales de alcaldías y comunidades.

Misión Barrio Adentro

Esta misión tiene dos antecedentes importantes: el llamado "desastre de Vargas" y el acuerdo con Cuba por el cual la isla se comprometía a prestar servicios gratuitos a Venezuela en salud, nutrición, deportes, etc. y Venezuela a entregarle 53.000 barriles diarios de petróleo en condiciones preferenciales. Las lluvias torrenciales durante los días 15 y 16 de diciembre de 1999 afectaron seriamente a diez Estados. El más perjudicado fue el Estado Vargas: las inundaciones y deslaves arrasaron poblaciones enteras y las arrastraron, inclementemente, hasta las orillas del mar; 215.000 personas fueron perjudicadas y 55.000

damnificadas. Los hospitales y centros ambulatorios quedaron, en gran medida, inhabilitados y la capacidad de atención a las personas siniestradas fue ampliamente rebasada. Al día siguiente de la tragedia, el 17 de diciembre de 1999, llegó a Venezuela una Brigada de Médicos cubanos compuesta por 454 personas: médicos, enfermeros, epidemiólogos y técnicos de higiene. Otros veinte países se hicieron presentes. El gobierno rechazó la ayuda enviada por Estados Unidos.

Con el fundamental apoyo de Cuba, en abril de 2003, nació Barrio Adentro I, para consolidar la atención primaria como prioridad de su política de salud, a fin de dar respuestas a las necesidades sociales de la población, especialmente la excluida, bajo los principios de equidad, universalidad, accesibilidad, gratuidad, contribuyendo, así, a mejorar la calidad de salud y vida. El objetivo general es garantizar el acceso a los servicios de salud de la población excluida, mediante un modelo de gestión de salud integral orientado al logro de una mejor calidad de vida, mediante la creación de Consultorios y Clínicas Populares, además de los hospitales del pueblo, dentro de las comunidades con poco acceso a los establecimientos ya existentes.

La Misión Barrio Adentro II fue creada el 12 de junio de 2005 y constituye el segundo nivel de atención igualmente gratuita e integral, que se brinda desde los Centros de Alta Tecnología (CAT), Centros de Diagnóstico Integral (CDI) y las Salas de Rehabilitación Integral (CRI).

La Misión Barrio Adentro III está diseñada para modernizar la red de hospitales tradicionales con que cuenta el país. Es la tercera fase de desarrollo del nuevo Sistema Público Nacional de Salud y se orienta a modernizar los equipos tecnológicos de los hospitales y a remodelar, ampliar y mejorar la infraestructura hospitalaria.

Muy rápidamente estos programas se extendieron por todo el país. A fines de 2003 se encontraba ya en todos los estados y prestaban servicio 10.169 médicos cubanos, de los cuales el 52,4% eran mujeres. A mediados de 2006 más de 31.000 personas trabajaban en los servicios de salud de Barrio Adentro. Se estima que a fines de 2007 atendían en Venezuela unos 15.000 médicos cubanos. Y en todo el país existían casi nueve mil Comités de Salud integrados por vecinos de la comunidad. Los Comités de Salud no sólo cooperan en la solución de problemas operativos y logísticos; son también activos promotores. En el primer trimestre de 2006 se convocaron en todo el país y se realizaron más de 40.000 asambleas que discutieron los más diversos temas sanitarios que interesaban a las comunidades. En 2004 se creó el postgrado en Medicina General Integral, con un plan de seis años de estudio a fin de que médicos venezolanos pudieran incorporarse a la Misión Barrio Adentro.

En su programa dominical del 4 de octubre de 2009 el presidente Chávez dio las siguientes cifras con respecto a la infraestructura de servicios de Barrio Adentro:

- Consultorios Populares: 6.700
- Salas de Rehabilitación: 555
- Centros de Diagnóstico Integral: 499
- Centros de Alta Tecnología: 21

Mediante los servicios prestados desde esas instalaciones, afirmó el Presidente, se habrían salvado 226.334 vidas y atendido y resuelto los problemas de salud de un gran número de venezolanos. La Misión Milagro es parte de Barrio Adentro; su propósito es atender las necesidades de tratamiento quirúrgico en patologías oftalmológicas. Asimismo 5.000 técnicos deportivos cubanos y 25.000 promotores deportivos impulsan y dirigen actividades físicas, recreativas y deportivas en clubes de adolescentes, abuelos y embarazadas en las ciudades principales y en las poblaciones más alejadas.

El Sistema Público Nacional de Salud está conformado en Venezuela por cinco subsistemas que "operan en forma descoordinada y, a veces, en paralelo" (PROVEA, 2008). Los cinco subsistemas que deberían articularse y coordinarse con el sistema privado (consulta, internaciones) para integrar el Sistema Único de Salud que exige la Constitución de la República Bolivariana de Venezuela en su artículo 84 y que no se ha cumplido en once años de gobierno son: Sanidad Militar, Ministerio de Salud, sobre todo en su relación con Barrio Adentro, Instituto Venezolano de los Seguros Sociales, IPASME (adscrito al Ministerio de Educación) y, por último, los programas de salud implementados por gobernaciones y alcaldías.

En un país donde 80% de la población de los estratos más pobres no está cubierto por ningún seguro, contar con un programa de asistencia médica universal, gratuito y permanente es invalorable. Y, además, la inmediatez y proximidad del servicio que hace del paciente un prójimo. Cada médico de Barrio Adentro atiende a 250 familias y comparte vivienda y mesa con ellos. Conoce personalmente a todos sus eventuales pacientes. Conviven. Un ejemplo extremo: "El médico casi me mata, me dicen que se equivocó de remedio; pero lo importante es que estaba ahí, en mi rancho, en la madrugada", declara un paciente perjudicado y agradecido. La deserción de muchos médicos y médicas cubanos es tomada como algo natural.

Para quienes la asistencia médica domiciliaria era sueño imposible, Barrio Adentro es expresión concreta de inclusión y de solidaridad. Encomiable iniciativa.

- En 1998 el 51% de los médicos estaban concentrados en cinco Estados que tienen los mayores ingresos *per capita*. La inequidad en el acceso a los servicios de salud, medida por el índice de Gini, se redujo a la mitad entre ese año y el 2005.
- En 1998 el nivel primario de salud disponía de 4.800 puestos de salud ambulatorios. En cuatro años Barrio Adentro creó más de 6.500 y hoy el sistema cuenta con una red de atención primaria que sobrepasa las 11.000 unidades distribuidas en todo el país.
- El personal médico de atención primaria se ha triplicado desde 2004, cuando comenzó a operar en todo el país Barrio Adentro.
- Como resultado, el número de atenciones médicas en la red ambulatoria, que en 1997 fue de tres millones y medio, en 2007, a través de Barrio Adentro, alcanzó la cifra de 54 millones de atenciones.

Misión Alimentación: MERCAL

La creación de MERCAL intenta dar cumplimiento a la norma constitucional según la cual el Estado debe "garantizar la seguridad alimentaria de la población". En el año 2000 la desnutrición perjudicaba al 25% de la población infantil de Venezuela; superar este problema era un gran desafío. El gobierno venezolano adoptó una serie de medidas para hacer más asequibles los alimentos básicos a los sectores pobres. Una de ellas, quizás la más importante, fue la creación del Programa Social Mercado de Alimentos (MERCAL), en abril de 2003. El gobierno adoptó además otras resoluciones –la mayoría de ellas inconducentes en el largo plazo– para satisfacer el mismo objetivo, como la regulación de los precios de los comestibles más frecuentes de la dieta venezolana y los subsidios a su adquisición y distribución.

Entre los meses finales de 2002 y los primeros de 2003 estalló un "paro nacional" que determinó el cierre de muchos negocios, abastos, mercados y supermercados. Además se impidió el transporte de mercaderías de los centros de producción a los puntos de distribución, lo cual produjo gran desabastecimiento en todo el país. Como respuesta a esa situación aparece MERCAL:

> ¿Cómo nació Mercal? Ah, producto del golpe, del sabotaje. ¿No quisieron negarle los alimentos al pueblo ustedes, oligarcas de fina estampa? Quisieron negarle la leche, el arroz y la arepa al pueblo, y las hallacas. Ah, entonces yo dije: "No me la calo más...Vamos a hacer un programa de alimentos, de distribución de alimentos y ahí va Mercal (República Bolivariana de Venezuela, Aló Presidente, 2003).

Según el Decreto Presidencial nº 2.359 del 15 de abril de 2003, MERCAL tiene por objeto:

> La comercialización y mercadeo de productos alimenticios y otros productos de primera necesidad, para ser distribuidos y/o vendidos al mayor y al detal, colocándolos en centros de venta, previa captación de unidades de comercio individuales, colectivas o familiares. En ejercicio de ese objeto, la empresa podrá comprar, vender y permutar dichos productos, instalar mercados permanentes, puntos de venta fijos, módulos de mercados ambulantes, así como desarrollar megamercados o mercados populares en cualquier parte del territorio nacional.

Como acontece con otras misiones, MERCAL no es parte integrante de ningún Ministerio o entidad pública. No, MERCAL depende, directamente, del Presidente de la República y se administra por medio de una comisión que él designa.

Las importaciones totales de alimentos hechas por el Estado en 2007, por ejemplo, constituyeron 73% del total de productos adquiridos. Las importaciones hechas por MERCAL en ese año ascendieron a 60% de sus compras totales. Las divisas autorizadas en 2007 para compra de alimentos en el exterior se incrementaron en 68% con respecto al año anterior. Los alimentos importados eran entonces 75% más caros que los que se producían en el país. Poco se había avanzado para lograr la seguridad alimentaria y mucho menos la soberanía del país en este importante aspecto. Los productos adquiridos en el territorio nacional, cuando se los consigue, son alimentos estratégicos: aceite de soya y girasol; arroz a 5% de granos partidos; arvejas verdes; azúcar refinada; café molido; caraotas negras; carne de res; harina de trigo; harina de maíz precocida; leche entera; lentejas; margarina; mortadela; pasta alimenticia; pollo beneficiado; sal y productos navideños. En estos productos comprados en el país, MERCAL favorece a sus clientes compradores con ahorro de 33% con respecto a los precios regulados.

La producción de alimentos en Venezuela se ha mantenido prácticamente estancada durante los últimos veinte años. No alcanza, por tanto a satisfacer la mayor demanda de una población creciente que, en sus sectores más pobres, a pesar de la alta inflación, dispone de mayores recursos para adquirir los alimentos necesarios. Después de once años de gobierno del presidente Chávez, y a pesar de los ingentes ingresos petroleros y las favorables condiciones de una generosa geografía, el desabastecimiento que afecta en mayor grado a los más pobres, lejos de mitigarse se ha acentuado. Esto se explica, en parte, por el aumento de la capacidad de consumo de los sectores populares, mérito del gobierno, y en parte por el desaliento a la producción del sector privado que produce el 83% de los alimentos, atribuible a los errores del gobierno. Entre estos últimos cabe citar el prolongado mantenimiento del control de precios que producen "desabastecimiento crónico, inflación, aumento de las importaciones y abatimiento de la inversión y la producción." (Machado Allison, 2008).

¿Cinismo o ilusionismo? El ministro de Planificación Haiman El Troudi asegura que Venezuela se autoabastecerá de alimentos en el año 2025. El presidente Chávez ha reconocido públicamente, en varias ocasiones, que existe escasez de alimentos: "Tenemos déficit de carne y de leche. Pero de eso se trata, de recuperar las tierras, venir con unos técnicos, los comandos zamoranos" (República Bolivariana de Venezuela, Aló Presidente, 2008b). La escasez afecta a muchos otros productos además de la carne y de la leche. Entre 2004 y 2007 se habían recuperado aproximadamente 33% de los predios identificados por el gobierno como latifundios, unos 2 millones de hectáreas sobre un total de seis millones. Las expropiaciones continuaron en los dos años que siguieron. Pero en todo este lapso el sector agropecuario (con los fundos zamoranos, los polos de desarrollo endógeno o las unidades socialistas) la producción sólo aumentó 3,4% al pasar de 18.963.151 hectáreas cosechadas a 19.619.700 hectáreas. El gobierno sigue ofreciendo metas ambiciosas: en 2012 se producirían 620.000 toneladas de carne, lo que significaría un aumento de 83%. En cuanto a la leche, para ese mismo año se producirían 4.200 millones de litros, un incremento del 144%. La grave sequía de los años 2009 y 2010 derrumbó estas ilusiones que desconocieron los ciclos climáticos que desde tiempos ancestrales afectan al territorio venezolano. Con más tiempo se podrá decir cuánto había de realidad y de ilusión en estas proyecciones. A comienzos de 2010, con otra devaluación, más importaciones –y seguramente también con más ineficiencia y corrupción–, se intenta paliar la gravedad de la desprotección alimentaria que padece Venezuela.

El pingüe negocio que funcionarios inescrupulosos hacen con los dólares oficiales y las importaciones encuentra campo abonado en MERCAL y ha convertido una misión del mayor interés nacional, en llamativo ejemplo de corrupción desbordada. El ministro de Alimentación de turno suele reiterar la guerra contra la corrupción en el organismo cada vez que arrecian las denuncias por la desviación de productos que después se comercializan, formal e informalmente, en negocios legalmente establecidos, en tarantines de buhoneros, al otro lado de la frontera o algún café o restaurante. A finales de 2007 Mercal había denunciado ante la Fiscalía de la República 340 casos de corrupción cometidos en su red. De ellos, 35 habían sido procesados; en 15 se dictó sentencia de prisión de 3 a 15 años contra los culpables; 64 esperaban sentencia. En los años siguientes continuaron las denuncias y los delincuentes que robaron los alimentos del pueblo fueron en principio castigados. El último escándalo: 130.000 toneladas de alimentos importados se pudrieron en sus contenedores.

La escasez de alimentos básicos se agravó desde comienzos del 2007; es éste un hecho indiscutible. La perciben y la padecen todos los venezolanos. El gobierno en su descargo alega que se debe al "acaparamiento, contrabando y desvío de productos". La que hasta hace poco fue una misión muy admirada por muchos –junto con Barrio Adentro– hoy es denostada por pobres y ricos. En respuesta a las muchas quejas, el gobierno de Hugo Chávez ideó un nuevo organismo para fortalecer y ampliar las actividades de distribución de alimentos; PDVSA creó la empresa Producción y Distribución Venezolana de Alimentos (PDVAL) que fue lanzada en Lagunillas, en el Estado Zulia, el 21 de enero de 2008. Así como MERCAL está orientado a los sectores de menores recursos a los cuales vende productos subsidiados, PDVAL, dependiente de PDVSA Agrícola, distribuiría productos nacionales e importados, con precios regulados. Sus importaciones incluyen rubros como carne de cerdo, de pollo, de bovino, sardinas en latas, atún en latas, huevos, leche entera en polvo, leche maternizada, lácteos, queso, mortadela, arroz, trigo para las panaderías, harina de trigo, avena, pastas alimenticias, aceite de soya, aceite de girasol, margarina, caraotas, otros granos, mayonesa, salsa de tomates, "alimentos que hemos detectado que están siendo objetivo de actividad especulativa y que vamos a colocar en el mercado a disposición de nuestro pueblo", asentó Rafael Ramírez, ministro de Poder Popular para la Energía y el Petróleo y presidente de PDVSA (Ramírez, 2008).

Misión Hábitat (vivienda)

Para los venezolanos el problema habitacional es uno de los más acuciantes, después de la inseguridad. Unos 13 millones, casi la mitad de la población venezolana, carecen de vivienda adecuada y a ellos se debe sumar las 110.000 familias que anualmente se incorporan al mercado de la vivienda. El déficit habitacional de Venezuela, según estimaciones de Naciones Unidas, es de casi 3 millones de unidades, incluyendo en ellas las casas que requieren urgente mejoramiento: 800.000 ranchos deben ser sustituidos. La mayor demanda de viviendas se concentra en familias de bajos recursos. Más del 84% de quienes requieren soluciones habitacionales devengan 55 unidades tributarias (3.025 bolívares fuertes al año; la unidad tributaria en 2010, después de la devaluación, es de 55 Bs. F.).

- Los ranchos constituyen en Venezuela 5,2% del total de viviendas.
- El 75,4% son casas; 13,9%, apartamentos y 4,9%, quintas.
- Más del 60% de las viviendas tiene piso de cemento y casi el 7% lo tiene de tierra.
- 91% de las viviendas reciben agua potable por acueducto, por pila pública el 3% y por camión, 1,5%.
- 95% de las viviendas tienen cloacas.

Desde 2003 los alquileres están congelados sobre la base de los cánones vigentes en noviembre de 2002. Con el propósito de proteger a inquilinos de bajos recursos la medida ha tenido efectos contraproducentes. Son muy escasas las unidades ofrecidas en alquiler. Así en 2003 un 30% de las viviendas que salían al mercado estaban destinadas a la renta. A fines del 2007 sólo se destinaban al arrendamiento el 8%. La creciente demanda y la escasez de oferta, como es de suponer, determinaron el aumento de los precios de las viviendas en alquiler.

En 2007, según la Memoria y Cuenta del Ministerio de la Vivienda y el Hábitat, a través de varios planes se programó la construcción de 107.795 unidades, y se terminaron 33.508. En el programa de sustitución de ranchos por viviendas se determinó la transformación de 25.882 unidades pero se terminaron 13.292 casas, poco más de 50% de lo propuesto. Debe destacarse que, además de la construcción física de viviendas que el gobierno realiza o contrata, colabora en la solución del acceso a la vivienda para sectores de menos recursos a través de distintos programas. Así, se ha informado que el Banco Nacional de la Vivienda y Hábitat, en 2007, entregó 676 millones de bolívares fuertes en subsidios directos. Con esos recursos se completaba la compra de una estructura o solución habitacional y se financiaba el programa "Alianza Casa Media", que contaba con la participación del sector privado. En la citada Memoria y Cuenta del Ministerio de la Vivienda se indica que los subsidios fueron destinados a 35.232 familias.

Entre los años 2006 y 2007 el gobierno firmó cinco acuerdos con sendos países para la construcción de viviendas, aunque ello implicara exportar empleos y divisas. Con Irán se firmó un convenio por 350.000 millones de bolívares para la construcción de 2.400 viviendas cuyo costo promedio es de 145 millones de bolívares. Ya estarían terminadas 800 viviendas. El acuerdo con Uruguay consiste en la entrega de 12.000 *kits* de viviendas prefabricadas para la atención de damnificados. Luciandys Ordosgoytti, coordinadora de dicho convenio denunció ante la Comisión de Contraloría de la Asamblea Nacional una presunta estafa y, además, aseguró que el material plástico usado para la fabricación es nocivo para la salud, por lo que el gobierno uruguayo habría prohibido la instalación de esas viviendas en aquel país. La Unión Metalúrgica del Sur rechazó tales acusaciones. Hasta septiembre de 2007 sólo se habían entregado 12 kits, 0,1% del total. Estos convenios han sido criticados por el alto costo de las viviendas y por los dilatados plazos de entrega.

- Con Brasil se acordó la construcción de 5.166 viviendas con un costo unitario de de 90 millones de bolívares.
- Con China se llegó a un acuerdo para la construcción de 20.000 viviendas.
- Cuba, a través de distintos acuerdos, fabricaría 11.000 unidades en distintas regiones del país.
- El gasto público en vivienda en Venezuela, como porcentaje del PIB, fue en 2006 el segundo más voluminoso de la década, con 1,6% (levemente inferior al 1,7% del 2000).
- Como porcentaje del gasto social, en el bienio 2005-2006 el gasto público en vivienda fue de 11,6%, inferior al 15% del año 2000;
- en 1997 había sido del 14,7%.

El drama habitacional en Venezuela no se limita a la falta de viviendas; a ello se suma la vulnerabilidad de aquéllas en que viven los más pobres, las cuales en un 70% son construidas por ellos mismos. Los habitantes más pobres son los más importantes productores de viviendas en el país.

El crecimiento espontáneo de los barrios en las grandes ciudades se realiza sin ningún control o seguimiento técnico. Los ranchos son estructuras de mampostería, de bloque de concreto o de arcilla que, en Caracas, alcanzan alturas de hasta 7 u 8 pisos, y se ubican frecuentemente en zonas de alto riesgo de sismos, derrumbes o crecimiento de quebradas. El riesgo de desastres en las zonas populares es muy alto. No sólo por la vulnerabilidad de las edificaciones sino por las difíciles condiciones para el manejo de las emergencias. Las vías de acceso, los servicios de asistencia, las condiciones sanitarias, la infraestructura y el equipamiento en general son precarios (Lafuente y Genatios, en línea.).

El presidente Chávez fustigó con frecuencia a los gobiernos precedentes durante su campaña electoral por su incuria frente al problema de la calidad y de la falta de viviendas. La Constitución de 1999 establece en su artículo 82: "Toda persona tiene derecho a una vivienda adecuada, segura, cómoda, higiénica, con servicios básicos esenciales que incluyan un hábitat que humanice las relaciones familiares, vecinales y comunitarias". No obstante este claro mandato constitucional y las múltiples promesas preelectorales, en los cinco primeros años de su gobierno los resultados fueron increíblemente decepcionantes y declinantes. En el primer año (1999) según datos de agencias gubernamentales, se construyeron 31.090 unidades habitacionales, para llegar a fines del 2003 con la construcción de sólo 8.811 casas (año récord de inoperancia). En total, en los primeros cinco años del gobierno de Chávez se construyeron 100.569 casas, esto es un promedio de 20.114 por año. El año 1992, a pesar de que transcurrió entre dos golpes de Estado (uno en febrero liderado por el teniente coronel Hugo Chávez y un segundo intento de golpe en noviembre), los cuales afectaron seriamente la actividad económica, se construyeron 98.532 viviendas, casi tantas como las construidas por la Revolución Bolivariana durante cinco años.

Reiteradamente el presidente ha denunciado que los tres enemigos de su revolución son la ineficiencia, la corrupción y la burocracia. Quizás en ningún otro sector sea ello tan evidente como en la construcción de viviendas y en la actuación –o falta de actuación– de las cooperativas. El presidente y sus allegados pergeñan ambiciosos planes para reducir el déficit de viviendas para la gente pobre, basados más en las buenas intenciones que en la disponibilidad de gerentes medios competentes quienes, con habilidad profesional y con honestidad, formulen, ejecuten o supervisen los complejos proyectos de construcción. Se carece de un plan maestro rigurosamente elaborado. Pareciera que, para el gobierno, la solución radica en juntar necesidades y dinero, olvidándose de lo que en la jerga interna de los organismos internacionales se llama "el loco del proyecto", el mejor gerente, el más preparado y comprometido con las metas. Las buenas políticas dan inadecuados resultados por la ineficacia gubernamental, se sostiene en un informe de PROVEA (2008); en el mismo se agrega: "con frecuencia [...] no se ejecutan los presupuestos asignados y se coloca en la dirección de los órganos y entes a personas con limitada capacidad gerencial". Entre las principales denuncias recibidas por la Defensoría del Pueblo en materia habitacional se encuentran: irregularidades en el proceso de adjudicación de casas, ocupaciones informales, deficiencias en la calidad de las obras, carencias o precariedad de los servicios públicos y paralización de las construcciones e incumplimiento de los contratos.

Desde el punto de vista social, político y electoral, tal situación era insostenible. Por ello, el 21 de septiembre de ese año 2004 se crea el Ministerio para la Vivienda y el Hábitat a cargo de la coordinación del Plan Nacional de Vivienda, Misión Hábitat. En los tres primeros años de vida del Ministerio, lo han dirigido cinco ministros. Unos siete meses por ministro, con el agravante que varios carecían de los antecedentes profesionales mínimos para dirigir ese ministerio. Refiriéndose a la incapacidad de lo que está haciendo el gobierno, sobre todo en el campo de la vivienda que él tan bien conoce, el arquitecto Fruto Vivas denuncia: "Un coronel no puede ser ministro de la vivienda, a menos que sea un genio y que haya trabajado en vivienda durante muchos años" (Vivas, 2008).

El objetivo de la Misión Hábitat es erigir proyectos urbanísticos dotados de todos los servicios, desde salud y educación hasta recreación que aseguren la convivencia comunitaria basada en el respeto al ecosistema y practicada en un ambiente de libertad y solidaridad comunal. Su meta de largo plazo es eliminar en quince años la falta de viviendas dignas, de modo que en el 2021 el déficit habitacional sea cero (es la misma meta con respecto al hambre). Sin embargo, hasta fines de 2009 el déficit habitacional, en vez de reducirse, aumentó. En enero de 2010, cuando anunció la devaluación del signo monetario venezolano, el presidente anticipó que buena parte de las reservas excedentes tomadas del Banco Central de Venezuela se emplearían en atender a la desvencijada infraestructura urbana y de comunicaciones terrestres, y a la construcción de viviendas. La apuesta es al éxito. Las dudas son inevitables. La cruel realidad puede hacer añicos los mejores sueños.

Finalizado el primer semestre de 2009 se terminó la construcción de 47.000 viviendas, de las cuales el sector público edificó 12.500 unidades. En todo el año 2009 el gobierno construyó 29.000 viviendas a pesar de que ya controla las industrias que producen insumos importantes como el cemento, las cabillas y otros materiales de construcción. La Misión Hábitat poco ha hecho por transformar los sitios para vivir mediante la generación de nuevos modelos de urbanismo con una visión humanista y solidaria que conduzca a un relacionamiento más respetuoso con el medio ambiente. Farruco Sesto, designado ministro de Vivienda en julio de 2008, estima que el déficit de viviendas es superable en ocho años y que en el país se pueden construir 200.000 viviendas anuales; seguidamente anunció: "Yo pienso alcanzar ese ritmo de construcción" (*El Universal*, 2008a). A las pocas semanas de esta declaración, dejó de ser ministro. Ahora lo intentará desde una oficina paraministerial dependiente directamente del presidente Chávez. Es lamentable que se siga proclamando persistentemente metas irrealistas que, inalcanzadas, son reemplazadas por otras igualmente desmesuradas que, también fallidas y falaces, terminan restando credibilidad y seriedad al gobierno que las reformula, con infundado optimismo. Como si la gente pobre no tuviera necesidades perentorias, ilusiones, ni memoria.

Las Misiones educativas

En la lucha contra el hambre y la indigencia, se ha repetido, la educación es el instrumento más eficiente para lograr la plenitud espiritual del educando, mejorar su nivel de vida y cortar la cadena de transmisión de la pobreza a las personas nacidas en hogares pobres. Mérito indiscutible del presidente Chávez es haber colocado a la educación y la salud en el centro de su programa de gobierno, sean cuales fueran sus limitaciones y desaciertos. Se les ha conferido la más alta prioridad. Su gobierno, que se propone empoderar al pueblo hizo suyo como lema y bandera la siguiente declaración: "el primer poder que debe tener el pueblo es el conocimiento".

Los hogares venezolanos dedican alrededor del 7% de sus ingresos mensuales a la educación de los hijos. Los sectores más pudientes –A y B– destinan más del 11% a la educación y el sector más pobre, 5,5%. Por lo general la escuela pública, teóricamente gratuita, atiende a estudiantes de bajos recursos económicos. Quienes pueden pagarla reciben educación privada. Dice el director de la empresa encuestadora, Datanálisis: "La diferencia entre la calidad de la educación pública y privada es dramática y poco a poco se construye un sesgo en la sociedad. Quien estudia en escuelas y liceos oficiales tiene menos posibilidad de ser exitoso" (La guía de Venezuela, 2008).

Aparte de la gestión educativa en sus tres niveles, oficialmente a cargo de ministerios específicos, el gobierno del presidente Chávez creó una nueva estructura paralela, para-ministerial, dependiente personalmente de él, a través de la cual desarrolla una muy vasta acción educativa mediante diversas misiones que se mencionan seguidamente y que por no depender del ministerio de Educación no contribuye a consolidar la institucionalidad del sector educativo oficial.

Misión Robinson I

La Misión Robinson nació el 2 de junio de 2003 y su nombre recuerda el pseudónimo de Simón Rodríguez, maestro y tutor de Simón Bolívar en la adolescencia, y además su amigo y asesor en algunos períodos de su vida adulta. Su objetivo para el año 2005, coincidente con el Plan Nacional de Alfabetización, era enseñar a leer y escribir a todos los adultos analfabetos (1.500.000 personas, aproximadamente, según datos oficiales). En el Anexo del Convenio de Cooperación Cuba-Venezuela, suscrito en octubre del año 2000 (puntos 8.1 al 8.6), el gobierno cubano se comprometió a facilitar: a) asesores y especialistas para la formación de docentes venezolanos en todas las áreas de la educación; b) enviar salas de video educacionales fabricadas en Cuba; c) asesoraría en técnicas y metodologías de alfabetización individual, grupal y a través de medios de comunicación masiva; d) transmitir experiencias en el uso de los medios de comunicación.

El 1° de julio de 2003 la Misión Robinson inició sus actividades con la participación activa de 74 técnicos cubanos y unos 50.000 voluntarios, en su mayoría miembros de las Fuerzas Armadas de Venezuela. Se utilizaron las instalaciones militares en todo el país para realizar las tareas alfabetizadoras. En la lucha contra el analfabetismo se usó el método "Yo sí puedo", de la pedagoga cubana Leonela Relys, reconocido internacionalmente y recomendado por la UNESCO. La metodología se vale de recursos tecnológicos en los cuales se combinan medios audiovisuales y la asociación de letras con números (en muchos casos conocidos por los participantes), éstos aprenden a leer en 65 clases o sesiones de dos horas de duración cada una. En cada clase o "ambiente" suele haber veinte participantes. Los elementos auxiliares del aprendizaje son tres: cartilla, facilitador y video. El alumno se auxilia en su aprendizaje con la cartilla; el facilitador es intermediario entre el participante y la clase contenida en el video, aclara dudas, estimula el interés de los estudiantes y refuerza los ejercicios de escritura.

- Según voceros de la Misión Robinson, los "patriotas" alfabetizados hasta el 28 de octubre de 2005 fueron 1.482.543.
- Prestaron servicio como facilitadores 128.967 instructores,
- y funcionaron 136.041 "ambientes" (salas de clases).
- 98.760 participantes fueron becados.
- Hasta 2005 los recursos financieros de la Misión fueron aportados por PDVSA.
- Aproximadamente, el 60% de los participantes eran mujeres.

La Misión Robinson ofrece becas por un monto equivalente a 75 dólares mensuales a los participantes de los cursos y cancela un pago a los facilitadores y supervisores venezolanos. Además proporciona viviendas y atención médica y facilidades para que los "patriotas" que se destacan en los cursos obtengan microcréditos.

El 28 de octubre de 2005 la Asamblea Nacional realizó, en el Teatro Teresa Carreño, un gran acto encabezado por el presidente Chávez, con presencia de una representante de la UNESCO. En el mismo se declaró a Venezuela "Territorio libre de analfabetismo" por haber logrado alfabetizar a un millón y medio de personas "reduciéndose así la tasa de analfabetismo a poco menos del 1%". (Según la vieja definición de la UNESCO, deja de ser analfabeto quien es capaz de leer, escribir y entender una frase sencilla relacionada con su vida cotidiana. No basta saber firmar su nombre.)

El viceministro de Asuntos Educativos del Ministerio de Educación y Deportes, el 26 de octubre de 2005, ratificó: "El país ha reducido su porcentaje de analfabetismo a cerca del 1%". El ministro de Educación, en cambio, anunció –octubre de 2005– que, después de haber alfabetizado a 1.482.000 adultos, el analfabetismo en Venezuela era inferior al 2%. En otras declaraciones, menos exultantes, lo ubicó alrededor del 4%.

Según el Centro Interamericano de Investigación y Documentación sobre Formación Profesional, Servicio Técnico de la OIT, la tasa de analfabetismo en Venezuela es del 6% y predice que será de 4,6% en 2010.[52] Si el porcentaje de analfabetismo fuera, efectivamente, de 6%, Venezuela estaría en mejor situación que la mayoría de los países de la región. El promedio regional de analfabetismo es de 10%. Y, si como sostenía el ex ministro de Educación, Aristóbulo Istúriz, el porcentaje fuera del 4%, Venezuela se colocaría en quinto lugar en la región, después de Jamaica (1,5%), Guyana (1,9%) Uruguay (2,7%) y Argentina (3,3%),

---

[52]   Organización Internacional del Trabajo (OIT), Centro Interamericano para el Desarrollo del Conocimiento en la Formación Profesional (CINTERFOR), *Tendencias mundiales del empleo 2007*. Asimismo en: Organización de las Naciones Unidas, Statistics Division, *Social indicators*, junio de 2010; y CEPAL, *Anuario estadístico de América Latina y el Caribe 2008*.

sin contar a Cuba, cuya tasa de analfabetismo es la menor de América Latina y el Caribe.

El gobierno venezolano, sin embargo, ha reiterado insistentemente que la UNESCO ha declarado a Venezuela "Territorio libre de analfabetismo" y cita como prueba las declaraciones de la representante de la organización en el acto del 28 de octubre de 2005, la salvadoreña María Luisa Jáuregui; fueron sus palabras: "Visitamos los ambientes de alfabetización en Venezuela y es justo reconocer la voluntad política y el esfuerzo hecho para alfabetizar a millón y medio de personas". La UNESCO "apoya el alcance de esta meta de analfabetismo reducido". Jáuregui, en un difícil equilibrio polisémico digno del más refinado diplomático, alaba la "voluntad política", el "esfuerzo" y "apoya el alcance de esta meta" (en su ambivalencia de logro y objetivo), pero jamás afirmó que la meta de erradicación del analfabetismo hubiera sido alcanzada. Para aclarar todo equívoco, la Jefa de Prensa, Sue Williams escribió: "En lo que respecta a los indicadores de analfabetismo, puedo confirmarle que la UNESCO no declara ni declarará libre de analfabetismo a ninguno de sus Estados miembros." (Williams, 2007). En 2009 la UNESCO informó que la tasa de analfabetismo de Venezuela es 7% (ONU-UNESCO, 2009a).

Misión Robinson II

Se inició formalmente el 28 de octubre de 2003 como segunda fase de Robinson I, con el fin de que los recién alfabetizados pudieran concluir la escuela primaria o alcanzaran ese nivel educacional las muchas personas que habían interrumpido sus estudios antes de completar el sexto grado. La tasa de deserción en la educación venezolana era alta debido a varias razones, la pobreza en primer lugar.

La primera "cohorte" estuvo compuesta por 697.192 personas de las cuales 382.337 provenían de la Misión

Robinson I, y 314. 855 reingresaban al sistema escolar, muchos de ellos de edad avanzada. Los "patriotas" fueron distribuidos en 42.085 aulas o "ambientes" donde se les impartió educación a través del método "Yo sí puedo seguir", con los mismos principios del método "Yo sí puedo", adaptado a los requerimientos de la educación primaria en Venezuela. Asimismo, se ofrecía a los participantes las posibilidades de adiestrarse en varios oficios. El currículo comprende cinco materias: Lenguaje, Matemáticas, Geografía e Historia de Venezuela y Ciencias Naturales, que conforman un primer bloque equivalente al cuarto grado. En el segundo bloque, que se extiende hasta el sexto grado, se añaden las asignaturas de Inglés y Computación. Se imparten dos clases a la semana, el curso comprende 300 horas y dura diez meses.

Desde el 28 de octubre del 2003 hasta el 15 de mayo de 2005 se instruyó a 2.669.362 personas, 54% de las cuales eran mujeres. El grupo etario más numeroso comprendía cursantes de entre 21 y 50 años. Casi un 4% eran personas mayores de setenta años. Los beneficiarios de la Misión Robinson II incluyen a indígenas y a la población carcelaria.

Misión Ribas

Según estimaciones del INE, basadas en el Censo General de Población y Vivienda de 2001, en ese año había unos cinco millones de personas que habían iniciado pero no concluido sus estudios de bachillerato. Para remediar tal situación y como parte de su lucha contra la pobreza, el gobierno decidió crear, en octubre de 2003, un programa educativo alternativo –Misión Ribas–, a fin de facilitar la participación en él de todas las personas que no habían terminado sus estudios secundarios. La finalidad principal era tanto facilitarles su inserción en el sistema de educación superior (universitario), como su incorporación laboral. La

Misión quedó adscrita, no al Ministerio de Educación, sino a la compañía petrolera estatal (PDVSA) que la financia.

A principios de noviembre de 2003 la Misión Ribas comenzó a operar; se matricularon 1.420.984 personas a las cuales, con un triunfalismo militarista que enaltecería su autoestima, se las llamó "vencedoras" y "vencedores".

Las actividades académicas se iniciaron con una primera cohorte de 300.000 "vencedores"; 54.000 tenían ya una beca de 160.000 bolívares. El 31 de mayo de 2005, presidida por el jefe de Estado, se celebró la graduación de la primera "cohorte": 20.686 personas. Menos del 7% de los inscritos. Y entre junio y diciembre del mismo año se graduaron 9.235 vencedores más. Según datos oficiales (2005, Sala situacional de la Misión Ribas, ILDIS, p. 100) el total de "vencedores" incorporados a la Misión Ribas fueron 919.215 de los cuales, a fines de 2005, sólo se habían graduado 29.921.

- En abril de 2007 cursaban estudios 608.326 vencedores,
- atendidos por 32.027 facilitadores,
- en 32.702 ambientes de clase.
- Se entregaron 200.000 becas anuales desde el 2003 al 2007;
- para el año 2007 estaban asignadas 144.131 becas
- y, además, otras 55.869 becas estaban reservadas para quienes culminaron sus estudios en la Misión Robinson y se inscribieron en la Misión Ribas.
- Los encarcelados fueron objeto de especial atención por la Misión Ribas: en los recintos penitenciarios se instalaron 114 ambientes de clases
- y 515 en las comunidades indígenas que permitieron incorporar a la misión 9.877 indígenas.
- A fines de 2007 se habían establecido 206 cooperativas con vencedores y miembros de la comunidad
- y se han formulado 126 proyectos productivos.
- 260 bachilleres egresados de la misión siguen estudios de Medicina Integral Comunitaria en Cuba.

Interesa destacar que el 80% de los graduados eran madres solteras o amas de casa mayores de treinta años. Según el director de la misión, al principio los beneficios extracurriculares se otorgaban en "forma aleatoria"; ahora es decisión de los mismos vencedores; de común acuerdo en cada grupo se otorgan las becas y otros beneficios a los participantes más pobres, a quienes tienen más hijos, a padres de familia en situaciones críticas, etc.

Misión Sucre

En 1999 había más de 500.000 bachilleres excluidos de la educación superior, tanto en las universidades públicas como privadas. Uno de cada cinco bachilleres no tenía acceso a la educación superior. Desde la iniciación del "proceso" revolucionario bolivariano se decidió universalizar la educación superior que, como en casi todos los países de la región, de hecho excluía, por distintas razones, a las personas de bajos recursos que con grandes esfuerzos habían concluido el bachillerato.

Desde 1999 se fundaron cuatro nuevas universidades y cuatro Institutos Universitarios Tecnológicos en distintos Estados del país. En junio de 2003 se creó la Universidad Bolivariana de Venezuela (UBV), con programas como comunicación social, gestión social y comunitaria, telecomunicaciones, ecología y ambiente; a este "oxigenado" currículo se añadió el resabio de la vieja educación con los estudios jurídicos en los cuales hay superproducción de profesionales.

El 8 de septiembre se creó el *Plan Extraordinario Mariscal Antonio José de Sucre* con el cual se inició la Misión Sucre. Se dio preferencia a bachilleres muy pobres, graduados en 1990 o antes, que vivieran en municipios que contasen con 200 a 600 aspirantes y que éstos contribuyeran al mantenimiento de sus hogares. En una primera

CRISIS, POBREZA Y DESIGUALDAD EN VENEZUELA Y AMÉRICA LATINA

instancia todos los participantes de la Misión Sucre debieron asistir a un curso de nivelación llamado Programa de Iniciación Universitaria (PIU) en el cual, en 300 clases espaciadas en veinte semanas, recibían cursos de Lenguaje y Comunicación, Matemáticas, Historia de Venezuela en el contexto mundial, Informática y Orientación Vocacional. El PIU era puente o tránsito de los bachilleres, algunos de los cuales habían abandonado las actividades académicas hacía muchos años, a los estudios superiores. Discutiblemente, con la razón de que la mayoría de los interesados eran bachilleres procedentes de la Misión Robinson con un transfondo educativo similar y con el propósito de facilitar el ingreso en el nivel universitario, se canceló la obligación de cursar el PIU. Después de esa eliminación que priva a los aspirantes de una instrucción preuniversitaria valiosa, los estudiantes se inscriben directamente a través de una computadora mediante la cual proporciona sus datos personales y, automáticamente, recibe un certificado de inscripción (facilitar a veces es degradar).

Según el gobierno, la Misión Sucre "tiene como objetivo la municipalización y la orientación de la enseñanza de la educación universitaria hacia todas las regiones y localidades del país. Tiene como punto de referencia la cultura específica de las poblaciones con sus necesidades, problemas, exigencias y particularidades".

- La Misión Sucre ofreció, a partir de 2004, 92 programas en los cuales se inscribieron 53.753 interesados.
- Los diez programas de formación más solicitados fueron: Educación Integral-Programa Nacional (14.862 inscritos); Derecho (5.489 inscritos): Educación Integral (4.576); Gestión Social del Desarrollo Local (3.446); Administración y Gestión (2.3565); Licenciado en Sistemas (2.245); TSU Informática (1.884); Medicina General Integral (1.239); Educación Preescolar-Una (1.229); Educación Preescolar (1.210); Educación (1.086).

- Los diez programas menos solicitados fueron: TSU Producción animal (6 inscritos); Ingeniería de Recursos Naturales Renovables (6 inscritos); Licenciado en Música (6); TSU Metalurgia y Siderurgia (5); TSU Geología (3); TSU Tecnología Pesquera (1); TSU Tecnología Agroindustrial (1); TSU Pesca Continental (1); Licenciado en Teatro (1).

- Para mayo de 2007 la Misión Sucre estaba muy lejos de conquistar las ambiciosas metas cuantitativas propuestas. Tenía un total de bachilleres adultos inscritos de 383. 281; los profesores sumaban 20.781; los coordinadores 1.352; total de aldeas inauguradas 45; total de espacios físicos utilizados (aulas) 1.405; becas activas 81.068.

- Cuando comenzó la Misión Sucre, en octubre de 2003, el gobierno aportó unos 40 millones de dólares que se destinaron, principalmente para otorgamiento de becas y ayudas económicas.

- En 2005 se aportaron 42 millones de dólares para la construcción de 37 aldeas universitarias.

La Misión Sucre se articula operativamente con otras misiones, especialmente con la Misión Ribas puesto que se busca que los bachilleres egresados de ésta se incorporen a la Misión Sucre. También se coordina con la Misión Barrio Adentro ya que creó la carrera de Medicina Integral Comunitaria para contribuir a la formación de los 25.000 profesionales médicos que Barrio Adentro intenta incorporar al sistema de atención primaria y a la red asistencial de salud.

Misión Alma Mater

El 24 de mayo del 2007, el presidente Chávez anunció el lanzamiento de la Misión Alma Mater que tiene como principal objetivo el de rescatar la "verdadera" autonomía universitaria, elevando la calidad del sistema de educación universitaria, mejorando la equidad en el acceso y optimizando el desempeño de los estudiantes. Para ello, en una primera etapa que se extendería entre el 2007 y el 2012, se crearían once universidades especializadas, trece universidades estadales regionales y cuatro institutos universitarios.

Las once universidades especializadas se dedicarían a la investigación y docencia en las siguientes áreas: Ciencias de la Salud, Ciencias Básicas, Artes, Hidrocarburos, Seguridad, Idiomas, Economía, Ciencias sociales, Turismo, Ciencias telemáticas e informáticas, Ciencias agrícolas y Universidad del Sur (esta última con alcance latinoamericano).

Para fortalecer el propósito de municipalizar la educación superior vinculándola a la problemática de su ámbito geográfico, se anunció la creación de los Complejos universitarios socialistas Alma Mater y se dio a conocer que, a partir del 2008, se eliminaría la prueba de aptitud académica y los exámenes en las universidades por considerarlos "fuentes de corruptela e instrumentos de exclusión". Se los reemplazaría por un Sistema de Admisión confiable, transparente, equitativo y que incorporara criterios de compensación social. Con la nueva misión se procuraba elevar la tasa de ingreso a las universidades autónomas, de estudiantes pertenecientes a sectores económica y socialmente desfavorecidos, y se tendría muy especialmente en cuenta su procedencia de instituciones educativas públicas y sus lugares de pertenencia geográfica.

Para incentivar el ingreso de personas de bajos recursos a las universidades bajo la tutela de la Misión Alma Mater, el Presidente anunció que se homologarían todas las becas universitarias y que se otorgarían a 10.000 estudiantes más. Así, se cumple con el proceso de alfabetización a través de las misiones Robinson I y II, y se consolida la continuidad de la educación en las misiones Ribas y Sucre. La misión que cuenta con mayor cantidad de alumnos es Ribas con 461.251, cuya finalidad es la continuidad y culminación de la educación media, diversificada y profesional. La Misión

Che Guevara (anteriormente Vuelvan Caras), que capacita y forma hombres y mujeres en actividades productivas y sociales con enfoque de economía social y solidaria, cuenta con 43.977 alumnos y alumnas. En síntesis, de acuerdo con cifras oficiales, en el año 2009 están en proceso de inclusión educativa 1.432.736 hombres y mujeres, que aprenden a leer y a escribir; ellos culminarán el sexto grado, el bachillerato o la universidad, además de obtener formación en diversos oficios.

Aunque la cantidad no es necesariamente sinónimo de calidad, debe reconocerse el laudable esfuerzo del gobierno bolivariano por extender la educación en todos los niveles, para enriquecer el capital humano incluyendo a los que habían abandonado sus estudios hace años, incluso los ancianos. "El bien es de suyo difusivo", predicaban los viejos escolásticos. Esta difusión incluyente de la educación es instrumento de superación espiritual y material en algún grado y tiene el potencial para construir la verdadera revolución. Si se logra superar sus deficiencias y falta de excelencia, las misiones educativas podrían redimir a los pobres, proporcionándoles las herramientas que necesitan para hacer escuchar su voz y poder participar en la definición y en la conducción de las políticas públicas que los afectan como venezolanos. En pocos años ellas, aunque no únicamente, contribuirían a elevar su nivel de bien-estar.

Misión Música

Cuando, dentro de algunas centurias, se escriba la historia de América Latina en el siglo XX, el general Gómez, Rómulo Betancourt y Hugo Chávez, podrían aparecer mencionados en alguna nota marginal. Pero, muy probablemente, se destacará como el hecho social, económico y cultural venezolano más importante de aquel distante siglo XX, la creación y florecimiento del Sistema de Orquestas

Infantiles y Juveniles. Y, frente a él, su inventor, director, animador y gerente, José Antonio Abreu.

El Sistema de Orquestas venezolano no es, principalmente, un fenómeno estético insertado en el mundo de la cultura. Es un instrumento revolucionario para combatir la pobreza. Por eso se la menciona aquí. Se lo ha descrito como "movimiento social de dimensiones masivas que funciona usando la música como instrumento de cohesión de los distintos grupos sociales, promoviendo a los de menores ingresos". De los 285.000 integrantes de las orquestas, la mayoría proviene de hogares pobres; con frecuencia se abrazan a instrumentos donados o prestados en comodato porque no tienen recursos para adquirirlos; muchos de los participantes son niños y jóvenes discapacitados (algunos sordos).

A mediados de octubre de 2007 el país estaba sembrado de 135 orquestas y 75 coros integrados en el Sistema, el cual cuenta con un personal de 1.000 colaboradores que atienden al funcionamiento del mismo y a su más eficiente coordinación. En un país, como muchos en la región, desordenado, informal, sin costumbres arraigadas de solidez institucional ni de trabajo en equipo, impuntual, informal, el Sistema es un milagro duradero de organización, disciplina, rigor, seriedad, capacidad gerencial, vocación de servicio comunitario que ha permitido crear una infraestructura musical digna de un país del primer mundo. El Sistema, además de la instrucción musical específica que utiliza métodos innovadores, recibe alumnos desde los dos años de edad, y desarrolla seminarios sobre construcción y reparación de instrumentos musicales, programas especiales para niños discapacitados y dispone de centros o institutos especializados en fonología y en problemas audiovisuales.

Los inicios del Sistema de Orquestas datan de 1975. Su fundador –ironía de los accidentes vocacionales– fue un doctor en economía petrolera y profesor de planificación económica. Diputado al Congreso Nacional y Ministro de Estado para la Cultura. Graduado, también, en la Escuela de Música, organista, compositor y director de orquesta. Y sobre todo, dotado de una inquebrantable voluntad, una rara flexibilidad gerencial para remontar tormentas y esquivar dificultades, obsesionado con visión de misionero, con la convicción de que, por el culto a la música, aun los más desposeídos pueden llegar a la excelencia personal y a la inclusión social. Democratizador revolucionario, Abreu estaba consciente de que abría caminos todavía no transitados: "El arte, inicialmente fue una cuestión de minorías para minorías; luego de minorías para mayorías. Y nosotros estamos iniciando una nueva era en que el arte es una empresa de mayorías para mayorías". La pasión de Abreu por la inclusión de los pobres en la vida social, la misión salvífica de las mayorías, no implica nivelación hacia abajo. A la excelencia no se llega por el fácil camino del empobrecimiento general ni de la mediocridad; *ad astra per aspera* ('a los astros por las dificultades'), "para atender en las mejores condiciones a los niños pobres, la cultura para los pobres no puede ser una pobre cultura". Para Abreu el Sistema de Orquestas significa un cambio, original, revolucionario del método para combatir la pobreza.

Es "un caso único en el mundo, de aplicación de un arte que antes fue de las élites, aristocrático, para la dignificación del pueblo. Este sistema está rompiendo el círculo vicioso de la pobreza". Y comenta "cuando un niño es visitado en su hogar por un maestro y un instrumento, y el niño lo toma, desde ese momento está incluido en la sociedad, porque el Sistema se encarga de llevarlo a la cumbre de la profesionalización artística y de la dignidad humana".

Estudios del Banco Interamericano de Desarrollo (BID) pusieron en evidencia que los niños participantes en las orquestas y coros tienen mejor rendimiento en otras áreas educativas y de la vida social. Por ello el BID desconcertó a la comunidad internacional cuando decidió financiar con suma millonaria la construcción de la sede del Sistema por considerarlo instrumento eficiente del desarrollo económico y social y muy competente enfoque para combatir la pobreza y la exclusión.

El presidente Chávez, deponiendo su inicial actitud de reluctancia y distanciamiento con respecto al Sistema de Orquestas, anunció[53] que en los próximos meses se conformaría la Misión Música que contribuiría a la ampliación y consolidación del Sistema de Orquestas, con lo cual éste pasaría a ser un "nuevo programa social del gobierno bolivariano". El oportunismo –todo político inteligente debe aprovechar las oportunidades– del presidente pretende hacer suya o, al menos, identificarse con el programa más original y exitoso ensayado en el país para combatir exitosamente a la pobreza. Ello merece aplauso. Es apoyar una causa noble y, en este caso, con más mérito aún por tratarse de una iniciativa que surgió y se consolidó durante veinticinco años, bajo el alero de la denostada IV República.

Existe el peligro de la masificación. Después de dos décadas y media son hoy 285.000 los niños y jóvenes que integran el sistema. El Presidente, quien suele identificar calidad con cantidad, ya anunció que la meta del Sistema es llegar a beneficiar a un millón de niños, como si fácil tarea fuera multiplicar por cuatro, en poco tiempo, los profesores de música, los directores de orquestas y coros, los coordinadores de actividades y, sobre todo, la dotación de instrumentos, aunque sean fabricados en China, con menores precios. Es de esperar que la veteranía, la ponderación, la mano izquierda y sobre todo la visión del maestro Abreu hagan que el Sistema se beneficie de la largueza económica de los programas sociales del gobierno, sin hipotecar su

---

[53]   República Bolivariana de Venezuela. *Aló Presidente* Nº 292, 2 de septiembre de 2007.

futuro en un súbito crecimiento espectacular, degradado e inmanejable. Mientras tanto, para sorpresa de muchos, para orgullo de la región y para deslumbramiento de figuras como Claudio Abbado, Plácido Domingo, Ratlle o Daniel Baremboim, Venezuela ofrece al mundo la prueba de que se puede reducir ampliamente la pobreza por medio del arte.

No exageraba Mijail Gorbachov cuando, al hacer entrega al maestro Abreu de una distinción internacional, el 30 de octubre de 2007, proclamó: "Él –Abreu– ha creado e implementado un proyecto de renacimiento y libertad, contra la pobreza y la degradación, al cual puede calificarse de milagroso." (*El Universal*, 2007b: III-10).

Para un balance de las misiones

Es difícil evaluar estos programas sociales del gobierno venezolano debido a la escasa y asistemática información difundida sobre ellos; además, todavía no se les incluye en las fuentes tradicionales de estadísticas oficiales del sector social (D'Eliá, 2006). Coincide en esta apreciación un informe de PROVEA en el cual se afirma que es muy difícil evaluar los costos y beneficios de las misiones porque "no hay control de gestión independiente. Están acompañadas de mucha propaganda y se confunde propaganda con valoración." (Márquez, 2006).

Sin embargo, debe reconocerse que en las misiones, al igual que en los consejos comunales, como se ha dicho, muchas personas antes marginadas se sienten parte activa de la comunidad no sólo por los beneficios que reciben sino por la participación activa que pueden tener. Las misiones con mayor impacto positivo son aquéllas que ofrecen servicios antes inexistentes o muy deficientes (principalmente Barrio Adentro y MERCAL). Si bien en ellas se da por indefinición, quizás intencional, un alto grado de flexibilidad que estimula la creatividad de los actores que pueden recurrir a caminos no trillados en busca de soluciones a los problemas propios de su comunidad, se presenta, también cierto grado de anomia que hace difícil establecer responsabilidades y áreas de acción, lo cual conlleva a la confusión de roles y, en definitiva, atenta contra la eficiencia y la convivencia armónica de los actores:

> La fuerte dinámica de ejecución y la superposición de fases sin completar, no permiten la consolidación de la nueva estructura ni su funcionamiento regular. Una vez que las misiones entran en los barrios y las comunidades se encargaron de su instalación, se produce un vacío que hasta la fecha los órganos públicos competentes no han podido resolver. Este vacío se caracteriza por la ausencia de reglas de gestión definidas. No está claro cuál es el esquema de responsabilidades ni las atribuciones de cada organismo. Por defecto, se han trasladado obligaciones a las comunidades en materia de gestión y ejecución, sin apoyo formativo ni retribución económica. Esta situación genera perturbación y conflictos violentos en las relaciones comunitarias, alejando a las organizaciones de su espacio natural en defensa de las condiciones de vida comunitarias (Organización Panamericana de la Salud, 2006a: 69).

Las misiones, con sus logros y fracasos, están contribuyendo al pago de la gran deuda social. Son canales de inserción e instrumentos de "empoderamiento" popular. Casi la mitad de la población venezolana se beneficia con las misiones sociales y educativas. A mediados del año 2007 (de apogeo de muchas misiones) el decil más pobre de la población era beneficiado en 85% y el decil más rico, en 39% (*Venezuela ahora*, 2007). Los pobres se sienten protagonistas. Que lo sean en verdad o no, interesa mucho, pero importa menos. Lo importante es que lo crean, se sienten tomados en cuenta, tienen alta autoestima y actúan en consecuencia. Algunos opositores acérrimos comparten el cínico pesimismo de Paul Valery: se trata de "evitar que la gente decida, pero haciéndole creer que participa".

Muchos, incluso opositores, coinciden en reconocer al presidente Chávez el mérito de haber colocado la lucha contra la pobreza, principalmente a través de las misiones, en el tope de sus prioridades políticas. Lo ha hecho, ciertamente, con alto costo económico y social; ha logrado –afirma Margarita López Maya– "repolitizar a venezolanas y venezolanos, darles sentido, dimensión de ciudadanía y de país" (López Maya, 2004). En otra opinión: "El sentido de inclusión permanece como el principal activo político del Sr. Chávez" (*The Economist*, 2007: 7). También Teodoro Petkoff reconoce al presidente el mérito de haber colocado la pobreza y la necesidad de superarla, como el gran tema nacional. Lo que importa destacar es que el presidente Chávez, como dirían los teólogos de la liberación, hizo una clara opción preferente por los pobres. Es necesario reconocer también que al hacerlo hizo suya una meta que había sido señalada ya como urgente para el nuevo Milenio, por las Naciones Unidas.

Las dificultades que podría confrontar el gobierno para mantener el gasto público, que por excesivo parece insostenible, podría resquebrajar el entramado de las misiones en la situación de continuada ineficiencia administrativa y evidente incapacidad gerencial del gobierno de Hugo Chávez. Pero ha de reconocerse que con el consejo de Fidel Castro y la ayuda cubanas, las misiones han sostenido la popularidad del primer mandatario de este "país rico con gente pobre" y devolvió a los más carenciados la capacidad de soñar. La triste realidad es que, por las fallas ya mencionadas, muchos de ellos seguirán siendo pobres.

La gran pregunta todavía por responder es si las ingentes sumas otorgadas a los participantes de las misiones y a integrantes de cooperativas: salarios, becas, préstamos no recuperados, etc., sirvieron para disminuir la pobreza estructural o sólo fueron paliativos temporales, coyunturales: "Pan para hoy, hambre para mañana". Por no exigir contraprestaciones a los beneficiarios (como acontece con los programas de transferencia directa de efectivo puestos en marcha por varios países de la región), las misiones parecerían ser canales de distribución de dinero que mitiga momentáneamente la pobreza, pero que no contribuyen a vencerla definitivamente.

El 17 de septiembre de 2009 el presidente Chávez anunció que a partir del mes de octubre se relanzarían las misiones. El nuevo sistema de misiones intenta reforzar, con mayor eficiencia, el trabajo realizado hasta ahora. Para ello, el Presidente dispuso crear de inmediato un fondo único que coadunaría las funciones de los distintos agentes financieros. Este canal único hará más expeditas las transferencias y flujos de recursos a las misiones que actualmente los reciben de distintas fuentes, lo cual complica y retarda la recepción oportuna de los recursos. Aunque no se precisaron detalles, se establecería una suerte de misión única en la que confluirían todas las misiones, con lo cual se atenuaría la anarquía institucional y funcional que impera entre ellas.

Cooperativas: paraíso y cementerio

En el mundo, con una población de más de 6.000 millones, hay registradas unas 850.000 cooperativas; Venezuela con menos del 0,5% de la población mundial, tiene casi un tercio del total de cooperativas registradas en el planeta. Sorprendente.

- Brasil tiene registradas 7.518 cooperativas;
- México 5.000; Costa Rica 1.600;
- Argentina 21.312; Estados Unidos 47.000;
- España 27.000; Cuba, después de cincuenta años de revolución, poco menos de 7.000;
- Italia 7.000.
- Venezuela tiene más de 240.000.

La Ley Especial de Asociaciones Cooperativas de Venezuela, promulgada en septiembre de 2001, en su artículo 2° reza:

> Las cooperativas son asociaciones abiertas y flexibles, de hecho y derecho cooperativo, de la Economía Social y Participativa, autónomas, de personas que se unen mediante un proceso y acuerdo voluntario, para hacer frente a sus necesidades y aspiraciones económicas, sociales y culturales comunes, para generar bienestar integral, colectivo y personal, por medio de procesos y empresas de propiedad colectiva, gestionadas y controladas democráticamente.

La *Ley Especial de Asociaciones Cooperativas* (septiembre de 2001) establece la obligación del Estado de protegerlas, facilitar su creación y extenderles beneficios como la liberación de impuestos. Consecuencia de ello, en el año 2001 se crearon 1.154 cooperativas y, en el siguiente, 2.280. En 2005, después de ganar el referéndum revocatorio y con el propósito de "acelerar la construcción del nuevo modelo productivo, rumbo a la creación del nuevo sistema económico" que todavía no llamaba socialista, y con la promoción y el financiamiento directos del gobierno, se establecieron 36.765 y 41.485. Ya en ese momento, Venezuela desplazaba a China como el país con más cooperativas en el mundo (Venezuela con 26 millones de habitantes y China con 1.300 millones).

El número de cooperativas (241.000 en junio de 2008) se descalifica por sí mismo. No es serio. Jamás en la historia universal se ha visto tal proliferación. Obviamente hay un problema de "portación de nombre": las asociaciones que en Venezuela se llaman cooperativas probablemente no serían consideradas tales en otras partes del mundo. El Superintendente de Cooperativas, Juan Carlos Baute, lo confirma: "Muchas de estas organizaciones son compañías anónimas que han desvirtuado el verdadero trabajo de las cooperativas" (Cruz Salazar, 2008). Venezuela tiene el discutible privilegio de haber creado el mayor número de cooperativas en la historia universal (¡y sólo en tres o cuatro años!) y ser el más grande cementerio de cooperativas del planeta, como dijo, deprimido, un gran experto venezolano en el tema.

De las 241.000 cooperativas registradas, sólo unas 65.000 están activas (un 30%) y únicamente unas 30.000 han recibido el certificado de cumplimiento que las habilita para recibir contratos de organismos públicos. Críticos tan autorizados como Oscar Bastidas Delgado calculan que el 70% de las cooperativas registradas han desaparecido, muchas de ellas después de haber recibido préstamos entre 50 y 100 millones de bolívares. La SUNACOOP realizó un censo entre agosto y septiembre de 2006 y para dar las mayores facilidades instaló decenas y decenas de kioscos en todo el país, en los cuales se podía entregar simples "certificados de supervivencia". Sólo lo hizo el 35% de las cooperativas registradas; las que no dieron señales de vida, según declaró Carlos Molina, titular de la institución, permanecerán "en la nevera, como Walt Disney"; no serán eliminadas o liquidadas.

El gobierno impulsa la conformación de cooperativas con el propósito encomiable de garantizar el desarrollo de una actividad productiva, siempre que tal iniciativa se consolide. Es un sueño, un noble propósito que para convertirse en realidad exige un cambio cultural profundo, la construcción de la autoestima sobre bases objetivas y la capacitación para constituir y dirigir una empresa cooperativa. Ello no es fácil si se tiene en cuenta que sus promotores y constituyentes son personas que, en su mayoría, hasta pocos meses antes eran iletrados, excluidos no sólo del sistema escolar , sino de la vida social institucional, que jamás participaron en un emprendimiento laboral y mucho menos soñaron con formar una organización productiva. Jamás sintieron necesidad de conectarse con un banco o de ingresar en él. Nunca tuvieron acceso a una cuenta bancaria. El espíritu empresarial no puede inculcarse en pocos meses; es en todo caso tarea ingente, si no imposible.

Misión Vuelvan Caras

En enero de 2003 se estableció la misión "Vuelvan Caras" con la finalidad de crear empleos mediante la actividad cooperativista. Sus participantes son llamados "lanceros" en recuerdo de los famosos guerreros llaneros que forjaron los triunfos del general Páez en la guerra de independencia. En abril de 2004 el Instituto Nacional de Capacitación y Formación Socialista (INCES) comenzó a dictar cursos cuyos alumnos fueron reclutados entre personas que ya participaban en las Misiones Robinson I, Robinson II, Ribas, Sucre y Miranda.[54] Los seleccionados compartían su tiempo y sus intereses entre "Vuelvan caras" y la otras misiones en que, simultáneamente, participaban. El desorden y la anarquía no se podían disimular. Se fijaron objetivos tan desmesurados como bajar, en once meses, la tasa de desempleo más de diez puntos. El Presidente de la República aseguraba poder bajar la tasa de desempleo de 15,4 a 5% para el mes de diciembre de ese mismo año, despropósito que ni el más triunfalista voluntarismo podría sustentar. Quizá, por ello, él mismo proclamó que esa meta de desempleo era "fabulosa".

Tarea será de psicólogos sociales explicar los mecanismos mentales que, en los regímenes militaristas, fomentan las proclamas cuantitativamente grandilocuentes, que confunden aspiraciones con posibilidades y que, si bien inicialmente deslumbran, cuando los hechos, reiteradamente, las desmienten restan credibilidad al vaticinador y a sus futuras promesas. El INCES que tiene a su cargo la capacitación y asistencia técnica a los lanceros y lanceras, cuenta con 16.000 instructores

---

[54]   La Misión Miranda, coordinada por el Ministerio de Defensa, tiene por objeto entrenar a las Reservas de la Fuerza Armada Nacional.

(otra vez, la cifra asombra) repartidos en todo el país. Mientras asisten a los cursos los lanceros reciben una beca mensual de 186 bolívares fuertes, instrumentos de trabajo de acuerdo con el oficio a que se dediquen y una comida diaria. Al constituir una cooperativa reciben un sueldo mensual de poco más de un millón de bolívares (unos dos sueldos básicos) durante seis meses.

Al constituir una cooperativa –que, como dice el presidente Chávez, es muy fácil– son beneficiados también con créditos que suelen oscilar entre 50 y 100 millones de bolívares para la adquisición de maquinaria y equipos. Para los emprendimientos agropecuarios se les otorga tierras que el Estado adquiere a través de expropiaciones; la extensión de tierras que se entregan a una cooperativa depende del número de cooperativistas que la integren. Y, muy especialmente, una vez registradas, las cooperativas suelen recibir contratos directos de entidades gubernamentales. También se les proporciona asistencia técnica para perfeccionar su administración y gerencia. El Ministerio de Economía Popular es la principal fuente de financiamiento de la Misión; en el año 2005 éste asignó una partida de 600.000 millones de bolívares adicionales para otorgar préstamos a las cooperativas. Hacia fines de ese año había unos 300.000 lanceros formados en las materias sociopolíticas y en alguna de las 79 especialidades u oficios, y 84.000 cooperativas habían sido constituidas. Para fines de 2006 el gobierno planeaba incorporar unos 900.000 lanceros más. Pero esos planes no se cumplieron, por lo menos bajo la advocación de Vuelvan Caras.

En su *Aló Presidente* número 284, transmitido el 24 de abril de 2007, el Jefe de Estado anunció su decisión de cambiarle el nombre a la Misión Vuelvan Caras; en adelante se llamaría Misión Che Guevara. ¿Defunción por cambio de nombre? La Misión Che Guevara está abierta a todos los venezolanos mayores de quince años interesados en recibir instrucción en quehaceres como industria, especialmente textil, construcción, turismo, agricultura, comercio y servicios. El objetivo final de la Misión Che Guevara parece más preciso, y no menos ambicioso: "Conseguir la meta de la Misión Cristo: pobreza y miseria cero, en 2021".

Uno de los ensayos más serios sobre las cooperativas venezolanas durante la revolución bolivariana, es el de Camila Piñeiro Harnecker,[55] quien estudió *in situ* diversas cooperativas; su empatía con el gobierno es notoria y confesa, por ello sus conclusiones tienen especial interés.

La autora reconoce:

- "El extraordinario crecimiento en el número de empresas democráticamente administradas por los trabajadores en Venezuela ha sido, más que un proceso espontáneo desde abajo, en gran medida el resultado de políticas públicas que las promueven." (2007: 3).

- Los muy diferentes niveles de educación entre los participantes en una misma cooperativa osifica la diferencia de clases y estratifica los roles en la actividad de la empresa colectiva. Los más instruidos se dedican a las tareas intelectuales (gerenciales) y los menos instruidos ejecutan las labores manuales.

- "Debido a que [...] más del 93% de los miembros de esas cooperativas que estudié (Vuelvan Caras) son mujeres, la inmensa mayoría de ellas anteriormente desempleadas, es razonable suponer que la mayoría de los participantes de este programa estaba interesada en la oportunidad de obtener beneficios materiales (como un trabajo, una beca mensual de 75 dólares aproximadamente o la reparación de sus viviendas), más que en sus aspectos ideológicos."

---

[55]   Hija del dirigente cubano Manuel Piñeiro Losada y de Marta Harnecker, militante de la izquierda chilena. Ver: PIÑEIRO HARNECKER (2007).

- La obsesión por la cantidad llevó al gobierno a autoimponerse, con mucha premura, metas irrealizables: instruir a decenas de miles de participantes en programas de "Vuelvan caras" en pocas semanas. Para ello se requería encontrar miles de instructores capaces de instruir; y en esa tarea, apresuramientos e improvisaciones de nada valen. Son sólo cantidad. Se confunde apariencia con realidad. "De hecho, funcionarios del MINEP reconocen que hubo mucha improvisación en el primer ciclo de Vuelvan Caras. Los instructores fueron contratados sin un proceso selectivo que asegurara su preparación técnica e ideológica para enseñar a personas de los sectores más marginales de la sociedad venezolana."

La mayor parte de las cooperativas tienen como gerentes a trabajadores que nunca han manejado una empresa y muchos de ellos son cuasi analfabetos. Las fallas garrafales se dan en la parte administrativa y contable. Quienes conducen las cooperativas son incapaces de hacer los informes trimestrales a que están obligados y los balances que también deben presentar a la SUNACOOP. El Superintendente de Cooperativas, Juan Carlos Baute, confesó: "Esta es una de las grandes debilidades del movimiento, por la falta de rigurosidad y conocimiento para llevar libros contables y aspectos relacionados." (Baute, 2008: I-15).

Difícil, a primera vista, es entender la desaparición –ni siquiera el fracaso– de un 70% de las cooperativas recién registradas, sin ningún historial de actividad. Desaparecen, se evaporan. No se vuelve a saber de ellas. Oscar Bastidas (2005) tiene la explicación: "El sistema es tan malo, tan pobre y tan improvisado, que la gran mayoría de los créditos que se entregan a las cooperativas son a fondo perdido porque apenas se entrega el primer lote de dinero, la cooperativa desaparece [...] Los supuestos socios se reparten el dinero y hasta allí llegó la cooperativa". En síntesis, el problema básico, era que las cooperativas se multiplicaban a diario, sin que ello estuviese acompañado con la formación seria, si no rigurosa, de cooperativistas; los "cursos" de pocas semanas que recibían eran muy deficientes. Las cooperativas son tripulaciones sin oficialidad ¿Cómo pueden ser convertidos en gerentes empresariales personas que hasta semanas antes eran marginados y analfabetos? Alrededor del 30% de los futuros empresarios no había terminado el ciclo de educación primaria (Bastidas, 2005).

Por alguna razón, no hecha pública, el presidente Chávez decidió dar por terminada la Misión Vuelvan Caras. Ni siquiera, en consideración a Páez, mantuvo su nombre. Fracaso rotundo. Lanceros y lanceras desaparecieron sin volver las caras. Resulta desconcertante la explicación que dio el presidente: "El cooperativismo no es el único modo de asociación que requiere el país para instaurar la propiedad social. El cooperativismo es una figura, no es ni siquiera la ideal" (República Bolivariana de Venezuela, Aló Presidente, 2007b). Año y medio después, remató: "Las cooperativas no son socialismo, no nos equivoquemos. Las cooperativas son un instrumento del mismo capitalismo [...] la cooperativa no es que sea mala, pero no es el camino al socialismo" (República Bolivariana de Venezuela, Aló Presidente, 2008c). Muy costoso error y gran decepción para los cientos de miles de lanceros que obedecieron la orden de volver caras y se convirtieron en instrumento del capitalismo; perdieron la batalla y con ellos sus ilusiones de ser protagonistas, a través de las cooperativas, de la revolución bolivariana.

La pobreza es derrotable, pero la seriedad en el diseño y la gestión de las políticas públicas es indispensable. La irresponsabilidad, la falta de formación y conocimiento de la nueva burocracia política en la gerencia de los programas, la ineficiencia y la corrupción generalizadas han puesto en riesgo las ilusiones de los venezolanos más pobres, y no sólo de ellos. Resignadamente habrá que esperar hasta una nueva oportunidad de bonanza petrolera para avanzar con paso seguro en la superación de los viejos atrasos que sustentan la pobreza y la desigualdad.

2. Modelos de sociedad en pugna

A lo largo de este trabajo, inevitablemente, se hacen afirmaciones discutibles que bien pueden ser objeto de rechazo, examen o debate. No son opiniones originales que arrojen luz o dudas sobre enfoques inéditos. Se refieren a posiciones que, cotidianamente, están determinando la política y la economía de la sociedad venezolana actual, desgarrada por extremismos en que las ideas, convertidas en dogmas, se manejan como dardos para conseguir determinados objetivos políticos. Abundan las acusaciones mutuas, las polémicas encendidas. No hay diálogo.

¡Cuán difícil es para un observador extranjero, que pretenda ser objetivo y mesurado, analizar, comprender y explicar cualquier aspecto de la realidad económica y política de esta Venezuela en guerra consigo misma! No hay verdadero contraste de verdades; sólo existen posiciones y oposiciones. Toda afirmación, aunque no categórica, debe ser maquillada, relativizada por un "...sí, pero...". Venezuela es dos países con extremos enguerrillados que le hacen cada vez más difícil ser nación donde la *con-vivencia* se afirme en inevitables y enriquecedoras divergencias, como acontece en Uruguay, Brasil, Chile o Costa Rica.

La piedra de toque que divide al país es la aceptación o rechazo de una revolución que comenzó siendo bolivariana, para después (a partir del 2005) definirse como socialista y convertirse finalmente en marxista. Cualquier aspecto de política macroeconómica queda condicionado por el proyecto nacional que, definitivamente, se imponga. La estrategia para la derrota de la pobreza y la disminución de la desigualdad, tema de este libro, variará substancialmente si esa lucha se plantea en un contexto socialista-marxista o desde un modelo post-capitalismo salvaje.

Qué socialismo, qué capitalismo

En sus primeros años de gobierno el presidente Chávez solía referirse, muy vagamente, a la necesidad de crear una "nueva economía". En su segundo quinquenio planteó abiertamente que el país se encaminaba al socialismo del siglo XXI" y las Fuerzas Armadas proclamaban la consigna: "Patria, socialismo o muerte". En marzo de 2007, en Bolivia, amalgamando futuro y postrimerías, el Presidente dictaminaba: "Los que quieran ir directamente al infierno, ellos pueden seguir el capitalismo. Y aquellos de nosotros que queremos construir el cielo, seguiremos el socialismo". Y el 18 de enero de 2010, en plena Asamblea Nacional confirmó: "Por primera vez asumo el marxismo; lo asumo".

Se trata, evidentemente, de un socialismo marxista difuso, indefinido, cuya praxis irá creando una doctrina y políticas que lo concreten. Es mescolanza imprecisa de Cristo y Lenin, de Bolívar y Marx, aunque éste, en carta a Engels del 14 de febrero de 1858, denostó a Bolívar como "el canalla más cobarde, brutal y miserable".

Ni el presidente Chávez ni el Partido Socialista Único de Venezuela han podido o querido precisar aspectos básicos de tal socialismo. ¿Qué rol tendrá en él, por ejemplo, la propiedad privada de los medios de producción? O ¿será ésta monopolizada por el Estado o por las empresas de producción social, aunque en el país haya notable escasez de gerentes y de obreros calificados? ¿Cuáles son las bases para la conversión de una sociedad capitalista en una comunidad socialista?

No faltan quienes opinan –Heinz Dietrich entre ellos– que el amorfo socialismo predicado por el presidente Chávez no es tal sino un capitalismo de Estado articulado en torno de la figura presidencial, quien se yergue, en su personalismo ilimitado, sobre el debilitamiento de las instituciones. Chávez no sería socialista sino estatista. Las instituciones poco importan: "El Estado soy yo". Porque detenta la totalidad del poder político y económico, el Chávez autoritario deviene en totalitario.

Por otra parte, ¿a qué capitalismo se refieren Chávez y sus aliados cuando predicen que lo enterrarán en este siglo? Seguramente al capitalismo neoliberal vigente en Estados Unidos, que ha logrado extraordinarios avances pero que también ha condenando a la penuria a más de 44 millones de pobres. El "sueño americano" es lucha darwiniana en la cual triunfan los más fuertes, de ahí que lo hayan calificado de "salvaje". Decenas de niños son mordidos por ratas mientras duermen en tugurios, a pocas cuadras de la Casa Blanca. Pero, ¿acaso no hay otras versiones del capitalismo en que las fuerzas ciegas e implacables del mercado son acotadas y reguladas por el Estado y en el cual los ciudadanos, personalmente o agrupados en asociaciones civiles, participan en la definición e implementación de las políticas públicas? Capitalistas son los países del Norte de Europa: Islandia, Finlandia, Dinamarca, Suecia y Noruega que hace años desterraron la pobreza y el analfabetismo, redujeron al mínimo la mortalidad infantil, aumentaron la esperanza de vida a más de ochenta años, ofrecen excelente educación abierta igualitariamente a todos los ciudadanos. Países donde el desempleo es mínimo (2%), los sindicatos fuertes, se establecen impuestos muy altos que gravan más a los que más tienen; países donde la diferencia entre los más ricos y los más pobres no excede las seis veces, y en los que se protege a todos los ciudadanos "desde la cuna hasta la sepultura". ¿Es ése el capitalismo que hay que enterrar? ¿O el de países con muy alto nivel de vida como Suiza, Japón, Australia, Canadá, Luxemburgo, Nueva Zelanda... que figuran entre las 26 "democracias maduras" del mundo? ¿No es, por acaso, capitalista el Brasil cuyo gobierno acaba de anunciar que gracias al ritmo de su desarrollo económico, motorizado fundamentalmente por la empresa privada, y al éxito de sus programas sociales hizo posible que 30 millones de brasileños abandonaran la pobreza? ¿Y el Chile de los socialistas Ricardo Lagos y Michelle Bachelet no es capitalista?

Después del rotundo fracaso del "socialismo real" enterrado con la caída del Muro de Berlín, ¿valdrá la pena emprender la aventura de un impreciso socialismo del siglo XXI, en vez de inspirarse en los logros tan firmes de países capitalistas como los mencionados? ¿Cuántas décadas –o siglos– le llevará a Venezuela y a otros países latinoamericanos aproximarse a los niveles de bienestar de que hoy gozan Dinamarca o Suiza?

Después de la derrota electoral del referendo del 2 de diciembre de 2007, el presidente Chávez planteó la necesidad de las 3 R (Revisión, rectificación y reimpulso). Quizá se haya hecho un ejercicio de revisión; lo que parece inevitable es que no habrá marcha atrás en la "revolución"; la fuga será hacia adelante. Sólo cabe esperar la radicalización del "proceso" cuya base de sustentación popular, aún muy importante, se debilita al ritmo de la ineficiencia y la corrupción gubernamentales (inseguridad, inflación, mala calidad de los servicios, etc.).

Por su parte, el conjunto de partidos políticos, organizaciones estudiantiles, obreras y empresariales, muchas ONG y, en general, la parte de la sociedad civil venezolana que se opone a la propuesta del socialismo marxista del presidente Chávez, desde una no muy cimentada unidad, ha sido incapaz de ofrecer una alternativa orgánica. Hay opositores, más que oposición, a pesar de laudables esfuerzos como el de la Mesa de la Unidad. Esta variopinta oposición se expresa por reacciones *ad casum* a las acciones del gobierno. Siempre está a la zaga. Emite respuestas, pero no presenta propuestas sistematizadas que concreten la forma de avanzar en el proyecto nacional redefinido en la Constitución de 1999, propuestas que podrían llevarse

a cabo en el distante o próximo "poschavismo". Las manifestaciones estudiantiles mantienen el fuego sagrado,
movilizan y conmueven a buena parte de la ciudadanía,
e incomodan a un gobierno que sigue, aparentemente
imperturbable, su marcha hacia el nebuloso socialismo
del siglo XXI.

Además, hasta hoy la oposición no tiene rostro. Falta
la figura convocante. No aparece el líder capaz de enfrentar
la magia comunicacional de Chávez con los pobres, a pesar
de sus excesos y vulgaridades.

El debate sobre el nuevo socialismo y el post-capitalismo neoliberal en todos los países que aún no han
podido alcanzar niveles básicos de bienestar para todos,
es necesario; ese debate resulta imperioso y urgente en
Venezuela donde la gobernabilidad se torna difícil y el
enfrentamiento podría provocar situaciones indeseables.

Se necesita una carta de marear, si la Constitución de
1999 no fuera suficiente. El Gobierno está concretando
una "revolución" para la cual no fue elegido y cuyo contenido era desconocido o impensable hace pocos años.
La oposición debe al país mucho más que el aguerrido
antichavismo. (Y después ¿qué?). La población necesita
saber a dónde intentan conducirla unos y otros. El debate
con posibilidades de un mínimo consenso aparece como
muy improbable. Por otra parte, escasean las definiciones
básicas que den contenido a los dos proyectos de país,
(proyectos que, como tales, no existen). Ni Chávez ha se-
ñalado cuáles son los elementos básicos y lo objetivos
finales de su socialismo marxista, ni la oposición ha dado
a conocer su proyecto. Venezuela, al finalizar el primer
semestre de 2010, no aparece como Comunidad; semeja
a una familia profundamente dividida, donde el hermano
devino enemigo; se muestra como si fuera una nación despedazada. Mientras la oposición reclama diálogo, Chávez,
impertérrito, radicaliza su revolución tratando de demoler

a los que considera enemigos vendepatria, e imitando el modelo cubano, cuestionado seriamente incluso por las autoridades de la isla.

Y por ello, el destino inmediato del país, en sus dimensiones económica y política –y dentro de ellas la lucha contra la pobreza y la desigualdad–, se asoma impreciso, confuso, polémico y, ojalá, no trágico.

FUENTES CITADAS

ADORNO, Sebastián (2000), "La criminalidad violenta urbana en Brasil. Tendencias y características", presentado en el seminario "El desafío de la violencia criminal urbana", Río de Janeiro, Banco Interamericano de Desarrollo (BID), en 1997, y publicado en *Nueva Sociedad,* Caracas, núm. 167, mayo-junio de 2000.

AGUINIS, Marcos (2009), "Viaje al futuro: el asombroso desarrollo chino", *La Nación,* Buenos Aires, 29 de octubre de 2009.

ALDUNATE M., Felipe (2009), "Ser global en una crisis global: las empresas más globales de América Latina", *América Economía Intelligence. Multilatinas multinacionales. Duelo de equilibrio en medio de la crisis. Ranking multilatinas,* núm. 374, abril de 2009, pp. 22-25. Disponible en línea: issuu.com/marshall/docs/america_economia_374.

ALTIMIR, Oscar (1979), "La dimensión de la pobreza", *Cuadernos de la Cepal,* núm. 27, Santiago de Chile.

ÁLVAREZ, Roberto y BARCO Indira (2004), *Una interpretación de la Misión Barrio Adentro desde la perspectiva de un trabajador de la salud,* Caracas, Instituto de Altos Estudios Arnoldo Gabaldón.

América Economía (2010), "Venezuela cierra 2009 con 7,2% de desempleo", 6 de enero de 2010. Disponible en línea: www.americaeconomia.com.

ANNAN, Koffi (2001) (secretario general de las Naciones Unidas), "Discurso ante la Asamblea Mundial de la Salud". Disponible en línea: www.unfpa.org.
—— (2006), "Discurso del 11 de mayo de 2006".
ANTON, Joan (2010), "Exposición en el primer encuentro de poblaciones afrodescendientes", Caracas, Centro de Estudios Latinoamericanos Rómulo Gallegos (CELARG), 21 y 22 de junio de 2007. En Gobierno Bolivariano de Venezuela, *Independencia y Revolución*, Caracas, 23 de septiembre de 2010. Disponible en línea: www.minci.gov.ve.
ARMAS H., Mayela y PÁRRAGA, Mariana (2008), "Gasto corriente se come dinero de venta de activos petroleros", *El Universal*, Caracas, 25 de febrero de 2008, pp. I-12.
ARRIAGADA, Irma y GODOY, L. (1999), *Seguridad ciudadana y violencia en América Latina*, Costa Rica, Facultad Latinoamericana de Ciencias Sociales (FLACSO). Disponible en línea: www.flacso.org.ec.
AUMAN, Robert John (2009) (Premio Nobel de Economía 2005), "Conferencia en la Universidad de Palermo", Buenos Aires, Facultad de Ciencias Económicas, 3 de noviembre de 2009. Disponible en línea: www.palermo.edu/economicas/
AYRES, Robert L. (1998), *Crime and Violence as Development Issues in Latin America and the Caribbean*, Washington DC, World Bank Latin American and Caribbean Studies Viewpoints, 27 pp.
BAEZA, Cristian C. y TRUMAN G., Packard (2006), *Beyond Survival: protecting Households from Health Shocks in Latin America*, Washington DC, The World Bank.
Banco Interamericano de Desarrollo (BID), Fondo Monetario Internacional (FMI), Banco Mundial (BM), G-8 (2000), *Cumbre de Okinawa. Global Poverty Report*, julio de 2000, 23 pp. Disponible en línea: www.worldbank.org.

—— (2004), *Los Objetivos de Desarrollo del Milenio en América Latina y el Caribe. Retos, acciones y compromisos*, Washington DC, enero de 2004.

—— (2005), *Bidamérica, ¿Qué aportará China a América Latina?*, Washington DC, julio de 2005. Disponible en línea: www.iadb.org/idbamerica.

—— (2008), *Informe Anual 2007*, Washington DC. Disponible en línea: www.iadb.org

—— (2009), *Nuevo siglo, viejas disparidades: brecha salarial por género y etnicidad en América Latina*, Washington DC, octubre de 2009.

Banco Mundial y Fondo Monetario Internacional (24 de abril de 2009), *Informe de seguimiento mundial 2009: una emergencia en desarrollo*, Washington DC, 24 de abril de 2009.

Banco Mundial, Oficina del Economista Jefe (2005), *Índice de oportunidades humanas. La medición de la desigualdad de oportunidades en América Latina y el Caribe*, Washington DC. Disponible en línea: sitesources.worldbank.org

—— (2006a), *Informe sobre la Reducción de la pobreza y crecimiento: círculos viciosos y círculos virtuosos*, 21 de febrero de 2006. Disponible en línea: web.worldbank.org

—— (2006b), *Information and Communications for Development. Global Trends and Policies. 2006*, 332 pp. Disponible en línea: www.info.worldbank.org

—— (2009), "Impacto inmediato de la crisis. (Flujos mundiales de financiamiento para el desarrollo 2009: Inflación)", *Global Economic Prospects*, junio de 2009. Disponible en línea: web.worldbank.org

BÁRCENA, Alicia (2009a) (secretaria ejecutiva de CEPAL), *Disertación en el Foro Empresarial previo a la V Cumbre de las Américas*, Puerto España, 16 de abril de 2009.

—— (2009b), "Entrevista", *Granma*, La Habana, 14 de junio de 2009.

—— (2009c), "Entrevista", *Granma*, La Habana, 25 de mayo de 2009.

—— (2009d), Reportaje de Roberto GONZÁLEZ AMADOR: "Se desploma la inversión extranjera directa en México", *Periódico La Jornada,* Ciudad de México, CEPAL, 28 de mayo de 2009. Disponible en línea: www.jornada.unam.mx/2009

—— (2009e), "Disertación en el Foro empresarial previo a la Cumbre de las Américas", Puerto España, 16 de abril de 2009.

—— (2010), *Informe Económico de América Latina y el Caribe, 2009-2010,* Santiago de Chile, CEPAL, 21 de julio 2010.

BASTIDAS DELGADO, Oscar (2005), "Cooperativas a fondo perdido". Entrevista de Mariana GIL SCHEMEL, *Revista Dinero: cooperativas y cogestión,* Informe especial, Caracas, septiembre de 2005. Disponible en línea: www.dinero.com.ve/201/

BATTHYANY, Karina; CABRERA, Mariana; MACADAR, Daniel (2004), "La pobreza y la desigualdad en América Latina", *Social Watch, Cuadernos ocasionales,* núm. 4, septiembre de 2004, p. 10, Tabla 1. Disponible en línea: http://www.socialwatch.org.

BAUTE, Juan Carlos (2008), Declaraciones a *El Universal,* Caracas, 25 de julio de 2008.

BECKER, Gary S. (2007) (Premio Nobel de Economía 1992), *Globalización y desigualdad (Un informe del Fondo Monetario Internacional).* Disponible en línea: Libertad digital.es. Publicado el 22 de noviembre de 2007.

BELASSA, Bela (1964), *Teoría de la Integración Económica,* México, Uthea.

BERNANKE, Ben (2009a), *Exposición ante el Comité de Bancos del Senado*, Washington DC, 24 de enero de 2009.

—— (2009b), *Exposición ante el Comité de Bancos del Senado*, Washington DC, febrero de 2009.

—— (2009c), *Exposición en el Consejo de Relaciones Exteriores*, Washington DC, 10 de marzo de 2009.

BIANCO, Fernando (2008), Declaraciones a *Ultimas Noticias*, Caracas, 25 de enero de 2008.

BIDEGARAY, Martín (2009), "Valor agregado para exportar", *Clarín*, Buenos Aires, 20 de septiembre 2009.

BIRDSALL, Nancy y de la TORRE, Augusto (2001), *El Consenso de Washington. Políticas económicas para la equidad social en América Latina*, Washington DC, Carnegie Endownment for International Peace.

BOLAÑOS, Alejandro (2009), *El G-20 alumbra un nuevo sistema financiero como respuesta a la crisis*, Londres, 3 de abril de 2009. Disponible en línea: visionpolitica. blogspot.com

BRICEÑO LEÓN, Roberto y ÁVILA FUENMAYOR, Olga (2007) (eds.), *Informe del Observatorio Venezolano de Violencia (OVV) 2007*, Caracas, octubre de 2007.

—— (2002), "La nueva violencia urbana de América Latina", *Sociologías*, núm. 8, Porto Alegre, julio-diciembre de 2002.

—— (2005a), "Violencia, ciudadanía y miedo en Caracas", *Foro Internacional*, vol. XLVII, Colegio de México, México DF, julio-septiembre de 2005.

—— (2005b), *Exposición en el Foro sobre Delito y Derechos Humanos*, VENAMCHAM, Caracas, 9 de junio de 2005.

—— (2007), Entrevistado por Milagros SOCORRO, "El miedo favorece a quien quiere dominar", *Venezuela Real*, Caracas, 20 de mayo de 2007.

—— Ávila, Olga y CAMARDIEL, Alberto (2005), *Inequidad y violencia en Venezuela. Informe 2008*, Caracas, Editorial Alfa.

BROWN, Gordon (2009), *Discurso en el Capitolio sobre su plan de rescate financiero*, Washington DC, 4 de marzo de 2009. Reportaje disponible en línea: www.lanacion. com, 5 de marzo de 2009.

BROWN, L. (2005), *China is Replacing the United States as World´s Leading Consumer*, Washington DC, Earth Policy Institute, February.

BUARQUE, Cristovam (2010), Entrevistado por VALLEJO, Jimena, "La Revolución se dará a través de la educación", *Revista Ñ, Clarín*, Buenos Aires, 2010. Disponible en línea: www.gacemail.com.ar.

BURGO, Ezequiel (2008), "Qué pasaría en la Argentina si EE.UU. entrara en recesión", *Clarín*, Buenos Aires, 5 de febrero de 2008. Disponible en línea: www.ieco. clarin.com/notas/2008/02/05/01600515

BUSH, George W. (2006) (President of the United States), "State of Union Address", *The Washington Post*, Washington, 31th January 2006. Disponible en línea: http://www.washingtonpost.com

BUSTELO, Pablo (2005), "China en la economía mundial: fortalezas, debilidades y perspectivas", *Cuadernos de información económica*, núm. 186, mayo-junio de 2005. Disponible en línea: http://www.ucm.es/info

CALVO, R. Alberto (2007), "De agricultores a mineros", *Multienciclopedia de Venezuela*, Tomo 4, Caracas, Editorial Planeta, 4 vols.

Cámara Minera de México (2009), Comunicado de prensa, *El Diario informativo minero*, Ciudad de México, 22 de enero de 2009. Disponible en línea: www.camimex. org.mx/boletin/ene22.pdf

CARRILLO PERERA, Marcos (2007), *Las orquestas juveniles e infantiles*. Disponible en línea: Blog La pluma liberal. Caracas, 28 de septiembre de 2007.

CARTER, Jimmy (2009) (ex-presidente de los Estados Unidos de América), "Prólogo", *Informe global sobre corrupción*, Transparencia Internacional. Disponible en línea: www.transparency.org

CASTRO, Jorge (2005), "China acelera la privatización de las empresas estatales y la transnacionalización de su banca", *El Cronista*, Buenos Aires, 7 de julio de 2005.

Center for Disease Control and Prevention (2008), *Report*, Atlanta, Georgia, 23 de abril de 2008.

Centro de Investigaciones y Docencia Económicas de México (2004), "Amplio estudio sobre la criminalidad en México", *Comunidade segura*, redactado el 5 de julio de 2004. Disponible en línea: www.comunidadesegura. org/pt-br/node/23632

CERIOTTO, Luis (2007), "Multilatinas", *Clarín*, Buenos Aires, 26 de marzo de 2007.

CEVALLOS, Diego (2007), *Pobreza cae en América Latina, pero poco*, 2 de julio de 2007. Disponible en línea: www.choike.org

CHÁVEZ FRÍAS, Hugo (2006), Entrevistado por Eleazar DÍAZ RANGEL, *Últimas Noticias*, Caracas, 6 de agosto de 2006.

—— (2007) (presidente de la República Bolivariana de Venezuela), *Discurso*, Marcha por el Sí, Caracas, 4 de noviembre de 2007.

—— (2009a), *Discurso durante la conversión de la Reserva en Milicia Nacional Bolivariana*. Caracas, 13 de abril de 2009. Comentario y citas disponibles en línea: www. radiomundial.com.ve

—— (2009b), *Discurso en Miraflores*, Caracas, 13 de abril de 2009.

—— (2009c), *Alocución de fin de año*, Caracas, 30 de diciembre de 2009. Disponible en línea: www.rnv.gov. ve.

—— (2010), *Mensaje anual a la Nación*, Caracas, Asamblea Nacional, 15 de enero de 2010.

CHEREGUINI, Estefanía (2006), *Relación entre las TIC y el desarrollo*, Madrid, julio de 2006.

CHOMSKY, Noam (2008), Entrevista por Simone BRUNO, *El capitalismo no puede terminar porque nunca comenzó*, 16 de noviembre de 2008. Disponible en línea: www. rebelion.org.

Clarín (2007), "Diferenciar la integración política de la económica contribuyó a clarificar el problema", Buenos Aires, 5 de junio de 2007. Disponible en línea: http//:www.clarin.com/diario

CLARK, C. (1941), *The Conditions of Economic Progress*, Londres, Mac Millan (Trad. esp.: *Las condiciones del progreso económico*, Madrid, Alianza, 1980).

CLINTON, Bill (2009), *Conferencia*, Buenos Aires, 2 de junio de 2009.

Comisión Económica para América Latina (CEPAL), Instituto de Pesquisa Económica Aplicada (IPEA), United Nation Development Programme (UNDP) (2002), *Meeting the Milennium Poverty Reduction Targets in Latin America*. Disponible en línea: www. undp.org

—— (1991), *Transformación productiva con equidad*, Santiago de Chile.

—— (1997-1998), *La brecha de la equidad. América Latina, el Caribe y la Cumbre social*, Santiago de Chile.

—— (2000), *Equidad, Desarrollo, Ciudadanía*, Santiago de Chile, agosto de 2000.

—— (2004a), *Desarrollo productivo en economías abiertas*, Santiago de Chile, junio de 2004. 418 pp.

—— (2004b), *Panorama social de América Latina 2004*, Santiago de Chile, noviembre de 2004. Disponible en línea: www.eclac.org

—— (2004c), *XXX Resolución de San Juan sobre Desarrollo productivo en economías abiertas*, Santiago de Chile, junio de 2004. Disponible en línea: www. eclac.org

—— (2006a), *Migración internacional, derechos humanos y desarrollo en América Latina*, Santiago de Chile.

—— (2006b), *Panorama social de América Latina 2006*, Santiago de Chile.

—— (2007a), *Balance preliminar de las economías de América Latina y el Caribe 2007*, Santiago de Chile.

—— (2007b), "Panorama de la inversión internacional de América Latina y el Caribe, 2005-2006", en Diego Sánchez Ancochea, "El Impacto de China en América Latina: ¿oportunidad o amenaza?", *Observatorio de la Economía y la sociedad china*, núm. 1, enero de 2007, Universidad de Málaga, EUMEDNET, Biblioteca Virtual.

—— (2007c), *Panorama social de América Latina 2007*, Santiago de Chile, noviembre de 2007.

—— (2007d), en asociación con Nathan Associates y Sallstrom Consulting, *Los beneficios Económicos y Sociales del Uso de las TIC: una valoración y guía de políticas para América Latina y el Caribe*, Washington DC, junio de 2007.

—— (2008a), *Anuario Estadístico de América Latina y el Caribe 2007*, Santiago de Chile, marzo de 2008. Disponible en línea: www. eclac.org

—— (2008b), *La inversión extranjera en América Latina y el Caribe*, Santiago de Chile, mayo de 2008.

—— (2009a), *Comunicado de prensa*, Santiago de Chile, 27 de marzo de 2009.

—— (2009b), *Conferencia de prensa*, Santiago de Chile, 10 de julio de 2009.

—— (2009c), *Estudio económico de América Latina y el Caribe 2008-2009. Hacia una recuperación de las economías de América Latina*, Santiago de Chile, julio de 2009.

—— (2009d), *Estudio Económico de América Latina y el Caribe, 2008-2009*, Santiago de Chile, julio de 2009.

—— (2009e), *Panorama de la inversión internacional de América Latina y el Caribe. 2008-2009. Crisis y espacios de la cooperación regional*, Santiago de Chile, agosto de 2009.

—— (2009f), *Panorama social de América Latina 2009*, Santiago de Chile, 20 de noviembre de 2009. Disponible en línea: www.eclac.org

—— (2010a), *Anuario Estadístico de América Latina y el Caribe 2009*, Santiago de Chile, enero de 2010. Disponible en línea:www.eclac.org

—— (2010b), *Estudio Económico de América Latina y el Caribe 2009-2010*, Santiago de Chile, 21 de julio 2010. Disponible en línea: www.eclac.org

—— (2010c), *Informe económico de América Latina y el Caribe 2009-2010*, Santiago de Chile, 21 de julio de 2010.

Congressional Research Reports for the People (CRS) (2007), *Report for Congress: China trade with the United States and the World*, Washington DC, 4 de enero de 2007.

Corporación Latinobarómetro (2007), *Informe Latinobarómetro 2007*, Santiago de Chile, noviembre de 2007, pp. 99-101.

CORRADINI, Luisa (2009), "Estallido social en Europa", *La Nación*, Buenos Aires, 1° de febrero de 2009.

Council of Competitiveness (2008), "New Challenges. New Answers", *Compete*, Washington DC, noviembre de 2008. Disponible en línea: www.compete.org/images/uploads/file/pdf%20.

COX, Pamela (2007) (vicepresidente del Banco Mundial para América Latina), Mesa Redonda convocada por la Organización de Estados Americanos (OEA) para la presentación del informe *Perspectivas económicas de América Latina 2008*, de la Organización para el Comercio y el Desarrollo (OCDE), Washington DC, 6 de diciembre de 2007. Disponible en línea: "La desigualdad es el gran obstáculo para el desarrollo", Infobae.com

Credit Market Analysis (2010), *Global Sovereign. Credit Risk Report*, 5 de julio de 2010. 20 pp. Disponible en línea: www.creditma.com

CRUZ SALAZAR, Beatriz (2008), "Cooperativas sólo en el papel", *El Universal*, Caracas, 18 de agosto de 2008. Disponible en línea: "Venezuela real. Información y Opinión", venezuelareal.zoomblog.com

CUERVO-CAZURRA, Álvaro (2007), "Liberalización económica y multilatinas", *Revista GCG (Globalización, Competitividad y Gobernabilidad). Universia*, vol. I, núm. 1. Georgetown University. pp. 66-86. Disponible en línea: Lhttp://gcg.universia.net/pdfs_revistas/articulo_65_119558

D'ELIÁ, Yolanda (Coord.) (2006), *Las misiones sociales en Venezuela: una aproximación para su comprensión y análisis*, Instituto Latinoamericano de Investigaciones Sociales (ILDIS), octubre de 2006, 227 pp. Disponible en línea: library.fes.de/pdf-files/bueros/caracas/50458.pdf

——y Luis Francisco Cabezas (2008), *Las Misiones Sociales en Venezuela*, Caracas, Instituto Latinoamericano de Investigaciones Sociales (ILDIS). Disponible en línea: www.ildis.org.ve

DA CRUZ, José (2007), "Violencia en Brasil. Crimen y castigo, si se puede...", *Peripecias*, núm. 53, 20 de junio de 2007. Disponible en línea: www.peripecias.com

DAHRENDORF, Ralph *et al.* (1995), *Report of the Commission on Wealth Creation and Social Cohesion in a free society*, London, Commission on Wealth Creation and Social Cohesion, 119 pp. Disponible en línea: openlibrary.org

DARÍO, Rubén (1905), *Salutación del Optimista*. Disponible en línea: http://www.poesí.as/rd09005.htm

Datanálisis (2009), Encuesta del 6 de enero de 2009.

DAZA, Abelardo (2009), *Sobrevaluación castiga a las empresas públicas exportadoras*, Caracas, Instituto de estudios Avanzados de Administración (IESA), Escuela de Gerencia, 10 de septiembre de 2009. Disponible en línea: gerenciayliderazgoresponsable.com

DE FERRANTI, David, Guillermo E. PERRY, Francisco H.B. FERREIRA, Michael WALTON (2003), *Desigualdad en América Latina y el Caribe: ¿ruptura con la historia?*, Washington DC, Banco Mundial, Estudios del Banco Mundial sobre América Latina y el Caribe, México, octubre de 2003. Disponible en línea: http://wbln0018. worldbank.org

DE LIMA, Blanca (2003), *Venezuela: envejecer en la pobreza*, Caracas, Universidad experimental Francisco de Miranda, julio de 2003.

DELGADO, Luis (1996), *El Impacto de la ética en el desarrollo 1996*. Disponible en línea: www.congresodereconciliacion.com

DEMEESTER, Erik (2007), "Venezuela, el tira y afloja económico entre revolución y contrarrevolución", *Bandera Roja* (Blog para la difusión de la ideología marxista-leninista. Red de medios del Partido Comunista de la Argentina), 28 de noviembre de 2007. Disponible en línea: http://banderaroja-blogspot.com/2007.

DEVEDJIAN, Patrick (2009) (ministro de Reactivación, Francia), *Discurso en la reunión de presidentes de los países del G-20*, Londres, 2 de abril de 2009.

DOWNES, David (1995), *Crime and Inequality: current Issues in Research and public Debate Introduction*, British Society of Criminology, London. Disponible en línea: www.britsoccrim.org/volumne1/014.pdf.

DURÁO BARROSO, José Manuel (2009) (presidente de la Comisión Europea), *Discurso en la reunión de presidentes de países del G-20*, Londres, 2 de abril de 2009.

El Economista (2009), "Obama hace campaña a favor de plan de estímulo económico", reportaje sobre su exposición en Elkjart (Indiana), 9 de febrero de 2009. Disponible en línea: http://eleconomista.com.mx/notas-online/internacional

—— (2009b), "Disgusta a expertos reforma financiera de Obama", México, 17 de junio de 2009. Disponible en línea: www.eleconomista.com.mx

El Nacional (2007), "Los años del petróleo", Caracas, 4 de julio de 2007.

El Nacional (2010), "¿Y si perdiéramos las elecciones?" (II), Caracas, 19 de enero de 2010.

El Universal (2007a), "Estudiantes de Misión Sucre exigen laboratorios", Caracas, 1° de agosto de 2007.

—— (2007b), "Gorbachov alaba gestión de Abreu", Caracas, 31 de octubre de 2007, pp. III-10.

—— (2008a), "Farruco Sesto estima que déficit de viviendas terminará en 8 años", Caracas, 14 de agosto de 2008, pp. I-18.

—— (2008b), "Producción nacional alcanza para cubrir 58% de la demanda del país", Caracas, 2 de marzo de 2008, pp. I-10.

—— (2008c), "*Recursos contados contra la pobreza*", Caracas, 31 de enero de 2008, pp. I-16.

Embajada de los Estados Unidos de América (2004), *Colombia. Temas Bilaterales*, Bogotá, 2 de abril de 2004. Disponible en línea: www.embajadadelosestadosunidosdeamerica

ESPAÑA, Luis (2007), *Declaraciones a IPS*, Caracas, 2 de julio de 2007.

ESPINAZA, Ramón (2009), *Venezuela: desempeño del sector petrolero. Enero 1984-agosto 2009*, Washington DC, septiembre de 2009.

ESPINOZA, María Daniela (2008), "Destacan 'pañitos calientes' en el combate de la criminalidad", *El Universal*, Caracas, 1° de febrero de 2008, pp. 1-4.

Europa, Investigación, Innovación, 23 de noviembre de 2009, Portal de la Unión Europea. Disponible en línea: www.europa.eu/pol/rd/index.

Éxito exportador. Datos sobre Comercio Internacional. Disponible en línea: www.exitoexportador.com

FEACHEM, Richard G. A. (2000), "Pobreza e inequidad: un enfoque necesario para el nuevo siglo", *Bulletin of the World Health Organization*, vol. 78.

FERRER, Aldo (1962), *Discurso en San Salvador*, Bahía, 6 de agosto de 1962.

FERRER, Aldo (2005a), *Estado-Nación, desarrollo y globalización*, Buenos Aires, Universidad de Buenos Aires.

FERRER, Aldo (2005b), *Globalización, desarrollo y densidad nacional*, Buenos Aires, Fundación Políticas Públicas (Documentos), 28 de abril de 2005, 6 pp. Disponible en línea: fpp_ferrer28.04.pdf.

FILGUEIRA, Carlos y Peri, Andrés (2004), *América Latina: los rostros de la pobreza y sus causas determinantes*, Santiago de Chile, CEPAL, junio de 2004.

FISHER, V. (1935), *The Crash of Progress and Security*, London, Mac Millan & Co. Ltd..

Fondo de las Naciones Unidas para la Infancia (UNICEF) (2006), *Progreso para la infancia: un balance sobre la nutrición*, Nueva York, 2 de mayo de 2006.

Fondo Monetario Internacional (FMI) (2006), *Perspectivas económicas. Las Américas 2006*, Washington DC, noviembre de 2006.

—— (2007a), *Perspectivas de la economía mundial*, Washington DC, octubre de 2007, 350 pp.

—— (2007b), *Perspectivas de la economía mundial. Globalización y Desigualdad en 2007*, Washington DC, Estudios económicos y financieros, octubre de 2007, 350 pp. Disponible en línea: http://www.imf.org/external/spanish/pubs

—— (2008a), "La turbulencia financiera ensombrece las perspectivas de crecimiento", *Perspectivas de la economía mundial: Al día. Actualizaciones de las proyecciones centrales*, enero de 2008. Disponible en línea: www.imf.org

—— (2008b), *Perspectivas de la Economía Mundial en 2008. Resumen General*, Washington DC, abril de 2008.

—— (2009a), *Informe anual*, Estambul, 1 de octubre de 2009.

—— (2009b), *Panorama económico regional 2009*, Washington DC, 24 de octubre de 2009.

—— (2009c), *Perspectivas de la economía mundial*, Washington DC, 28 de enero de 2009.

—— (2009d), *Perspectivas de la economía mundial*, Washington DC, 1° de octubre de 2009.

—— (2009e) *Perspectivas de la economía mundial*, Washington DC, 28 de enero de 2009.

—— (2009f), *Perspectivas de la economía mundial*, Washington DC, 28 de enero de 2009.

Foro Económico Mundial en Tecnología de la Información (2007), *Informe Global sobre Tecnología 2007-2008. Fomentando la Innovación mediante la preparación en la red*. Conjuntamente con The Business School for the World, INSEAD. Disponible en línea: www.tenologiahechapalabra.com

Foro Económico Mundial (2002), *Indicadores de Competitividad 2002*. Disponible en línea: http://www.weforum.org

Foro Social de Sao Paulo (2000), *Grito de los Excluidos,* Brasil, 12 de octubre 2000.

FREYRE, Paulo (1999), *Pedagogía del oprimido,* México, Ed. Siglo Veintiuno. Disponible en línea: http://www.wikilearning.com/monotrafía/paulo_freire

FUCH, V. (1968), *The Service Economy,* New York, National Bureau of Economic Research, Columbia University Press.

FUENTES, Carlos (1991), "Prólogo", *Informe Rettig,* Santiago de Chile, 4 de marzo de 1991. El Informe Final de la Comisión Nacional de Verdad y Reconciliación fue entregado el 9 de febrero de 1991.

Fundación Endeavor (2009), *Encuesta realizada entre los meses de abril y mayo de 2009.*

G-20 (2009a), *Tercera Cumbre del Grupo de los 20,* Pittsburgh, del 24 al 25 de septiembre de 2009.

—— (2009b), *Una crisis global exige una solución global. Conclusiones de la Cumbre de Londres,* 2 de abril de 2009. Disponible en línea: www.elpais.com

—— (2010) Cuarta cumbre del Grupo de los 20, Toronto, del 26 al 28 de junio de 2010.

GAÍNZA, Patricia (2006), "Violencia, armas y pobreza", *Factor S,* Montevideo, núm. 52, diciembre de 2006.

GALAK, Oliver (2010), "Admite el INDEC que empeoró la distribución del ingreso", *La Nación,* edic. impresa del 5 de diciembre de 2010. Disponible en línea: www.lanacion.com.ar

GALBRAITH, John K. (1965), *The Affluent Society,* London, Hamish-Hamilton.

GARCÍA, Clara Eugenia y Luis Sanz MENÉNDEZ (1992), *Conceptos y clasificaciones de la Economía de los servicios,* Madrid, Universidad de Berkeley e Instituto de Estudios Sociales Avanzados.

GARCÍA, Jesús (2007), "Red de Organizaciones Afrovenezolanas". Declaraciones a *International Press*

Service, el 22 de junio de 2007. Disponible en línea: http://ipsnoticias.net

GAROFOLI, Groaschino (1995), "Desarrollo económico, organización de la producción y territorio", en A. Vázquez Barquero y G. Garafoli (eds.), *Desarrollo económico local en Europa,* Madrid, Colegio de Economistas de Madrid.

GEITHNER, Timothy (Secretario del Tesoro de Estados Unidos) y Lawrence SUMMERS (New Financial Foundation) (2009a), "Página editorial", *Washington Post,* 15 de junio de 2009.

—— (2009b), "Aún persisten riesgos hacia la recuperación económica", Declaraciones a *El Economista.* Disponible en línea: eleconomista.com.mx

GENATIOS, Carlos y Marianela LAFUENTE (2002), *Tecnologías de información y comunicación en Venezuela,* Caracas, noviembre de 2002. Disponible en línea: www.analitica.com

GIL SCHEME, Mariana (2010), Entrevista a Oscar BASTIDAS DELGADO, "Cooperativas a fondo perdido", Revista *Dinero,* Montevideo, 3 de febrero de 2010. Disponible en línea: www.neticoop.org.uy

GIL, Gustavo (2008), "52% de los venezolanos rechazan reelección indefinida según Datanálisis", Declaraciones a *El Nacional* (con base en una encuesta ómnibus realizada entre el 6 y el 16 de diciembre de 2008). Disponible en línea: http://el-nacional.com/www/site

GIUGALE, Marcelo (2008), "El debate debe ser sobre la inequidad", Entrevista de Hugo Alconada Mon. *La Nación,* Buenos Aires, 29 de junio de 2008.

Gobierno Bolivariano de Venezuela. Ministerio del Poder Popular para la Energía y Petróleo. Petróleos de Venezuela S.A. (Pdvsa) (2007), *Información Financiera y Operacional al 31 de diciembre de 2007,* Caracas, 284 pp. Disponible en línea: www.pdvsa.com/interface. sp/database/fic

GONZÁLEZ AMADOR, Roberto. Reportaje (2009), *Se desploma la inversión extranjera directa en México, reporta la CEPAL*, Ciudad de México, 28 de mayo de 2009.

GORDIMER, Nadine (1996) (sudafricana, premio Nobel de Literatura 1991), "The Sum of All our Hungers", *Choices*, vol. 5, n° 2, octubre de 1996, UNDP, New York.

GRIFFITH-JONES, Stephany (2009), *The Financial Crisis and its Impact on Developing Countries*, United Nations Development Program (UNDP), 18 de enero de 2009.

GRISANTI, Luis Xavier (en línea), *La Cumbre de Lima: queda mucho por hacer. Opinión y análisis*. Disponible en línea: www.analítica.com.

GRONDONA, Mariano (2000), *Contribuciones culturales al desarrollo económico*, Buenos Aires, Editorial Ariel.

Grupo del Banco Mundial (2006), *Las perspectivas de crecimiento para 2007*, Washington DC, diciembre de 2006.

—— (2009a), *Perspectivas para la economía mundial. Resumen de las perspectivas. Flujos mundiales de financiamiento para el desarrollo 2009*, Washington DC, abril de 2009, 18 pp. Disponible en línea: www. imf.org/external/spanish/pubs/ft

—— (2009b), *Informe de seguimiento mundial 2009: una emergencia de desarrollo*, Comunicado de prensa número 2009/320/DEC, Washington, 24 de abril de 2009. Disponible en línea: web.worldbank.org

GUERRA, José y Víctor OLIVO (2009a), *La crisis global y su impacto en América Latina*, Caracas, Instituto Latinoamericano de Investigaciones Sociales (ILDIS), julio de 2009.

—— (2009b), Declaraciones a *Inter-Press Service*, Caracas, 12 de febrero de 2009.

GUERRA, Juan (2006), *La caja negra de Fonden*, Caracas, 10 de junio de 2006. Disponible en línea: analítica.com.

GUZMÁN, José María (CEPAL) y Tomás ENGLER (BID) (2000), *Inseguridad económica por vejez, determinantes y dimensiones; una síntesis diagnóstica*, Washington DC, junio de 2000. Disponible en línea: www.eclac.org

HASS, Ernest (1958), *The Uniting of Europe. Political, Social and Economic Forces 1950-1957*, Stanford, Stanford University Press.

HEINIG, Klaus (2002), *Equidad: un desafío para la gestión social en América Latina*, Lisboa, VII Congreso Internacional del Centro Latinoamericano de Administración para el Desarrollo (CLAD), octubre de 2002. Disponible en línea: www.clad.org.ve

HERNÁNDEZ, José (1872), *El gaucho Martín Fierro*, Buenos Aires, 1872. Disponible en línea: www.e-libro. net/E-libro-viejo

HERNÁNDEZ, Katiuska (2007), "Recurrirán a importaciones para recuperar la red Mercal", *El Nacional*, Caracas, 8 de febrero de 2007. pp. A-19.

HERRERA, Felipe (1962), Discurso *Integración económica y reintegración política*, San Salvador, Bahía, 6 de agosto de 1962. Citado por Bruno WANDERLY Jr., Dalvo LEAL ROCHA, Silvestre ROSSI, *Entre la globalización y la integración: América Latina en la búsqueda de la construcción de un espacio comunitario*, pdf, s/f. Disponible en línea: http://corredordelasideas.org.

HOBSBAWM, Eric (1968), "Poverty", *International Encyclopaedia of Social Sciences*, New York, The Mac Millan Company, vol. 12.

HORNBY, A.S. *Oxford Advanced Lerners Dictionary of Current English*, 1055 p.

HUENCHUAN, Sandra y José Miguel GUZMÁN (2006), *Seguridad económica y pobreza en la vejez; tensiones, expresiones y desafíos para el diseño de políticas*, Reunión de expertos en población y pobreza en

América Latina y el Caribe, Santiago de Chile, 14 de noviembre de 2006. Disponible en línea: www.eclac.org.

IGLESIAS, Enrique V. (2006), "El papel del Estado y los paradigmas económicos en América Latina", *Revista de la Cepal*, núm. 90, Santiago de Chile, diciembre de 2006.

—— (2009), "El año 2009 fue muy malo para el dólar", Citado en *LR21*, 31 de diciembre de 2009, año 11, núm. 3495. Disponible en línea: www.larepublica.com.uy/economia/39481

INGENIEROS, José (1925), *Las Fuerzas Morales*. Disponible en línea: http://www.laeditorial.com.ar

INSEAD The Business School for the World (2007), *Global Innovation Index IMI 2007*, 23 de enero de 2007. Disponible en línea: http://www.smarteconomyu.typepad.com

Instituto de Finanzas Internacionales (IFI) (2008), *Economía Global y Mercados de Capitales para 2008*, Washington DC, enero de 2008.

Instituto para la Integración de América Latina y el Caribe (INTAL), Departamento de Integración y Programas Regionales (2005), *Boletín Nº 11*, Buenos Aires, p. 109.

Interamerican Development Bank, International Money Fund, World Bank (2000), *Global Poverty Report*, p. 3.

—— (2004), *Multilateral Investment Fund: Sending Money Home; remittances to Latin America and the Caribbean*, Washington DC, mayo de 2004.

KAPUSCINSKY, Ryszard (2007), *Encuentro con el Otro*, Barcelona, Editorial Anagrama.

KARL, Terry Lynn (1997), *La Paradoja de la abundancia: los booms petroleros y los petroestados*, Universidad de Stanford. Disponible en línea: ecoanalítica.net.

KELSEN, Hans (1973), *Teoría General del Derecho y del Estado*, México, Editora Nacional.

Key Figures 2007 on Science, Technology and Innovation. Towards an European Knowledge Area, Universidad

Politécnica de Cataluña, ICTNET, UE, 26 de junio de 2007. Disponible en línea:www.ictnet.es/2007

KING JR., Martin Luther (1963), *Yo tengo un sueño*. Discurso en Washington DC, 28 de agosto de 1963.

—— (1967), *Beyond Vietnam*, Discurso del 4 de abril en Riverside Church, New York City.

KISSINGER, Henry (2009), "La moderación es una opción de poder", *Clarín*, Buenos Aires, 26 de abril de 2009. Disponible en línea: http://www.clarin.com/diario/2009/04/26

—— (2004), "La Política exterior de Estados Unidos y el escenario internacional", *ABC*, Madrid, 10 de noviembre de 2004. Disponible en línea: lafactoriaweb.com/articulos/kissinger

KLIKSBERG, Bernardo (2003), *El judaísmo reclama el compromiso con el otro y la nación*, Washington DC, Banco Interamericano de Desarrollo. Ética y Desarrollo. Biblioteca Digital, Documentos. Disponible en línea: www.iadb.org/Etica/documentos

—— (2006), "Inseguridad: las respuestas no pueden ser sólo policiales", *Clarín*, Buenos Aires, 22 de noviembre de 2006.

—— (2007a), "Educación es la clave", *El Universal*, Caracas, 8 de mayo de 2007.

—— (2007b), Entrevistado por José Natanson, *Página 12*, Buenos Aires, 3 de septiembre de 2007. Disponible en línea: www.página12.com.ar

—— (2007c), *Mitos y realidades sobre la criminalidad en América Latina, Caracas, Banco Central de Venezuela, 2001. Disponible en línea en: www.bcv.org.ve*

—— (2008a), "Educación: la agenda pendiente", *El Universal*, Caracas, 12 de marzo de 2008.

—— (2008b), Entrevista en *Página 12*, Buenos Aires, 15 de junio de 2008. Disponible en línea: www.página12.com.ar

—— (2008c), "La especulación con alimentos aumenta la pobreza", Entrevista en *Cash, Página 12*, Buenos Aires, 15 de junio de 2008.

—— (2009), *Más ética, más desarrollo*, Buenos Aires, Editorial Temas. Disponible en línea: http://www.atinachile.cl

—— (2010), *Diez falacias sobre los problemas económicos y sociales de América Latina*. 23 p. Disponible en línea: www.udlap.mx/rsu/pdf

—— (s/f), "El crecimiento de la criminalidad en América Latina: un tema urgente", *Revista de la Facultad de Ciencias Económicas de la Universidad de San Marcos (UNMSM)*, Lima, año VI, núm. 20.

KNOBEL, Cory P. (2005), *Considerations for a Networked University Enterprise*, The Council on Competitiveness-University of Michigan, 6 de junio de 2005. Disponible en línea: http://www.compete.org/pdf/NII_Final Report_pdf

Korean Development Institute (Ed.) (2008), *The Impact of the Financial Crisis on Developing Countries*, Seoul, 31 de octubre de 2008.

KRAMER, Bob (2007), *Los beneficios económicos y sociales del uso de las TIC*, Washington DC, CompTIA, junio de 2007.

KRUGMAN, Paul (1999a), Entrevista en *La Vanguardia. Economía y negocios*, Madrid, 11 de septiembre de 1999.

—— (1999b), Entrevistado por Estapé TOUS, M. *La Vanguardia. Economía y Negocios*, Barcelona, 11 de septiembre de 1999.

—— (2009), *Lo peor de la crisis ha pasado*, Entrevista, Seúl, 19 de mayo de 2009. Disponible en línea: www.publico.es/dinero del 1 de febrero de 2010.

KUZMETS, L. (1955), "Economic Growth and Inequality", *The American Economic Review,* vol. 45, marzo de 1955.

La guía de Venezuela (2008), "Casi 10% del presupuesto familiar es para la educación". Nota publicada el 27 de junio de 2008 en *El Universal*. Disponible en línea: laguia.com.ve. Noticias y titulares de Venezuela.

La Nación (2009), "Desde el Capitolio, Brown criticó el proteccionismo", Buenos Aires, edición impresa del 5 de marzo de 2009. Disponible en línea: www.lanacion.com.ar/nota/asp?nota_id=1105483.

—— (2007), "La bonanza de las materias primas inaugura la era de las megamineras. Aubourne, Australia", Buenos Aires, edición impresa del 18 de diciembre de 2007.

LAFUENTE, Marianela y GENATIOS, Carlos, "Vulnerabilidad de la vivienda en Venezuela", *Construcción*, revista de la Cámara Venezolana de la Construcción, abril-mayo-junio 2006, pp. 58-64.

—— (2004a), "Vivienda y ciudad, campo de batalla de la pobreza", *Question*, Caracas, junio de 2004.

—— (2004b), "La vivienda y el Estado en Venezuela:¿solución de problemas o construcción de desastres?", *Alia2*, Caracas, 10 de mayo 2004.

LAMY, Pascal (2006), *Cuando se abrió al mundo, China fue fuerte*, Sanghai, 6 de septiembre de 2006. OMC. WTO-Noticias. Discursos. Disponible en línea: www.wto.org/spanish/news

LANDER, Luis E. (2007), "La energía como industria", *Multienciclopedia de Venezuela*, Tomo IV, p. 186, Caracas, Editorial Planeta.

LEGARDE, Christine (2009) (ministra de Economía de Francia), *Discurso en la Reunión de presidentes de los países del G-20*, Londres, 2 de abril de 2009.

LEÓN, Mariela (2009), *Ruptura diplomática arrastró al comercio con Colombia*, Caracas, 28 de diciembre de 2009. Disponible en línea: www.eluniversal.com

LEÓN-MANRÍQUEZ, José Luis (2005), "China-América Latina: Una relación económica diferenciada", *El desafío Chino*, Caracas, Nueva Sociedad. Disponible en línea: www.nuso.org/upload/articulos

LERNER, Daniel (1963), *Towards a Communication Theory of Modernization*, New Jersey, Princeton University press.

LEVY, Sary; MAZA ZAVALA, Domingo; PALMA, Pedro; SILVA MICHELENA, Héctor; MALAVÉ MATA, Héctor *et al.* (2009), "Ante la situación económica nacional. Pensar en Venezuela", *Soberanía*, Caracas, 21 de mayo de 2009. Disponible en línea: www.soberania.org/articulos/articulo_4926.htm

Libertad Digital Internacional (2009), "Chávez dice que su proceso político continuará aunque el petróleo llegue a cero", 24 de diciembre de 2009. Disponible en línea: www.libertaddigital.com/mundo/chavez

LINDENBOIN, Javier y Jorge HALPERIN (2007), "Diálogo: El costado perverso de la desigualdad social: que a nadie le importa", *El País*, Madrid, 12 de agosto de 2007 (Reproducido en Diario *Página 12* de Buenos Aires).

LINDERT, Kathy, Emmanuel SKOUFIAS, Joseph SHAPIRO (2006), *Redistributing Income to the Poor and the Rich: Public Transfers in Latin America and the Caribbean*, agosto de 2006, World Bank Institute, Discussion Paper no. 0605. 140 pp. Disponible en línea: siteresources.worldbank.org

LOMBARDI, John V. Venezuela (1982), *The Search for Order, the Dream of Progress*, Oxford UK, Oxford University Press. 372 pp.

LÓPEZ ARELLANO, Oliva (2005), *Desigualdad, pobreza, inequidad y exclusión. Diferencias conceptuales e implicaciones para las políticas públicas*, México, Universidad Autónoma Metropolitana (UNAM), Xochimilco. Disponible en línea: http://www.paho.org/spanish/

LÓPEZ MAYA, Margarita (2004), *Discurso ante la Asamblea Nacional*, Caracas, 27 de agosto de 2004.

—— (2007a), "El poder popular, ¿autonomía o cooptación?", *Aporrea*, Caracas, 2 de diciembre de 2007.

—— (2007b), "Los desafíos del chavismo", *Aporrea*, Caracas, 16 de diciembre de 2007.

LÓPEZ, Humberto (2003), *Macroeconomics of Inequality*, Washington DC, The World Bank.

LUSTIG, Nora, Omar ARIAS y Jamele RIGOLINI (2001), *Reducción de la pobreza y crecimiento económico*, Santiago de Chile, CEPAL, agosto de 2001.

MACHADO ALLISON, Antonio (2008), *Mesa de Análisis. La tiranía de los controles*, Centro de divulgación del conocimiento económico para la libertad (CEDICE), Caracas, 6 de marzo de 2008.

MACHÍN, Haydée (2008), "Ser anciano en Venezuela es una tragedia", *Siete Días*. p. 3. *El Nacional*, Caracas, 22 de junio de 2008.

MACHINEA, José Luis (2007a) (secretario ejecutivo de la CEPAL), Presentación del informe *Panorama Social de América Latina 2007*, CEPAL.

—— (2007b), *Situación actual, perspectivas y desafíos de la economía latinoamericana*, Barcelona, CEPAL-Instituto Barcelona de Estudios Internacionales (IBEI), 24 de octubre de 2007. Disponible en línea: eclac.org

MAIDIMENT, Paul, Tania PUELL y Shlomo REIFMAN (2010), "Crude Oil Prices 1861-2009", *Forbes*, 30 de enero de 2010. Disponible en línea: www.forbes.com

MALAMUD, Carlos (2006), *La salida venezolana de la Comunidad Andina de Naciones y sus repercusiones sobre la integración regional latinoamericana*. Real Instituto Elcano, Madrid, noviembre de 2006. p. 10.

—— (2007a), *El Mercosur y Venezuela*, Madrid, Real Instituto El Cano, 4 de noviembre 2007. p. 6

—— (2007b), *La Cumbre energética de América del Sur y la Integración Regional,* Real Instituto Elcano, Madrid, 17 de junio de 2007, p. 12.

MANDELA, Nelson (2006), Palabras al recibir el Premio Embajador de Conciencia de Amnistía International, Johannesburgo, 3 de noviembre de 2006. Amnistía Internacional. Documento público. Disponible en línea: asiapacific.amnesty.org/library/Index

MANINAT, Jean (2009), Palabras en el acto de presentación de *Panorama Laboral 2008. América Latina y el Caribe,* Lima, Oficina Internacional del Trabajo, Oficina Regional para América Latina y el Caribe, 28 de enero de 2009. Disponible en línea: www.oit.org.pe

MÁRMOL LEÓN, Fermín (2006), Declaraciones a *El Universal,* Caracas, 9 de abril de 2006.

—— (2008), "El Crimen casi se triplicó en una década", *El Universal,* pp. B-1, Caracas, 18 de junio de 2008.

MÁRQUEZ, Humberto (2006), "Pobreza: ¿mejor, igual o peor?", *Rebelión,* 24 de diciembre de 2006. Disponible en línea: www.rebelion.org

MARTÍNEZ, Alfonso, Iván DE SOUZA y Francis LIU (2010), "Multinationals vs. Multilatinas: Latin America's Greate Race", *Strategy+Business,* Issue 32 / Fall 2003, The Columbia Senior Excecutive Program, 3 a 29 de octubre de 2010 / 1 a 27 de mayo de 2011. Disponible en línea: www.strategy-business.com

MARX, Karl y Federico ENGELS (1848), *Manifiesto del Partido Comunista,* 25 de febrero de 1848. Disponible en línea: http://www3.planalfa.es/santaceciliaca/

MATSUI, Yasuo (2007) (embajador de Japón en Caracas), Entrevista en *El Nacional,* Caracas, 23 de julio de 2007. Disponible en línea: www.guia.com.ve

MAZA ZAVALA, Domingo F. (2008a), *Ahora en Venezuela hay más pobres que antes de Chávez.* Entrevistado por Joaquín Ibarz, *La Vanguardia,* 19 de febrero de

2008. Disponible en línea: Ricos y Pobres: un blog para comparar las clases sociales. http://www.ricosypobres. blogspot.com.2008

—— (2008b), Entrevistado por Joaquín Ibarz, *Reporte diario de la economía*, Caracas, 20 de febrero de 2008.

MCCONNELL, Michael (2008), *Exposición del Director Nacional de Inteligencia de Estados Unidos ante el Senado*, Washington DC, 4 de febrero de 2008.

MEDINA MACÍAS, Ricardo (2001), "Pobreza: de los signos a las causas", *Ideas*, México, 9 de marzo de 2001.

Microsoft (2009), *697.000 nuevos trabajos en la industria de IT de Latinoamérica en los próximos cuatro años.* Microsoft, Fort Lauderdale, Florida, 5 de octubre de 2009. Disponible en línea: www.microsoft.com.

MISHRA, Prachi (2006), *Emigration and Brain Drain. Evidence from the Caribbean*, International Monetary Fund (IMF), Working Paper (WP/06/25). 39 p.

MOCKUS, Antanas y Hugo ACERO VELÁSQUEZ (2005), *Criminalidad y violencia en América Latina: logros esperanzadores en Bogotá*, Bogotá.

MORLEY, Samuel (2000), *La distribución del ingreso en América Latina y el Caribe*, Santiago de Chile, Fondo de Cultura Económica-CEPAL.

MUSCATELLI, Natalia (2000), "El empleo en Argentina", *Clarín*, Buenos Aires, 6 de febrero de 2000.

NAÍM, Moisés (2009), "El impacto de la crisis en la democracia", *El País*, Madrid. Reproducido por *La Nación*, Buenos Aires, 16 de marzo de 2009.

NASSIM, Nicholas Taleb (2007), *The Black Swan: The Impact of the Highly Improbable*, New York, Random House.

NÚÑEZ, Luis E. (2008), "Situación actual del envío de remesas", Ponencia en el Tercer encuentro sobre remesas y desarrollo, organizado por *Tú Mujer*, Santo Domingo, 27 de noviembre de 2008. Disponible en línea: www. un-instraw.org

ÑOPO, Hugo, Juan Pablo ATAL y Natalia WINDER (2009), *Nuevo siglo, viejas disparidades: brecha salarial por género y etnicidad en América Latina*, BID, 12 de octubre de 2009, Washington, Banco Interamericano de Desarrollo. Disponible en línea: www.iadb.org/articulos/2009-10

OBAMA, Barak (2009a) (presidente de los Estados Unidos), Exposición en Elkhart (Indiana) del 9 de febrero de 2009, "Obama hace campaña por el estímulo económico", *El Economista*. Disponible en línea: www.eleconomista.com.mx

—— (2009b), *Inaugural Speech*, Washington DC, 20 de enero de 2009.

—— (2009c), Rueda de prensa en la Casa Blanca, 21 de julio de 2009.

OCAMPO, José Antonio (2007a), "La macroeconomía de la bonanza económica latinoamericana", *Revista de la Comisión Económica para América Latina (CEPAL)*, núm. 93, Santiago de Chile, diciembre de 2007.

—— (2007b), *Presentación del Informe: Objetivos de Desarrollo del Milenio 2007*, Nueva York, Organización de las Naciones Unidas, julio de 2007.

OLASO, Luis S. J. (1985), *La corrupción en Venezuela*, Caracas, Vadell Hnos. Editores.

OLAVARRÍA, Jorge (1985), *La corrupción en Venezuela*, Caracas, Vadell Hnos. Editores .

OPPENHEIMER, Andrés (2005), *Cuentos Chinos: el Engaño de Washington, la mentira populista y la esperanza de América Latina*, Buenos Aires, Sudamericana, noviembre de 2005.

—— (2008a), "Latin America is laging", *The Washington Post*, Washington DC, 13 de enero de 2008.

—— (2008b), "China, India y Latinoamérica", *El Nuevo Herald*, Miami, 17 de enero de 2008.

Organización de Estados Americanos (OEA) (1967), *Declaración de los Presidentes de América [de los Estados miembros de la OEA]. Reunión de Jefes de Estados Americanos*, Punta del Este, Uruguay, 12 al 14 de abril de 1967. Disponible en línea: www.summit-americas.org/declaracion pr

Organización de las Naciones Unidas-CEPAL (2006), *Anuario estadístico de América Latina y el Caribe, 2005*, Santiago de Chile. Disponible en línea: www.eclac.org/cgi-bin/getProd.asp?xml=

Organización de las Naciones Unidas (ONU) (2002), Conferencia internacional sobre la financiación del desarrollo. Del 18 al 22 de marzo de 2002. Documento final: *Consenso de Monterrey*, México, 27 de junio de 2002. Disponible en línea: www.un.org

—— (2005), *Objetivos de desarrollo del Milenio: Una mirada desde América Latina y el Caribe*, 357 pp. Disponible en línea: www.eclac.org/publicaciones/xml/1/2154

—— (2010), *Informe y perspectivas de la economía mundial 2010*, Nueva York, enero de 2010.

—— Consejo Económico y Social. Comité de Derechos Económicos, Sociales y Culturales (2001), *Cuestiones sustantivas que se plantean en la aplicación del Pacto Internacional de Derechos Económicos, Sociales y Culturales*, Ginebra, Naciones Unidas. Disponible en línea: (E/C.12/2001/10) http://www.ohchrorg

—— Programa de las Naciones Unidas para el Desarrollo. (PNUD) (1988), *Informe: Distribución de la pobreza: riqueza y pobreza*. Disponible en línea: http://www.utopia.pcn.net/pobreza.html.

—— FONSECA, Ana. *Los sistemas de protección social en América Latina*. Tripartita de evaluación del proyecto PNUD- SIGOB (Sistema de Información y Gestión Estratégica y Operacional para la Gobernabilidad

Democrática de América Latina). 2 de septiembre de 2006. Disponible en: www.sigob.org

—— Programa de las Naciones Unidas para el Medio Ambiente (PNUMA) (2007), *Las ciudades juegan la Carta Verde para lograr el éxito*, Bali, Indonesia, 11 de diciembre de 2007.

Organización de las Naciones Unidas para la Agricultura y la Alimentación (FAO) (2004), *El estado de la inseguridad alimentaria en el mundo*, Roma, Departamento Económico y Social, 43 pp.

—— (2008), *Perspectivas de cosecha y situación alimentaria en 2007*, Roma, febrero de 2008.

—— Oficina Regional para América Latina y el Caribe. FAO (2009), *Panorama de la seguridad alimentaria y nutricional en América Latina. Una nueva agenda de políticas públicas para superar la crisis alimentaria.* Disponible en línea: www.rlc.fao.org

Organización de las Naciones Unidas para la Educación, la Ciencia y la Cultura (UNESCO), PNUD, UNICEF, FNUAP (2002), *Educación para Todos en el 2000. Informe subregional para América Latina*, Santiago de Chile.

—— (1998), *Laboratorio interamericano para la evaluación de la calidad en la educación*, Santiago de Chile.

—— (2001a), *Desarrollo de la Sociedad de la Información en América Latina y el Caribe*, Montevideo, 17 pp.

—— (2001b), *La UNESCO y el Desarrollo de la Sociedad de la Información en América Latina y el Caribe*, Cámara de Representantes, República Oriental de Uruguay, Montevideo, 16 de agosto de 2001, 18 pp. Disponible en línea: www.unesco.org.uy

—— (2003), *Estado de la Población mundial en 2002.* Washington DC.

—— (2005), *Informe sobre la Ciencia 2005*, Comentario. Disponible en línea: http://portal.unesco.org

—— (2007a), *Estudio económico y social mundial. El desarrollo en un mundo que envejece,* Nueva York, 27 de junio 2007.

—— (2007b), *Objetivos de desarrollo del Milenio. Informe de 2007,* Nueva York.

—— (2008a), *Mensaje del Secretario General de las Naciones Unidas, Ban Ki-moon en el Día Internacional de la Mujer,* Nueva York, 8 de marzo de 2008.

—— (2008b), *Situación y perspectivas de la economía mundial 2008.* Comunicado de prensa. Disponible en línea: http://un.org

—— (2009a), *Informe de seguimiento de la Educación para todos en el Mundo,* Santiago de Chile, 10 de marzo y noviembre de 2009.

—— (2009b), *World Economic Situation and Prospects. Global Outlook 2009.* Pre-release. Update as of mid-2009. New York, 27 de mayo de 2009. Disponible en línea: http://www.un.org/esa/policy/wess/wesp.html

—— (2010), *Statistics Division, Social Indicators,* junio de 2010. Disponible en línea: unstats.un.org

—— Agencia de la ONU para los refugiados (ACNUR) (2006), *Informe sobre Desarrollo Humano 2006: Más allá de la escasez: poder, pobreza y la crisis mundial del agua.* Disponible en línea: www.acnur.org

—— Programa de las Naciones Unidas para el Desarrollo (PNUD) (2002), *Informe sobre Desarrollo Humano 2002. Indicadores de Competitividad,* Foro económico Mundial 2002. Transparencia Internacional. Disponible en línea: http://www.weforum.org:

—— Programa de las Naciones Unidas para el Desarrollo (PNUD) (2006), *Informe sobre Desarrollo Humano: Más allá de la escasez: poder, pobreza y la crisis mundial del agua,* Nueva York, 440 pp.

—— Programa de las Naciones Unidas para el Desarrollo (PNUD) (2007), *Informe sobre Desarrollo Humano 2007*

– 2008. La lucha contra el cambio climático: Solidaridad frente a un mundo dividido, 402 p. Disponible en línea: hdr.undp.org/en/media/HDR_2007

—— Programa de las Naciones Unidas para el Desarrollo (PNUD) (2010), *Actuar sobre el futuro: romper la transmisión intergeneracional de la desigualdad 2010,* Presentado en Costa Rica, 23 de julio de 2010. Disponible en línea: www.idhalc.actuarsobreelfuturo

Organización de Países Exportadores de Petróleo (2009), "La demanda mundial de petróleo sufrirá en 2009 la mayor caída en 27 años", Artículo basado en datos del FMI y de la Agencia Internacional de Energía (AIE). *América Economía,* Madrid, 11 de febrero de 2009.

Organización Internacional del Trabajo (OIT), Centro Interamericano para el Desarrollo del Conocimiento en la Formación Profesional (CINTERFOR) (2007), *Tendencias mundiales del empleo 2007,* enero de 2007. Disponible en línea: www.ilo.org/public/english/employment/strat/stratprod.htm

Organización Mundial de la Salud, Banco Mundial (2002), *Muriendo en espera de un cambio,* Washington DC, enero de 2002.

Organización Panamericana de la Salud (OPS) (1991), *World Health Statistics Annual 1991.*

—— (2002a), *Base de datos regionales 2002.*

—— (2002b), *Situación de la salud en las Américas. Indicadores básicos 2002.* Disponible en línea: www.centrocultural.coop/uploads/indicadoresbasicos

—— (2006a), *Barrio Adentro: Derecho a la Salud e inclusión Social en Venezuela,* Caracas, julio de 2006.

—— (2006b), *Situación de la salud en las Américas. Indicadores básicos 2006.* Disponible en línea: www.centrocultural.coop/uploads/indicadoresbasicos2006.pdf

PAIXÃO, Marcelo (2007), *Observatorio Afrobrasilero*, Declaraciones a International Press Service, el 20 de junio de 2007. Disponible en línea: http://ipsnoticias. net

PAMPILLÓN, Rafael (2006-2010), *¿Por qué Estados Unidos es rico y América Latina pobre?*, Escuela de Negocios Materiabiz. Disponible en línea: www.materiabiz.com/ mbz/economiayf

JUAN PABLO II (1979), *Discurso a la XXXIV Asamblea General de las Naciones Unidas*, Nueva York, 2 de octubre de 1979. Viaje Apostólico a los Estados Unidos. Disponible en línea: http://www.vaticana. va/holy-father

PÁRRAGA, Marianna (2008), "PDVSA ha entregado al Ejecutivo $ 155.867 millones desde 2001", *El Universal*, pp. 1-10, Caracas, 30 de marzo de 2008.

PAZ, Jorge, José Miguel GUZMÁN, Jorge MARTÍNEZ y Jorge RODRÍGUEZ (2004), *América Latina y el Caribe: dinámica demográfica y políticas para aliviar la pobreza*, CEPAL, Santiago de Chile, junio de 2004.

PERRY, Guillermo E., Omar S. ARIAS, J. Humberto LÓPEZ, William F. MALONEY, Luis SERVEN (2006), *Reducción de la pobreza y crecimiento: círculos virtuosos y círculos viciosos* (Resumen Ejecutivo), Washington DC, Estudios del Banco Mundial sobre América Latina y el Caribe. Banco Mundial, 31 p. Disponible en línea: sitesources.worldbank.org

PERRY, Guillermo E., William F. MALONEY, Omar S. ARIAS *et al.* (2007), *Informalidad: escape y exclusión* (Resumen Ejecutivo), Washington DC, Estudios del Banco Mundial sobre América Latina y el Caribe. Banco Mundial, 24 p. Disponible en línea: sitesources.worldbank.org

PETRUYO, Thanalí (2008), *El Estado actual de las misiones sociales: balance sobre su proceso de implementación e institucionalización,* Instituto Latinoamericano de Investigaciones Sociales (ILDIS), Caracas, abril de 2008.

PIÑEIRO HARNECKER, Camila (2007), *Democracia Laboral y Conciencia Colectiva: Un estudio de cooperativas en Venezuela,* Cuba. Disponible en línea: www.rebelion.org/docs/53984.pdf

Pontificio Consejo *Cor Unum.* Arzob. Paul Josep Cordes y Mons. Iván Marín (en línea), *El Hambre en el mundo. Un reto para todos: el desarrollo solidario.* Disponible en línea: www.vatican.va/roman_curia

PORTILLO, Alonso (2004), *Discurso inaugural de la Reunión Cumbre de Jefes de Estado y de gobierno del Sistema de Integración Centroamericano (SILA),* Ciudad de Guatemala, 15 de diciembre de 2004.

PRATT-GAY, Alfonso (2009), "El G-20 y una gran oportunidad", *La Nación,* Buenos Aires, 1° de marzo de 2009.

Programa de las Naciones Unidas para el Medio Ambiente (2007), *Las ciudades juegan la Carta Verde para lograr el éxito,* Bali, Indonesia, 11 de diciembre de 2007.

Programa Venezolano de Educación-Acción en Derechos Humanos (PROVEA) (2008), *Derechos económicos, sociales y culturales. Declaración de febrero.*

—— (2007), *Informe Anual,* diciembre de 2007. Disponible en línea: www.derechos.org.ve

RAMÍREZ GUERRERO, Jaime (2002), *El desempleo juvenil, un problema estructural y global,* Bogotá, noviembre de 2002.

RAMÍREZ, Rafael (2008) (ministro del poder popular para la energía y petróleo), *Discurso pronunciado en Lagunillas,* Estado Zulia, 21 de enero de 2008.

RASMUSSEN, Nyrup (2009) (presidente del Partido Socialista Europeo), *Exposición en la Reunión Preparatoria de la Segunda Cumbre del G-20,* Bruselas, 19 de marzo de 2009.

RATO, Rodrigo (2005) (ex director gerente del Fondo Monetario Internacional), *Problemas y aspectos de la economía mundial: un llamado a la acción,* Conferencia dictada en el Instituto San Telmo, Sevilla, España, noviembre de 2005.

Red de Información Tecnológica Latinoamericana (RITLA) (2008), *Mapa de la violencia: los jóvenes de América Latina,* Brasilia, 25 de noviembre de 2008, Ministerio de Justicia de Brasil e Instituto Sagari.

República Bolivariana de Venezuela, Asamblea Nacional (2001), *Ley Especial de Asociaciones Cooperativas de Venezuela,* promulgada en septiembre de 2001.

República Bolivariana de Venezuela (2005), *Aló Presidente,* Programa del presidente Hugo Chávez Frías, N° 220, 24 de abril de 2005. Disponible en línea: www.alopresidente.gov.ve

—— (2003), N° 155, 6 de julio de 2003.

—— (2004), *El Nuevo mapa estratégico. Taller de Alto Nivel,* Caracas, Fuerte Tiuna, 12 de noviembre de 2004.

—— (2004), N° 178, 18 de enero de 2004.

—— (2007a), N° 263, 21 de enero de 2007.

—— (2007b), N° 268, 28 de enero de 2007.

—— (2007c), N° 284, 24 de abril de 2007

—— (2007d), N° 292, 2 de septiembre de 2007.

—— (2008a), N° 302, 27 de enero de 2008.

—— (2008b), N° 304, 24 de febrero de 2008.

—— (2008c), N° 314, 20 de julio de 2008.

República Bolivariana de Venezuela. Asamblea Nacional (2007), *Anteproyecto Ley de creación de la Policía Nacional.* Fue aprobado en marzo de 2007.

República Bolivariana de Venezuela. Banco Central de Venezuela. Gerencia de estadísticas económicas (2007), *III Encuesta Nacional de Presupuestos Familiares (EPF). Principales resultados,* Caracas, julio de 2007. Disponible en línea: www.slideshare.net

República Bolivariana de Venezuela. Instituto Nacional de Estadísticas (INE) (1998-2006), *Reporte Social. Dinero. Enfoque financiero*, 1er Semestre 1998-1er Semestre 2006, No. 3, Año 2006. Disponible en línea: www.dinero.com.ve

—— (en línea), *Social: Pobreza 2002-2008*. Disponible en línea: www.ine.gov.ve

República Bolivariana de Venezuela. Ministerio del Poder Popular para la Alimentación (MINAL) (2006), *Memoria y Cuenta 2006*.

—— (2007), *Memoria y Cuenta 2007*.

República Bolivariana de Venezuela. Ministerio del Poder Popular para la Economía y Finanzas. Oficina Nacional de Crédito Público (2009), *Saldo de la Deuda Pública Externa*, julio de 2009.

República Bolivariana de Venezuela. Ministerio del Poder Popular para la Energía y Petróleo. (Petróleos de Venezuela, PDVSA y sus filiales) (2007), *Información financiera y operacional al 31 de diciembre de 2007*, Caracas, 284 pp. Disponible en línea: www.pdvesa.com?interface.sp

República Bolivariana de Venezuela. Ministerio del Poder Popular para la Vivienda y el Hábitat (2007), *Memoria y Cuenta 2007*.

República Bolivariana de Venezuela. Ministerio del Poder Popular para las Telecomunicaciones y la Informática, Directorio de Gobierno Electrónico (en línea), *Plan Nacional de Tecnologías de Información*. Disponible en línea: www.gobiernoenlinea.ve

República Bolivariana de Venezuela. Presidente Hugo Chávez Frías (2010), *Informe anual*, Caracas, Asamblea Legislativa, 15 de enero de 2010.

República Bolivariana de Venezuela. Presidente Hugo Chávez Frías (2008), *Mensaje anual a la Nación*,

Caracas, Asamblea Nacional, 11 de enero de 2008. Disponible en línea: www.gobiernoenlinea.ve

Resilience amid turmoil, Benchmarking IT Industry (2009), *Competitiveness*, The Economist Intelligence Unit, September 2009.

REYES, Lila (2008), "Envejecer en la pobreza", entrevistada por Adriana Rivera, *Siete Días, El Nacional*, Caracas, 22 de junio de 2008.

RICÚPERO, Rubén (2000) (secretario general de UNCTAD), *Discurso en la X Conferencia sobre Comercio y Desarrollo*, Bangkok, 19 de febrero del 2000.

RITUERTO, Ricardo (2009), "Bruselas prevé una tasa de desempleo superior al 20% en España hasta 2011", *El País*, Bruselas, 11 de abril de 2009. Edición impresa. Disponible en línea: www.elpais.com/articulo/economia

RIZZUTO, Dora (2008), "La crisis financiera, ¿un Titanic de la economía global?", *Clarín*, Buenos Aires, 3 de febrero de 2008.

RODRÍGUEZ, Alí (2009), *Declaraciones* al programa *Dando y dando*, Caracas, Venezolana de Televisión, 21 de agosto de 2009.

RODRÍGUEZ, Oscar Andrés (cardenal) (2005), *Cardenal Rodríguez urge a la integración centroamericana*, Tegucigalpa, Fundación para la paz y la democracia, Gacetilla N° 115, 19 de enero de 2005. Disponible en línea: http://www.funpadem.net/gacetillas.pdf/115.pdf.

—— (2001), *Alocución del 21 de septiembre de 2001*, Tegucigalpa, Honduras.

ROSEMBERG, Tina (2007), "The Perils of Petrocracy", *New York Times Magazine*, Nueva York, 4 de noviembre de 2007.

SALMERÓN, Víctor (2008a), "La economía nacional creció 8,5%", *El Universal*, Caracas, 28 de mayo de 2008, pp. 1-12.

—— (2008b), "Venezuela, petroestado inflacionario", *El Universal*, Caracas, 20 de enero de 2008, pp.1-10.

SAMÁN, Eduardo (ministro del poder popular para el comercio) (en línea), "Venezuela comprará carros de Argentina, los de Colombia que se los compre Obama". Disponible en línea: economia.noticias24.com

SCHWARTZ, Nelson (2009), "World Leaders wary of U. S. Economic Measures", *The New York Times*, 1 de febrero de 2009. Disponible en línea: www.nytimes.com

SEN, Amartya (2007), *Exposición en el Foro convocado por el Programa de las Naciones Unidas para el Desarrollo (PNUD) sobre pobreza y criminalidad*, Nueva York, 22 de junio de 2007.

—— (2000), "Las distintas caras de la pobreza", *El País*, Madrid, 30 de agosto de 2000. Disponible en línea: http://pabloraulfernandez.blogspot.com/2008

SERRANO, Josep S. J. (en línea), "El Consenso de Washington ¿paradigma económico del capitalismo triunfante?", *Papeles*, Centro de Cristianismo y Justicia. Disponible en línea: http://www.fespinal.com/espinal/realitat/pap.

SIGLER, G. (1956), *Trends in Employment in the Services Industries*, Princeton, Princeton University Press.

SILVA, Paola (en línea), "Violencia intrafamiliar", *Psicología On Line*. Disponible en línea: www.psicologia-online.com

SINERGIA (ED.) (MIMEO, 2004), *Informe sobre Mesa para evaluar el Derecho a la Participación en el Marco Constitucional*, Maracaibo, Estado Zulia.

SOLIMANO, Andrés (2008), *La clase media y el proceso de desarrollo*, Comisión Económica para América Latina (CEPAL), Serie Macroeconomía del desarrollo, núm. 65. Santiago de Chile, 8 de agosto de 2008.

SOROS, George (2008), *El Nuevo paradigma de los mercados financieros,* Madrid, Ed. Santillana, Col. Taurus.

STEINBERG, Federico (2010), "Riesgos para el crecimiento de América Latina", *Infolatam*, julio de 2010.

STIGLITZ, Joseph E. (2002a), *El Malestar en la Globalización*, México, Editorial Santillana, Colección Tauro.

—— (2002b), *Globalization and its Discontents*, New York, W. W. Norton.

—— (2009a), "Capitalist Fools", *Vanity Fair*, enero de 2009.

—— (2009b), "Reunión con periodistas latinoamericanos en Nueva York", *La Nación*, Buenos Aires, 15 de marzo de 2009.

—— (2010), Entrevistado en Seúl el 19 de mayo de 2009, "Lo peor de la crisis ha pasado", *Dinero*, España, 19 de mayo de 2010.

STRAUSS-KAHN, Dominique (director gerente del Fondo Monetario Internacional) (2009a), Declaraciones al periódico *La Jornada*, Nueva York, 24 de septiembre de 2009. Disponible en línea: jornada.unam.mx

—— (2009b), "El director del FMI predice que 2009 será un año horrible con una crisis profunda", *20 minutos*, 17 de abril de 2009. Disponible en línea: www.20minutos.es

SUNKEL, Osvaldo (1998), "Desarrollo e integración regional; ¿otra oportunidad para una promesa incumplida?", *Revista de la Cepal*, Número extraordinario, Santiago de Chile.

—— (2005), "Conversaciones con Oswaldo Sunkel. El desarrollo de América Latina ayer y hoy", *Cuadernos*, Caracas, Centro de Estudios del Desarrollo de la Universidad Central de Venezuela (CENDES), vol. 22, núm. 60, diciembre de 2005.

SUTHERLAND, Manuel (2009), *Plan anticrisis mundial de Chávez ¿medidas económicas para trascender el capitalismo o para defenderlo?* Centro de Estudios Políticos para las Relaciones Internacionales y el Desarrollo (CEPRID), Caracas, 2 de mayo de 2009. Disponible en línea: www.nodo50.org/ceprid

SZÉKELY M. y J.L. LONDOÑO (1998), *Sorpresas distributivas después de una década de reformas: Latinoamérica en los noventa*, Washington DC, Banco Interamericano de Desarrollo.

TALEB, Nassim Nicholas (2007), *The Black Swan: The Impact of the Highly Improbable*, New York, Random House.

TEITEL, Simón (2007), *El nuevo reto del crecimiento de América Latina*, Proyect Syndicate. Disponible en línea: www.project-syndicate.org

TEJERO PUNTES, Suhelis (2007), "Propiedad social se manejará con esquema de trabajo sin divisiones", *El Universal*, Caracas, 7 de octubre de 2007, pp. 1-16.

TETT, Gillian (2009), "Lost through destructive Creatio", *Financial Times,* London, 9 de marzo de 2009.

The Datamonitor Group [a subscription service that provides data, analysis, profiles, and daily news and opinions] (en línea), *Bloomberg Businessweek.* Disponible en línea: www.businessweek.com/investor/conte ; about.datamonitor.com

The Economist. Think Tank (2007), "Latin America: Poverty, inequality Challenges remain. Informe 2007", primera semana de junio de 2007. Arcaya & Asociados. A&A@arcaya.com.

The Economist (2006), "Inequality and the American Dream", 17 a 23 de junio de 2006. Disponible en línea: www.economist.com/printedition

—— (2007), "The Wind goes out of the revolution; That sense of inclusion remains Mr. Chávez's prime political asset". Disponible en línea: www.theeconomist.com/printedition

The Information Technology & Innovation Foundation (ITIF) (2008), *Broadband Rankings.* Disponible en línea: http://www.tif.org/files/2008BBrankings.pdf

The New York Times (2008), "Gap in Life expectancy widens for the Nation", New York, 21 de marzo de 2008.

The Task Force on the Future of American Innovation (2005), *The Knowledge Economy: is the United States losing its competitive Edge?*, 16 de febrero de 2005. Disponible en línea: www.future of innovation.org

The Wall Street Journal (2009), "Encuesta realizada a 52 economistas entre el 5 y el 9 de junio de 2009", en "Prevén que habrá dólar barato por varios meses". Disponible en línea: www.dolaraldia.com

The Washington Post (2008), "Latin America is lagging", Washington DC, 13 de enero de 2008.

The World Bank (2009a), *Global Economic Prospects. Commodities at the Crossroads*, Washington DC.

—— ZHEN-WEI QIANG, Christine; LANVIN, Bruno *et al.* (2006), *Information and Communications for Development. Global Trends and Policies*, 1 de enero de 2006. Disponible en línea: www.worldbank.org/1c4d

—— (s/f), *The Redistributive Impact of Transfers in Latin America and the Caribbean.*

—— (1998), *Crime and violence as development issues in Latin America and the Caribbean.*

—— (2000), *World Development Report 2000*, Washington DC, septiembre de 2000.

—— (2001), *World Development Report 2000-2001*, Washington.

—— (2008), *Global Monitoring Report*, Washington DC, The World Bank-International Money Fund, 8 de abril de 2008.

—— (2009b), *Global Development Finance. Charting a Global Recovery*, Washington DC, The World Bank, 22 de junio de 2009.

The World Bank (2000), *World Development Report (WDR) 2000 - 2001: Attacking Poverty*, Washington DC, 9 de diciembre de 2000.

THORP, Rosemary (1998), *Progreso, pobreza y exclusión. Una historia económica de América Latina en el siglo XX*, Washington DC, Banco Interamericano de Desarrollo / Unión Europea.

THWAITES REY, Mabel (2008), "¿Qué es el Estado tras el experimento neoliberal? Reforma y Democracia", *Revista del Centro Latinoamericano de Administración para el Desarrollo (CLAD)*, núm. 41, junio de 2008.

TOCQUEVILLE, Alexis de (1984), *De la Démocratie en Amérique, 1835-1840*, Madrid, Alianza Editorial S. A., Editoral Jaspe, 2 Tomos.

TOUS, Estapé M. Entrevista a Paul KRUGMAN (1999), "El Consenso de Washington ¿paradigma económico del capitalismo triunfante?", citada por Josep Serrano S. J. en *Papeles*, Centro Cristianisme i Justicia, 11 de septiembre de 1999.

Transparencia Internacional (2006), *Barómetro Global de la Corrupción. Informe 2006*.

—— (2002), *Indicadores de transparencia 2002*. Disponible en línea: http://www.globalcorruptionreport.org

—— (2009), *Informe Global sobre Corrupción (IGC) 2009: la corrupción y el sector privado*.

UNCTAD (Conferencia de las Naciones Unidas sobre Comercio y Desarrollo) (2009), *Informe anual sobre las inversiones en el mundo 2009*, Ginebra, 17 de septiembre de 2009.

UNICEF (2006), *Progreso para la infancia: un balance sobre la nutrición*, Nueva York, 2 de mayo de 2006.

UNIÓN EUROPEA (2009), "Investigación, Innovación", *Europa: Portal de la Unión Europea*, 23 de noviembre de 2009.

—— (2007), *Key Figures 2007 on Science, Technology and Innovation. Towards an European Knowledge Area*, Universitat Politécnica de Catalunya, ICTNET, 26 de junio de 2007. Disponible en línea: www.ictnet.es/2007

Unión Sudamericana de Naciones (UNASUR) (2008), *Tratado Constitutivo*, Brasilia, 23 de mayo de 2008.

Disponible en línea: http://www.comunidadandina.
org/unasur/tratado_constitutivo.htm
United Nations Development Program (UNDP), REGMI,
BUNAL R. YADHIKARI, A. (2007-2008), *Human
Development Report 2007-2008. Fighting Climate change: Human Solidarity in a divided World.* Disponible
en línea: www.undp.org.np
United Nations Development Program (UNDP) (2009), *The
financial crisis and its impact on developing countries,*
18 de enero de 2009.
United States Conference of Catholic Bishops (USCCB)
(2008), *Nuestra responsabilidad moral como ciudadanos católicos. Carta Pastoral Conjunta,* Mons. Joseph
E. NAUMANN, arzobispo de Kansas y Mons. Robert
W. FINN, obispo de Kansas-San José. 12 de septiembre
de 2008. Disponible en línea: www.diocese-ksj.org
URANGA, Nora (2004), "Acceso a medicamentos esenciales:
un derecho de todos", *Revista Pediatría de Atención
Primaria,* vol. VI, n° 22, abril / junio de 2004.
VACCA, Ángela María (en línea), *A equilibrar la balanza,*
Colombia, Universidad Sergio Arboleda. Disponible
en línea: www.usergioarboleda.edu.co
VENECONOMÍA Opina (2010), "¿Dónde están los dólares?",
Caracas, 7 de julio de 2010. Disponible en línea: www.
tunoticierodigital.com/foro/veneconomia_opina
Venezuela Ahora (2007), año I, núm. 1, diciembre de 2007.
Publicación de la Asociación Cultural Iberoamericana
Andrés Bello. Embajada de la República Bolivariana
de Venezuela en España. Disponible en línea: www.
aciab.org
VERGARA, Patricio (2004), "¿Es posible el desarrollo endógeno en territorios pobres y socialmente desiguales?",
Ciencias Sociales Online, Chile, Universidad de Viña
del Mar, septiembre de 2004, vol. 1 (37-52).

VIVAS, Fruto (2008), "Le toca a los Consejos Comunales denunciar y desmantelar la corrupción", *Últimas Noticias*, Caracas, 8 de junio de 2008. Disponible en línea: www. aporrea.org

WACQUANT, Louis (2000), *Las cárceles de la miseria*, Buenos Aires, Manantial.

WALTON, Michael (2003), *Desigualdad en América Latina y el Caribe: ¿ruptura con la historia?*, Washington DC, Banco Mundial.

WANDERLY JR., Bruno, Dalvo LEAL ROCHA y Silvestre ROSSI (2008), *Entre la globalización y la integración: América Latina en la búsqueda de la construcción de un espacio comunitario*. Documento presentado en el IX Encuentro del Corredor de las Ideas del Cono Sur. Asunción, 23 al 25 de julio de 2008. Organización de Estados Iberoamericanos, UNESCO, 19 pp. Disponible en línea: www.corredordelasideas.org/docs/ix_enc.

WENZHONG, Zou (embajador de China en Estados Unidos) (2009), Discurso del 12 de enero de 2009 en el Banco Interamericano de Desarrollo, Washington. Disponible en línea: www.xinjuanet.com

WILLIAMS, Sue (2007), Carta a *El Universal*, Caracas, 11 de septiembre de 2007.

WILSON, Dorotea (2007) (coordinadora de la Red de Mujeres Áfricolatinoamericanas), Declaraciones a International Press Service, Caracas, 20 de junio de 2007.

WOLFENSHON, James (2001), Conferencia ante la Asamblea General de la Sociedad Interamericana de Prensa (SIP), Washington DC, 12 de octubre de 2001.

WOODS, Alan (2008), *Venezuela en la encrucijada*, 16 de enero de 2008. Disponible en línea: rebelion.org/noticia.php?id=61859

World Economic Forum (Foro Económico Mundial. FEM) (2008a), *El Informe Global sobre Tecnología 2007 - 2008:*

Fomentando la innovación mediante la preparación de la red, Davos, 6 de abril de 2008.

—— (2008b), *The Global Competitiveness Report 2008*. Disponible en línea: www.weforum.org/en/initiatives/gep

World Trade Organization (2007), *World Trade 2006. Prospects for 2007*. Geneva.

XINHUAL, Agencia Oficial de China (2008), *El Universal*. Caracas, 21 de enero de 2008, pp. I-14.

Yahoo España, Finanzas (2008), *El déficit comercial de EEUU con el Este de Asia se estabilizó en junio*, 12 ago 2008. Disponible en línea: http://es.biz.yahoo.com

YINGLIN, Edward (2009), "Disgusta a expertos reforma financiera de Obama", *El Economista*, 17 de junio de 2009.

ZHEN-WEI QIANG, Christine; LANVIN, Bruno *et al.* (2006), *Information and Communications for Development. Global Trends and Policies*, The World Bank, 1º de enero de 2006.

ZOELLICK, Robert (2008), *Global Monitoring Report: MDGs and the environment Agenda for Inclusive and Sustainable development*, Washington DC.

—— (2009a) (presidente del Banco Mundial), "Exposición en la reunión de ministros de Finanzas de América Latina y el Caribe", *Página 12*, Viña del Mar, Chile, 3 de julio de 2009. Disponible en línea: www.pagina12.com.ar

—— (2009b), Declaración a *Noticias*, Diario digital del Grupo del Banco Mundial, 11 de junio de 2009. Disponible en línea: web.worldbank.org

—— (2009c), Exposición en la Reunión de Ministros de Hacienda del G-8 en L'Aquila, Italia, 10 de julio de 2009.